Ein alternatives Entwicklungsmodell für die
afro-islamische Kultur im Unteren Atbara (Sudan)

Europäische Hochschulschriften
Publications Universitaires Européennes
European University Studies

Reihe V
Volks- und Betriebswirtschaft

Série V Series V
Sciences économiques, gestion d'entreprise
Economics and Management

Bd./Vol. 2871

PETER LANG
Frankfurt am Main · Berlin · Bern · Bruxelles · New York · Oxford · Wien

Buthaina Ahmed Elnaiem

Ein alternatives Entwicklungsmodell für die afro-islamische Kultur im Unteren Atbara (Sudan)

Zur Neukonzeption einer Förderstrategie für Frauen

PETER LANG
Europäischer Verlag der Wissenschaften

Die Deutsche Bibliothek - CIP-Einheitsaufnahme

Elnaiem, Buthaina Ahmed:

Ein alternatives Entwicklungsmodell für die afro-islamische Kultur im Unteren Atbara (Sudan) : zur Neukonzeption einer Förderstrategie für Frauen / Buthaina Ahmed Elnaiem. - Frankfurt am Main ; Berlin ; Bern ; Bruxelles ; New York ; Oxford ; Wien : Lang, 2002

(Europäische Hochschulschriften : Reihe 5, Volks- und Betriebswirtschaft ; Bd. 2871)
Zugl.: Marburg, Univ., Diss., 2001
ISBN 3-631-39156-0

D 4
ISSN 0531-7339
ISBN 3-631-39156-0

www.peterlang.de

Zum Andenken an Ustadh Mahmoud, der gesagt hat,

If you educate a women, you educate a nation and

if you educate a man, then you educate only a person,

sowie an meine Eltern, Ahmed Elnaiem und Aisha Al Awad.

Meinem Mann, Aldirderi Abdalla,
und meinen Kindern, Mahmoud und Ahmed.

Danksagung

Ich möchte allen danken, die zum Zustandekommen dieser Arbeit beigetragen haben. Ohne hier alle namentlich erwähnen zu können, bin ich vielen zu Dank verpflichtet, die mir während der Phase von empirischer Arbeit und theoretischer Reflexion mit fachlichem Rat oder persönlicher Unterstützung behilflich waren.

Mein ganz herzlicher Dank gilt meinem Doktorvater und akademischen Lehrer, Herrn Prof. Dr. Hans-Günter Krüsselberg, der mir während der gesamten Zeit fachlich, aber auch menschlich zur Seite stand. Manche Überlegungen, die in dieser Arbeit niedergelegt sind, finden ihren Ursprung in unseren anregenden Diskussionen. Mein Dank gilt ebenfalls Herrn Prof. Dr. Hans-H. Münkner für die stete Unterstützung und Hilfestellung sowie für die Übernahme des Zweitgutachtens.

Besonderen Dank schulde ich Familie Al Umda Mohammed Wad Haj Ali, vor allem Um Salama, die mich während der empirischen Untersuchung als Gast in ihrem Hof im Dorf Abasli aufnahm. Die Frauen, die mich an ihrem Alltag teilnehmen ließen, erklärten mir engagiert ihre Lebensweise, ihre Geschichte, ihre Sicht der Verhältnisse.

Für die Unterstützung in Atbara und Al Damer danke ich der Familie von Fatima Hassan, vor allem Omaima, und den UNDP-MitarbeiterInnen, vor allem Huda Kambal.

Diese Arbeit wäre nicht möglich gewesen ohne die finanzielle Unterstützung des Katholischen Akademischen Ausländer-Dienstes, der durch seine jahrelange Hilfe diese Arbeit ermöglicht hat. Auch dafür bin ich zu Dank verpflichtet.

Ein spezieller Dank gilt meinem Bruder Ustadh Saeed Eltayeb Shayeb für seine Unterstützung und für die Erklärung einiger Gebiete des islamischen Reformansatzes von Ustadh Mahmoud Mohammed Taha, auf den ich mich in dieser Arbeit beziehe. Meinem Bruder Prof. Dr. Abdulahi A. An-Na'im, schulde ich Dank für seine wertvollen Anregungen und Vorschläge zu dieser Arbeit.

Frau Eva Gottschaldt und Herrn Christoph Terno danke ich für Hilfe bei der Korrektur und Fertigstellung der Arbeit.

Nicht zuletzt möchte ich meinem Mann herzlich für seine Unterstützung, sein Verständnis und seine Ermutigung in schwierigen Phasen bei der Fertigstellung der Arbeit danken.

Inhaltsverzeichnis

Abbildungsverzeichnis ***11***
Tabellenverzeichnis ***11***
Abkürzungsverzeichnis ***12***
Einleitung ***13***
I. Teil: Frauen – ein Aktivum der Entwicklungspolitik? Realitäten – theoretische Erwägungen – eine Strategieidee ***17***
1 Realitäten ***17***
1.1 Das Thema: Frauenförderung in der Entwicklungszusammenarbeit 17
1.2 Von Wohlfahrt zu Empowerment – die Entwicklung der Ansätze von Frauenfördermaßnahmen 20
1.3 Frauenrollen im gesellschaftlichen und wirtschaftlichen Kontext 24
1.3.1 Frauen in den ländlichen Gebieten 24
1.3.2 Auswirkung der Modernisierungsstrategien auf die Situation von Frauen in den ländlichen Gebieten Afrikas 25
1.3.3 Frauen zwischen ländlichen und urbanen Gebieten: Moderne und informelle Wirtschaftssektoren 27
1.4 Gesellschaftliche und wirtschaftliche Rollen von Frauen im Sudan 29
2 Theoretische Erwägungen – Auf die Suche nach adäquaten methodologischen und theoretischen Grundlagen einer frauengerechten Entwicklungspolitik ***34***
2.1 Einführung 34
2.2 Übersicht über die Erfahrungen mit der Entwicklung in den letzten Jahrzehnten 36
2.3 Analyse und Kritik der Theorien über Entwicklung aus den letzten Jahrzehnten 47
2.4 Neue Anforderungen an die Entwicklungspolitik 51
2.4.1 Sozialkulturelle Entwicklungsansätze 51
2.4.2 Humanvermögen als wichtiger Faktor der wirtschaftlichen Entwicklung 63
2.4.3 Der Einfluß der Kultur und Sozialisation auf die Entwicklung 66
3 Ideen zur Gestaltung einer frauengerechten Entwicklungsstrategie ***71***
3.1 Die Prämisse einer „neuen" Entwicklungsstrategie: Legitimitätszuwachs für alternative Codes 71
3.2 Form und Inhalt einer „lokal-partizipativen" Entwicklungsstrategie 75
3.2.1 Der innere gesellschaftliche Diskurs 75
3.2.2 Interkultureller Dialog als internationale Aufgabe 78
4 Zur praktischen Prüfung der Anwendbarkeit unserer Idee einer „lokal-partizipativen" Entwicklungsstrategie ***81***
4.1 Die Selektion entwicklungspolitisch kritischer Faktoren – einige methodische Erwägungen 81
4.2 Teilnehmende Beobachtung und lokaler Diskurs: Eigene Feldforschung im Unteren Atbara 85
4.3 Die Datenerhebung 86

4.4 Das weitere Vorgehen ... 87

II. Teil: Allgemeine Beschreibung der wirtschaftlichen, sozialen und kulturellen Ordnungen im Sudan ... 89

1 Die natürlichen und wirtschaftlichen Strukturen ... 89

2 Die Bevölkerungsstruktur ... 94

3 Die normativen Systeme ... 95

3.1 Recht ... 96

3.1.1 Quellen des Rechtssystem im Sudan ... 96

3.1.2 Das Rechtsverständnis im Islam ... 97

3.1.3 Bodenrecht ... 99

3.1.4 Familien- und Erbschaftsrecht ... 103

3.2 Religion ... 105

3.2.1 Historische Marksteine der Expansion des Islam im Sudan ... 106

3.2.2 Der heutige Islam im Sudan zwischen zwei Strömungen ... 111

III. Teil:Das Entwicklungspotential eines islamischen Diskurses im Sudan 120

1 Über die entwicklungspolitische Notwendigkeit eines islamischen Diskurses ... 120

1.1 Der Islam als bedeutendes Element der soziokulturellen Ordnung und als strategischer Faktor in nordsudanesischen Gesellschaften ... 120

1.2 Frauen und der Islam: Reformbedarf – Förderungsbedarf? ... 122

2 Auf der Suche nach einer adäquaten Reformmethode ... 125

2.1.1 Historischer Überblick und heutige Versuche, das islamische Recht zu reformieren ... 125

2.1.2 Befürworter eines säkularen Reformmodells ... 130

2.1.3 Die Kernpunkte der Erneuerung und der Reformbewegung in einer kritischen Analyse ... 136

2.1.4 Vom Wesen und den Implikaten des Außerkraftsetzens von Regeln (*naskh*) ... 140

2.1.5 Der evolutionäre Ansatz von Ustadh Mahmoud Mohammed Taha ... 145

IV. Teil: Zentrale Gesellschafts- und Wirtschaftsbereiche der ethnischen Gruppen im Unteren Atbara ... 164

1 Die natürlichen und wirtschaftlichen Grundlagen im Nildistrikt ... 164

2 Die sozioökonomischen Strukturen im Unteren Atbara ... 168

2.1 Ethnische Struktur und Stammesgeschichte ... 169

2.1.1 Einflußfaktoren in der Sozialorganisation der ethnischen Gruppen ... 169

2.1.2 Herkunft und Stammeseinteilung der ethnischen Gruppen im Unteren Atbara ... 173

2.2 Die Struktur der untersuchten Dörfer ... 177

2.3 Familien- und Haushaltsstruktur ... 180

2.3.1 Einführung: Familie, Haushalt und Verwandtschaft als elementare Institutionen der bäuerlichen Gesellschaften ... 180

2.3.2 Die Familien- und Haushaltsstruktur ... 182

2.4 Die Institution des Hauses: Produktion und Arbeitsteilung auf der Haushaltsebene ... 185

2.4.1 Lebenszyklus und Aufgabenkatalog von Frauen ... 187

2.4.2 Lebenszyklus und Aufgabenkatalog von Männern ... 191

2.4.3 Ein Vergleich zwischen dem Aufgabenkatalog und dem Zuständigkeitsbereich von Frauen und Männern ... 194

2.5 Die Verwandtschaft: Grundlage der sozialen Beziehungen und Netzwerke.. 195

2.6 Entscheidungsbereiche und Kompetenzen ... 200

2.7 Die Selbsthilfeorganisationen ... 204

2.7.1 Die traditionellen Selbsthilfeorganisationen ... 204

2.7.2 Die modernen Selbsthilfeorganisationen ... 208

3 Einkommensentstehung und Einkommensverwendung ... 209

4 Sozialisation, Erziehung und Bildungssystem ... 215

4.1 Die Sozialisation und die soziokulturellen Grundlagen des Erziehungssystems ... 215

4.1.1 Grundlagen des Sozialisationsprozesses und des Erziehungssystems in Unteren Atbara ... 215

4.1.2 Die islamische Sozialisation im Unteren Atbara ... 218

4.2 Struktur des Bildungssystem ... 220

4.2.1 Staatliche Bildung ... 221

4.2.2 Islamische Bildung ... 224

5 Die Gesundheitslage ... 225

V. Teil:Potentielle Ansätze zum Entwurf einer frauengerechten Entwicklungsstrategie im Rahmen der soziokulturellen Werte der Gesellschaften im Unteren Atbara ... 229

1 Die Situation der Frauen und ihr soziokulturelles Umfeld im Unteren Atbara – Die Ausgangslage ... 229

1.1 Die Bereiche von Frauen in der Gesellschaftsstruktur der Ja'aliyn ... 229

1.2 Kulturell bedingte Handlungsbeschränkungen für Frauen ... 232

1.3 Frauen und Bildung ... 234

1.4 Soziale Netze und Selbsthilfeorganisationen von Frauen ... 235

2 Form und Inhalt einer Entwicklungsstrategie im Unteren Atbara ... 238

2.1 Ziel und Zielgruppe ... 238

2.2 Bisherige Ergebnisse ... 239

2.2.1 Frauen und die soziokulturelle Ordnung im Unteren Atbara ... 239

2.2.2 Der Islam als bedeutender soziokultureller Faktor im Unteren Atbara ... 239

2.3 Der strategische Diskurs ... 240

2.3.1 Der interne Diskurs und der interkulturelle Dialog als Methode ... 240

2.3.2 Der islamische Diskurs als wichtiger Teil des internen Diskurses ... 241

2.3.3 Aufklärung und Bildung – ein Instrument gesellschaftlichen Wandels ... 242

2.3.4 Wissensanforderungen für „Außenseiter" als potentielle Berater ... 244

2.4 Die „Insider"-„Outsider"-Beziehung als strategisches Problem ... 245

3 Die Implementierungsschritte ... 246

3.1 Implementierungsschritt Nr. 1: Die Bewußtseinsbildung über Frauenpotentiale und Frauenrestriktionen im lokalen Kontext – eine Darstellung anhand ausgewählter Interviews mit Frauen ... 246

3.2 Implementierungsschritt Nr. 2: Die Suche nach Bundesgenossen ... 261

3.3 Implementierungsschritt Nr. 3: Veränderung der Rahmenbedingungen durch Maßnahmen und Aktivitäten der Politik ... 263

Eine abschließende Betrachtung: Gedanken über die Aussichten auf Akzeptanz und wahrscheinliche Auswirkungen der vorgeschlagenen Strategie *266*
Anhänge *271*
Literaturverzeichnis *282*
Zusätzliche gesammelte, relevante Literatur *297*

Abbildungsverzeichnis

Abbildung 1: Von „Wohlfahrt“ zu „Empowerment“ – Geschichte der Frauenförderung 23
Abbildung 2: Strukturelle Rahmenbedingungen von Frauenarbeit 28
Abbildung 3: Zur Interdependenz von familialem und sozialökonomischem System – Bildung von Human vermögen und gesellschaftliche Produktivität 65
Abbildung 4: Modell eines dynamischen sozio-kulturellen Systems 84
Abbildung 5: Sudan und Unterer Atbara 90
Abbildung 6: Betriebssysteme der Landwirtschaft im Unteren Atbara 167

Tabellenverzeichnis

Tabelle 1: Women's Economic Activity in Greater Khartoum (Women as 12 Percent of Total Workforce) 32
Tabelle 2: Fläche, Bevölkerung und Bevölkerungsdichte 89
Tabelle 3: Gross Domestic Product by Economic Activity (Ls million at costant 1981/82 Prices) 93
Tabelle 4: Natur- und Humanressourcen in Albsli 179
Tabelle 5: Struktur der Haushalte in der ausgewählten Untersuchungsdörfer 183
Tabelle 6: Altersstufen in der ausgewählten Untersuchungsdörfer 183
Tabelle 7: Alters- und geschlechtsspezifischen Aufgaben in Albasli 196
Tabelle 8: Average annual household income in Albasli, Goz Al Halag, Gersi and the overall average in Lower Atbara 211
Tabelle 9: Average annual household expenditure in Albasli, Goz Al Halag, Gersi and the overall average in Lower Atbara 214
Tabelle 10: The Household Budget 215
Tabelle 11: Schulbildung bei Männern und Frauen in Albasli, Girsi und im Unteren Atbara im Durchschnitt 222
Tabelle 12: Health Services im Unteren Atbara 227

Abkürzungsverzeichnis

a. a. O.	am angegebenen Ort
arab.	arabisch
Bd.	Band
BIP	Bruttoinlandsprodukt
BMZ	Bundesministerium für wirtschaftliche Zusammenarbeit
BSP	Bruttosozialprodukt
bzw.	beziehungsweise
CODESERIA	Council for the Development of Economic and Social Research in Africa
DAWN	Development Alternatives with Women for a New Era
d. h.	das heißt
DUP	Democratic Unionist Party
ECA	United Nations Economic Commission for Africa
etc.	et cetera (und so weiter)
f.	folgende (Seite)
ff.	folgende (Seiten)
FAO	Food and Agriculture Organisation of the United Nations
GTZ	Gesellschaft für technische Zusammenarbeit
Hrsg.	Herausgeber
ILO	Internation Labour Organization
INSTRAW	International Research and Training Institute for the Advancement of Women
Ls.	Sudanesisches Pfund
NIF	Nationale Islamische Front
No.	Number (Nummer)
Nr.	Nummer
NRO	Nichtregierungsorganisation
o. a.	oder andere
PDF	Popular Defense Army (Volksbefreiungsarmee)
RC	Rural Council
S.	Seite
u. a.	unter anderem/und andere
UNDP	United Nations Development Programme
UNESCO	United Nations Educational, Scientific and Cultural Organization
UNICEF	United Nations Children's Fund
UNIFEM	United Nations Development Fund for Women
UNO	United Nations Organization (Vereinte Nationen)
Vol.	Volume (Band)
WID	Women in Development
vgl.	vergleiche
z. B.	zum Beispiel

Einleitung

Es ist das Anliegen der vorliegenden Arbeit, die in unterschiedlichen Gesellschaftsordnungen begründeten sozial-kulturellen Werte und Traditionen und deren entwicklungspolitische Relevanz aufzuzeigen. In diesem Zusammenhang wird untersucht, inwieweit man die autochthonen innergesellschaftlichen Strukturen, Glaubens- und Rechtssysteme in der Entwicklungspolitik für südliche Ländern bewahren, weiter entfalten und in Einklang mit der notwendigen Entwicklung bringen kann. Am Beispiel kleinbäuerlicher Familienwirtschaften eines konkreten ländlichen Gebiets im Sudan, dem Unteren Atbara, wird geprüft, ob sich bestimmte entwicklungsstrategische Konzepte mit den gesellschaftlichen und kulturellen Werten einer afro-islamischen Gesellschaft verknüpfen lassen. Der Schwerpunkt der Arbeit zielt auf die soziale und wirtschaftliche Rolle der Frauen in der Gesellschaft, auf ihren Status.

Obwohl frauenspezifische Fragestellungen, Probleme der Unterdrückung und Diskriminierung von Frauen, Strategien von Frauen zur Durchsetzung ihrer Rechte, die Rolle von Frauen im Entwicklungsprozess in den letzten Jahren zunehmend thematisiert worden sind, gibt es immer noch einen gewichtigen Forschungs- und politischen Handlungsbedarf in diesen Bereichen. Genauso wie beiden ehemals herrschenden Modernisierungstheorien geht man in vielen frauenspezifischen Entwicklungskonventionen, insbesondere bei Menschenrechtskonventionen, von der Annahme der Universalität dieser Rechte aus.

Bemerkenswert ist in diesem Zusammenhang ein Abschnitt in der Rede des Bundesministers des Auswärtigen und Vorsitzenden des Rates der Europäischen Union, Joschka Fischer anläßlich der 55. Sitzung der Menschenrechtskommission der Vereinigten Nationen am 23. März 1999 in Genf. Dort heißt es:

> „Besondere Priorität muß künftig den Frauenrechten zu kommen. Von einer tatsächlichen Gleichberechtigung ist unsere Welt leider noch sehr weit entfernt. In vielen Ländern sind Frauen auch heute noch weitgehend rechtlos und Opfer von Diskriminierung und Gewalt. Die fast völlige Entrechtung der Frauen in den von den Taliban-Milizen kontrollierten Gebieten in Afghanistan ist unerträglich. Menschenwürdig ist auch der in einigen Ländern noch praktizierte Handel mit Frauen und Mädchen sowie die abscheuliche Praxis der Genitalverstümmelung[1], sie muß in allen Gesellschaften gesetzlich verboten werden. Die Berufung auf kulturelle Traditionen darf das Menschenrecht auf körperliche Unversehrtheit nicht einschränken."[2]

[1] Die Autorin nimmt diesen Begriff sehr kritisch auf und betrachtet ihn als imperialistischen Begriff. Früher wurde in der ethnologischen Literatur von der „weiblichen Beschneidung" gesprochen.

[2] Bobbio, N.: Das Zeitalter der Menschenrechte – Ist Toleranz durchsetzbar? Mit einer Vorbemerkung von Joschka Fischer »Die Bedeutung der Menschenrechte in einer sich globalisierenden Welt« Frankfurt a.M. 1999; S. 12.

Dazu muß jedoch gesagt werden, daß – so wichtig diese Äußerung von Fischer in ihrer weitreichenden Bedeutung auch ist – deutlich das mit einer gesetzlichen Durchsetzung von Verboten verbundene praktische Problem gesehen werden muß. Genau an diesem Punkt zeigt sich ein entscheidender Unterschied zwischen einer Auffassung, wie sie in der Politik nicht nur von J. Fischer vertreten wird, und der grundsätzlichen Ansicht der Verfasserin dieser Untersuchung: Die Verfasserin vertritt die Meinung, daß die „kulturelle Tradition" nicht einfach per Gesetzgebung ausgewechselt werden kann. Wenn es zu Wertkonflikten zwischen den überlieferten und immer noch gelebten Traditionen einer konkreten Gesellschaft und den von internationalen Gremien erarbeiteten und verfassten Konventionen über Menschenrechte kommt, muß ein Dialog mit den betroffenen Menschen gesucht und geführt werden. Nur dann wenn wenn die Zustimmung der Bevölkerung gewonnen werden kann, werden sich auch die Verhaltensmuster ändern.

Exakt das von Fischer angesprochene Thema des praktizierten Handels mit Frauen und Mädchen sowie die „die weibliche Beschneidung" als Menschenrechtsverletzung war bereits Anlaß für eine Publikation der Verfasserin mit dem Titel „Das Paradox der universalen Frauenmenschenrechte". Dort führte sie folgendes aus:

> „Um eine nachhaltige und tiefgreifende Einigung im Bereich der Menschenrechte herzustellen, setzt die Arbeit voraus, daß eine normative Universalität der allgemeinen Menschenrechte und vor allem der Frauenmenschenrechte weder als selbstverständlich angenommen noch der Behauptung einer kontextuellen Spezialität oder einem – falsch verstandenen Kulturrelativismus – überlassen werden sollte. Entwicklungszusammenarbeitsorganisationen und Wissenschaftler, die sich mit Menschenrechten beschäftigen und hier Aktivitäten und Programme planen, müssen weltweit erkennen, daß ein Projekt … zur Umsetzung der Frauenrechte in Afrika nicht durch eine bloße Universalisierung von Normen und Institutionen von dominanten Kulturen auf lokaler wie internationaler Ebene Erfolg haben kann. Die Anerkennung und Wahrnehmung von kulturellen Besonderheiten, innergesellschaftlichen Werten und des Glaubens der Bevölkerung sowie des historischen Kontextes und der Bedeutung dieser Praktiken für diese Gesellschaften müssen für alle Projekte maßgebend sein und als Basis zur Bekämpfung … genommen werden. Solange man sich bei der Durchführung von Programmen gegen diese Praktiken nicht systematisch mit dieser Anerkennung und Wahrnehmung auseinandersetzt, wird ihnen, wie ich meine, kein Erfolg in der Bekämpfung dieser Praktiken beschieden. … Wichtig ist aber, wie ich bereits ausführte, daß die Bekämpfung solcher Praktiken nicht von dem Ziel einer grundsätzlichen Verbesserung des Status der Frauen in den betroffenen Gesellschaften isoliert werden soll. Man braucht holistische Strategien, um das gesamte Lebensspektrum der Frauen zum positiven zu verändern. Deshalb: Sollten solche Praktiken nicht von der sozialen, ökonomischen und politischen Situation der Frauen isoliert werden, müssen Faktoren, die die Autonomie der Frauen beeinflussen, wie Armut und

> Abhängigkeit berücksichtigt werden; muß der Mangel an Bewußtsein für das Problem der Praktiken berücksichtigt werden."[3]

Diese Sätze sind deshalb für die hier vorgelegte Arbeit von größter Wichtigkeit, weil mit ihnen das Programm umrissen wird, das den Gang weiterführender Studien zu den hier ausdrücklicher benannten Problemen der Diskriminierung und Gewalt gegen Frauen bestimmen soll. Was uns in diesem Zusammenhang beschäftigt, wird schrittweise im Teil I dieser Dissertation erörtert.

Das Grundverständnis, von dem diese Arbeit ausgeht, läßt sich mit folgenden Thesen skizzieren:

- Eine Politik, die eine ganzheitliche Entwicklung in einem Entwicklungsland, in unserem Beispiel im Sudan, erreichen will, sollte weder die westlichen Modernisierungsvorstellungen als selbstverständlich annehmen, noch sich der Orientierung an einem kulturellen Relativismus überlassen.
- Diese Politik sollte allerdings die Notwendigkeit erkennen, die kulturellen Hintergründe der Gesellschaftsordnung wahrzunehmen und zielorientiert zu reflektieren. Insbesondere sollte mehr Aufmerksamkeit auf das Verständnis der historischen Entstehung von Normen und Institutionen gerichtet sein, um prüfen zu können, ob sie sich nicht auch menschenrechtsoffener als bisher interpretieren lassen. Je mehr die autochthon sozialen und kulturellen Ordnungen nämlich als relevante Code-Konstellationen einer Entwicklungsstrategie wahrgenommen werden, desto größer ist die Bereitschaft und Fähigkeit der Bevölkerung, auf diese Strategie positiv zu reagieren, ihre Verhaltensmuster zu ändern.
- Diese Politik muß sich mehr als bisher mit ländlichen Gegenden und Slums auseinandersetzen. Insbesondere muß sich eine solche Politik auf die Frauen konzentrieren, um deren Ressourcen mobilisieren zu können. Nur dann, wenn diese Politik sehr detailliert vorbereitet und über alle gesellschaftlichen Ebenen konstant verfolgt wird, vermag sie letztendlich grundlegende Ausstöße zu geben für eine ganzheitliche Entwicklung gegebener Regionen.

In Orientierung an diesen Thesen werden wir in einer interdisziplinären Forschungsarbeit das ländliche Gebiet des Unteren Atbara untersuchen. Wir hoffen zeigen zu können, daß Entwicklungskonzeptionen zu überdenken sind. Wichtig sind dabei Strategien, die sich mit den Chancen innerer Transformationen unter Anerkennung gegebener Glaubensinhalte und kultureller Werte befassen wollen.

---

[3] Elnaiem, B.: Das Paradox der universalen Frauenmenschenrechte. Rituelle Praktiken von Frauen in Afrika. Ein Ansatz zur Beseitigung des Kernproblems am Beispiel der weiblichen Beschneidung; Arbeitsfeld Staatsreform und Zivilgesellschaft; Projekt: Rechts- und sozialpolitische Beratung für Frauen PN 96.2258.0-001.00; Eschborn 1999; S. 19f.

Dabei sollten sie die soziale und wirtschaftliche Rollem der Frauen in der Gesellschaft als Voraussetzungen ausdrücklich bedenken. Nur auf diesem Weg, so meinen wir, kann es gelingen, die lokalen Normen von Gesellschaften mit Entwicklungszielen besser in Einklang zu bringen.

Die Arbeit gliedert sich in fünf Teile. Der I. Teil beschäftigt sich mit dem methodologischen und theoretischen Fundament, wobei die prinzipielle Relevanz der soziokulturellen Ordnung für das Thema „Frauen als Aktivum in der Entwicklungspolitik" eigens betont wird. Dazu wird zunächst (1) eine Analyse der Situation der Frauen in der Entwicklungsländern, hauptsächlich in Afrika, und der damit verbundenen Entwicklungsansätze und –politiken vorgenommen. Dabei konzentriert sich die Betrachtung auf die gesellschaftlichen und wirtschaftlichen Rollen von Frauen im ländlichen Raum. Auf der Suche nach adäquaten methodologischen und theoretischen Grundlagen einer frauengerechten Entwicklungspolitik werden im 2. Abschnitt zunächst die bisher favorisierten Entwicklungsansätze und die damit verbundenen Entwicklungsstrategien dargestellt, bevor die Hauptdenkansätze dieser Arbeit behandelt werden. Dazu zählen vor allem der Ansatz von Eisenstadt über die innere Transformation von Gesellschaften anhand symbolischer und institioneller Aspekte und die These von der Offenheit der sozialen Code-Systeme als Transformationspotential, sowie der Ansatz von Krüsselberg über die Bedeutung von Humanvermögen und seine Relevanz zur Entwicklungspolitik und schließlich Erwägungen über den Einfluß der Kultur und Sozialisation auf die Entwicklung. Danach wird die strategische Idee einer frauengerechten Entwicklungspolitik erörtert, wobei das von An-Nai'im entwicklte Konzept des inneren gesellschaftlichen Diskurs und des interkulturellen Dialogs diskutiert wird.

Der Überblick über die inhaltlichen Schwerpunkte der Teile II, III, IV, V findet sich im Abschnitt 4.4 des I. Teils dieser Arbeit.

I. Teil: Frauen – ein Aktivum der Entwicklungspolitik? Realitäten – theoretische Erwägungen – eine Strategieidee

1 Realitäten

1.1 Das Thema: Frauenförderung in der Entwicklungszusammenarbeit

Die Thematisierung der Bedeutung von Frauen in der Entwicklungspolitik und Entwicklungszusammenarbeit geht zurück auf den Beginn der 70er Jahre, als mit der bahnbrechenden Forschungsarbeit von Ester Boserup[4] die gängige eurozentrierte Vorstellung aufgebrochen wurde. Beide Geschlechter profitierten im Sinne eines *Trickle-down*-Effektes gleichermaßen von Interventionen, die sich explizit am westlichen Modernisierungsmodell orientierten. Sie legte dar, daß Frauen in Entwicklungsländern während der vergangenen Entwicklungsdekaden große Statusverluste hinnehmen mußten und innergesellschaftlich wie auch wirtschaftlich marginalisiert wurden.[5] Hinsichtlich der Frauen in den landwirtschaftlich geprägten Gebieten Afrikas beschrieben Boserup und Forscherinnen wie Moser deren Verdrängung durch die Einführung neuer landwirtschaftlicher Techniken und Anbausysteme aus traditionellen Arbeits- und Einkommensbereichen, die für soziale Stellung der Frauen wichtig waren.[6]

In den 70er Jahren setzte weltweit eine entwicklungstheoretische Diskussion um die „richtigen" Konzeption mit erheblichen Auswirkungen auf die Entwicklungspolitik ein. In den Vordergrund des Interesses rückte die Frage, wie stark Entwicklung und Unterentwicklung von der sozialen und ökonomischen Rolle der Frauen in den Entwicklungsländern abhängen. So wurde im Rahmen der Diskussion über unzureichende Nahrungsmittelproduktion und Ernährungsproblematik die entscheidende Rolle der Frauen in der Subsistenzproduktion erkannt. Im Rahmen der Diskussion über die Beachtung der Bedürfnisse und die Partizipation bestimmter Zielgruppe entdeckte man, daß „statt der Frauen" oft die falsche Zielgruppe gefördert worden war. Im Rahmen der Diskussion über die Wirkungslosigkeit oder gar die unerwünschten Folgen von Entwicklungszusammenarbeit und die Notwendigkeit der Berücksichtigung sozialkultureller Faktoren in der 80er Jahre wurde die Bedeutung der Geschlechterrollen deutlich,

---

[4] Siehe Boserup, E.: Women's Roll in Economic Development; London 1970.

[5] Schöninger, I.: Strategien der Stärke. Eine Studie über afrikanische Entwicklungshilferinnen in Niger; 1. Auflage; Frankfurt a.M. 1998; S. 13.

[6] Siehe Moser, C.O.N.: Gender Planning in the Third World: Meeting Practical and strategic Gender Needs, in: World Development; Vol. 17; No. 11 1989; S. 1799f. und vgl. auch Lachenmann, G.: Frauen als gesellschaftliche Kraft im sozialen Wandel in Afrika (1); in: Peripherie; Nr. 47/48 1992; S. 78f.

und man begann, der möglichen Benachteiligung der Frauen und deren negativen Auswirkungen der Entwicklungspolitik Beachtung zu schenken.[7]

Bei der Weltbevölkerungskonferenz und Welternährungskonferenz im Jahre 1974 stand die Rolle der Frauen in diesen Bereichen im Mittelpunkt der Diskussion. Während der Weltfrauenkonferenz in Mexiko wurde das Jahr 1975 zum „Jahr der Frau“ erklärt. Es leitete die „Frauendekade“ unter dem Moto „Gleichberechtigung, Entwicklung, Frieden“ ein.[8] Während sich noch in Mexiko so wie während der zweiten Frauenweltkonferenz in Kopenhagen (1980) thematische Schwerpunkte und Interessen von Feministinnen aus dem Norden und Süden diametral entgegenentstanden, war auf der dritten Weltkonferenz in Nairobi (1985) schließlich eine Konsensbildung zur Entwicklung gemeinsamer Strategien möglich. Diese Konferenz stellte den Höhepunkt der Dekade dar. Nun lagen mit den dort verabschiedeten UNO-Dokumenten (*Plan of Action, Programme of Action, Forward looking Strategies*) erstmals internationale politische Druckmittel vor, auf die sich in der Folge Frauen weltweit berufen, die sie jedoch juristisch nicht einklagen konnten.[9] Die Propagierung der „Feminisierung der Entwicklung“ auf dieser Konferenz ermöglichte auf praktischer Ebene eine institutionelle Verankerung spezifischer Frauenfördermaßnahmen. De facto führte dies weltweit zur Einrichtung von Frauenministerien und-sekretariaten in vielen Staaten und von Frauenförderabteilungen (WID) in den Organisationen der Entwicklungszusammenarbeit. Die Regierungsvertreter der Entwicklungsländer erklärten sich bereit, durch Einrichtung von Frauenministerien und Frauenbüros die Unterstützung von Frauen institutionell in die Planung und Verwaltung ihrer Länder einzubinden.[10]

---

[7] Vgl. Lachenmann, G.: Entwicklungspolitische Konzeptionen der Frauenförderung in Afrika; in: Rott, R. (Hrsg.): Entwicklungsprozesse und Geschlechterverhältnisse. Über die Arbeits- und Lebensräume von Frauen in Ländern der Dritten Welt; No. 63 ssip bulletin; Saarbrücken, Fort Lauderdale 1992; S. 127f.

[8] Vgl. Holthaus, I./Klingebiel, R.: Vereinte Nationen – Sprungbrett oder Stolperstein auf dem langen Marsch zur Durchsetzung von Frauenrechten?; in: Klingebiel, R./Randeria, S. (Hrsg.): Globalisierung aus Frauensicht. Bilanzen und Visionen. Eine Welt. Texte der Stiftung Entwicklung und Frieden; Bd. 6; Bonn 1998; S. 37. Vgl. auch Schäfer, R.: Frauenorganisationen und Entwicklungszusammenarbeit. Traditionelle und moderne afrikanische Frauenzusammenschlüsse im interethnischen Vergleich; Jones, A./Knefelkamp, U./Seitz, S. (Hsrg): Kulturen im Wandel; Bd. 5; Freiburg 1995; S. 94.

[9] Vgl. Schöninger, I.: Strategien der Stärke. Eine Studie über afrikanische Entwicklungshilferinnen in Niger; a. a. O.; S. 14. und im allgemeinen Tinker, I./Jaquette, J.: UN-Decade for Women: Its Impact and Legacy; in: World Development Vol. 15; No. 2, S. 419-427.

[10] Vgl. Klemp, L.: Frauen im Entwicklungs- und Verelendungsprozeß; in: Nohlen, D./Nuscheler, F. (Hrsg.): Handbuch der Dritten Welt. Grundprobleme, Theorien, Strategien; 3. Auflage; Bonn 1992; S. 288.

Die Vereinten Nationen gründeten zwei neue Organisationen zur Realisierung der Frauenförderung: *Voluntary Fund for the Decade of Women*, der 1985 in *United Nations Development Fund for Women* (UNIFEM) umbenannt wurde, und das *International Research and Training Institute for the Advancement of Women* (INSTRAW).[11] Außerdem wurde von der Organisation der Vereinten Nationen *Economic Commission for Africa* (ECA) in Addis Abeba ein Forschungs- und Schulungszentrum speziell für Frauen gegründet.[12] Darüber hinaus beauftragt die UNO-Organisationen wie die ILO, FAO und UNESCO, an der Verbesserung der wirtschaftlichen und sozialen Situation von Frauen in der Entwicklungsländern mitzuwirken. Diese führten unter Beteiligung von Wissenschaftlerinnen aus allen Ländern detaillierte Studien zur Situation von Frauen durch. Die Ergebnisse flossen in gezielte Programme und Projekte der genannten Organisationen ein, mit denen die Benachteiligung der Frauen überwunden werden sollte.[13] Als Zeichen für die institutionelle Einbindung des neuen Konzepts richtete die Weltbank bereits 1977 ein Frauenreferat (Adviser for Women in Development) ein, um die Wirkungen ihrer Projekte auf Frauen zu verfolgen und beratend tätig zu werden. Dabei wurden zahlreiche Studien zum Wandel der traditionellen Frauenförderung und den Auswirkungen von Entwicklungsprojekte erarbeitet, die Bewilligung von Mitteln für Projekte wurde jedoch zurückhaltend gehandhabt.[14]

Die Frauendekade verlieh nicht nur der internationalen feministischen Bewegung politische Legitimität, sondern es gab zum erstenmal die Chance, die Stimmen der Frauen aus den Süden zu hören. So präsentierte sich auf dem parallel zur offiziellen UNO-Konferenz stattfindenden NRO-Kongreß in Nairobi erstmals das inzwischen wohl bekannteste und kontinentübergreifende Netzwerk (*Development Alternatives with Women for a New Era* – (DAWN)) von Wissenschaftlerinnen und Aktivistinnen mit einer fundamentalen Kritik an herrschenden Entwicklungsparadigmen.[15] Der Schwerpunkt dieses Netzwerkes ist die Erarbeitung alternativer Entwicklungsmodelle, die die Frauen in alle gesellschaftlichen Entscheidungsprozesse einbeziehen und zu einer gerechten Weltwirtschaftsordnung führen sollen. Um diese Vision zu realisieren, verlangte DAWN neue Analysen, die strukturelle und ineinander verwobene Subordinationsstruk-

---

[11] Vgl. Schöninger, I.: Strategien der Stärke. Eine Studie über afrikanische Entwicklungshilferinnen in Niger; a. a. O.; S. 14.

[12] Vgl. ATRCW – African Training and Research Center for Women: Women and National Development in African Countries: Some Profound Contradictions; in: Africa Studies Review, Vol. 18, No. 3 1975; S. 46ff.

[13] Vgl. Schäfer, R.: Frauenorganisationen und Entwicklungszusammenarbeit; a. a. O.; S. 95f.

[14] Vgl. Lachenmann, G.: Entwicklungspolitische Konzeptionen der Frauenförderung in Afrika; a. a. O.; S. 145.

[15] Vgl. DAWN: Morgenrot für die Feminisierung der Entwicklung?; in: Peripherie Nr. 25/26 1986; S. 1143-1164.

turen aufgrund von Geschlecht, Klasse, Rasse und des Nord-Süd-Gefälles einbeziehen. Hierbei setzten die Aktivistinnen aus dem Süden nicht an globalen Entwicklungs- oder Systemstheorien an, sondern sie gingen bei der Formulierung alternativer Perspektiven von der vielfältigen Praxis der Kämpfe von Frauen um Anerkennung aus, insbesondere von Frauen aus armen Schichten.[16]

1.2 Von Wohlfahrt zu Empowerment – die Entwicklung der Ansätze von Frauenfördermaßnahmen

Ausgangspunkt der Frauenförderstrategien war eine Anfang der 70er Jahre manifeste Kritik am herrschenden Wohlfahrtmodell westlichen Musters, demzufolge Frauen in Entwicklungsländern ausschließlich in ihrer Rolle als Mutter, d. h. in ihrer reproduktiven Funktion gesehen und gefördert wurden. Erst ihre „Entdeckung" als „menschliche Ressource", d. h. die bewußte Wahrnehmung ihrer *produktiven* Rolle in der Wirtschaft, vor allem in der Landwirtschaft, bereitete den Weg für neue Konzepte der Frauenförderung. Doch mit dem Ende der „Unsichtbarkeit" der Frauen wurde gleichermaßen offensichtlich, daß das Geschlecht in vielen Ländern eine zentrale Kategorie von Marginalisierung darstellt.[17] So lag zu Beginn der Frauendekade das Schwergewicht von WID noch auf die Verbesserung der rechtlichen Gleichberechtigung und der Verteidigung der Grundrechte der Frauen. Genau im Sinne eines modernisierungstheoretischen Denkens wurde die „Integration von Frauen in die Entwicklung" und damit in einen männlichen Lebensentwurf verlangt. Die Erwirtschaftung eines monetären Einkommens sollte durch Fördermaßnahmen im Bereich der Aus- und Fortbildung, der landwirtschaftlichen Beratung, der Verbesserung von Familienplanungs- und Gesundheitsberatung sowie durch Arbeitsentlastung in der Subsistenzarbeit ermöglicht bzw. verbessert werden.[18] Obwohl dieser Ansatz das Bewußtsein bezüglich Gleichberechtigung schärfte, wurde er jedoch von Feministinnen aus dem Süden als ethnozentrisch bezeichnet, weil er die elementaren Überlebensbedürfnisse von armen Frauen nicht berücksichtigte. Mit der Propagierung der Grundbedürfnisstrategie in der zweiten Entwicklungsdekade kam es noch einmal zu einer Umorientierung in den Frauenförderungsmaßnahmen, allerdings verbunden mit einer allmählichen Verabschiedung von einem emanzipatorischen Diskurs. Der bei Regierungen und auch Feministinnen aus dem Süden aus unterschiedlichen Gründen nicht populärer Ansatz der

---

[16] Vgl. Schöninger, I.: Strategien der Stärke. Eine Studie über afrikanische Entwicklungshilferinnen in Niger; a. a. O.; S. 15f.

[17] Vgl. Cloud, K./Knowles, J.B.: Where can we go from here? Recommendations for action; in: Davisow, J. (Hrsg.): Agriculture, women and Land. The African experience; Colorado, Oxford 1988; S. 250f. Vgl auch allgemein Jennings, M.: the Theory and Practice of Gender; in; Lieshout, M.v. (Hrsg.): A woman's world beyond the Headlines; Dublin 1996.

[18] Vgl. Braunmühl, C.v.: Der Gender Ansatz in der Entwicklungspolitik. Überlegungen zum sozialen Akteur von Transformation; in: Peripherie Nr. 72, 1992; S. 26.

Gleichberechtigung wurde abgelöst von einem Ansatz der Armutsbekämpfung, der sich vor allem um die Schaffung von Einkommen und die Erhöhung des Lebensstandards der Frauen bemüht.[19] Eine Veränderung ihres gesellschaftlichen Bewußtseins und des sozialen Status der Frauen wird hingegen dabei als nahe nebensächlich eingestuft. Bemängelt wird weiterhin die mangelnde Professionalität bei der Konzipierung von Produktions- und Vermarktungsstrategien – im Vergleich zu den hauptsächlich an Männer gerichteten *mainstream*-Interventionen.[20]

Ab Ende der 70er Jahre verloren beide Frauenförderansätze an Bedeutung, da die bis heute andauernde Verschuldungskrise die meisten Entwicklungsländer dazu zwang bzw. zwingt, von einer neoliberalen Wirtschaftspolitik geprägte Strukturanpassungsprogramme mit tiefgreifenden Konsequenzen für die nationalen Ökonomien und Verwaltungen zu akzeptieren.[21] Wichtige Bestandteile dieser Maßnahmen sind Kürzungen im öffentlichen Sektor bzw. im Bereich der Sozialpolitik (Gesundheit, Bildung, ländliche Infrastruktur etc.). Eine weitere Umorientierung bei den Frauenfördermaßnahmen bedeutete die Entstehung des WID-Konzeptes, d. h. des sogenannten Effizienzansatzes, wobei die effektive und effiziente ökonomische Beteiligung der Frauen das Hauptziel dieses Ansatzes war. Man verwies auf das „brachliegende Potential Frauen“: Bei der Entwicklungsförderung könne man es sich nicht leisten, die Hälfte der Bevölkerung außer acht zu lassen, sondern alle Kräfte müßten ausgeschöpft werden. Dieser Ansatz ist sehr populär und wird sehr stark von den UNO-Organisationen und der Weltbank unterstützt. Allerdings zeigen sich bis heute erhebliche Schwächen dieses Programms: Vielfach wurden Frauen in ungeschützte, schlecht entlohnte Beschäftigungsverhältnisse gedrängt und durch Arbeit z. B. im Handwerk, aber auch durch Arbeit in der Produktion für den Weltmarkt (z. B. Elektrotextilindustrie) in Position abgedrängt, die einer „Ausbeutung“ sehr nachkommen.[22]

Nach der offiziellen Anerkennung der negativen Auswirkungen der Strukturanpassungsstrategien plädierte die *UN Economic Commission of Africa* 1989 für die Rückkehr zu einer Orientierung an der Befriedigung von Grundbedürfnissen und einer breiten Partizipation der Bevölkerung. Dabei wurde nun auch offiziell

---

[19] Vgl. Schöninger, I.: Strategien der Stärke. Eine Studie über afrikanische Entwicklungshilferinnen in Niger; a. a. O.; S. 25.

[20] Vgl. ebenda; S. 26.

[21] Zur Strukturanpassung für die afrikanischen Länder vgl. World Bank: Subsaharian Africa: from Crisis to Sustainable Growth; Washington D.C. 1989, kritisch dazu vgl. UN-ECA: African Alternative Framework to Structural Adjustment Programmes for Socio-Economic Recovery and Transformation (AAF-SAP); Addis Abbeba 1989.

[22] Tekülve, M.: Die Sichtbarwerdung der Frau; in: GR 45; 1993; Heft 5; S. 310. Siehe dazu auch Moser, C.O.N.: Gender Planning in the Third World: Meeting Practical and strategic Gender Needs; a. a. O.

anerkannt, daß ohne eine Veränderung der lokalen und globalen Rahmenbedingung kein Aufbrechen des Teufelkreises möglich ist. Außerdem steht zur Debatte eine Veränderung von ungleichgewichtigen Machtverhältnisse und -strukturen, die faktisch darüber entscheiden, nach welchem Modus Ressourcen, Entscheidungskompetenzen und Mitbestimmung verteilt werden. Die *Platform of Action* bei der 4. Weltfrauenkonfrenz in Peking (1995) hat diesen komplexen Zusammenhang von Geschlecht, Armut und strukturellen Faktoren erneut betont.[23] Dabei wird hervorgehoben, daß das einzige Konzept, das Forderungen nach einer substantiellen Transformation aus einer geschlechterdifferenzierenden Perspektive heraus aufgreift, der bereits in Nairobi 1985 vorgestellte *Empowerment*-Ansatz von DAWN ist. Mit dem Begriff *Empowerment* wird ein Zuwachs an *Power*, also an Kraft und Stärke, eingefordert. In einer auf Personen oder auch auf Gruppen bezogenen Wendungen bedeutet *Empowerment* zunächst einen Zuwachs an individuellem Handlungspotential für Einzelmenschen oder für die Mitglieder einer Gruppe. Wird dieses gesellschaftlich in einer bestimmten Form wirksam, vollzieht sich der Aufbau von Handlungsmacht.

In gesellschaftspolitischer Sicht wird dieses Konzept vor allem dann interessant, wenn mit ihm die Frage nach dem „Wozu?" verbunden wird. Eine sehr spezifische Sichtweise zeigt sich dann aber in der „strategisch" ausgerichteten Definition:

> „Empowerment ist somit ein Konzept, das gesellschaftliche Herrschaftsasymmetrien zu eliminieren versucht. Es bezeichnet einen individuellen und strukturellen „Prozeß, der die Machtverteilung verändert, sowohl in zwischenmenschlichen Beziehungen als auch in gesellschaftlichen Institutionen". Frauen sollen als ihre eigenen Anwältinnen Probleme benennen, die bisher Grund ihrer Benachteiligung waren ... Sie müssen zuerst ihrer selbst, ihre Beziehung zu anderen Menschen sowie ihrer unmittelbaren und mittelbaren Umwelt bewußt werden.[24]

Abbildung 1 gibt einen Überblick über verschiedene Ansätze von Frauenfördermaßnahmen.

Die Bedeutung der Frauen und die Chance einer Verwirklichung von Entwicklungszielen durch sie wurde zwar theoretisch erkannt, die praktische Umsetzung dieser Erkenntnis ließ jedoch zu wünschen übrig. Eine sehr wichtige Schwäche bei allen neuinstallierten Frauenfördermaßnahmen und -institutionen war, daß sie durchweg nur unzureichend an die traditionellen Handlungsspielräume und Organisationsstrukturen von Frauen anknüpften. Andererseits und trotz vieler Absichtserklärungen war das für spezielle Frauenfördermaßnahmen zur Verfü-

---

[23] Vgl. Schöninger, I.: Strategien der Stärke. Eine Studie über afrikanische Entwicklungshilferinnen in Niger; a. a. O.; S. 31f.

[24] Schöninger, I.: Strategien der Stärke. Eine Studie über afrikanische Entwicklungshilferinnen in Niger; a. a. O.; S. 35. Siehe auch Stromquist, N.: Praktische und theoretische Grundlage für „Empowerment", in: Nord-Süd-aktuell, 2. Quartal 1993; S. 259.

gung gestellte Finanzvolumen im Vergleich zu technischen und landwirtschaftlichen Projekte verschwindend gering.[25]

Abbildung 1: Von „Wohlfahrt" zu „Empowerment" – Geschichte der Frauenförderung

	Wohlfahrt	***Gleichheit***	***Armuts-bekämpfung***	***Effizienz-steigerung***	***„Empower-ment"***
Ursprung	Erster Ansatz: Relikt aus der Kolonialzeit Orientierung an Modernisie-rung	Scheitern der Modernisie-rung 1.Welt-Feminismus UN Frauendekade	Kritik an Gleich-heitsansätzen Grund-bedürfnis-konzept	Verschlechter-ung der Weltökonomie - Ökonomische Anpassungs-programme	Neuester Ansatz: Scheitern des Gleichheits-ansatzes 3. Welt-Feminismus Basis-organisation
Zeit	1950-1970 (bis heute)	1975-1985 (bis heute)	seit 1970	seit 1980	seit 1975, verstärkt seit 1980
Zweck	Förderung von Frauen in ihrer Rolle als Mutter	Gleichheit für Frauen im Entwicklungs-prozeß	Erhöhung der Produktivität von armen Frauen	Effektive und effiziente ökonomische Beteiligung von Frauen	Befähigung/ Ermächtigung von Frauen durch Selbst-bestimmung
Berück-sichtigte Bedürf-nisse/ Rollen von Frauen	PFB, Reproduktive Rolle (Ernährung, Familien-planung)	SEB, dreifache Rolle	PFB, Produktive Rolle bei der Einkommens-erzielung	PFB, dreifache Rolle beansprucht bei abnehmen-den staatlichen Sozialleistun-gen	SFB, dreifache Rolle, Ansatzpunkt und Mobilisierung durch PFB
Bemer-kung	Frauen sind passive Empfänger von Entwicklungs-hilfe	kritisiert als „westlicher Feminismus", von Regierungen als bedrohlich und heraus-fordernd gesehen, nicht populär	Arme Frauen werden zur separaten Kategorie, begrenzt populär	Betrachtung ausschließlich der Leistungs-kapazität von Frauen, sehr populär	Betonung auf 3. Welt und Selbst-Bestimmung, heraus-fordernd, unpopulär

PFB = praktische Frauenbedürfnisse (abgleitet aus der Rolle von Frauen)
SFB = Strategische Frauenbedürfnisse (abgleitet aus feministischen Bedürfnissen)

Quelle: Tekülve, M.: Die Sichtbarwerdung der Frau; in: GR 45; 1993; Heft 5; S. 311.

---

[25] Beispielwiese betrug der Gesamtetat der Bundesrepublik für Entwicklungszusammenarbeit 1981 5757,7 Mill. DM, wovon nur 4 Mill. in den Frauenetat flossen, ein Trend, der sich bis heute nicht veränderte. Vgl. dazu Schöninger, I.: Strategien der Stärke. Eine Studie über afrikanische Entwicklungshilferinnen in Niger; a. a. O.; S. 27.

1.3 Frauenrollen im gesellschaftlichen und wirtschaftlichen Kontext

1.3.1 Frauen in den ländlichen Gebieten

Wie inzwischen hinlänglich bekannt ist, gehören Frauen der Länder des Südens zu den am meisten benachteiligten Bevölkerungsgruppen der Welt. Obwohl Frauen nach UNO-Statistiken weltweit zwei Drittel aller Arbeit leisten, verfügen sie nur über ein Zehntel des Einkommens und ein Hundertstel des Eigentums. Weltweit sind Frauen für Kinder, Ernährung, Wasser, Energie, Gesundheit sowie für ältere und kranke Familienmitglieder zuständig. Sie sind die Hauptproduzentinnen von Rohstoffen und Verbrauchsgütern sowohl für die Subsistenz als auch für die formelle Wirtschaft. In allen Regionen der Welt sind Frauen auf vielfältige Weise in die landwirtschaftliche Arbeit einbezogen; selbst dann, wenn sie – wie in einigen islamischen Gesellschaften – nicht auf den Feldern mitarbeiten dürfen, tragen sie wesentlich dazu bei, die Ernte lager-, verkaufs- und verzehrbereit zu machen.[26]

Nach offiziellen Angaben der UNO wird in Afrika 60-80 % der landwirtschaftlichen Arbeit von Frauen geleistet. Die Frauen spielen als Bäuerinnen eine wichtige Rolle für die Nahrungsversorgung der Familien. Sie sollen in fast allen afrikanischen Ländern neben der Hausarbeit die Gartenarbeit sowie die Weiterverarbeitung landwirtschaftlicher Produkte übernehmen. In großem Ausmaß in Westafrika – aber auch in Ostafrika – sind Frauen neben der Gartenarbeit an den meisten Feldarbeiten, wie Jäten, Hacken und allen Erntearbeiten beteiligt.[27]

Bei der weiblichen Arbeitsleistung in ländlichen Gebieten Afrikas ist zu berücksichtigen, daß die Hausarbeit zahlreiche arbeitsintensive und zeitaufwendige Tätigkeiten umfaßt, etwa die Beschaffung von Wasser und Brennholz, die Weiterverarbeitung von Grundnahrungsmitteln (Mahlen von Getreide, Raspeln von Wurzeln, Herstellung von Speiseöl), Konservierung von Nahrungsmitteln, Kochen, Waschen, Putzen etc. Tagesablaufstudien dokumentieren, daß sich die Aufgaben der Frauen in ländlichen Gebieten in Afrika zu einem 16stündigen Arbeitstag summieren. Frauen sind zu 80 % für die Vorräte, zu 90 % für die Mahlzeiten, zu 60 % für den Handel, zu 50 % für das Vieh zuständig.[28]

Die Abwanderung von Männern[29] hat die Notwendigkeit der Frauenarbeit in ländlichen Gebieten Afrikas, vor allem in der Sahelzone, noch verstärkt. Die Not

---

[26] Vgl. Hanak, I.: Frauen in Afrika: Ohne uns geht gar nichts; Frankfurt a. M. 1995; S. 19.

[27] Vgl. Henn, J.K.: Women in rural economy: Past, Present, and Future; in: Jean Hay, M./Stichter, S.: African Women South of the Sahara; London, New York; S. 1.

[28] Vgl. Klemp, L.: Frauen im Entwicklungs- und Verelendungsprozesse; a. a. O.; S. 290.

[29] Da die Lebensbedingungen in vielen ländlichen Gebiete in Afrika, vor allem in der Sahelzone, sich wegen verfehlter Entwicklungspolitik sehr verschlechtert, verlassen viele Bauern schon seit Jahrzehnten ihre Bauernhöf, um Lohnarbeit in den Städten zu suchen. Siehe

macht die Tätigkeitsbereiche der Frauen vielgestaltiger und zahlreicher, aber auch deutlich belastender. Allerdings haben die Frauen der kleinbäuerlichen Migranten meistens nicht die Kapazität, diese zusätzlichen Anforderungen zu erfüllen, da sie längst die Grenzen ihrer Belastbarkeit erreicht haben. Deshalb wird sehr stark auf Kinderarbeit zurückgegriffen, vor allem auf die der Mädchen. Nach einer FAO-Studie in Burkina Faso im Jahr 1983 müssen Mädchen ab sieben Jahren bis zu vier Stunden am Tag, mit 15 Jahren bis zu zehn Stunden in Landwirtschaft und Haushalt mitarbeiten, was ihre Möglichkeit, eine Schule zu besuchen, stark beeinträchtigt.[30]

Obwohl also die Frauen zu 80 % die Last der Beschaffung von Nahrungsmitteln für die Gemeinschaft tragen, gelingt es ihnen bis heute noch nicht, sich damit Entscheidungsgewalt, Verfügung über Mittel und Respekt zu verschaffen. Ihre Arbeit wird als selbstverständlich und damit als nebensächlich angesehen, sie ist meist unbezahlt und wird auch staatlicherseits gering eingeschätzt und entsprechend minimal unterstützt.[31]

1.3.2 Auswirkung der Modernisierungsstrategien auf die Situation von Frauen in den ländlichen Gebieten Afrikas

Betrachtet man die ökonomische Krise vieler Entwicklungsländer, vor allem die afrikanischer Länder, und die von der internationalen „Gebergemeinschaft" vorgeschlagenen Entwicklungsstrategien, sieht man, wie wenig gesellschaftliche Aspekte diskutiert oder gar berücksichtigt werden, unter ihnen vor allem die Rolle der Frau in der Gesellschaft. Gerade an der fehlenden Berücksichtigung der Frau in Strategiedebatten kann beispielsweise gezeigt werden, daß die Modernisierung der Landwirtschaft in Afrika oft scheitert, weil sie die soziale Wirklichkeit der komplexen Produktionssysteme und deren soziale Einbettung nicht berücksichtigt.[32]

In der Diskussion über die Aufgaben und die Rolle von Frauen in der Landwirtschaft in Afrika, über die wirtschaftlichen Folgen des Kolonialismus und der Modernisierung des Agrarsektors hat die bereits erwähnte Studie von Ester Boserup eine besondere Rolle gespielt. Boserup hält die Intensivierung der Landwirtschaft für einen entscheidenden Faktor landwirtschaftlicher Moderni-

---

dazu beispielweise Grawart, E. (Hrsg.):Wandern oder bleiben?. Veränderungen der Lebenssituation von Frauen im Sahel durch die Arbeitsmigration der Männer; Bremer Afrika-Studien. Informationszentrum Afrika (IZA); Bd. 8; Bremen 1994.

[30] Vgl. Hanak, I.: Frauen in Afrika: Ohne uns geht gar nichts; Brandes & Aspel. Südwind; Frankfurt a.M. 1995; S. 50. siehe auch Rünger, H.: Wie kann Frauenarbeit bewertet und erleichtert werden?; in: E+Z 12/1989; S. 9.

[31] Vgl. ebenda; S. 51.

[32] Vgl. Lachenmann, G.: Entwicklungspolitische Konzeptionen der Frauenförderung in Afrika; a. a. O.; S. 130.

sierung, der wegen des Bevölkerungswachstums notwendig sei.[33] Dabei zeigte sie, daß anläßlich dieses Prozesses die Arbeitsleistungen von Frauen ignoriert werden und sie aus traditionellen Arbeitsbereichen verdrängt werden. Durch die Mechanisierung der landwirtschaftlichen Arbeit habe die Arbeit der Männer an Bedeutung gewonnen und gleichzeitig sei die Arbeitslast der Frauen aufgrund ihrer alleinigen Verantwortung für die Subsistenz neben ihrer Arbeit im mechanisierten Feldanbau oder auf den durch Bewässerungssysteme erschlossenen Feldern erhöht werden. Dennoch ging die tragende Rolle der Frauen im Anbau zurück, ihr Zugang zu Ressourcen und Entscheidungskompetenz verschlechterte sich.[34]

Dieser Prozeß wurde durch die Kolonialmächte mit der Einführung der Plantagenwirtschaft unter Nutzung der Arbeitskraft der Männer und dadurch, daß allein Männer den Zugang zu Technik, Bildung und Privateigentum hatten, noch verstärkt. Ohne die bestehenden gemeinschaftlichen oder weiblichen Nutzungssysteme zu berücksichtigen, führten die westlichen Kolonialmächte zur Absicherung ihrer Expansionsbestrebungen individuelle Eigentumsverhältnisse ein. Dabei privilegierte die koloniale Geschlechterideologie eindeutig den Mann beim Landerwerb. Damit verloren Frauen, die bis dahin durch ihre Nutzungsrechte ein gewisses Maß an Selbständigkeit hatten, nicht nur ihre wirtschaftliche Unabhängigkeit, sondern nach und nach auch die Kontrolle über den Boden als Produktionsmittel.[35]

Innerhalb des kolonialen Wertessystems galt Männerarbeit als „modern", höher bewertet und bezahlt, Frauenarbeit dagegen als „rückständig", niedriger bewertet und bezahlt. Männliche Arbeitskräfte wurden zu exportorientierten *Cash-crop*-Produktionen (Baumwolle, Erdnüsse, Kaffee, Tabak etc.) herangezogen. Die unfreiwillige Arbeitsmigration der Männer – wegen der Einführung von Steuerabgaben – hatte zur Folge, daß immer mehr Frauen traditionelle Männerarbeit übernahmen und für die Versorgung der Familien zuständig waren. Insgesamt erhöhte sich mit dem Anbau landwirtschaftlicher Exportprodukte die Arbeitsbelastung von Frauen und verminderte sich die Anerkennung ihrer Arbeit. Diese Politik setzte sich nach der Kolonialzeit fort, da die Frauen vielerorts vom Marktfruchtanbau, Kredit- und Beratungszugang ausgeschlossen waren.[36]

---

[33] Vgl. Benería, L./Sen, G.: Accumulation, Reproduction, and Women's Role in Economic Development: Boserup Revisited; in: Signs; Vol. 7, no. 2, University of Chicago; Winter 1981; S. 145f.

[34] Vgl. Boserup, E.: Women's Roll in Economic Development; a. a. O.; S. 25ff. und vgl. auch Kasmann, E./Körner, M.: Autonom und abhängig: Westafrikanische Landfrauen zwischen Tradition und Gesellschaftlicher Modernisierung, Bielefelder Studien zur Entwicklungssoziologie 52; Saarbrücken 1992; S. 108f.

[35] Vgl. Boserup, E.: Women's Roll in Economic Development; a. a. O.; S. 52f.

[36] Vgl. Klemp, L.: Frauen im Entwicklungs- und Verelendungsprozeß; a. a. O.; S. 292.

Das Vordringen moderner technologisierter Produktionsmethoden hat die bestehende Ungleichheit zwischen Mann und Frau in Afrika weiter vertieft. In dem Maße, in dem Marktproduktion gegenüber Subsistenzproduktion, formale gegenüber informaler Bildung, Geldeinkommen gegenüber Naturaleinkommen, industrielle Massenproduktion gegenüber handwerklicher Produktion an wirtschaftlicher Bedeutung gewonnen hatte, gerieten die arbeitsintensiven, unbezahlten, (angeblich) unqualifizierten Arbeitsleistungen von Frauen ins Abseits und unterlagen der sozialen und wirtschaftlichen Entwertung. Die Formel „Frauen tragen die Last der Unterentwicklung" faßt die verschiedenen Dimensionen der aufgezeigten Entwicklungen zusammen. Nur eine Umorientierung in Form einer Einbeziehung von Frauen in die formelle Wirtschaft könnte zur Anerkennung ihrer Rolle in der Ernährungssicherung und zur Verbesserung ihres sozialen Status und ihrer Situation auf dem Land beitragen.[37]

1.3.3 Frauen zwischen ländlichen und urbanen Gebieten: Moderne und informelle Wirtschaftssektoren

Die wachsende Bedeutung der Städte im Zuge des Modernisierungsprozesses hat in den vergangenen Jahrzehnten für Frauen in unterschiedlichem Ausmaß Existenzsicherung und Erwerbchancen in den modernen Wirtschaftssektoren, vor allem in den expandierenden Dienstleistungsleistungsbereichen und dabei meistens in den informellen Sektoren, geboten. Damit tragen Frauen erheblich zum monetären Familieneinkommen bei. Allerdings weisen die Grundmuster weiblicher Erwerbstätigkeit weltweit vergleichbare Strukturen auf, insofern als die Frauen für die gleiche Arbeit weniger Lohn als die Männer erhalten und systematisch in Bereichen beschäftigt werden, die nur ein geringes Qualifikationsniveau erfordern.[38] Die Erwerbstätigkeit von Frauen aus den ärmeren Bevölkerungsschichten konzentriert sich im informellen Sektor oder in solchen Bereichen der modernen Sektoren, die geringere Löhne und eine äußerst geringe Sicherheit des Arbeitsplatzes bieten.[39]

Angesichts der ohnehin hohen Arbeitslosigkeit im formellen Sektor, ist es für Frauen noch weitaus schwieriger als für Männer, hier eine Arbeit zu finden. Schätzungsweise nur 10 bis 15 % der formellen Arbeitsplätze sind mit Frauen besetzt. Frauen werden aus verschiedenen Gründen wie z. B. Schwangerschaft, Kinderbetreuung oder auch fehlender Qualifikation diskriminiert.[40]

---

[37] Vgl. ebenda; S. 293f.

[38] Vgl. Walter, V.: Focusing on Women and Poverty Alleviation; in: Bakhit, I/Ravensburg, N.G.v./Münkner, H. H./Walter, V./Walter, T.: Attacking the Roots of Poverty; Marburg Consult for Self-Help Promotion; Marburg 1996; S. 106f.

[39] Vgl. Klemp, L.: Frauen im Entwicklungs- und Verelendungsprozeß; a. a. O.; S. 297.

[40] Vgl. Hanak, I.: Frauen in Afrika: Ohne uns geht gar nichts; a. a. O.; S. 52.

Abbildung 2: Strukturelle Rahmenbedingungen von Frauenarbeit

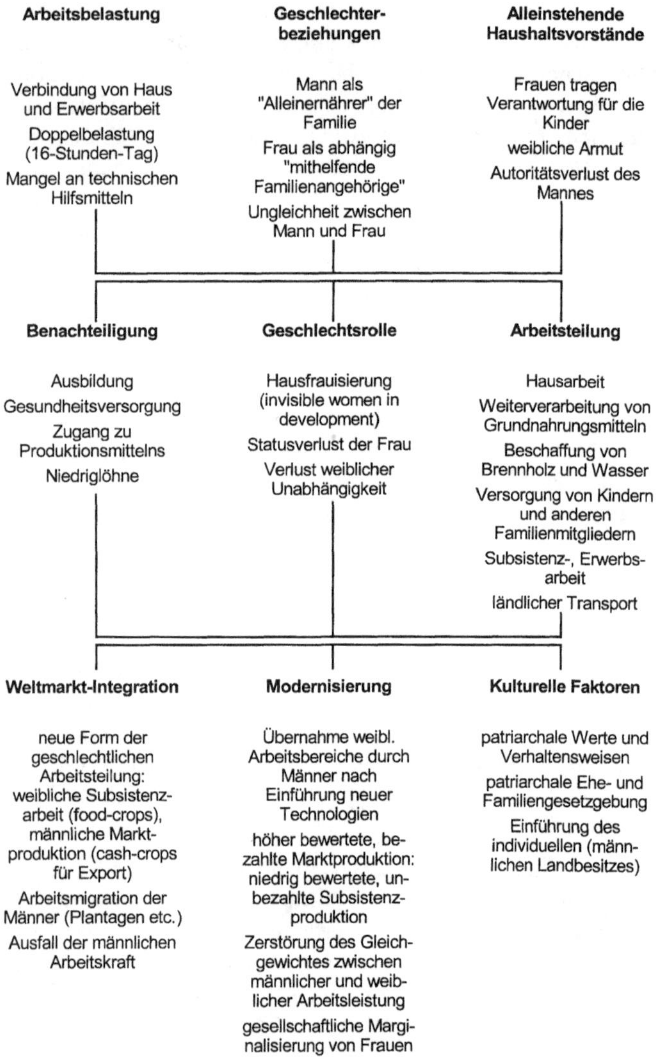

Quelle: Klemp, L.: Frauen im Entwicklungs- und Verelendungsprozeß; in: Nohlen, D./Nuscheler, F. (Hrsg.): Handbuch der Dritten Welt. Grundprobleme, Theorien, Strategien; 3. Auflage; Bonn 1992; S. 295.

Somit bleibt für viele Frauen nur der informelle Sektor übrig. So sind die Frauen unter Einsatz von wenig Kapital und einfacher Technik im Kleinhandel und Kleingewerbe tätig oder bieten einfache Dienstleistungen an. Diese wirtschaftlichen Aktivitäten sind im wesentlichen auf die Subsistenzsicherung ausgerichtet und werden selbständig und auf eigenes Risiko ausgeübt.[41]

Traditionell arbeiten Frauen in Westafrika – aber auch in Ostafrika – in großem Ausmaß neben ihrer Tätigkeit in der Landwirtschaftsarbeit als Marktfrauen im Kleinhandel, da die landwirtschaftliche Arbeit allein für die Subsistenzerhaltung nicht ausreicht. Alleinstehende Frauen, häufig Witwen oder geschiedene Frauen, die überwiegend allein für die täglichen Lebenskosten, Nahrungsmittel, Kleidung sowie die Schulbildung ihre Kinder aufkommen müssen und auch kein Land haben, gehen in zunehmender Zahl in die Stadt – zuerst in kleinere Städte, wo sie noch Gärten oder Felder bebauen und nebenbei andere Tätigkeiten ausüben können.[42]

Insofern bietet der informelle Sektor für Frauen folgende wichtige Vorteile: Ihre Beteiligung ist dort in gleichberechtigter Form möglich, und die Ausübung informeller Tätigkeiten verlangt keine Bildungsqualifikationen; sie ist zudem mit der Kinderbetreuung vereinbar. In der Regel entstehen Kombinationen von bezahlten Arbeitsverhältnissen. So sind Frauen oft gleichzeitig Kleinbäuerinnen, Saisonarbeiterinnen, Kleinhändlerinnen und Kleingewerbetreibende.[43]

Abbildung 2 zeigt die strukturellen Rahmenbedingungen der Frauenarbeit.

1.4 Gesellschaftliche und wirtschaftliche Rollen von Frauen im Sudan

Die Situation sudanesischer Frauen ist wesentlich davon geprägt, ob sie in der Stadt oder auf dem Land leben, und davon, welchem der zahlreichen Völker sie angehören, da Traditionen das Leben – besonders auf dem Land – noch stark beeinflussen.

In den ländlichen Gebieten leben mehr als 60 % der sudanesischen Bevölkerung und in der Landwirtschaft werden die wichtigsten Nahrungsmittel für die Einwohner des gesamten Landes produziert. Der Anteil der weiblichen Arbeitskräfte in der Landwirtschaft betrug nach den Daten der Volkszählung von 1983 34,7 %, im Handel 8,3 %. Dabei machte laut UNDP der Anteil der Frauen an der Gesamtzahl der Arbeitskräfte im Sudan im Jahre 1988 21,5 % aus. Solche Daten sind jedoch lediglich als grobe Schätzwerte zu betrachten, da in diesen offiziellen Statistiken der Hauptteil der weiblichen Arbeit im Hause, auf den Feldern, in den Gärten und als Kleinhändlern im informellen Sektor nicht erfaßt

---

[41] Vgl. Klemp, L.: Frauen im Entwicklungs- und Verelendungsprozeß; a. a. O.; S. 298.
[42] Vgl. Hanak, I.: Frauen in Afrika: Ohne uns geht gar nichts; a. a. O.; S. 52.
[43] Vgl. Klemp, L.: Frauen im Entwicklungs- und Verelendungsprozeß; a. a. O.; S. 298.

sind. Dies liegt daran, daß solche Tätigkeiten der Selbstversorgung der Familien dienen. Sie werden weder entlohnt noch über den Markt vermittelt. Diese Umstände, die auch weltweit gelten, sind Ausdruck der kulturellen Handlungsbeschränkungen für Frauen und der patriarchalen Machtstrukturen, in denen die Männerarbeit tendenziell höher bewertet wird als die Frauenarbeit.[44]

Insbesondere im Westsudan arbeiten Frauen in der traditionellen Landwirtschaft und tragen für die Grundversorgung der Familien die Hauptverantwortung. Die geschlechtspezifische Arbeitsteilung schreibt die gleichförmigen, zeitaufwendigen landwirtschaftlichen Arbeiten den Frauen zu, während die Durchführung kurzer, schwerer Tätigkeiten die Aufgabe die Männer ist – wie beispielsweise das Roden. In ihrer Studie über Kutum im Westsudan, wo die meisten Familien Zugang zu Land und Pflanzen in der Regenzeit haben, berichtete Elke Grawert, daß etwa 90 % der Gemüsegärtner Frauen sind. Mit einfachen traditionellen Methoden bewässern, pflanzen, jäten und ernten sie viele Sorten von Gemüse wie Zwiebeln, Tomaten, Möhren, Blattgemüse, Rote Bete, Gurken etc. Nach der Ernte verkaufen sie ihre Gemüseprodukte auf dem Markt, entweder direkt an kaufkräftigere Mittelschichtbürger oder an Zwischenhändler, die sie dann in der Landeshauptstadt und anderen Städten weiterverkaufen. Weiterhin arbeiten über 70 % der Frauen im Feldanbau, wobei in der Regenzeit überwiegend Frauen und Mädchen Hirse auf den Sandböden aussäen und jäten.[45]

Die Dürreperioden in den 80er und Anfang 90er Jahre belasteten die Frauen in ländlichen Gegenden mit schwerer zusätzlicher Arbeit, die neben der Hausarbeit, dem Brennholz- und Wassertransport, der Kinderversorgung, der Feldarbeit und dem Marktverkauf zu erledigen war. So verdingten sich viele arme Frauen im Westsudan als Land- und Bauarbeiterinnen für Lohn.[46] Manchmal arbeiten sie als Metzgerinnen, wobei sie ihr eigenes Kleinvieh, wie Schafe und Ziegen schlachten und das Fleisch verkaufen. Eine weitere Möglichkeit der einkommenschaffenden Arbeit ist für viele Frauen in West-, Ost- und Mittelsudan[47] der Kleinhandel, wie z. B. der Tee- und Speisenverkauf, Belieferung von Haushalten

---

[44] Vgl. Grawert, E.: Alltag und soziale Stellung der Frauen im Westsudan; in: Laudowicz, E. (Hrsg.): Fatimas Töchter. Frauen im Islam; Köln 1992; S. 106. Vgl. auch Dey, J.: Women in food Production and food Security in Africa. Women in Agricultural Production and rural Development sevice. Human Resources, Institutions and Agrarian Reform Division. Food and Agriculture Organisation of the United Nations (FAO); 1984; S. 14.

[45] Vgl. Grawert, E.: „Einer soll fortziehen...“. Wie Frauen in Kutum (Westsudan) durch Flexibilität und Mehrarbeit die Migrationsfolgen auffangen; in: Grawart, E. (Hrsg.):Wandern oder bleiben?. Veränderungen der Lebenssituation von Frauen im Sahel durch die Arbeitsmigration der Männer; Bremer Afrika-Studien. Informationszentrum Afrika (IZA); Bd. 8; Bremen 1994; S. 109ff.

[46] Vgl. Grawert, E.: Alltag und soziale Stellung der Frauen im Westsudan; a. a. O.; S. 117f.

[47] Die sozioökonomische Rolle der Frauen im Nordsudan wird detaillierter im Teil II diskutiert.

mit Wasser, Verkauf von verarbeiteten Nahrungsmitteln wie Erdnußbutter, Joghurt, Tomaten- oder Okramehl, Ankauf von Getreide, Viehfutter, Brennholz, Gemüse oder Obst bei Großhändlern und der Weiterverkauf auf dem Markt. Viele Frauen verkaufen ihre eigenen Handwerksprodukte wie Matten, Körben, Speiseabdeckungen, Mützen und Teppiche. Alle diese genannten Tätigkeiten von Frauen genügen lediglich zur Deckung des täglichen Bedarfs und zum Kauf der benötigten, nicht selbst produzierten Lebensmittel. Das Geld für größere Ausgaben wie Schulgeld, Schulmaterial, Hausrat, Kleidung etc. wird in der Regel von den Männern erwirtschaftet.[48]

Das zwingt die Männer dazu auszuwandern, da die Möglichkeit, eine gute Arbeit, die alle Familienausgaben deckt, auf dem Land zu finden nicht gegeben ist. So wandern die Männer in die Großstädte ab oder in die arabischen Ölländer aus, um dort als Lohnarbeiter zu arbeiten. Gerade diese Not und infolgedessen der Mangel an männlichen Arbeitskräften zu Hause haben zu einer Verschiebung der geschlechtsspezifischen Arbeitsteilung geführt. Immer häufiger müssen Frauen Arbeiten der Männer übernehmen. Da die kleinbäuerlichen Ehefrauen von Migranten kaum die Kapazität für diese zusätzlichen Anforderungen haben, wird auf Kinderarbeit zurückgegriffen, vor allem der Mädchen. Letztere erledigen viele Arbeiten im Haushalt und helfen bei Arbeiten auf den Feldern, von der Aussaat über das Jäten bis hin zur Ernte.[49]

Aufgrund sozioökonomischer Veränderungen in den Städten, besonders in der Hauptstadt, ist es in den letzten Jahrzehnten zu Veränderungen im Leben der Frauen gekommen. Vor allem die erweiterten Bildungsmöglichkeiten und die zunehmende Modernisierung haben den Frauen Selbstbewußtsein und erweiterte Berufsmöglichkeiten gegeben. Insbesondere in den oberen und mittleren Schichten, die ihre Wertvorstellungen einigermaßen an westlichen Normen ausrichten, ist es zu innerfamiliären Veränderungen gekommen. So konnten Frauen Arbeitsplätze in gut qualifizierten Bereichen finden. Allerdings haben Frauen immer noch beschränkte Chancen, beruflich aufzusteigen.[50] In ihrer Studie über Frauen im Sudan zeigte Sondra Hale, daß beispielweise im öffentlichen Sektor in der Hauptstadt Khartoum[51], wo die besten Möglichkeiten für Frauen bestehen, einen gute Ausbildung dazu führt, einen guten Job zu finden,

> „... women still do not as well as men in degree and type of employment. Their numbers compared with men's, are, in technical jobs, 23.9 percent; in administrative, 14 percent; clerical, 36.7 percent; sale, 1.9 percent; services, 15 percent; agriculture,

[48] Vgl. Grawert, E.: Alltag und soziale Stellung der Frauen im Westsudan, a. a. O; S. 118.

[49] Vgl. Grawert, E.: „Einer soll fortziehen...“. Wie Frauen in Kutum (Westsudan) durch Flexibilität; a. a. O.; S. 109.

[50] Vgl. Ismail, E./Makki, M.: Frauen im Sudan; Wuppertal 1990; S. 11.

[51] Ein sehr wichtiger Hinweis ist, daß fast 30 % der Bevölkerung in Sudan in der Hauptstadt leben. Dort besteht auch die beste Möglichkeit, einen Job im formellen Sektor zu finden.

2.8 percent; textiles (factory), 1.6 percent; and production, 1.2 percent; for a total 13 percent."[52]

Ein wichtiger Grund dafür ist, daß die Analphabetenrate unter sudanesischen Frauen immer noch höher als die bei Männern ist (über 80 % Frauen und etwa 60 % Männer). Viele Mädchen, die die Schule besuchen, lernen im allgemeinen gerade das Lesen und Schreiben und die Grundbegriffe der Mathematik. Wegen kultureller Beschränkungen oder Armut besuchen vergleichsweise wenige Mädchen höhere Schulen und Hochschulen. Vor allem von Technischen Schulen und Berufsschulen sind die Mädchen praktisch ausgeschlossen.[53]

Im allgemeinen sind die ökonomischen Aktivitäten in Khartoum in***Tabelle 1*** zu sehen:

Tabelle 1: Women's Economic Activity in Greater Khartoum
(Women as 12 Percent of Total Workforce)

Occupational Category	Women as Percent of Category
Professionals	20
Clerks	17
Sales	23
Service	15
Farmers/Fishers	0
Production	4
Inadequately Defined	40

Inadequately Defined = women Work in the Informal Sector

Quelle: Hale, S.: Gender Politics in Sudan. Islamism, Socialism, and the State; Colorado, Oxford 1996. S. 134.

Dennoch sitzen heute eine Anzahl von Frauen in staatlichen und anderen Positionen auf verantwortungsvollen Posten. Aber dies ist sehr wenig im Vergleich mit denen, die im informellen Sektor arbeiten und keine Unterstützung von Seiten der Politiker finden. Beispielsweise sind 40 % der im informellen Sektor in Khartoum Beschäftigten Frauen (Tabelle 1). Da es im formellen Sektor nur begrenzte Möglichkeiten für Frauen gibt, da sie meistens keine Ausbildung haben, versuchen sie, im informellen Sektor Fuß zu fassen, denn die Wirtschaftskrise der letzten Jahrzehnte hat die Notwendigkeit der Frauenarbeit noch weiter verstärkt. Dabei sind der Verkauf von einigen Handwerkserzeugnissen und Kleinwaren, das Feilhalten von Tee und Speisen, Dienstleistungen als Friseusen oder Schneiderinnen und Dienstbotenarbeit als Arbeitsmöglichkeit für Frauen zu benennen.[54]

---

[52] Sondra, H.: Gender Politics in Sudan. Islamism, Socialism, and the State; Colorado, Oxford 1996. S. 134.

[53] Über die Bildungssituationen im Sudan und besonderes für Frauen siehe Sondra, H.: Gender Politics in Sudan. Islamism, Socialism, and the State; Colorado, Oxford 1996, S. 125ff.

[54] Vgl. Ismail, E./Makki, M.: Frauen im Sudan; Wuppertal 1990; S. 30.

Die rigiden moralischen Standards und kulturell bedingten Vorstellungen hinsichtlich des Status der Frau in der Gesellschaft führen vor allem in den Kleinstädten im Nordsudan, wie z. B. Atbara und Ed Damer, und in den unteren, wenig gebildeten, armen Schichten ländlicher Herkunft, insbesondere im Nordsudan, zu schwierigen Situationen für die Frauen. Tätigkeiten, die zu Hause verrichtet werden können und dadurch zusätzliches Einkommen schaffen, werden toleriert (z. B. handwerkliche Arbeiten wie Sticken oder Nähen). Tätigkeiten auf der Straße – z. B. als Händlerinnen – werden jedoch in der Gesellschaft als rufschädigend angesehen.[55]

Die Mehrzahl der Sudanesen sind islamischen Glaubens und sehr stark von der islamisch-arabischen Kultur beeinflusst; das vorherrschende soziale System ist das patrilineare und patrilokale System. Nur der gesellschaftliche Status des Vaters ist wichtig. Im allgemeinen respektieren Sudanesinnen die islamische Tradition und ihre Gesetze, die die Regeln für Ehe, Scheidung, Kindersorgerecht und Vergesellschaftung festlegen, ohne an ihnen zu zweifeln. Die traditionellen sozialen Normen und Werte werden ebenso fraglos von nicht muslimischen Frauen akzeptiert; insbesondere Frauen aus den ländlichen Gebieten unterwerfen sich voll und ganz den Regeln der traditionellen Gesellschaftsordnung.[56] In den Städten allerdings erfaßt die Modernität vor allem die gebildeten Sudanesinnen. Diese beginnen, viele Traditionen zu hinterfragen. Seit dem Ende der 70er Jahre machen sich jedoch auch andere Bewegungen unter den jungen Sudanesen bemerkbar. Die islamischen Fundamentalisten verlangen ein Zurück zu der*sharia* und den strengen islamischen Gesetzen. Damit befindet sich der Kulturwandel im Sudan in einem Spannungsverhältnis zwischen der westlichen Modernität und dem islamischen Fundamentalismus. Dabei ist die Stellung der Frau ein Hauptproblem.[57]

Damit ist der Rahmen skizziert, auf den unsere Gesamtdiskussion zielt. Uns beschäftigt die Frage, wie dieser Spannungsverhältnis aufgelöst und zugleich die Rolle der Frau, ihrer gesellschaftlichen Bedeutung und entsprechend, aufgewertet werden kann.

---

[55] Für das Problem der kulturellen Handlungsbeschränkungen siehe Teil V dieser Arbeit, Abschnitt 3.7.

[56] Vgl. Ismail, E./Makki, M.: Frauen im Sudan; a. a. O.; S. 10f. Detaillierter dazu siehe auch Teil II.

[57] Vgl. ebenda.

2 Theoretische Erwägungen – Auf die Suche nach adäquaten methodologischen und theoretischen Grundlagen einer frauengerechten Entwicklungspolitik

2.1 Einführung

Schon seit den 80er Jahren wurde von einigen Autoren, wie Albert Hirschman, ein Niedergang der Entwicklungsökonomie festgestellt, auf die die politischen Katastrophen in vielen Entwicklungsländern zurückzuführen seien. Zu diesen Katastrophen trugen die Entwicklungstheorien ihrerseits dadurch bei, daß der durch sie verursachte Wirtschaftswandel zu politischen und sozialen Ordnungen führte, die nicht natürlich gewachsen waren, was wiederum zur Verletzung der Grundsätze von Freiheit und Menschenwürde führte.[58] Hirschman erklärt den Niedergang des Faches Entwicklungsökonomie unter anderem mit dem gleichzeitigen Angriff sowohl von Seiten der Neoklassiker als auch von Seiten der Dependenztheoretiker. Er klassifiziert die wirtschaftlichen Entwicklungstheorien nach zwei Kriterien: einerseits nach der Bestätigung oder Verwerfung der Behauptung beiderseitiger Wohlfahrtsgewinne in den Nord-Süd-Beziehungen und andererseits nach der Bestätigung oder Verwerfung der These, es gäbe eine einzige ökonomische Denkweise, die jederzeit auf alle Länder anwendbar sei. Aus dieser Klassifikation ergibt sich ein Schema mit vier Grundpositionen. Zwei davon bestätigen die beiden oben genannten Thesen kategorisch (die Neoklassiker) oder lehnen sie energisch ab (die Neomarxisten bzw. die Vertreter der Dependenztheorien). Die Entwicklungsökonomik zeichnet sich aus durch die Anerkennung beiderseitigen Nutzens in den Nord-Süd-Beziehungen und die Ablehnung eines monoökonomischen Erklärungsansatzes als dritte Grundposition. In der vierten Grundposition wird Marx selbst unterstellt, daß er teilweise gemeinsame Grundsätze mit der Klassischen Theorie hat.[59] Jedenfalls läßt sich Marx so interpretieren, als ob er die Ansicht verträte, daß sich die „Bewegungsgesetze“ von Entwicklungsländern nicht von denen der industrielle entwickelten Ländern unterscheiden.

Hirschmans Problem besteht nun darin, daß ihn das „Schicksal“ der Entwicklungsökonomik beschäftigt. Er wundert sich nicht darüber, daß für diesen

[58] Vgl. Riedel, J.: Die Suche nach adäquaten Entwicklungstheorien. Ein Diskussionsbeitrag zur Erklärung von Entwicklung; in Oppenländer, K.H./Schönherr, S. (Hrsg.): Strukturprobleme und Reformen in Afrika; Wilhelm Marguardt zum 75. Geburtstag; IFO-Institut für Wirtschaftsordnung; München; Afrika-Studien 119; München, Köln, London 1990; S. 48ff.

[59] Vgl. ausführlicher Streeten, P.P.: Changing Emphases in Development Theory; in: Simonis, U.: Entwicklungstheorie – Entwicklungspraxis. Eine kritische Bilanzierung; Schriften des Vereins für Sozialpolitik; Gesellschaft für Wirtschafts- und Sozialwissenschaften; Bd. 145; Berlin: Duncker und Humblot; 1986; S. 13ff.

Anwendungsfall die ökonomische Orthodoxie in Mißkredit geriet. Schließlich habe die Keynesianische Revolution die Lehre hoffähig gemacht, es müsse ein völlig anderes System analytischer Instrumente und politischer Maßnahmen für die Fälle entwickelt werden, in denen nachweislich beträchtliche materielle und humane Potentiale ungenutzt blieben, – was selbstverständlich für die Lage der Entwicklungsländer zu unterstellen war. Das bot eine Chance für eine neue Theorievariante, die der „Entwicklungsökonomik".

Diese sei eine Zeitlang erfolgreich gewesen, habe auch Entwicklung fördern können. Dann aber sei sie immer stärker in die Kritik geraten und habe sich von ‚diesen Angriffen bis heute nicht erholt. Dazu habe vor allem die Serie politischer Katastrophen beigetragen, die viele Länder der dritten Welt seit den sechziger Jahren erschütterten. Trotz zum Teil beachtlichen Fortschritts im wirtschaftlichen Bereich sei es nicht selten zu einem „Totalverlust von Bürger und Menschenrechten" gekommen. Seines Erachtens sei allerdings das Anliegen der Entwicklungsökonomik als „Bewegung" darin zu sehen, daß sie „überall und für alle eine Emanzipation von der Rückständigkeit bewirken wollte". In diesem Sinne sei es schon ein richtiger Schritt, wenn sich die Forschung in diesem Sektor deutlich neu ausrichtet, indem sie sich um das Thema der „Grundbedürfnisse" zentriert. Gleichzeitig bekennt er sich zu einem Grundargument der Theorie der Gerechtigkeit von John Rawls, nach dem es unzulässig sei anzunehmen, daß sich „Verletzungen der ... gleichen Grundfreiheiten ... durch größere gesellschaftliche oder wirtschaftliche Vorteile" rechtfertigen oder ausgleichen lassen.[1]

In diesem Zusammenhang proklamierte Ulrich Menzel „das Ende der Dritten Welt, und das Scheitern der großen Theorien". Dabei akzeptiert er, daß die Krise der Entwicklungstheorie eine Folge des Scheitern von Großtheorien ist. Der Hauptmangel dieser Theorien liege darin, daß sie umfassend waren und den notwendigen theoretischen Unterbau vernachlässigt haben. Wie viele andere Wissenschaftler betont er, daß die „Dritte Welt" keine Einheit sei, sondern sich zusammensetzt aus einer Vielzahl von Gesellschaften mit sehr unterschiedlichen kulturellen, religiösen und staatlichen Traditionen. Somit könnten die alten Theorien keine befriedigende Erklärung für die Bedeutung der rechtlichen,

---

[1] Vgl. Hirschman, A.O.: Entwicklung, Markt und Moral, München 1989, S. 40ff., 58ff

sozialen und psychologischen Faktoren[61] und ihren Einfluß auf das Wirtschaftsgeschehen der Entwicklungsländer bieten.[62]

Wir meinen, daß diese „neue“, d. h. umfassendere interdisziplinäre Sicht für eine Forschungsarbeit, wie wir sie planen, grundlegend ist. Deshalb betonen wir gleich zu Beginn, daß nach unserer Ansicht Entwicklungsprozesse nur unter Betrachtung der in den konkreten Ländern und Regionen jeweils gegebenen „Entwicklungspotentiale“, und das bedeutet vor allem im Kontext kultureller Verankerung, angemessen analysiert werden können. Dabei muß ganz zentral von Schlüsselbegriffen wie „Bürger- und Menschenrechte“ oder „Grundbedürfnisse“, bei der Gestaltung der Gesamtargumentation her gedacht werden.

2.2 Übersicht über die Erfahrungen mit der Entwicklung in den letzten Jahrzehnten

Die Bedeutung der soziokulturellen Faktoren und der heimischen Gesellschaftsstrukturen für die Entwicklungspolitik ist nur vor dem Hintergrund der jeweiligen Theorien und der daraus abgeleiteten Strategien zu begreifen, mit denen die sogenannten Entwicklungsländer in den letzten Jahrzehnten ihre technisch-ökonomische Unterentwicklung zu beseitigen versuchten. Diese Ansätze unterstellten, daß die Gesetze, die den Entwicklungsprozeß der Industrieländer bestimmt haben, auch für die Überwindung der Unterentwicklung dieser Länder Gültigkeit haben.[63]

Wie andere sozialwissenschaftliche Theorien weisen auch die Entwicklungstheorien eine explikative und eine normative Dimension auf. Es geht einerseits um die Frage, wie es zu Wachstum, Industrialisierung und gesellschaftlicher Modernisierung gekommen ist und welche Ursachen es dafür gibt, daß diese Prozesse in vielen Ländern nicht oder nur unzureichend stattgefunden haben. Andererseits geht es um die Frage nach der durch bestimmte Wertvorstellungen geprägten Gestaltung politischen Handelns zur Erreichung der Entwicklungs-

[61] Diese Faktoren werden als gesellschaftliche Institutionen bei vielen Autoren genannt. Sie spielen eine große Rolle für die Lehrmeinung der Institutionenökonomik und ihre Erklärung für die Entwicklung. Zur Vertiefung siehe Mummert, U.: wirtschaftliche Entwicklung und Institutionen. Die Perspektive der Neuen Institutionsökonomik; in E+Z Entwicklung und Zusammenarbeit, deutsche Stiftung für internationale Entwicklung (Hrsg.); Frankfurt; 39. Jg.; Nr. 2; Februar; 1998; S. 36ff und die dort angegebene Literatur.

[62] Vgl. Thiel, R.E.: Entwicklung und das Regelwerk der Gesellschaft; in E+Z Entwicklung und Zusammenarbeit, deutsche Stiftung für internationale Entwicklung (Hrsg.); Frankfurt; 39. Jg.; Nr. 2; Februar; 1998; S. 31.

[63] Vgl. Riedel, J.: Sozio-kulturelle Herausforderungen für die Entwicklungspolitik. Die Republik Niger; IFO-Institut für Wirtschaftsordnung München; Afrika Studien 118; München, Köln, London; 1990; S. 20.

ziele.[64] Dabei wurde von der westlichen Modernisierungsforschung die Auffassung vertreten, daß solche westlichen Wertvorstellungen die Entwicklungsdynamik der unterentwickelten Länder diktieren können. Dabei blieben die einheimischen sozialen und kulturellen Werte dieser Länder nicht nur unberücksichtigt, sie wurden auch als entwicklungshemmende, neuerungsfeindliche und als mit der von den industrialisierten Gesellschaften zwangsläufig verkörperten Modernität unvereinbare Faktoren behandelt.[65] In diesem Zusammenhang sei es die Aufgabe der Entwicklungsstrategie und -politik[66], diese Entwicklungshemmnisse, die den Übergang zur Modernität behinderten, zu beseitigen.[67]

Rückblickend auf die bisherigen Entwicklungsdekaden, die von bestimmten entwicklungspolitischen Lehrmeinungen geprägt waren, läßt sich eine Strategiedialektik nachzeichnen. Diese Dialektik zeigt mit einer gewissen Klarheit, wie die Entwicklungspolitik in den letzten Jahrzehnten zur katastrophalen Lage in vielen Entwicklungsregionen – vor allem in Afrika – geführt hat. Hier lassen sich drei Hauptphasen erkennen:

Die Strategie der 50er und 60er Jahre, die auf wirtschaftliches Wachstum ausgerichtet war

Die entwicklungsstrategische Diskussion im engeren Sinne begann am Ende des Zweiten Weltkrieges Mitte der 40er Jahre und erlebte ihren ersten Höhepunkt in den 50er Jahren. Sie ist mit Namen von Pionieren wie z. B. Rosenstein-Rodan, Nurkse und Lewis verbunden, deren Überlegungen in der damals vorherrschenden keynesianischen Lehrmeinung verwurzelt waren.[68]

---

[64] Vgl. Menzel U.: Das Ende der Dritten Welt und das Scheitern der großen Theorie; Frankfurt a. M. 1992; S. 72.

[65] Vgl. Riegel, K.G.: Tradition und Modernität. Zum Modernisierungspotential traditionaler Kulturen nichtwestlicher Entwicklungsgesellschaften; in: Nohlen, D./Nuscheler, F (Hrsg): Handbuch der Dritten Welt; Unterentwicklung und Entwicklung: Theorien – Strategien – Indikatoren; Bd. 1; Hamburg 1982; S. 73.

[66] Unter Entwicklungsstrategie versteht man „... demgegenüber aus den Theorien abgeleitete Maßnahmen, mit deren Hilfe die Abweichungen von diesen Normen behoben werden sollen." Menzel U.: 40 Jahre Entwicklungsstrategie = 40 Jahre Wachstumsstrategie; in Nohlen, D./Nuschler, F (Hrsg.): Handbuch der Dritten Welt. Grundprobleme – Theorien – Strategien; Bd. 1; Bonn 1992; S. 132. Es wird von Entwicklungspolitik „... die Implementierung dieser Strategien auf der Ebene politischer Handlungen, d. h. die Identifizierung und der Einsatz besonderer Instrumente zur Umsetzung der Strategie" verstanden. Ebenda. Ein anderer Begriff, den wir oft benutzen werden ist Entwicklungszusammenarbeit. Damit wird gemeint „... die Ebene bi- und multilateraler Beziehungen zwischen Industrieländern (IL) und Entwicklungsländern (EL) zur Unterstützung der Strategie, zielt also auf die Ebene der politischen Akteure". Ebenda.

[67] Vgl. Riedel, J.: Sozio-kulturelle Herausforderungen; a. a. O.; S. 20.

[68] Vgl. Menzel U.: 40 Jahre Entwicklungsstrategie = 40 Jahre Wachstumsstrategie; a. a. O.; S. 134.

In Anlehnung an die Erfahrungen des Wiederaufbaus in Europa nach dem Zweiten Weltkrieg hatte man geglaubt, die Armut durch Modernisierungsstrategien in den Entwicklungsregionen rasch überwinden zu können.[69] Basierend auf dem Denken des 18. und 19. Jahrhunderts – der klassischen Nationalökonomie der bürgerlichen Aufklärung und der Stammväter der Soziologie – führte die Modernisierungstheorie die „Rückständigkeit“ der ehemaligen Kolonien im wesentlichen auf innergesellschaftliche Faktoren zurück. Die dort im Vergleich zu den westlichen Industriegesellschaften als traditionell verstandenen Bewußtseins- und Gesellschaftsstrukturen wurden als entwicklungshemmende Faktoren angesehen, die einer wirtschaftlichen, sozialen, politischen und mentalen Modernisierung im Wege standen.[70] Folglich erwartete man Entwicklung, d. h. Modernisierung, als folge des Ersatzes „entwicklungshemmender“ autochthoner Strukturen durch den Import von – nach westlichen Vorstellungen – modernen Strukturen, Rechtsystemen und Institutionen.[71] In dieser Sichtweise war die Modernisierung ein welthistorisch zwangsläufiger und eindimensionaler Prozeß. Von diesem Prozeß würden alle Gesellschaften, wenn auch zu unterschiedlichen Zeiten, erfaßt. Dem wirtschaftlichen und technologischen Wandel wurde unterstellt, daß er sich Hand in Hand mit dem sozialen und politischen vollziehen würde.[72]

Entwicklung wurde entsprechend solcher Lehrmeinungen gleichgesetzt mit Produktivitätssteigerung, Wirtschaftswachstum und insbesondere Industrialisierung. Das entsprechende Kapitalangebot zur Finanzierung der Investitionen, ohne die es kein Wachstum geben kann, sollte durch die Erhöhung der Sparquote geschaffen werden. Dementsprechend wurde eine Umverteilung zugunsten der Bezieher hoher Einkommen als notwendig erachtet.[73] Weitere unverzichtbare Faktoren seien Urbanisierung, Alphabetisierung, soziale Mobilisierung und schließlich Partizipation und Demokratisierung im Sinne westlicher parlamentarischer Systeme.[74]

> „Die politischen Systeme sollten durch schrittweise Reformen transformiert werden, wobei autoritäre Systeme in der Anfangsphase durchaus als notwendig akzeptiert wurden. ... Dem lag die kaum reflektierte Annahme zugrunde, daß Menschen lebende Datenträger seien, deren Antworten auf standardisierte Fragen ohne Rücksicht auf

[69] Vgl. Riedel, J.: Sozio-kulturelle Herausforderungen; a. a. O.; S. 20.
[70] Vgl. Menzel, U.: Das Ende der Dritten Welt; a. a. O.; S. 16.
[71] Vgl. Ohe, W. v.d./Hilmer, R./Nett-Kleyboldt, S./Esterazy, Y./Kasttl, M.T.: Die Bedeutung sozio-kultureller Faktoren in der Entwicklungstheorie und -praxis; Forschungsberichte des Bundesministeriums für wirtschaftliche Zusammenarbeit; Bd. 29; München, Köln, London 1982; S. 36ff.
[72] Vgl. Menzel, U.: Das Ende der Dritten Welt; a. a. O.; S. 17.
[73] Vgl. Menzel, U: 40 Jahre Entwicklungsstrategie; a. a. O.; S. 134.
[74] Vgl. Menzel, U: Das Ende der Dritten Welt; a. a. O.; S. 17.

> kulturelle Besonderheit Aufschluß über ihr tatsächliches Denken und Handeln zuließen."[75]

Vor diesem Hintergrund ist die Durchsetzung der wachstumstheoretischen Modellansätze als herrschende volkswirtschaftliche Lehrmeinung zu sehen. Einerseits sollte die Errichtung von großen infrastrukturellen Projekte die Grundlage für wirtschaftliche Entwicklung legen. Andererseits wurden die Einrichtung moderner Industrieanlagen und umfangreicher landwirtschaftlicher Projekte, das Entstehen von Banken und nicht zuletzt die Entwicklung einer effizienten Verwaltung erwartet. Der Staat galt als hauptsächlicher Träger dieses Modernisierungsprozesses. Deshalb wurden staatliche Institutionen nach westlichen Organisationsmustern mit einem umfangreichen Beamtenapparat aufgebaut.[76] Die strategischen Überlegungen dieser Phase konzentrierten sich auf die Reihenfolge: Wachstum zuerst, Umverteilung später (*growth first, redistribution later*) bzw. Industrialisierung vor Demokratisierung.[77]

Die neoklassischenwachstumstheoretischen Ansätze zeichneten sich sowohl durch mechanische, an Gleichgewichtsvorstellungen orientierte Erklärungsansätze als auch durch statische Untersuchungsmethoden aus. Die tatsächliche Entwicklung wird in diesen Paradigmen durch die Schaffung von Anreizen und perfekten Marktmechanismen, die durch Preise und rationales Verhalten der Marktteilnehmer reguliert werden, möglich. Der Wandlungsprozeß treibt sich selbst voran. Grundsätzlich implizieren diese Ansätze Vorstellungen von Marginalismus, Gradualität und Gleichgewicht. Optimale Allokation bei vollkommener Konkurrenz stellt den Hebel dar, der den Entwicklungsprozeß in Gang setzt.[78]

Im neoklassischen Wachstumsmodell werden insoweit die Versuche zur Überwindung des Instabilitätstheorems als unmittelbarer Ansatzpunkt des Models gesehen. Es ging diesem Paradigma nicht nur darum, nachzuweisen, daß Gleichgewichtswachstum möglich ist, sondern vor allem, daß dieses auch stabil ist. Das tatsächliche Wachstum tendiert zur Anpassung an das vorgegebene natürliche Wachstum, unabhängig davon wie hoch die Akkumulationsrate ist. Diese determiniert jedoch das Niveau, auf dem sich langfristig der Prozeß stabilisiert, d. h. im neoklassischen Wachstumsmodell nähert die tatsächliche Entwicklung sich stets dem langfristigen *Steady-State*-Pfad des Wachstums an, der seinerseits durch die natürlichen Bedingungen determiniert wird. Weiterhin betont dieser

---

[75] Ebenda.

[76] Vgl. Bohnet, M.: Ökonomische Entwicklungstheorien und Entwicklungspolitik; in: Nohlen, D./Nuscheler, F. (Hrsg.): Handbuch der Dritten Welt. Unterentwicklung und Entwicklung: Theorien; a. a. O.; S. 318.

[77] Vgl. Menzel, U: Das Ende der Dritten Welt; a. a. O.; S. 135.

[78] Vgl. Timmermann. V.: Entwicklungstheorie und Entwicklungspolitik; Göttingen 1982; S. 83ff.

Ansatz, daß der Wachstumsprozeß störungsfrei verläuft, wenn die relevanten Variablen – Sozialprodukt, Arbeitspotential, Sachkapital – mit gleicher Prozentrate wachsen. Grundsätzlich wird also die Höhe der gleichgewichtigen Wachstumsrate dann von einer Größe bestimmt, die exogen vorgegeben ist.[79]

Eine andere Richtung der Wachstumstheorie, die sich als neues volkswirtschaftliches Paradigma nach dem Versagen der neoklassischen Rezepte zur Überwindung der Krise in den Entwicklungsländern herausbildete, ging unter dem Name Keynesianismus in die Lehrbücher ein. Im Gegensatz zur neoklassischen Annahme hatte John Maynard Keynes gezeigt, daß keineswegs immer eine Tendenz zur vollen Auslastung der Produktionsfaktoren bestehen muß und daß ein wirtschaftliches Gleichgewicht vielmehr auch bei ihrer Unterauslastung, also bei Arbeitslosigkeit und brachliegenden Kapazitäten möglich ist. Davon ausgehend empfahl er ein Instrumentarium staatlicher Anreize, um den Wachstumsprozeß wieder in Gang zu setzen und die Produktionsfaktoren voll auszulasten.[80]

Aufbauend auf Keynes' Ansatz entwickelten Roy Harrod und Evsey Domar ein Wachstumsmodell, das grundsätzlich auf folgender Aussage beruhte: Die Wachstumsrate des Bruttosozialprodukts (BSP) ist gleich dem Koeffizienten aus Sparquote und Kapitalkoeffizienten, wobei der Kapitalkoeffizient wiederum aus dem Verhältnis von Kapitalstock und dem Koeffizienten aus BSP und Arbeitskräftepotential gebildet wird. So bedarf die Steigerung des Wachstums einer Anhebung der Sparquote oder einer Senkung des Kapitalkoeffizienten, d. h. einer Steigerung der Kapitalproduktivität, die wiederum gleichbedeutend mit einer effektiveren Nutzung des Kapitalstocks ist.[81] Die auf diesen Überlegungen beruhende strategische Konsequenz konzentriert sich allerdings auf den Zähler des Koeffizienten, d. h. die Erhöhung des Kapitalangebots. Dieses kann entweder durch eine Steigerung des Sparaufkommens oder durch die Kapitalzufuhr von außen erreicht werden.[82]

Wesentlich für die Durchsetzung des Entwicklungskeynesianismus dürften allerdings zwei unmittelbare Ergebnisse des 2. Weltkrieges gewesen sein, und zwar die in Asien einsetzende neuerliche Welle der Entkolonialisierung und der Ausbruch des Ost-West-Konflikts, der in den 60er Jahren in Afrika seine Fortsetzung fand. Seit Ende der 40er Jahre wurde der Ost-West-Konflikt zunehmend auf dem Territorium der Kolonien bzw. ehemaligen Kolonien ausgetragen. Dies erzwang auch ein wachsendes Interesse der westlichen Industrieländer, insbesondere der USA, an deren wirtschaftlichen und sozialen Belangen. Andererseits

[79] Vgl. Walter, H.: Wachstums- und Entwicklungstheorie; Schneider, H.K./Watrin, Chr./Werner, J. (Hrsg.); Stuttgart, New York 1983; S. 33ff.
[80] Vgl. Menzel, U.: 40 Jahre Entwicklungsstrategie; a. a. O.; S. 135.
[81] Vgl. ebenda.
[82] Vgl. Menzel, U.: Das Ende der Dritten Welt; a. a. O.; S. 138.

hatten die chinesische Revolution, der Korea- und der Vietnam-Krieg deutlich gemacht, daß die Expansion des sowjetischen Einflußbereichs auch nach den Grenzziehungen des Jahre 1945 ungebrochen war. Als Hebel in der globalen Auseinandersetzung setzte die Sowjetunion ihr eigenes Ordnungs- und Industrialisierungsmodell ein, indem sie es als adäquate Strategie wirtschaftlicher Entwicklung empfahl und über die von ihr beeinflußten kommunistischen Parteien vor Ort auch durchzusetzen suchte. Daraus ergab sich für die USA – neben der militärischen Eindämmung der sowjetischen Einflußsphäre –, die Notwendigkeit, der ideologischen Attraktivität der Sowjetunion ein eigenes Modell wirtschaftlicher und sozialer Entwicklung entgegenzusetzen und durch Beratungstätigkeiten und Finanzhilfe zu fördern. „Die Zusammenarbeit mit autoritären Regimen, wenn sie nur antikommunistisch auftraten, war kein Hinderungsgrund, da sie erstens als Bündnispartner gesucht wurden und zweitens im Sinne der keynesianischen Strategie als notwendiges, wenn auch vorübergehendes Übel angesehen wurden.“[83]

Die wirtschaftliche Entwicklung am Ende dieser Dekade war weit hinter den Erwartungen zurückgeblieben. Weder stieg die Rohstoffproduktion in dem erwarteten Ausmaß, noch brachte die beginnende Industrialisierung und Urbanisierung den erhofften Schub an Nachfrage nach Investitions- und Konsumgütern. Das Ergebnis dieser Strategie bestand in wirtschaftlichen und sozialen Ungleichgewichten. Mit den gemachten Erfahrungen erwies sich der auf diesem Entwicklungskonzept beruhende Marshall-Plan als offenkundig ineffizient. Während die frühen Entwicklungsökonomen im zu geringen Sparaufkommen und in der mangelnden Investitionsbereitschaft der einheimischen Unternehmer das Problem gesehen hatten, verorteten die Dependenztheoretiker, insbesondere lateinamerikanische und westafrikanische Sozialwissenschaftler als Vertreter des Südens, nunmehr den Kern des Problems in weltwirtschaftlichen und weltpolitischen Faktoren. Als entscheidende Variablen wurden insbesondere der Ressourcenabfluß als Folge ungleicher Verwertungschancen auf dem Weltmarkt und die aus der langen Einbindung in die internationale Arbeitsteilung resultierende strukturelle Deformierung der Ökonomien der Länder des Südens angesehen. Deshalb mußte die strategischen Konsequenz auf eine Modifikation der Modalitäten hinauslaufen, unter denen diese internationale Arbeitsteilung vonstatten ging.[84]

Die genannten negativen Entwicklungsbefunde, die theoretische Diskussion und die Weltentspannungspolitik verlagerten zu Beginn der zweiten Entwicklungsdekade in den 70er Jahren den Akzent der Diskussion von der Ebene der Entwicklungszusammenarbeit auf die Systemebene, wobei sich allerdings funda-

[83] Ebenda; S. 137.

[84] Vgl. Menzel, U.: 40 Jahre Entwicklungsstrategie; a. a. O.; S. 140.

mentale Widersprüche auftaten. Von den Entwicklungsländern wurde unter dem Begriff einer Neuen Weltwirtschaftsordnung eine Modifikation der weltwirtschaftlichen Rahmenbedingungen verlangt, die auf eine externe Umverteilung zu ihren Gunsten hinauslief. In der radikalen Variante der aus der Dependenztheorie gezogenen entwicklungsstrategischen Konsequenzen ging man noch einen wesentlichen Schritt weiter.

> „Wenn die Diagnose zutraf, daß die Probleme extern verursacht seien, dann mußte die Außenbeziehungen nicht nur modifiziert, sondern soweit wie möglich oder gar vollständig abgebrochen werden."[85]

Ein Stichwort, das vor allem auf die Arbeiten von Samir Amin zurückging, lautete einständige bzw. autozentrierte Entwicklung. Dabei brachte Dieter Senghaas in seinem „Plädoyer für Dissoziation" die daraus abzuleitende Strategie mit den drei entwicklungspolitischen Imperativen auf den Begriff: Abkoppelung (Dissoziation), interne Restrukturierung und regionale Kooperation.[86]

Auf die internationale Entwicklungsstrategiediskussion hatte die Grundidee dieser Ansätze immerhin einigen Einfluß. Insbesondere das Konzept von der *Self-Reliance* und kollektiven *Self-Reliance* in den Entwicklungsländern, also verstärkter Süd-Süd-Zusammenarbeit, war ein wichtiges Thema, das erstmals 1970 auf der Konferenz der Blockfreien in Lusaka auf die Tagesordnung gesetzt wurde. Diverse Versuche mit solchen Strategien wurden in West- und Ostafrika durchgeführt. So erkannte auch die deutsche Bundesregierung diese Strategien an und führte in ihren entwicklungspolitischen Grundlinien aus, daß für die armen Länder wesentliche Entwicklungsanstöße vorerst von einer stärkeren Binnenorientierung ausgehen müßten, die auf eine Verbesserung der Lebensbedingungen der breiten Bevölkerung abzielt.[87]

Andererseits wurden seit Beginn der 70er Jahre und aus einem ganz anderen, nämlich dem internen Blickwindel internationaler Organisationen wie der Weltbank, der ILO und der FAO, in denen eher Politiker und Entwicklungsökonomen aus den westlichen Industrieländern das Sagen haben, die überkommenen Strategien einer Revision unterzogen. Statt auf eine Neue Weltwirtschaftsordnung, der Abkopplung und Süd-Süd-Kooperation plädierte man für eine Strategie, die

[85] Ebenda; S. 145.

[86] Für das Konzept der autozentrierte Entwicklung siehe die Arbeit von Amin, S.: Zur Theorie von Akkumulation und Entwicklung in der gegenwärtigen Weltgesellschaft, in: Senghaas, D. (Hrsg.): Peripherer Kapitalismus. Analyse über Abhängigkeit und Unterentwicklung; 2. Auflage; Frankfurt a. M.; 1977. Auch für das Konzept von „Plädoyer Dissoziation" siehe Senghaas, D.: Weltwirtschaftsordnung und Entwicklungspolitik. Plädoyer für Dissoziation, Frankfurt a. M. 1977.

[87] Vgl. dazu BMZ: die entwicklungspolitischen Grundlinien der Bundesregierung; Bonn; Juli 1980; vgl. auch Bohnet, M.: Ökonomische Entwicklungstheorien; a. a. O.; S. 310; Menzel, U.: 40 Jahre Entwicklungsstrategie; a. a. O.; S. 147.

unter Begriffen wie Beschäftigungs-, Armuts- oder Grundbedürfnisorientierung Eingang in die Diskussion fand. Da diese Strategie eine bedeutendere Rolle in der Entwicklungspolitik als beiden anderen, von den Entwicklungsländern und die Dependenztheoretiker repräsentierten, einnehmen sollte, werden wir sie im folgenden ausführlicher diskutieren:[88]

Die armuts- und verteilungspolitisch orientierte Strategie der 70er Jahre

Trotz des hohen (freilich ungleich verteilten) Wachstums von 5 % im Jahresdurchschnitt wiesen die Bilanzen der ersten Entwicklungsdekade gleichzeitig ein Wachstum der Massenarmut und der sozialen Gegensätze nach.[89] Die Armut und die ungleiche Einkommensverteilung hatten im Gegensatz zumerwarteten *Takeoff* der Rostowschen Theorie in vielen Entwicklungsländern zugenommen.[90] Diese Folgen und die „Wirtschaftswunder" in Brasilien, Südkorea und Elfenbeinküste führten zur Erkenntnis, daß explosives Wachstum nicht zwangsläufig zu den Armen durchsickert. Die Machtverhältnisse verhinderten diesen Durchsickereffekt.[91] Nur ein Teil der Bevölkerung profitierte von den Fördermaßnahmen, während sie für schätzungsweise 40 % der Gesamtbevölkerung mit weiterer Verarmung verbunden waren.[92] Im Endeffekt hatten die Hungerkatastrophen, sozialen Krisen und politischen Konflikte in dieser Dekade zugenommen.[93] Diese ernüchternden Ergebnisse des Jahrzehnts brachten einen Wandel in der wachstumsorientierten Entwicklungsstrategie mit sich. Die Umorientierung im entwicklungspolitischen Denken erfolgte auf breiter Front, nicht nur unter lernfähigen Theoretikern, sondern auch unter Planern und Entscheidungsträgern in den nationalen und internationalen Entwicklungsagenturen.[94] Unter diesen Voraussetzungen wurde von der Weltbank, der ILO und der FAO die Strategie der integrierten ländlichen Entwicklung und das Konzept der Grundbedürfnisbefriedigung entworfen.[95] Insbesondere die Weltbank bekundete ihr Interesse an den Entwicklungsbemühungen und Erfahrungen einiger Länder, den Lebensstandard ihrer Bevölkerungsgruppen mit niedrigem Einkommen mit Hilfe von drastischen Maßnahmen zu erhöhen.[96] Dies führte zum Entwurf der bisher um-

---

[88] Vgl. Riedel, J.: Sozio-kulturelle Herausforderungen; a. a. O.; S. 21.

[89] Vgl. Nuscheler, F.: „Befriedigung der Grundbedürfnisse" als neue entwicklungspolitische Losungsformel; in: Nohlen, D./Nuscheler, F. (Hrsg.): Handbuch der Dritten Welt. Unterentwicklung und Entwicklung: Theorien; a. a. O.; S. 333.

[90] Vgl. Riedel, J.: Die Suche nach adäquaten Entwicklungstheorien; a. a. O.; S. 51.

[91] Vgl. Nuscheler, F.: „Befriedigung der Gründbedürfnisse"; a. a. O.; S. 333.

[92] Vgl. Menzel, U.: 40 Jahre Entwicklungsstrategie; a. a. O.; S. 149.

[93] Vgl. Nuscheler, F.: „Befriedigung der Gründbedürfnisse"; a. a. O.; S. 334.

[94] Vgl. ebenda.

[95] Vgl. Thimm, H. U./von Urff, W.: Strategien ländlicher Entwicklung; in: Blanckenburg, P. (Hrsg.): Handbuch der Landwirtschaft und Ernährung in den Entwicklungsländern; Bd. 1: Sozialökonomie der ländlichen Entwicklung; Stuttgart, Ulm 1982; S. 398.

[96] Vgl. Nuscheler, F.: „Befriedigung der Grundbedürfnisse"; a. a. O.; S. 333.

fassendsten Strategie sozialer Mobilisierung in Verbindung mit Fortschritten bei der Produktion. Dabei wird die Befriedigung ökonomischer, sozialer und politischer Grundbedürfnisse aller Zielgruppen der ländlichen Bevölkerungsteile in einer marktorientierten Volkswirtschaft und die Integration aller dafür notwendigen Maßnahmen in entsprechend abgestimmten Programmen angestrebt.[97] Deshalb setzte diese Strategie bei der Zielgruppe der absolut Armen an. Sie vertraute nicht auf die mittelbare Wirkung des Wirtschaftswachstums insofern als über Ausbreitungseffekte schließlich auch die arme Mehrheit der Bevölkerung erreicht würde.[98]

Die Definition der Grundbedürfnisse bezieht sich sowohl auf individuelle Bedürfnisse nach Nahrung, Kleidung, Wohnung als auch auf Bedürfnisse nach Hygiene, Wasser- und Gesundheitsversorgung und Bildung etc. Als Voraussetzung zur dauerhaften Befriedigung materieller Grundbedürfnisse wurde dabei die Befriedigung immaterieller Grundbedürfnisse wie z. B. Partizipation im Sinne von Selbstbestimmung, Mitwirkung an der Gestaltung der Lebensbedingungen und Eigenverantwortlichkeit miteingeschlossen. Im Zusammenhang mit der Erfüllung der materiellen Grundbedürfnisse stand die Verwirklichung der Grundrechte des Menschen. Dieser Strategie liegt die Annahme zugrunde, daß die Befriedigung der Grundbedürfnisse zur Steigerung der Leistungsfähigkeit und damit der Arbeitsproduktivität führe. Mittelbar würde die Grundlage für ein nachhaltiges, eigenständiges Wirtschaftswachstum geschaffen.[99]

Trotz des zunächst hoffnungsvollen Verlaufes dieser Entwicklungsdekade darf folgendes nicht übersehen werden: *Erstens* fanden die wenigsten der erfolgreichen Modernisierungskonzepte auch noch bis in die 80er Jahre ihre Fortsetzung. Die neuen entwicklungspolitischen Strategien der 70er Jahre waren häufig nur noch ein Lippenbekenntnis, dem in der Realität kein besonders hohes Gewicht mehr zukam. *Zweitens* entwickelten die bürokratischen Apparate keine größeren Innovationsfähigkeiten, betrachtete sich aber weiterhin als entscheidender Träger der Entwicklung.[100] In diesem Zusammenhang muß das weitere Dilemma erwähnt werden, daß zwischen der Förderung grundbedürfnisorientierter Projekte und der Forderung der Industrieländer nach Beschäftigungswirksamkeit der Projekte für die Wirtschaft ein Zielkonflikt besteht.[101]

Die Industrieländer sahen

---

[97] Vgl. Thimm, H.U./von Urff, W.: Strategien ländlicher Entwicklung; a. a. O.; S. 398.
[98] Vgl. Bohnet, M.: Wechselnde Akzente der Entwicklungspraxis; in: Simonis, U. (Hrsg.): Entwicklungs-
theorie – Entwicklungspraxis; a. a. O.; S. 42.
[99] Vgl. ebenda.
[100] Vgl. Riedel, J.: Sozio-kulturelle Herausforderungen; a. a. O.; S. 21.
[101] Vgl. Bohnet, M.: Wechselnde Akzente; a. a. O.; S. 44.

„... sich durch Ölpreisentwicklung und weltweite Rezession veranlaßt ..., über steigende Exportüberschüsse ihre eigenen Beschäftigungsprobleme ins Ausland zu verlagern und ihre Entwicklungspolitik in bestimmten Bereichen ihren außenwirtschaftlichen Interessen unterzuordnen. Die Entwicklungsländer öffneten ihnen mit ihrer Verschuldungsbereitschaft die Tore."[102]

Damit wurden diese Strategien Ende der 70er Jahre recht bald von einer verstärkten Interessenpolitik der Industrieländer überlagert. Außerdem muß in Betracht gezogen werden, daß die Umsetzung solcher Konzepte kompliziert, schwierig und langwierig ist.[103]

Die späten 80er Jahre: Die Renaissance der Neoklassik und die Rückkehr zur reinen Wachstumsförderung

Die dritte Entwicklungsdekade, die um das Jahr 1980 begonnen hat, wird von der Weltbank in ihrem zweiten der „Armut" gewidmeten Weltentwicklungsbericht des Jahres 1990 als das „verlorene Jahrzehnt" bezeichnet,[104]

„... verloren einmal, weil die innovativen Ansätze der 70er Jahren (Neue Weltwirtschaftsordnung, Süd-Süd-Kooperation, Grundbedürfnisorientierungen) gescheitert sind oder nur geringe Erfolge aufzuweisen haben, ohne daß ein überzeugender neuer strategischer Entwurf in Sicht wäre; verloren aber vor allem deshalb, weil sich die reale Situation in einer wachsenden Zahl von Entwicklungsländern dramatisch verschlechtert hat".[105]

Diese Dekade wurde nicht zufälligerweise von der Machtübernahme konservativer Regierungen in wichtigen Industrieländern begleitet.[106] Das Pendel schlug dieses Mal wieder in Richtung Wachstumsorientierung und damit in Richtung der alten strukturalistischen Schule um. Es wurde konkret von einem neoklassisch inspirierten Exportwachstum gesprochen. Theoretischer Hintergrund dieser Strategie ist die Dynamisierung des Faktorproportionentheorems von Heckscher und Ohlin durch Bela Balassa, dessen sogenanntes Neofaktorproportionentheorem (Dynamisierung komparativer Kostenvorteile durch technologischen Wandel und Qualifizierung von Arbeitskraft) seit Ende der 70er Jahre Eingang in die Diskussion gefunden hat.[107] Nach dieser Ansicht und entsprechend der mono-ökonomischen Vorstellungen der Neoklassiker wird die Entwicklung am besten durch das Prinzip des freien Marktes (Deregulierung von Preisen einschließlich Wechselkurs und Zins), die Verstärkung des privaten Unternehmertums, die Privatisierung staatlicher gewerblicher Unternehmen, die Förderung der Landwirtschaft durch Preisanreize, Kreditprogramme etc und

---

[102] Riedel, J.: Die Suche nach adäquaten Entwicklungstheorien; a. a. O.; S. 52.
[103] Vgl. ebenda.
[104] Vgl. Menzel, U.: 40 Jahre Entwicklungsstrategie; a. a. O.; S. 152.
[105] Ebenda.
[106] Vgl. Riedel, J.: Die Suche nach adäquaten Entwicklungstheorien; a. a. O.; S. 52.
[107] Vgl. Menzel, U.: 40 Jahre Entwicklungsstrategie; a. a. O.; S. 152.

durch die Schaffung günstiger Rahmenbedingungen für ausländische Direktinvestitionen und andere Kapitalimporte gefördert.[108]

Aufgrund der bisherigen Entwicklung der Diskussion läßt sich folgende Schlussfolgerung ziehen: *Erstens* sind die bisher erarbeiteten Entwicklungsstrategien nicht nachhaltig akzeptiert worden. Zudem war die Mobilisierbarkeit der Innengesellschaften durch diese Strategien wenig zufriedenstellend oder ist ganz ausgeblieben. Die aus den westlichen Industrieländern exportierte Strategien passten nicht zu den einheimischen Gesellschaftssystemen und-dynamiken bzw. traditionellen Kulturen; sie wurden ihnen auch nicht angepaßt.[109] Stattdessen führten sie die Entwicklungsländer, vor allem die afrikanischen Länder, nur zu Desorganisation, Delinquenz und in ein Chaos.[110]

> „Das Aufeinanderprallen von heimischer Tradition mit importierter Zivilisation führte die Afrikaner schließlich in eine Identitätskrise, aus der sie weder die Rückbesinnung auf den eigenen Nationalismus noch die Übernahme des europäischen Sozialismus herausbrachten."[111]

Zweitens mangelte es den afrikanischen Regierungen und den entwicklungspolitischen Entscheidungsträgern an der Fähigkeit, die vom Ausland angebotenen, empfohlenen und auch als Auflagen erlassenen Strategien umzusetzen und sie zugleich mit den vorhandenen Gesellschaftsverhältnissen und traditionellen Kulturen und Wertvorstellungen zu verknüpfen.[112] Sie sind vielmehr der Zumutung nachgekommen, nach der die als traditionell charakterisierten Gesellschaften in ihren Ländern einen unilinearen Entwicklungspfad von einer traditionellen zu einer modernen Gesellschaften durchlaufen sollten. Dabei sollten dieselben sozioökonomischen Rahmenbedingungen geschaffen werden, in die es den kapitalistischen Industriegesellschaften bereits gab. Doch diese Länder konnten weder das Endziel des Entwicklungserfolges der Industrieländer erreichen, noch ihre sogenannte Traditionalität und ihre gesellschaftlichen Identität bewahren. Das Endergebnis waren nur hohe Verschuldung, Hungersnöte, ethnische Konflikte, Bürgerkriege und Massenflucht.[113]

---

[108] Vgl. Riedel, J.: Die Suche nach adäquaten Entwicklungstheorien; a. a. O.; S. 52f.
[109] Vgl. Riedel, J.: Sozio-kulturelle Herausforderungen; a. a. O.; S. 22.
[110] Vgl. Eisenstadt, S.N.: Tradition, Wandel und Modernität; 1. Auflage; Frankfurt a. M. 1979; S. 128.
[111] Achermann, E: Schrei: geliebtes Afrika. Ein Kontinent braucht Hilfe; Solothurn, Düsseldorf 1993; S. 15.
[112] Vgl. Riedel, J.: Sozio-kulturelle Herausforderungen; a. a. O.; S. 22.
[113] Vgl. Vgl. Achermann, E.: Schrei geliebtes Afrika; a. a. O.; S. 15ff.

Ratlosigkeit in der 90er Jahren

Vom Beginn einer vierten Entwicklungsdekade in der 90er Jahre kann keine Rede sein. Unter den Entwicklungsexperten war und ist immer noch eine weitverbreitete Ratlosigkeit zu konstatieren. Mit dem Ende der Ostblockmacht hat auch der Begriff „Dritte Welt" keinen Sinn mehr, der Sozialismus ist als entwicklungsstrategische Option nicht nur in Osteuropa, sondern gleichermaßen in Afrika, Lateinamerika und Asien gescheitert. Da es die sozialistische Option nicht mehr gibt, gibt es auch keinen dritten Weg jenseits von Kapitalismus und Sozialismus mehr. Damit ist es die Blockfreienbewegung sinnlos geworden und auch die Möglichkeit verloren gegangen, wie in den 70er Jahren aus der globalen Auseinandersetzung der Blöcke Kapital (und Waffen!) zu schlagen.[114]

> „Was bleibt, ist die fortschreitende Differenzierung der 'Dritten Welt' in wenige Schwellenländer, die in Ostasien bereits den Anschluß an die Welt der OECD gefunden haben; die ölexportierenden Länder, die zusammen mit wenigen Rohstofflieferanten als Ressourcenbasis der IL dienen ...; sowie den relativ oder gar absolut weiter verarmende 'Rest', der mehr oder weniger sich selbst überlassen, sozusagen zwangsweise abgekoppelt wird, da er weder als Rohstofflieferant noch als Absatzmarkt von besonderem Interesse ist."[115]

2.3 Analyse und Kritik der Theorien über Entwicklung aus den letzten Jahrzehnten

Wenn hier Entwicklung nicht nur als eine Angelegenheit von Wachstum und Produktion, sondern als ein komplexes Phänomen betrachtet werden soll, in dem mehrere Teilsysteme in Interaktion stehen, das zudem Teil des weltweiten sozialen Veränderungsprozesses ist, dann ist es unumgänglich, die Interaktion des Individuums mit seiner Umwelt in der Analyse zu berücksichtigen. In diesem Sinne ist Entwicklung als Austauschprozeß zum Zweck der Etablierung und Erhaltung endogener Dynamik zu verstehen. Demzufolge sollte eine Theorie über Entwicklung das Zustandekommen und die Mechanismen dieser endogenen Dynamik erklären. Notwendigerweise werden die Institutionen und die Kultur der jeweiligen Gesellschaften im Sinne von Normen, Traditionen und Werten als essentieller Bestandteil der endogenen Dynamik betrachtet werden müssen. Dieses Verständnis von Entwicklung zielt auf einen evolutorischen Kontext. Damit unterscheidet es sich grundsätzlich von dem Verständnis von Entwicklung als „Modernisierung" mittels eines Ersatzes der „entwicklungshemmenden" Strukturen in Entwicklungsländern durch andere Strukturen. Die klassischen Entwicklungskonzepte, die von den tatsächlichen spezifischen Sachverhalten in den betroffenen Länder absahen, sahen die größten Chancen zur Überwindung der Massenarmut und Unterentwicklung hauptsächlich in der Übernahme des

---

[114] Vgl. Menzel, U.: 40 Jahre Entwicklungsstrategie; a. a. O.; S. 154.

[115] Ebenda.

westlichen Entwicklungsmodells. Dies führte jedoch zu einer Fehldiagnose der komplexen Problematik und damit zu gravierenden Fehlentscheidungen zwischen den entwicklungspolitischen Alternativen.[116]

Bedeutsam in den letzten Dekaden der Entwicklungspolitik, während derer man diesen Modernisierungskonzepten folgte, ist nicht etwa, daß in Entwicklungsländern, insbesondere den afrikanischen Ländern, der *Take-off* von traditionellen Strukturen zur Modernität nicht stattgefunden hätte. In fast allen diesen Ländern gab es Versuche, moderne soziale, wirtschaftliche und politische Rahmenbedingungen und Institutionen zu errichten. Demokratische Verfassungen, moderne Verwaltungsstrukturen, politische Parteien, moderne Wirtschaftsunternehmen waren durchaus vorgesehen und teilweise realisiert. Es gab auch in diesen Ländern Versuche, manche der sozio-demographischen Indizes der Modernisierung wie Urbanisierung, Alphabetisierung, Massenmedien, Diversifikation der Beschäftigungsstruktur oder der strukturellen Indizes wie die Schwächung des traditionellen Rahmens und Legitimation „nördlicher“ Lebensweisen zu realisieren. Obwohl große Teile der Gesellschaften dieser Ländern immer noch traditionell strukturiert sind, d. h. daß sie auf relativ geschlossenen autarken Einheiten beruhen, sollten sie doch schnell „ent-traditionalisiert“ werden. Es wurden immer mehr differenzierte und spezialisierte institutionelle Strukturen eingefügt. Mit anderen Worten: es entwickelten sich zwar in diesen Gesellschaften Bewegungen der verschiedenen wichtigen Indizes der Modernisierung, wie z. B. Veränderungen des relativen Produktanteils der verschiedenen Wirtschaftssektoren und der realen Pro-Kopf-Einkommen, und es kam zu einer politischen Modernisierung. Jedoch brachten alle diese Veränderungen letztlich doch keine brauchbare Modernisierung, vor allem keine institutionellen Systeme, die in der Lage gewesen wären, ständig neuen Problemen zu begegnen und neuen Anforderungen gewachsen zu sein.[117]

Aus dieser Analyse zieht Eisenstadt die Schlußfolgerung, daß es sich hier nicht um Fälle einer fehlenden Modernisierung oder eines fehlenden *Take-off* in den Entwicklungsländern handelt, sondern eher um den Zusammenbruch relativ differenzierter moderner Bezugsrahmen und die Entstehung einer langen Reihe von „Teufelkreisen“ zwischen Unterentwicklung, Blockierung und Gewaltausbrüchen. Das Ergebnis davon sei institutionalisierte Stagnation und Instabilität und die Unfähigkeit, sozialen Wandel zu integrieren.

Dies gilt auch für den wirtschaftlichen Sektor. Meistens ergaben sich die wirtschaftlichen Probleme der Entwicklungsländer nicht allein aus der geringen

---

[116] Vgl. Müller, H.P./Kock, C./Ditfurth, A. v.: Kulturelles Erbe und Entwicklung. Indikatoren zu Bewertung des sozio-kulturellen Entwicklungsstandes; Forschungsberichte des Bundesministerium für wirtschaftliche Zusammenarbeit; Bd. 8; London 1991; S. 7ff.

[117] Vgl. Eisenstadt, S.N.: Tradition, Wandel; a. a. O.; S. 81f.

wirtschaftlichen Entwicklung und dem Mangel an qualifizierten Arbeitskräften, sondern auch und vor allem aus der Diskrepanz zwischen dem Modernisierungsstreben und der institutionellen Fähigkeit, das Wachstum aufrechtzuerhalten. Das ständige Durchbrechen des traditionellen Zusammenhangs ging einher mit der Unmöglichkeit, in einer neuen Struktur angemessene Lösungen zu finden.[118]

> „Damit war also die Lage auf allen institutionellen Gebieten ähnlich: Verschiedene Gruppen prallten aufeinander, wurden gegenseitig voneinander abhängig und nahmen sich gegenseitig zur Kenntnis; gleichseitig aber mangelte es ihnen an angemessenen neuen Normen, die wenigstens in bestimmtem Ausmaß verbindlich gewesen wären und die neuen Beziehung hätten regulieren können."[119]

Somit bestand nach Eisenstadt das entscheidende Problem vieler Entwicklungsländer, vor allem der afrikanischen Länder, nicht im zu zögerlichen Nachholen von Modernisierung, sondern im Unvermögen, einen neuen angemessenen innergesellschaftlichen institutionellen Rahmen und entsprechende Symbole zu entwickeln und herauszukristallisieren sowie im Fehlen von Regulierungsmechanismen und Normen in den strategischen Bereichen der sozialen Struktur.[120] Mamadou Dia spricht in diesem Sinne von *Disconnect* zwischen den autochthonen afrikanischen Strukturen und ihren Rechtssystemen und der Vorstellung von modernen Strukturen, Rechtssystemen und Institutionen.[121]

> „... most African countries found themselves saddled with a hybrid and disconnected institutional system in which formal, modern institutions transplanted from outside ..., had been superimposed upon indigenous informal institutions characterizing the civil society and reflecting its culture and traditions. The result was institutional disconnect. African Countries experienced a disconnect between the state and civil society, between the formal and informal private sectors, and between the corporate and societal culture" [122]

Durkheim beschrieb diese Situation als Nicht-Entwicklung und Nicht-Institutionalisierung der vor-vertraglichen Elemente von Gesellschaftsverträgen. Obwohl die Zahl der „Verträge", d. h. der verschiedenen Interaktionsbereiche – Arbeitsbeziehungen, industrielle Beziehungen, administrative Praktiken –, wo neue vertragliche und administrative Arrangements entstanden, in vielen Entwicklungsländern sehr groß war, gab es dennoch keinen Rahmen, in dem bestimmte Normen für bestimmte Situationen galten, so daß viele dieser Arrangements nicht auf gemeinsamen Werten und Orientierungen beruhten. Die Kombination dieser Merkmale führte in fast allen Entwicklungsländern – und vor allem in Afrika – zu einer Situation, die ein Wissenschaftler als den ursprünglichen

[118] Vgl. ebenda; S. 84.
[119] Ebenda; S. 89f.
[120] Vgl. ebenda; S. 90.
[121] Vgl. Dia, M.: Africa's Management in the 1990s and beyond; reconciling indigenous and transplanted institutions; The World Bank; Washington D.C. 1996; S. 2ff.
[122] Ebenda, S. 3.

Kriegszustand im Sinne Hobbes' bezeichnet hat, d. h. zum internen Krieg aller gegen alle ohne gemeinsame Regeln, die für die Teilnehmer verbindlich gewesen wären.[123] Dadurch entstand gemäß der Interpretationen nach Durkheim in diesen Gesellschaften kein Niveau von Solidarität. Während einerseits der frühere Rahmen der Solidarität durch die zunehmende Differenzierung und Interaktionen zwischen verschiedenen Schichten und Gruppen der Gesellschaft unterhöhlt wurde, fand andererseits der notwendige Übergang von der mechanischen zur organischen Solidarität oder von einer geringeren zu einer höheren organischen Solidarität nicht statt.[124]

Wenn wir die Frage stellen, warum sich in den Gesellschaften der Entwicklungsländer keine angemessenen Interaktionsmechanismen entwickelt haben, finden wir in der Literatur verschiedene Antworten. Zu nennen ist insbesondere eine fehlende relativ stabile Koordination der beteiligten Gruppen in der Gesellschaft. Es fehle an einer aktiven Identifizierung dieser Gruppen mit dem neuen erweiterten sozialen Rahmen. Die traditionellen ländlichen und städtischen Gruppen der Unter- und manchmal auch der Mittelschichten nähmen eine relativ passive Haltung gegenüber diesen neuen Strukturen ein; ihre Auffassung von Gesellschaft und ihrem eigenen Ort in dieser Gesellschaft sei starr. Dies stünde in engem Zusammenhang mit bestimmten Merkmalen der internen Struktur dieser Gruppen, nämlich mit dem Bestreben, innere Differenzierungen zu minimieren, mit dem Fehlen flexibler Mechanismen zu Selbstregulierung und mit der Unfähigkeit, komplexere innere oder äußere Beziehungen zu knüpfen. Paternalistische Beziehungen und Sitten könnten aber in einer industriellen Umgebung nur schwer überleben. Es fehle an der Bereitschaft von Beamten, Politikern oder religiösen Führern, in der neuen Umgebung Verantwortung zu übernehmen und Initiativen zu entwickeln. Im Gegenteil herrsche im allgemeinen große Passivität und geringes Interesse.[125]

Trotz des Vorhandenseins neuer spezialisierter und differenzierter sozialer Organisationen, trotz der Existenz von Gewerkschaften und Berufsorganisationen unter den Eliten wie auch breiten gebildeten Bevölkerungsschichten entstand keine neue und differenzierte institutionelle Struktur. Fast alle Gruppen in der Gesellschaft waren nicht in der Lage, im Sinne von Entwicklung effizient zu funktionieren, da sie unter Bedingungen stehen und handeln, die man als „falsche" Prämissen bezeichnen kann. Es fehlten bestimmte Voraussetzungen für ein reibungsloses Miteinander in dieser Umgebung. So tragen diese Gruppen

---

[123] Vgl. Eisenstadt, S.N.: Tradition, Wandel; a. a. O.; S. 93.

[124] Vgl. ebenda; S. 94.

[125] Vgl. ebenda; S. 95. Und ausführlicher siehe Morse, R.N.; Latin America Cities. Aspects of Funktion and Structure; in: Comparative Studies in society and history; Vol. IV, No. 4; Juli 1962; S. 473-494.

gegenwärtig oft die Merkmale von „delinquenten Gemeinschaften", d. h. Gemeinschaften, die nicht danach streben, der Gesamtgesellschaft nützliche Ziele zu erreichen, wie z. B. wirtschaftliches Wachstum, Entwicklung der Gemeinden usw., sondern sich auf ererbten Status und überkommene Interessen innerhalb des bestehenden sozialen Rahmen konzentrieren.[126]

2.4 Neue Anforderungen an die Entwicklungspolitik

2.4.1 Sozialkulturelle Entwicklungsansätze

2.4.1.1 Sozialkulturelle Perspektiven in der Entwicklungstheorie und -politik

Historisch gesehen, stellt das kulturbezogene Entwicklungskonzept nichts Neues dar. Schon Max Weber beschrieb in seinen umstrittenen Thesen über die protestantische Ethik und den Geist des Kapitalismus die sozialkulturellen Entwicklungsimpulse, als er den kausalen Beziehungszusammenhang zwischen bestimmten religiösen Vorstellungen und der Motivation zur wirtschaftlichen Entwicklung erörtert hat.[127] Darauf aufbauend versuchten einige Wissenschaftler – u. a. die Modernisierungstheoretiker – die Hypothesen Webers weiter zu entwikkeln. Dabei erarbeitete David McClelland mit seinem Begriff der „Leistungsgesellschaft" die These des *Need for Achievement*, wobei er argumentiert, daß der wirtschaftlichen Entwicklung eine psychologische Ebene, auf der ein individuell motivierender Wert zu einem gesellschaftlich motivierenden wird, zugrunde liegt.[128] Das Umdenken hinsichtlich der Konzeption der Entwicklungspolitik muß von der Erkenntnis der Notwendigkeit einer umfassenden sozialen Mobilisierung als Grundlage für die Lösung der äußerst komplexen Armutsproblematik ausgehen.[129] Es muß sich bemühen um Phänomene wie Partizipation und Berücksichtigung der traditionell-eigenständigen Strukturen und Organisationsformen, wie die Familienstruktur und die autochthonen Selbsthilfe-Organisationen. Erforderlich wird die Unterstützung einer auf kultureller Identität und Vielfalt basierenden Bedürfnisartikulation.[130] Die großen Fragen der internationalen Diskussion: Armutsminderung, sozialkulturelle Kompetenz, Frauenför-

---

[126] Vgl. Eisenstadt, S.N.: Tradition, Wandel; a. a. O.; S. 95.

[127] Vgl. ausführlicher Weber, M.: Die protestantische Ethik und der Geist des Kapitalismus; Bodenheim 1993.

[128] Für die Einzelheiten des These „Need for Achievment" siehe McClelland, D.: Die Leistungsgesellschaft. Psychologische Analyse der Voraussetzungen wirtschaftlicher Entwicklung; Wedt, I./Fleischmann, G. (Hrsg.); Stuttgart, Köln, Mainz 1966.

[129] Vgl. Diaby-Pentzlin, F.: Förderung von Rechtsstaatlichkeit mit den Mitteln der Entwicklungszusammenarbeit – ein Hindernislauf; in: Nord-Süd-Themen; 1. Quartal 1998; S. 92.

[130] Vgl. BMZ, Sektor- und Sektorübergreifende Konzepte, Materialien zur Entwicklungspolitik Nr. 81; BMZ, Sektor- und Sektorübergreifende Konzepte, Materialien zur Entwicklungspolitik Nr. 85; Bonn 1993.

derung und Nachhaltigkeit treffen sich im Fokus auf die betroffenen Gesellschaften und deren Belange. Zielgruppe ist die Mehrheit der unterprivilegierten Bevölkerung. Das Umdenken scheint begonnen zu haben. Alle internationalen Geber weisen darauf hin, daß es heute viel mehr um angepaßte Problemlösungen geht als um Technologietransfer – den Transfer von „Hardware" –, und daß diese Problemlösungen in hohem Maße die Fähigkeit verlangen, die sozialen und kulturellen Bedingungen in den Partnerländern zu begreifen.

Gleichberechtigung von Frauen, Armutsminderung, Berücksichtigung von sozialkulturelle Faktoren, Selbsthilfe – diese Kriterien sind heutzutage in sektorübergreifenden Konzepten des BMZ verbindlich festgeschrieben. Sie sind somit Leitlinien für die gesamte Projektplanung und Durchführung.[131] Die Zielgruppenbeteiligung kann heute als absolutes Muß der Entwicklungszusammenarbeit gelten. Dieses Umdenken in den Entwicklungsprojekten hat auch bei supranationalen Organisationen wie der Weltbank – der größten Projektträgerin und damit der wichtigsten entwicklungspolitischen Institution der „imperialistischen" Welt – eingesetzt. In einem Forschungsbericht über *Africa's Management* argumentiert Mamandou Dia, daß Um- und Aufbau staatlicher Institution nur gelingen können,[132]

> „... wenn die afrikanische Vielfalt an autochthonen und modernen Institutionen auf allen Ebenen (lokal, regional, national) beteiligt sind und wenn staatliche und privatwirtschaftliche Organisationen sowie die Zivilgesellschaft als komplementär zusammenwirkend verstanden und gefördert werden, d. h. wenn der 'institutional disconnect' zwischen informellen, autochthonen und in der Geschichte und Kultur verankerten sowie den von außen transplantierten formalen Institutionen überwunden werden kann. Staatliche Rechtsinstitutionen werden also auch daran gemessen werden müssen, inwieweit sie durch eine hinreichende Übereinstimmung von Rechtsnormen und Lebensrealität der Bevölkerung legitimiert sind."[133]

In den neuen Entwicklungsparadigmen tritt der Mensch mit all seinen Fähigkeiten und Motivationen in den Vordergrund. Dabei erweisen sich die Kulturen und Traditionen als bedeutsame Modernisierungsdeterminante. Der menschen- und gesellschaftsbezogene Blick auf die Kultur macht deutlich, daß die Besonderheiten der gegebenen Kultur – gleichgültig, ob sie modern oder traditionell ist – nicht als solche notwendigerweise eine entwicklungsstörende oder-hemmende Wirkung entfalten. Wenn die Anpassung der Entwicklungsaktivitäten an die Gegebenheiten der vorgefundenen Gesellschaftsstrukturen und lokalen Gesellschaftsdynamiken gelingt, kann sich die traditionelle Kultur eher entwicklungsfördernd auswirken, d. h. die Kultur und Tradition können – richtig genutzt –

---

[131] Vgl. Diaby-Pentzlin, F.: Förderung von Rechtsstaatlichkeit; a. a. O.; S. 94.
[132] Vgl. ausführlicher Dia, M.: Africa's Management; a. a. O.; S. 1ff.
[133] Diaby-Pentzlin, F.: Förderung von Rechtsstaatlichkeit; a. a. O.; S. 98.

eine beträchtliche Entwicklungsdynamik entwickeln.[134] Es ergibt sich damit die Grundlage für eine realitätsnahe Entwicklungspolitik. Erst so kann es den Entwicklungsgesellschaften ermöglicht werden, den Standort ihrer eigenen Kulturen und Tradition im Entwicklungsgefälle zu bestimmen, ein Selbstbewußtsein aufgrund der kulturelle Identität, die sich in ihrer Tradition manifestiert, zu entwikkeln und den eigenen Weg zu suchen. In der vielfältigen Entwicklungsforschung der letzen Jahren werden kulturelle, traditionelle und motivationale Elemente in das Gebäude der Theorie integriert, und zwar in einem evolutorischen Kontext, d. h. unter Berücksichtigung von Aspekten des menschlichen Handelnsund Verhaltens, der Funktionalität und Qualität der Institutionen, sowie Aspekten des Lernens und einer Problemlösung, welche die Theorie praxisrelevant macht.[135]

Mit der Trendwende in der Entwicklungstheorie und -politik von nachholender Modernisierung zu sozialkultureller Rücksichtnahme und Partizipation, also der Anerkennung des teilweisen Scheitern des kulturellen Universalismus[136] in der Entwicklungstheorie ist allerdings ein neues Problem aufgekommen, nämlich der kulturelle Relativismus. Es ist zu einer so starken Hinwendung der Aufmerksamkeit auf die Besonderheiten einer jeden Kultur gekommen, daß sich nämlich Kultur und Tradition begrifflich geradezu auflösen in:

> „...lauter letztlich nicht mehr vergleichbare Einzeldinge oder 'Kulturzüge', alles was die Menschen einer Kulturgruppe täten, wäre im Rahmen dieser Betrachtungsweise nur aus der betreffenden Kultur selber heraus zu verstehen, weil nicht vergleichbar mit Dingen einer anderen Kultur. Für den Außenstehenden hätte alles gleich richtig zu sein ...
>
> Diese Position des kulturellen Relativismus würde die Grundlage für Entwicklungsplanung in Frage stellen, „weil sie dem 'von-außen-Kommenden' keinerlei für die Betroffenen verstehbare Handlungsanweisung und Orientierungsmöglichkeit mehr an die Hand geben würde".[137]

---

[134] Dies kann durch die entwicklungspolitischen Erfahrungen von einigen entwickelten Ländern wie Japan und die Schwellenländern in der jüngster Zeit empirisch abgesichert werden. Vgl. dazu Simson, U./Schönherr, S.: Entwicklungspolitik im Wandel. Vom Kapitaltransfer zur sozio-kulturellen Zusammenarbeit; in: Sozio-kulturelle Fragen in der Entwicklungspolitik; BMZ; Materialien zur Entwicklungspolitik; Nr. 83; Bonn 1992; S. 1.

[135] Vgl. ebenda; S. 4.

[136] Es wird in diesem Konzept behauptet, daß es universell als gültig erachtete Maßstäbe für alle Kulturen gibt. So etwa Parsons, T., der davon ausging, daß bestimmte gesellschaftliche „Erfindungen" – wie Geld, Marktsystem, Verwandtschaft, universalistisches Rechtssystem – an verschiedenen Orten zu verschiedener Zeit unabhängig voneinander auftreten. Vgl. dazu ausführlicher Parsons, T.; Gesellschaften; Frankfurt a. M. 1975.

[137] Ohe, W.v.d./Hilmer, R./Nett-Kleyboldt, S./Esterazy, Y./Kasttl, M.T.: Die Bedeutung soziokultureller Faktoren; a. a. O.; S. 44.

Die ersten Versuche, das Thema der soziokulturellen Faktoren in die Arbeit des BMZ einzubeziehen, liegen jetzt fast zweiundzwanzig Jahre zurück. Zwei wissenschaftliche Gutachten von Werner von der Ohe und dem wissenschaftlichen Beirat beim BMZ verfaßt, beschrieben – notwendigerweise in vorläufiger Form – die soziokulturelle Dimension des Entwicklungsprozesses und forderten deren Einbeziehung in die praktische Entwicklungszusammenarbeit. Uwe Simson zeigte dann mit dem „Schlüssel-Faktoren-Ansatz" einen Weg, auf dem die vom BMZ erhobene Forderung eingelöst werden könnte. In diesem Ansatz wird von drei Schlüsselfaktoren ausgegangen:

a) Legitimität der politischen Herrschaft – bzw. aus der Sicht des Projektplaners: Welcher Führer bzw. welche Führungselite und welche Ideologie wird von der Mehrheit der Bevölkerung als legitim anerkannt? Was will die Zielgruppe?

b) Erreichter Entwicklungsstand, gemeint ist vornehmlich die Kompetenz, die Produktivität, der Stand der technischen und organisatorischen Arbeitsteilung: Was kann die Zielgruppe? Und schließlich

c) die soziokulturelle Heterogenität: Mit welchen unterschiedlichen Legitimitäten und Entwicklungsniveaus innerhalb des Nehmerlandes hat die Entwicklungszusammenarbeit zu rechnen.[138]

Aber auch hier scheint diese zweite Lösungsalternative, die extreme Position des kulturellen Relativismus, aus entwicklungspolitischer Perspektive überzogen. Für das Anliegen dieser Arbeit kann eine Politik der Entwicklungszusammenarbeit, die sich als Ziel die „Hilfe zur Selbsthilfe" gesetzt hat, weder auf selbstgerechte allgemeine Gültigkeit, anmaßende theoretische Fundierungen (Universalien), noch auf den Verzicht auf die kulturspezifische Urteilskraft (Relativismus) beziehen. Es geht vielmehr darum, die von Kultur zu Kultur verschiedenen Prämissen zwischen beiden hier skizzierten Lösungsalternativen des kulturellen Universalismus (was auch bei den Modernisierungsansätzen vertreten wird) und kulturellen Relativismus miteinander zu vermitteln.

Damit sollte klar sein, daß der hier zur Anwendung kommende theoretische Ansatz sich nicht mit dem sogenannten „soziokulturellen Schlüsselfaktoransatz"[139] deckt. Mit anderen Worten: Zu fragen ist nicht nur: Was will die Zielgruppe?

---

[138]. Für eine ausführliche Darstellung vgl. Simson, U.: Kultur und Entwicklung. Die kulturellen Bedingungen wirtschaftlich gesellschaftlichen Handelns in der Dritten Welt; in: soziokulturelle Fragen in der Entwicklungspolitik. Bundesministerium für wirtschaftliche Zusammenarbeit (Hrsg.); Materialien 83; Bonn 1992; S. 32-45.

[139] Für eine kritische Darstellung des Schlüsselfaktoransatzes siehe Weilenmann, M.; Beiträge zur sozio-kulturellen Angepaßtheit, politischer Projekte in Subsahara-Afrika aus rechtsethnologischer Sicht; GTZ-Leistungsangebot zur Förderung und Unterstützung politischer Prozesse; GTZ; November 1996.

Um eine nachhaltige Entwicklung zu schaffen, muß die Formulierung von Entwicklungsstrategien symbolische und institutionelle Aspekte der betroffenen Gesellschaften enthalten. Nur dann läßt sich vermeiden, in eine direkte Konkurrenz zu den bislang tradierten Vorstellungen und umfassenden sozialen Werten der Gesellschaften zu geraten. Deshalb sollte die Umsetzung solcher Strategien mit einer inneren Transformation grundlegender Überzeugungen und kultureller Werte einhergehen. Es ist zu erwarten, daß sie dann mit den lokalen Normen vieler Gesellschaften besser in Einklang gebracht werden könnten.

2.4.1.2 Ansätze zur Rekonstruktion der Modernisierungstheorie: Das Problem einer inneren Transformation anhand symbolischer und institutioneller Aspekte

Mit den vorangegangenen Überlegungen sollte gezeigt werden, daß durch die unzureichende Anerkennung der konzeptuellen Vielfalt und kulturellen Besonderheit einerseits, sowie die Behauptung einer kontextuellen Spezialität oder eines – falsch verstandenen – Kulturrelativismus in Entwicklungsfragen andererseits ein „Teufelskreis der Entwicklungsstrategien" entstanden ist. Wir glauben nun, daß es eines Schrittes nach vorn bedürfen würde, wenn über die Betonung der Bedeutung der kulturellen Tiefendimension und sozialen Symbolstruktur für die Entwicklungsprozesse in die Erkenntnis zu fordern wäre, daß Entwicklung qualitative Prozesse der Transformation beinhaltet. Entwicklung und Wandel werden dann auch als „kulturelles Umstimmen" zu verstehen sein. Zu fragen wäre, ob sich das Paket des Modernisierungsprozesses nicht aufschnüren ließe, ob die Modernität nicht auch als „frei manipulierbarer Komplex von Einzelbestandteilen" betrachtet werden könnte. In dieser Hinsicht wären Entwicklung und Wandel dann nicht mehr unausweichliches Geschick, das unabwendbar in Richtung auf eine westlich-industrielle Gesellschaft treibt. Es könnten sich möglicherweise Alternativen und Chancen zu ihrer Verwirklichung erschließen lassen.

Eisenstadt stellt deutlich fest, daß unter Entwicklung mehr als nur eine Reihe von Prozessen mit einem gemeinsamen Kern, der stets ähnliche Probleme schafft, verstanden werden soll. Durch diese Prozesse – die zunehmende Differenzierung, die soziale Mobilisierung und der Zusammenbruch oder die Schwächung der Traditionalität – werden in den betreffenden Gesellschaften sicherlich grundlegende Probleme verursacht. So muß die betroffene Gesellschaft die ständig neu entstehenden sozialen Gruppen in einen gemeinsamen institutionellen Bezugsrahmen einordnen und neue Brennpunkte der kollektiven Identität schaffen, die Tradition und Modernität in bestimmtem Ausmaß miteinander verbinden. Das Hauptproblem ist, wie eine solche Gesellschaft in der Lage ist, eine institutionelle Struktur aufzubauen und zu erhalten, die den Wandel integrieren und mit den neuen Probleme fertig werden kann? [140]

Diese Probleme sind die Folgen der institutionellen, organisatorischen, technischen und politischen Dynamik. Jedoch sind die Lösungen, die von den schon entwickelten Gesellschaften, die in einem ähnlichen „Stadium" der Modernisierung sind, gefunden werden, ganz verschieden, so daß verschiedene Typen moderner Gesellschaften entstehen. Es muß daher etwas geben wie eine Art verborgene oder tiefere Strukturen, die sich nicht direkt in den konkreten sozialen, wirtschaftlichen oder politischen Formen äußern, sondern die es erlauben, verschiedene Lösungen für ähnliche Organisationsprobleme zu finden. Mit anderen Worten: wie kann man konkrete Lösungen für die Mobilisierung unterentwikkelter Länder – vor allem die afrikanischen Länder – finden, die mit verschiedenen Arten von „verborgenen" oder „tieferen" sozialen und kulturellen Strukturen zusammenhängen?[141]

Hierzu erklärt Eisenstadt weiter, daß – da die Lösungen verschieden, aber die Probleme ähnlich sind – die Entwicklungsfragen jeder Gesellschaft mit der Symbolstruktur dieser Gesellschaft verknüpft werden sollten. Jede Gesellschaft greift auf eine spezifische Symbolstruktur und auf damit zusammenhängende soziale, ökonomische und politische Organisationsmuster zurück. Die symbolischen Ressourcen garantieren die Kontinuität in der sozialen Organisation. Sie sind Orientierungsmuster, die einmal auf den angestammten kulturellen Kontext verweisen, zum anderen als konkrete, manifestierte Werte die Beziehung zur sozialen Ordnung herstellen. Diese Symbolstruktur nennt Eisenstadt „Codes". Sie müssen den Ausgangspunkt für die Bestimmung eines Modernisierungspotentials darstellen. Der Codebegriff verweist auf die Tiefendimension von Entwicklung, den symbolischen Untergrund, wo das Bewußtsein der Betroffenen verankert ist und der damit ihr Wissenssystem bestimmt. An diesem Wissenssystem vorbei kann keine Entwicklungsstrategie geplant oder umgesetzt werden. Entwicklungspolitik muß sich vielmehr auf den existentiellen „Möglichkeitshintergrund" von Werten, Normen, Überzeugungen, Symbolmustern wie auch dem Transzendenten (Religion im weitesten Sinne) beziehen.[142]

Akzeptiert man diese Perspektive, tauchen spezifischere Fragen auf, nämlich:

- die Frage nach der Art der symbolischen Orientierung, in der sich vielleicht die oben genannte verborgene Struktur ausdrückt, und nach den wichtigsten Regeln, gemäß denen sie organisiert ist, und

[140] Vgl. Eisenstadt, S.N.: Tradition, Wandel; a. a. O.; S. 7.
[141] Vgl. ebenda; S. 8.
[142] Vgl. Ohe, W.v.d./Hilmer, R./Nett-Kleyboldt, S./Esterazy, Y./Kasttl, M.T.: Die Bedeutung sozio-kultureller Faktoren; a. a. O.; S. 40.

- die Frage, wie und auf Grund welcher Mechanismen die symbolische Orientierung die institutionellen Aspekte im allgemeinen und die Funktionsweise sozialer Systeme im besonderen beeinflusst.[143]

Es gibt bestimmte Bereiche der Sozialwissenschaft, insbesondere die komparativen makro-soziologischen Analysen, wo einige Hinweise zu diesen Fragen gegeben werden. Vor allem sie zeigen, daß es eine enge Beziehung zwischen allgemeinen institutionellen Mustern oder Konstellationen und bestimmten kulturellen Ausrichtungen gibt. Die folgenden Punkte haben große Bedeutung für den Einfluß solcher Orientierungen auf die institutionellen Muster jeder Gesellschaft:

- Die wichtigsten institutionellen Dimensionen – Ritual, Politik, Wirtschaft – und ihre strukturellen und symbolischen Implikationen für die Definition der Grenzen politischer und kultureller Kollektivitäten.
- Der Grad an Autonomie oder Verknüpfung zwischen kosmischer, kultureller, sozialer, wirtschaftlicher und politischer Ordnung und die Frage nach ihrer jeweiligen Relevanz.
- Die mehr aktive bzw. mehr passive Haltung gegenüber der Teilnahme an der gesellschaftlichen und kulturellen Ordnung und die Frage, wie diese Haltung zustande kommt.
- Die unterschiedlichen Vorstellungen von Wandel, die Haltung gegenüber dem Wandel und die aktive bzw. passive Teilnahme daran.
- Die Grundlagen der Legitimation der gesellschaftlichen Ordnung im allgemeinen und der Beziehung zwischen Zentrum und Peripherie im besonderen. – Werden diese Beziehungen als anpaßbar gesehen oder drücken sie Engagement gegenüber dem Zentrum und/oder der sozialen Ordnung aus?[144]

Diese Themen müssen die Suche leiten nach einer guten und gerechten, sozialen und kulturellen Ordnung und nach der Teilnahme daran. Sie dienen dazu, die sozialen Handlungen des Individuums in eine deutende Erfahrung des sozialen und kulturellen Lebens integrieren zu können. Die Chance, hier Antworten zu finden, geben dem Individuum in seiner Beziehung zu diesen Ordnungen einen Sinn. Die Suche in den verschiedenen Gesellschaften oder Gruppen nach solchen Antworten führt dazu, daß Muster oder Kriterien für die Bewertung der sozialen Wirklichkeit kristallisiert werden. In jeder Gesellschaft sind diese Bewertungen auf zwei verschiedene, aber auch eng zusammenhängende Arten strukturiert. *Erstens* handelt es sich um den programmatischen Einfluß der kultu-

[143] Vgl. Eisenstadt, S.N.: Tradition, Wandel; a. a. O.; S. 9.
[144] Vgl. ebenda.

rellen Orientierungen auf die Institutionen. *Zweitens* geht es um die Konstruktion von Modellen des sozialen, wirtschaftlichen und politischen Lebens über institutionelle Systeme wie etwa die Verwandtschaft und die Artikulierung solcher Modelle in verschiedenen Symbolen und Situationen.[145]

Das verbindende Glied zwischen kulturellen Orientierungen und Bewertung einerseits und der normativen programmatischen Spezifizierung allgemeiner institutioneller Prinzipien andererseits, die der unterschiedlichen strukturellen Differenzierung ein Maß an Kontinuität gewährleisten, besteht in der Kristallisierung solcher Orientierungen in spezifischen Mustern oder Codes. Bei diesen Codes geht es nicht einfach um allgemeine kulturelle Wertorientierungen; sie sind vielmehr mit dem verwandt, was Weber „Wirtschaftsethik" genannt hat. Das heißt, es geht um generalisierte Modi der „religiösen" oder „ethischen" Orientierung in einem spezifischen institutionellen Bereich, um die Bewertung dieses Bereichs und das Erlassen von Richtlinien für Organisation und Verhalten in diesem Bereich, und zwar entsprechend der jeweiligen Art und Weise, wie wichtige existentielle Probleme wahrgenommen werden. Anders ausgedrückt: es wird eine allgemeine Orientierung an den symbolischen und organisatorischen Aspekten eines gegebenen sozialen Bereichs durch eine solche Ethik oder einen solchen Code strukturiert. Die Codes definieren die relative Bedeutung der verschiedenen Dimensionen der menschlichen Existenz, die kulturelle Identität, die Wahrnehmung der Beziehung zwischen kosmischer, sozialer, wirtschaftlicher und politischer Ordnung, die Teilnahme an der sozialen und kulturellen Ordnung und die Legitimationsgrundlage dieser Ordnungen. Noch anders gesagt: die Codes gehen in gewissem Sinne über den konkreten Inhalt und die konkrete Struktur hinaus; gleichzeitig regeln sie die Kristallisierung sehr verschiedener kultureller Inhalte und organisatorischer Strukturen. Der Einfluß dieser Codes ist aber nicht zufällig über die soziale Struktur verteilt. Sie richten sich vielmehr auf spezifische Aspekte der institutionellen Struktur.[146]

Die maßgebenden programmatischen Ableitungen aus diesen Codes betreffen die Spezifizierung

- der Ziele, die für bestimmte Kategorien von Individuen (Leuten) in bestimmten sozialen Situationen angemessen sind,
- der Attribute der Ähnlichkeit und der Kriterien für die Mitgliedschaft oder der Teilnahme in verschiedenen Kollektivitäten,
- der Kriterien, die die Macht über Ressourcen in verschiedenen sozialen Situationen und Schichten und institutionellen Bereichen regeln,

---

[145] Vgl. ebenda; S. 10.
[146] Vgl. ebenda; S. 10.

- der Relation zwischen den genannten drei Punkten und
- der Legitimation der Spezifizierung gemäß Merkmalen der distributiven Gerechtigkeit, die in der betreffenden Situation, Kollektivität, sozialen oder kulturellen Ordnung als erstrebenswert gelten.[147]

Diese Punkte bilden die Grundlage für die Definition von Kriterien der Mitgliedschaft in den verschiedenen Kollektivitäten und Ordnungen. Sie gestalten die Grundlage für die bedingten und unbedingten Rechte und Pflichten, die sich aus der Mitgliedschaft ergeben, und für den bedingten und unbedingten Zugang zu den vorhandenen Ressourcen und Positionen.

> „So berechtigt die Mitgliedschaft in einer Kollektivität zur unbedingten Zuteilung und zur Teilnahme an den Regeln der distributiven Gerechtigkeit – man unterliegt bestimmten Austauschregeln – und sie definiert die diesen Rechten entsprechenden Pflichten, die im Prozeß der Interaktion miteinander verknüpft sind, wobei genau zwischen den Partizipationsprivilegien der Mitglieder im Gegensatz zu den Nicht-Mitgliedern unterschieden wird.“[148]

Weiterhin spezifizieren sie die allgemeinen Prinzipien der Machtverteilung in den wichtigsten institutionellen Bereichen.[149]

Die Codes schaffen bestimmte institutionelle Mechanismen, mit deren Hilfe die Bereiche der potentiellen Zufälligkeit und des Konflikts strukturiert werden, so daß die Kontinuität der Bezugsrahmen der Interaktion gewährleistet ist. Durch sie werden auch bestimmte Regeln festgelegt, die die Grenzen der gegebenen Kollektivität oder der sozialen Interaktion gegenüber der inneren und äußeren Umwelt festlegen. In der Sprache der Spieltheorie wird das so ausgedrückt: Die Begrenzungen des freien Austauschs und der Interaktion, die durch die programmatische Spezifizierung der Codes bestimmt werden soll, spezifizieren

- die Grundregeln der Bezugsrahmen, in denen Entscheidungen über verschiedene soziale Bereiche getroffen werden können, und
- einige der allgemeinen Kriterien für die Regeln, die allerdings in verschiedenen Gesellschaften in unterschiedlichem Grad verbindlich sind, nach denen in diesen Bezugsrahmen Entscheidungen gefällt werden.[150]

---

[147] Vgl. ebenda; S. 11.

[148] Ebenda.

[149] Siehe in diesem Zusammenhang Eisenstadt, S.N.: Societal Goals, Systemic Needs, Social Interaction and Individual Behaviour: Some Tentative Explanations; in: Turk, H./Simpson, R.R. (Hrsg.): Institution and Social Exchange. The Sociology of Talcott Parsons and George C. Homans; Indianapolis, New York 1971.

[150] Vgl. Eisenstadt, S.N.: Tradition, Wandel; a. a. O.; S. 164.

Da die Codes die wichtigsten Grundregeln der sozialen Organisation spezifizieren, kann man sagen, daß sie den Ausgangspunkt für die Bestimmung einer spezifischen Entwicklungsstrategie darstellen können. Sie bilden die verborgenen oder tiefen Strukturen des sozialen Systems. Sie legen dessen Grenzen und grundlegende Parameter fest und beeinflussen die organisatorischen Probleme und Bedürfnisse der Gesellschaft. So wird durch die Spezifizierungen der Codes die Spannweite der konkreten Bedürfnisse einer Gesellschaft definiert. Sie grenzen die Umwelt der betreffenden Gruppen ab und bestimmen die möglichen Reaktionen auf den „Druck" der Umwelt. Weil sie die Art und Weise spezifizieren, in der bestimmte grundlegende gesellschaftliche Funktionen wie Zuteilung, Integration etc. erfüllt werden, sichern sie auch die Möglichkeit der Kontinuität dieser Abgrenzungen und bestimmen die Richtung, die Entwicklung und Wandel in solchen Gruppen und Systemen nehmen kann. Die Festlegung solcher Abgrenzungen geschieht durch Beeinflussung des Bereichs „erlaubter" Fragen und Antworten grundlegende Probleme der sozialen und kulturellen Existenz betreffend; weiter dadurch, daß dieser Bereich in Verbindung gesetzt wird zur konkreten Spezifizierung der beiden wichtigsten institutionellen Abteilungen der Codes, nämlich zur Definition der Mitgliedschaft in der Gruppe und der Verteilung der Macht in ihr.[151]

2.4.1.3 Die These von der Offenheit der Code-Systeme als Transformationspotential

Eine wichtige Grundthese im Rahmen dieser Arbeit ist, daß die verschiedenen Code-Systeme in ihrer Beziehung zur institutionellen Ordnung grundsätzlich offene Systeme bilden. Im Gegensatz zu den universellen Regeln des menschlichen Geistes, von denen die Strukturalisten sprechen, zeigen die verschiedenen komparativen makro-gesellschaftlichen Elemente darauf hin, daß es in einer konkreten historischen Situation verschiedene symbolische Komponenten gibt, von denen jede ihre eigene Dynamik besitzt.

In jeder Gesellschaft gibt es ganz verschiedene Sichtweisen der sozialen Ordnung – hierarchisch oder egalitär, gemeinschaftlich oder individualistisch, auf Macht oder Solidarität beruhend. Deswegen gibt es noch andere symbolische Orientierungen, die die gesellschaftliche Struktur als solche betreffen und die mit Dimensionen wie Hierarchie, Qualität, Solidarität oder Macht in Zusammenhang stehen. Einen weiteren wichtigen Aspekt der symbolischen Dimension kann man als Symbole der kollektiven Identität bezeichnen – die Mitgliedschaft in der Gesellschaft, das Gewicht der Vergangenheit im Verhältnis zur Gegen-

[151] Weitere Einzelheiten über die institutionelle Ableitung siehe Eisenstadt, S.N.: Institutionalization and Change; in: American Sociological Review, Vol. 29, No. 2; April 1964; S. 235-247.

wart, das Verhältnis zwischen Zeit und Ort, zwischen Territorium und Geschichte in verschiedenen Kombinationen. Bei der Untersuchung des Einflusses symbolischer Strukturen auf die Institutionen ist es sehr wichtig, zwischen diesen drei Arten der symbolischen Strukturen zu unterscheiden, d. h. den existentiellen und den sozialen Codes sowie den Symbolen der kollektiven Identität. Jede Art hat ihre eigene Dynamik und kann sich mit anderen Symbolen in verschiedener Weise verbinden, was den konkreten Einfluß auf die institutionelle Dynamik der Gesellschaft verändert.[152]

Andere Aspekte der Offenheit der Codesysteme kommen zum Ausdruck im Vorhandensein eines gewissen Bereichs der Freiheit und Unsicherheit in der Beziehung zwischen solchen Code-Konfigurationen und ihrer konkreten Institutionalisierung. Es gibt keine einfache, Eins-zu-eins-Beziehung zwischen den kulturellen Codemustern und einer makro-sozialen Ordnung oder einem bestimmten Regime. Wie die Codes die grundlegenden Probleme und Dilemmata definieren und lösen, entspricht nicht notwendigerweise einem spezifischen Institutionalisierungsmuster. In keiner gesellschaftlichen Ordnung werden die möglichen Beziehungen zwischen symbolischen Komponenten und einem gegebenen institutionalisierten System je vollständig erschöpft. Mit anderen Worten: die vielen möglichen Kombinationen verschiedener kultureller Modelle und Codesysteme kommen darin zu Ausdruck, daß das gleiche Codemuster in verschiedenen politischen Systemen, wirtschaftlichen Strukturen oder Traditionen institutionalisiert sein kann. So kann es geschehen, daß Codes, die allgemeine Beziehungen zwischen der politischen und gesellschaftlichen Ordnung spezifizieren, die konkreten Grenzen dieser Ordnung nicht definieren.[153]

Jede konkrete Institutionalisierung der Codes impliziert *erstens*: eine Auswahl verschiedener Kombinationen und verschiedener institutioneller Möglichkeiten. *Zweitens*, jede solche Auswahl bedeutet die Wahl bestimmter kollektiver Ziele unter den Gegebenheiten der betreffenden historischen Situation. Diese Ziele, wie z. B. Industrialisierung, ein totalitäres oder demokratisches Regime etc., können auf verschiedene Weise mit den verschiedenen Transformationsregeln kombiniert werden. *Drittens*: jede solche Institutionalisierung eines Codemusters impliziert die Spezifizierung des Charakteristischen, d. h. konkreter Gruppen oder Kollektivitäten und ihrer Umgebung Typisches im Gegensatz zu anderen Gruppen. Damit wird durch jede solche Wahl auch die Spezifizierung des konkreten Inhalts der institutionellen Aspekte auf die sich die Ableitungen der Codes beziehen, eingeschlossen. Im Verlauf dieser Auswahlprozesse[154] werden

---

[152] Vgl. Eisenstadt, S.N.: Tradition, Wandel; a. a. O.; S. 16f.

[153] Vgl. ebenda; S. 17.

[154] Siehe für ausführlicher Analyse der Auswahlprozesse Eisenstadt, S.N./Azmon,Y.: Socialism and Tradition. Atlantic Highlands 1975.

erst Modelle der kulturellen oder gesellschaftlichen Ordnungen oder Codemuster voll institutionalisiert. Dann können sie einen Einfluß auf konkrete soziale Gruppen ausüben. Aus dieser Analyse der Offenheit der Codesysteme und der Folgen der Auswahlprozesse für die Institutionalisierung folgt, wie wichtig es ist, die Träger oder Bezugsrahmen zu identifizieren, in denen Codes interagieren.[155]

All das ist deshalb für die Entwicklungspolitik und-zusammenarbeit besonders wichtig, weil sie die Richtung der Entwicklung und des Wandels beeinflussen will. Dabei ist allerdings stets zu sehen, daß jede kulturelle und soziale Ordnung schon an sich aufgrund der inneren Dynamik sowie des notwendigerweise stattfindenden Kontaktes mit anderen Gesellschaften in einem steten Wandel begriffen ist.

> „Die Institutionalisierung der symbolischen Dimensionen und der Codes in einem sozialen System generiert die Prinzipien, die das dynamische Gleichgewicht des Systems strukturieren. In dem Maß, in dem diese Institutionalisierung mit der gesellschaftlichen Arbeitsteilung verwoben wird, schafft sie aber auch Spannungen, Konflikte und Widersprüche, die zum Wandel führen".[156]

Diese Möglichkeiten von Spannungen und Konflikten sind jeder sozialen Ordnungen, besonders aber den makro-sozialen Ordnungen inhärent. Der Grund, warum sich solche Spannungen und Konflikte entwickeln, liegt darin, daß jede Konstruktion einer kulturellen Wirklichkeit bestimmte erlaubte Fragen zu grundlegenden Problemen der menschlichen Existenz stellt und bestimmte erlaubte Antworten auf diese Fragen gibt. Andere mögliche Fragen und Antworten werden ausgeschlossen. Im Verlauf dieses Prozesses wird das Individuum sich der Willkür der offiziellen Antwort bewußt, und dies um so mehr, als jedes kulturelle Modell oder Codesystem im Hinblick auf seine Institutionalisierung relativ offen ist. Das bedeutet, daß selbst die grundlegenden Parameter einer kulturellen Tradition im Verhältnis zu anderen Kollektivitäten neu definiert werden können. Somit können neue Orientierungen entwickelt werden. Solche Redefinitionsversuche gibt es z. B. im Hinblick auf das relative Gewicht der verschiedenen Dimensionen der menschlichen Existenz oder hinsichtlich des Grades, in dem eine Kollektivität zum Inbegriff bedeutender kultureller Orientierungen wird.[157]

Die Spannungen wurzeln in dem Versuch, die Codekomplexe und Modelle der sozialen Struktur zu institutionalisieren. Ferner werden sie durch die enge Be-

---

[155] Vgl. Eisenstadt, S.N.: Tradition, Wandel; a. a. O.; S. 18.

[156] Ebenda; S. 19.

[157] Siehe: An-Na'im, A.: Cultural Transformation and normative consensus on the best interests of the child, in: International Journal of Law and Family, Vol. 8; Oxford 1994, S. 67ff. Vgl auch ebenda; S. 20ff.

ziehung zwischen der Institutionalisierung der Tradition und den organisatorischen Aspekten der sozialen Arbeitsteilung sowie der Verteilung von Macht und Kontrolle über natürliche und gesellschaftliche Ressourcen erzeugt. Weil die Machtträger eine solche Institutionalisierung der Kultur meist unterstützen, sind die damit verbundenen Restriktionen eng mit dem Bewahren der bestehenden Macht- und Reichtumsverteilung verknüpft. Das Potential der Spannungen und Konflikte hängt auch von der relativen Offenheit der Strukturprinzipien im Prozeß der Institutionalisierung ab. Die Grundregeln der sozialen Interaktion bedeuten, daß eine institutionelle Möglichkeit einer anderen vorgezogen wird. Dies wird die Spannungen und Konflikte verstärken.[158] Die Legitimation von Ungleichheiten ist immer das Ergebnis eines Kampfes, das von den verschiedenen Teilen der Gesellschaft keinesfalls im gleichem Maße akzeptiert wird.[159]

> „Although there is an overlap between individuals perceptions of norms, values, and institutions, these perceptions are by no means identical. The degree of incompatibility and tension varies from person to person, and often between one stage and another in the life of the same person."[160]

2.4.2 Humanvermögen als wichtiger Faktor der wirtschaftlichen Entwicklung

Die Bildung von Humanvermögen ist – in der Perspektive der vorliegenden Arbeit – eine wichtige Voraussetzung für eine nachhaltige Entwicklung. Die Vorstellung, daß Entwicklung ausschließlich unter Außerachtlassung der menschlichen Entwicklung in den Begriffen des finanziellen und technologischen Inputs gedacht werden kann, wird längst in Frage gestellt. Es herrscht Einigkeit darüber, daß die Ausbildung menschlicher Kompetenz ein bedeutender Faktor der wirtschaftlichen Entwicklung und des Wirtschaftslebens ist. Die Langzeitstudie der Weltbank über das subsaharische Afrika unterstrich die entscheidende Bedeutung der institutionellen und menschlichen Entwicklung für die Entwicklung des afrikanischen Kontinentes. Die 1991 erfolgte Einrichtung der *African Capacity Building Foundation* spiegelt den Vorrang wider, der der Kompetenzentwicklung eingeräumt wird.[161]

Wenn die zahlreichen wissenschaftlichen Beiträge Hans-Günter Krüsselbergs zur Wirtschaftswissenschaft[162] betrachtet werden und dabei versucht wird, einige

[158] Vgl. Eisenstadt, Tradition, Wandel; a. a. O.; S. 170.

[159] Siehe ausführlicher Benedict, R.: Patterns of culture, Houghton Mifflin 1959; S. 254-278.

[160] An-Na'im, A.: Problems of Universal Cultural Legitimacy for Human Rights; in: An-Na'im, A./Deng, F. (Hrsg.): Human Rights in Africa. Gross-cultural Perspectives; The Brookings Institution; Washington D.C. 1990; S. 337.

[161] Vgl. Dia, M.: Africa's Managment in the 1990s and Beyond; a. a. O.; S. 25.

[162] Siehe beispielsweise Krüsselberg, H.G.: Ökonomik der Familie; in: Heinemann, K.: Soziologie wirtschaftlichen Handels; Sonderdruck; Opladen 1987; S. 169-192 und

davon auf die Probleme der Entwicklung in Afrika zu beziehen, ist zu sehen, daß manche seiner Arbeiten mit Humanvermögen zu tun haben, was mehr bedeutet als nur schulische und berufliche Ausbildung, weil er sehr nachdrücklich die Bedeutung der Familie für die Bildung von Humanvermögen betont. Er beschreibt, daß die Anforderungen, die die moderne Gesellschaft an das Wissen, an die Verläßlichkeit, an die Effizienz und Kreativität des Handelns eines Individuums richtet, in erster Linie Ansprüche an die Qualität der Bildung des Humanvermögens in den Familien sind. Die Bildung von Humanvermögen umfasst die Vermittlung der Fähigkeit zur Bewältigung des Alltagslebens, d. h. den Aufbau von Handlungsorientierungen und Werthaltungen in der Welt zwischenmenschlicher Beziehungen. Gefordert ist sowohl der Aufbau sozialer Kompetenz als auch die Vermittlung von Befähigungen zur Lösung qualifizierter gesellschaftlicher Aufgaben in einer arbeitsteiligen Wirtschaftsgesellschaft, also der Aufbau von Fachkompetenz.[163]

> „Im Lebenszyklus geht die familiale und schulische Sozialisation stets der Erwerbstätigkeit voraus. Nur mit dem Sozialisationserfolg von Familie und Schule wird effiziente Wirtschaft möglich. Eine intakte Welt der Familien ist als unverzichtbare Voraussetzung für die Schaffung einer Arbeitswelt anzusehen. Ohne einen tragfähigen Unterbau an humanem und geistigem Vermögen wird nicht nur die Hoffnung auf Wohlstandsbewahrung durch ein effizientes Wirtschaftssystem zu einer Illusion; ohne diese Basis an Humanvermögen unterbleibt zudem jegliche Übertragung kultureller und moralischer Werte.“[164]

Wie sich das Familien-, Sozial- und Produktionssystem mit einander verknüpfen, zeigt Abbildung 3 mit der Darstellung der Interdependenzen von familialem und sozialökonomischem System bei der Bildung von Humanvermögen und gesellschaftlicher Produktivität:

Krüsselberg, H.G.: Einige Hypothesen der „economic of the family“ im emprischen Test; in Todt, H. (Hrsg.): Die Familie als Gegenstand sozialwissenschaftlicher Forschung. Schriften des Vereins für Sozialpolitik, Gesellschaft für Wirtschafts- und Sozialwissenschaften, Neue Folge; Bd. 164; Berlin 1987; S. 101-127.

[163] Krüsselberg, H.G.: Humanvermögen in der Soziale Marktwirtschaft; in: Klein, W./Paraskewopoulos, S./Winter, H.: Sozialen Marktwirtschaft; Ein Modell für Europa Festschrift für Gernot Gutmann zum 65. Geburtstag; Berlin 1994; S. 49.

[164] Ebenda; S. 50.

Abbildung 3: Zur Interdependenz von familialem und sozialökonomischem System – Bildung von Humanvermögen und gesellschaftliche Produktivität

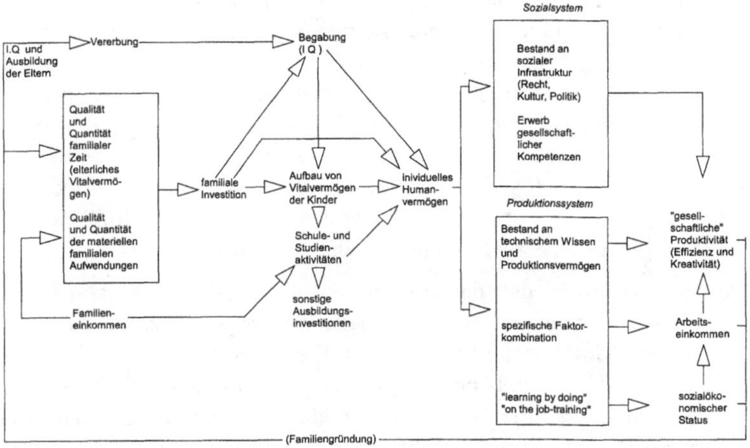

Quelle: Krüsselberg. H.G.: Soziale Marktwirtschaft. Eine Modell für Europa; Klein, W./Paraskewopoulos, S./Winter, H.: Festschrift für Gernot Gutmann zum 65. Geburtstag; Berlin 1994; S. 51.

Krüsselbergs Verständnis von „Humanvermögen", basierend auf seinen Studien der deutschen Entwicklung, kann nahtlos auf die Entwicklungsländer angewendet werden und den auf Entwicklung spezialisierten Wirtschaftswissenschaftlern neue Wege zum Verständnis der Probleme der Wirtschaft der Entwicklungsländer eröffnen. Wenn die oben zitierten Beobachtungen bedacht werden und versucht wird, sie auf den afrikanischen Kontext zu beziehen, ist zu sehen, daß viele Länder dieser Region in der Mitte des 20. Jahrhunderts umfassende strukturelle Veränderungen durchgemacht haben, wobei sie vor allem Modernisierung als Hauptstrategie für Wachstum und Entwicklung anstrebten. Eine der nachteiligen Auswirkungen dieser Strategie ist die rasche Landflucht.[165] Einerseits bestand die Landflucht oft darin, daß Ehemänner ihre Familie auf dem Land verließen, um in den Städten zu arbeiten, und dann nach und nach ihre familiären Bindungen verloren. Die zurückgelassenen Familien

[165] Diese Analyse hat Baer auch für der Probleme der Bildung in Lateinamerika genutzt. Vgl. dazu Baer, W.: Alternative Views of Latin American Development Problems. An Essay in Honor of Hans-Günter Krüsselberg In: Hans-Günter Krüsselberg. Politische Ökonomik in Marburg. Vorträge und Ansprachen anlässlich der Verabschiedung von Hans-Günter Krüsselberg in den Ruhestand; Marburg 2000; S. 12-17.

waren nunmehr auf die Arbeit der Kinder angewiesen, um ihr Einkommen zu ergänzen. Sie nahmen sie daher frühzeitig aus der Schule, oder aber sie machten es ihnen schwer, daheim ihre Schularbeiten zu erledigen, oft zwangen sie sie dazu, in der Schule zu fehlen. Auf der anderen Seite hatten auch die städtischen Schichten mit niedrigen Einkommen wenig Chancen im Schulsystem. Obwohl es fast gebührenfreie Grund- und Hauptschulen gibt, sind diese oft unterfinanziert. Die Lehrer haben eine unzulängliche Ausbildung und werden oft nur mit monatelanger Verzögerung entlohnt. Zahlreiche Kinder wiederholen eine Klasse etliche Male. Insgesamt läßt das Bildungssystem vieler afrikanischer Länder, und im vorliegenden Fall sicherlich das des Sudan im Hinblick auf die Ausbildung von Humanvermögen sehr zu wünschen übrig.[166]

Es ist demnach deutlich, daß das Investieren in das Bildungssystem mit dem Ziel, den Status der Armen in Afrika anzuheben, wesentlich mehr umfassen muß als lediglich mehr Mittel in die Schulbildung fließen zu lassen. Nicht nur etliche strukturellen Reformen sind nötig, um das Bildungssystem effektiver zu gestalten, sondern die Familien müssen planmäßige Unterstützung erhalten, ohne die das formale Bildungssystem wirkungslos bleibt. So ist Krüsselbergs Konzeption von der Bildung von „Humanvermögen" von großer Bedeutung für die soziale Entwicklung in Afrika.

2.4.3 Der Einfluß der Kultur und Sozialisation auf die Entwicklung

Wie schon mehrfach in diesem Teil erwähnt, ist in unseren Augen wirtschaftliche Entwicklung ein komplexes Phänomen, was wir in Übereinstimmung mit Hayek nur aufgrund einer Theorie der Evolution solcher bestehenden und sich entwickelnden Strukturen und Prozesse zu verstehen und zu erklären vermögen. Hayek führte die Evolution der kulturellen Ordnung (oder des Systems von Verhaltensregeln) auf einen Prozeß der Siebung von Praktiken zurück, der weder strikt als natürlich im Sinne von genetisch bestimmt noch als künstlich im Sinne von bewußt entworfen zu bezeichnen ist. Im diesem Sinne versteht man Kultur als „... eine Tradition erlernter Verhaltensregeln, die niemals ‚erfunden' worden sind, und deren Funktionen die handelnden Individuen gewöhnlich nicht verstehen."[167]. Kultur kommt durch die Interaktion des Individuums mit seiner Umwelt zustande. Sie gibt, vor allem durch bestimmte Faktoren wie die Religion, dem Individuum und seiner Wahrnehmung des Universums einen Sinn.

---

[166] Für mehr Information über die Bildungssituation in Afrika siehe: UNICEF: Zur Situation der Kinder in der Welt 1999. Auch für das Problem der Bildung im Sudan siehe Hale, S.: Gender Politics in Sudan. Islamism, Socialism, and the State; Colorado, Oxford 1996; S. 123ff.

[167] Hayek, F.A.v.: Recht, Gesetzgebung und Freiheit. Eine neue Darstellung der liberalen Prinzipien der Gerechtigkeit und der politischen Ökonomie; Bd. 3: Die Verfassung einer Gesellschaft freier Menschen; Landberg am Lech 1981; S. 211.

Kulturen sollten nicht als statische oder gar als monolithische Blöcke begriffen werden, sondern als grundsätzlich offene Systeme, die historischen und gesellschaftlichen Änderungen unterworfen sind. Durch Regeln für das soziale Handeln gibt die Kultur dem Individuum die Möglichkeit, die anderen in seiner Gesellschaft zu verstehen, um mit ihnen umgehen zu können. Somit stehen die beide Aspekte der Fähigkeit zur Wahrnehmung der Umwelt einerseits und der Fähigkeit zum Handeln in engem Zusammenhang miteinander.[168] Kultur kann in diesem Sinne als Determinante wirtschaftlicher Entwicklung und sozialer betrachtet werden, da sie ein bestimmtes Instrumentarium zu Interaktion des Systems mit seiner Umwelt bereitstellt. Sie ist eine Quelle menschlicher Kreativität zur Lösung von Problemen, die die Umwelt ständig neu aufwirft, und zum Beherrschen dieser Umwelt. Durch Weltanschauung, Wahrnehmung der Umwelt und die weitgehend daraus abgeleiteten Handlungsfähigkeiten, in der Form von erlernten Verhaltensweisen, Praktiken, Artefakten und Wissen, kann das sozioökonomische System – mit seinen individuellen und/oder organisatorischen Teilsystemen – Neuerungen erarbeiten und sich an seine sich verändernde Umwelt anpassen. Dieses ist für die Entwicklung des unternehmerischen Handelns und damit die wirtschaftliche Entwicklung unmittelbarer einzusehen.[169]

Nach Hofstede und angesichts der Einzigartigkeit der mentalen Ausstattung des Menschen sollte Kultur von der universellen und vererbten menschlichen Natur einerseits und von der Persönlichkeit als Einzigartigkeit des Individuums andererseits deutlich abgegrenzt werden. Kultur zeichnet sich im Vergleich zu den jenen nämlich dadurch aus, daß sie gruppenspezifisch (kollektives Phänomen) und nur durch das Erlernen übertragbar ist. Im Sozialisationsprozeß erwirbt und erlernt das Individuum seine Kultur.[170]

Somit ist die Sozialisation der „Prozeß, in dem der Mensch in die ihn umgebende Gesellschaft und Kultur hineinwächst und zu einem gesellschaftlich

---

[168] Vgl. Klein, H.J.: Stichwort Kultur, in: Schäfers, B. (Hrsg): Grundbegriffe der Soziologie, 4. Auflage; Opladen 1995; S. 174.

[169] Vgl. Galtung, J.: Cultural Conflict and Economic Growth; in: Atteslander, P (Hrsg.).: Kulturelle Eigenentwicklung. Prespektiven einer neuen Entwicklungspolitik; Frankfurt a.M.; 1993; S. 53ff. u. a.: Bakhit, I.: Massenarmut in Entwicklungsländern aus kultureller Perspektive; in: Bosshardt, C (Hrsg.).: Beiträge zu Transformationsprozessen und Strukturanpassungsprogrammen; Sozial Strategien. Monographien zur Soziologie und Gesellschaftspolitik. Trappe, P. (Editor); Basel 1997.

[170] Vgl. Hofstede, G.: Cultures and Organizations. Software of the Mind; Cambridge: McGraw Hill; 1991; S. 5ff. und auch Bakhit, I.: Mass Poverty in Developing Countries: A Cultural Prespektive; in Bakhit, I., Ravenburg, N.G.v., Münkner, H.H., Walter, V., Walter, T.: Attacking the Roots of Poverty; Marburger Consult für Selbsthilfeförderung EG (Hrsg.); Marburg 1996; S. 16f.

handlungsfähigen Subjekt wird".[171] Es ist ein Prozeß, in dem sich die Persönlichkeit, d. h. „... das spezifische Gefüge von Merkmalen, Eigenschaften, Einstellungen und Handlungskompetenzen, das einen einzelnen Menschen kennzeichnet"[172], in wechselseitiger Abhängigkeit von der sozialen und materiellen Umwelt entwickelt. Die Handlungskompetenz eines Individuums in dem Sinne, daß das Individuum über Kompetenzen, neue Ideen zu entwickeln oder sie kreativ zu imitieren und durchzusetzen, verfügt, sind in unserer Betrachtung für die wirtschaftliche Entwicklung eine notwendige Bedingung. Dieser Prozeß dauert lebenslang an. Der Mensch entwickelt sich also in der Auseinandersetzung mit seiner Umwelt zur Persönlichkeit mit je unterschiedlicher Ausprägung seines „psychischen Gefüges", seiner „Individualität". Diese Individualität ist ebenso Teil der Persönlichkeit wie der Sozialcharakter, den sie mit anderen Mitgliedern der Gesellschaft teilt.[173]

Eng verbunden mit der Thematik der Persönlichkeit und der Individualität ist die der Identität, d. h. der Fähigkeit des Individuums, reflexiv aus sich selbst herauszutreten und sich ein Bild von sich selbst zu machen. Die Entwicklung der Identität geschieht auch nicht ohne den Einfluß der Gesellschaft, sondern als Interaktionsprozeß des Individuums mit anderen Gesellschaftsmitgliedern. Personale Identität ergibt sich aus der ganz persönlichen Biographie und beinhaltet die Selbstinterpretation des Individuums; soziale Identität ergibt sich aus dem Eingebundensein des Menschen in unterschiedliche Gruppen und soziale Einheiten.[174] Synonym mit Identität wird von Selbst gesprochen. Es ist das „Wissen" jedes Individuums um seine eigene individuelle Existenz, seine Kompetenzen und seine Identität; also das Wissen, daß es ist (existentielles Selbst). Selbstkonzept ist das Wissen darüber, wer wir sind, die organisierte Menge der Vorstellung, die jeder von uns mit seiner Person in Verbindung bringt, also die Menge aller Merkmale, Eigenschaften, Fähigkeiten usw., die wir uns selbst zuschreiben (kategoriales Selbst). Das Selbstkonzept wird in Auseinandersetzung mit Personen und Gruppen entwickelt, zwischen dem Einzelnen und der Gesellschaft stehen die sozialen Rollen, die typisiertes Verhalten enthalten. Die soziale Rolle entspricht der Gesamtheit der Erwartungen, die dem Inhaber einer sozialen Position hinsichtlich seines Verhaltens entgegen gebracht werden. Die sozialen

---

[171] Peukert, R.: Stichwort »Sozialisation« und Stichwort »Rolle, soziale«, in: Schäfers, B. (Hrsg): Grundbegriffe der Soziologie, 4. Auflage; Opladen 1995; S. 275.

[172] Tillmann, K. J.: Sozialisationstheorien. Eine Einführung in den Zusammenhang von Gesellschaft, Institution und Subjektwerdung, Reinbek bei Hamburg 1994; S. 11.

[173] Vgl. ebenda; S. 12.

[174] Vgl. ebenda S. 136f.

Rollen unterscheiden sich von einer Kultur zu anderen, d. h. Verhaltenserwartungen sind kulturabhängig.[175]

Im interaktionistischen Rollenkonzept,[176] an dem sich das Verständnis für Frauenrollen im Untersuchungsgebiet orientiert, wird davon ausgegangen, daß die Rollenerwartung im Alltag unklar und inkonsistent sind. Rollenhandeln bedeutet dann, daß das einzelne Individuum die vorgefundene „Situation" definiert und den Rollennormen entsprechend interpretiert. Die Rollenerwartungen differieren zwischen verschiedenen Kulturen nach dem Grad der Rigidität oder der Offenheit. Für den Sozialisationsprozeß bedeutet dies, daß das Individuum lernen muß, „Situationen" zu definieren und Normen zu interpretieren. Dazu gehört auch zu erkennen, wie offen – oder gerade nicht – eine Situation ist.[177] Für die konkreten Alltagssituationen ergibt sich also ständig die Notwendigkeit von Interpretationen: „Interpretationen darüber, was in einer Situation erwartet wird, was wahrscheinlich verboten ist, was man außerdem noch tun könnte, wie man sich selbst ins rechte Licht rückt, was aus einer Situation herausspringt, was der andere tun wird, wenn man etwas bestimmtes tut oder nicht tut usw." Demnach werden „interpretative Fähigkeiten" von dem Handelnden erwartet. Diese Fähigkeiten und ihr Erwerb sind von Kulturen zu Kulturen unterschiedlich. Vor diesem Hintergrund ist das Ziel des Sozialisationsprozesses, daß das Individuum die Fähigkeit gewinnt, sich in diesem relativ offenen Interaktionsprozeß zurechtzufinden.[178]

Die hauptsächliche Sozialisationsinstanz, insbesondere für traditionelle Gesellschaften, ist die Familie. Ferner spielen die Gruppe der Gleichaltrigen, die Schulen und religiösen Einrichtungen eine bedeutsame Rolle. In modernen Gesellschaften sind weiterhin die Massenmedien und der Arbeitsplatz als Sozialisationsinstanzen von Bedeutung.[179]

Eine wichtige Betrachtung aus ökonomischer Sicht ist der wesentliche Einfluß der Sozialisation und Erziehung auf die kognitive Befähigung von Individuen. Durch Sozialisation und Erziehung werden Individuen mit besonderen kognitiven Fähigkeiten, ihre Umwelt zu interpretieren und mit ihrer Umwelt zu

---

[175] Vgl. Filipp, S.H./Frey, D.: Das Selbst; in: Deutsches Institut für Fernstudien an der Universität Tübingen (Hrsg.): Funkkolleg Psychobiologie – Verhalten bei Mensch und Tier, Studienbeleitbrief 8, Weinheim, Basel 1987; S. 13 und vgl. auch Fuchs, W. u.a. (Hrsg.): Lexikon zur Soziologie; Bd. 2; Opladen 1975; S. 572.

[176] Vgl. Krappmann, L.: Neure Rollenkonzepte als Erklärungsmöglichkeit für Sozialisationsprozesse; in: b-e-Redaktion (Hrsg.): Familienerziehung, Sozialschicht und Schulerfolg; 3. Auflage; Weinheim, Basel 1973; S. 168ff.

[177] Tillmann, K. J.: Sozialisationstheorien. Eine Einführung in den Zusammenhang von Gesellschaft, Institution und Subjektwerdung, Reinbek bei Hamburg 1994; S. 139.

[178] Vgl. ebenda; S. 135.

[179] Vgl. Peukert, R.: Stichwort »Sozialisation« und Stichwort »Rolle, soziale«; a. a. O.; S. 280.

integrieren, ausgerüstet. Für die Konstruktion bzw. das Erlangen von bestimmten Weltanschauungen sind die frühen Jahren der Kindheit eines Individuum entscheidend. Im ökonomischen Bereich sind die Aspekte der Innovationsfähigkeit für einen Unternehmer am wichtigsten. Es ist von Bedeutung, daß der Unternehmer über die kognitive und motivationale Fähigkeit verfügt, vorgefundene Prozesse und Ressourcen neu und besser zusammenzusetzen. Für die Persönlichkeitssysteme, die eine angepaßte Auffassungsweise an den Tag legen, sind sowohl die kulturell vorgegebenen Rollen und Rechte als auch die Umweltgegebenheit relevant.[180] Es sollte an dieser Stelle an die Thesen von McClelland über Persönlichkeitsprofile mit hohen bzw. geringem Bedürfnis nach Leistung und Kreativität erinnert werden, die sich hinschlich der Beziehung zwischen Motivationskompetenz und wirtschaftlichen Entwicklung als bedeutsam erweisen.[181]

In seinem kurzen Aufriß des „vermögenstheoretischen Zugangs zur Familienpolitik" verweist Krüsselberg auf den 1990 von W.W. Rostow vorgelegten umfassenden Überblick über die Entwicklung der Wachstsumstheorie von der Klassik des 18. Jh. bis zur Gegenwart. Ausdrücklich hebt er hervor die Erinnerung Rostows daran, daß jene Autoren, „aus deren Werken die Spezialdisziplin der Wirtschaftswissenschaften erwuchs", in ihren Arbeiten immer das Element „sozialkulturelles Milieu" deshalb für besonders bedeutsam gehalten hätten, weil „nichtökonomische Variablen unentrinnbar relevant sind für die Analyse wirtschaftlichen Wachstums". Diese Mahnung – so moniert er dann auch – habe die Wirtschaftswissenschaft nicht immer beachtet. Gleichwohl seien hier Erkenntnisse gesammelt worden, die weiterhin Forschungsstrategien befruchten sollten. Beispielhaft erwähnt er die Arbeiten von Arthur Lewis, der die Unterschiedlichkeit von „Attitüden" als kritische Größe bezeichnet: Ohne Rückgriff auf dieses Erklärungselement werde es unmöglich, sozialen Wandel zu verstehen.[182]

Es darf an dieser Stelle nicht unerwähnt bleiben, daß die humanvermögenstheoretischen Arbeiten von Th. W. Schultz zunächst im Kontext der Agrarökonomik entwickelt wurden. Er besteht sehr nachdrücklich auf seiner Ansicht, daß die Landwirtschaft in vielen Ländern mit sehr niedrigen Einkommen durchaus die

---

[180] Vgl. Röpke, J.: Die unterentwickelte Freiheit. Wirtschaftliche Entwicklung und unternehmerisches Handel in Indonesien; Reihe Organisation und Kooperation in Entwicklungsländern; Bd. 20; Vandenhoeck & Ruprecht; Göttingen 1982; S. 53ff.

[181] Ausführlich siehe McClelland, D.: Die Leistungsgesellschaft. Psychologische Analyse der Voraussetzungen wirtschaftlicher Entwicklung; Wedt, I./Fleischmann, G. (Hrsg.); Stuttgart, Köln, Mainz 1966.

[182] Vgl. Rostow Walt W., Theorists of Economic Growth from David Hume to the Present, New York 1990; S. 396ff. Und vgl. Krüsselberg, H.G.: ‚Der vermögenstheoretische Zugang zur Familienpolitik, in: Bernhard Jans, Andre Habisch, Erich Stutzer (Hrsg.), Familienwissenschaftliche und familienpolitische Signale. Festschrift für Max Wingen zum 70. Geburtstag. Grafschaft 2000, S. 79-88.

potentielle ökonomische Kapazität besitzt, selbst für eine weiterhin wachsende Bevölkerung genügend Nahrung zu produzieren und darüber hinaus das Einkommen und die Wohlfahrt der armen Teile der Bevölkerung signifikant zu verbessern. Die entscheidenden Faktoren für die notwendigen Verbesserungen der Produktivität seien nicht der Raum, die Energie und auch nicht das Farmland, sondern die Verbesserung der „Qualität" der Bevölkerung durch Investitionen im Bereich der Sorge für Kinder, in Informationen über Haushaltsführung, Erwerbsarbeit und Ausbildung sowie weitere Investitionen in das Gesundheitswesen und das Schulsystem, alles das sind Investitionen in Humanvermögen, die zu Fortschritten in der Bewältigung des Alltagslebens und im Wissensstand führen.[183]

Die These bleibt somit nachhaltig in der Diskussion, daß als kulturell relevante Einflussgröße die Vermittlung von leistungs- und wissensbezogenen Einstellungen durch die Eltern ein für die wirtschaftliche Entwicklung äußerst beachtlicher Faktor bleibt.[184] Handlungspotentiale dieser Art umfassen die Fähigkeiten zu lernen, sinnvolle Arbeit zu leisten, etwas zu schaffen und mit wirtschaftlichen und gesellschaftlichen Ungleichgewichtslagen fertigzuwerden. Zu registrieren ist dabei stets die entscheidende Tatsache, daß diese essentiell menschliche Eigenschaft von ökonomischem und sozialem „Unternehmertum" durch investive Leistungen für Mitglieder von Familienhaushalten an der Basis der Gesellschaft ihre Grundlegung erfährt. Ebenso entscheidend ist jedoch, daß jedes menschliche Handeln in konkreten Lebensräumen entfaltet, durch die die Rahmenbedingungen beeinflusst werden, aus denen Entwicklungshemmnisse oder Entwicklungschancen erwachsen mögen.[185]

3 Ideen zur Gestaltung einer frauengerechten Entwicklungsstrategie

3.1 Die Prämisse einer „neuen" Entwicklungsstrategie: Legitimitätszuwachs für alternative Codes

Wie bereits im Zusammenhang mit der obigen Analyse erwähnt, wird in diesem Abschnitt von der Annahme ausgegangen, daß die existierende globale Vielfalt zugleich die Dominanz bestimmter Interpretationen der wichtigsten Normen und Institutionen einer jeden Kultur zu einem bestimmten Zeitpunkt reflektiert.

---

[183] Ausführlicher siehe Schultz, T.W.: The Value of the Ability to Deal with Disequilibria, in: Journal of Economic Literature, Vol. XIII; 1975; S. 827 – 846. und Schultz, T.W.: Investing in People: The Economics of Population Quality, Berkeley, Los Angeles, London 1981.

[184] Krüsselberg, H.G.: Der vermögenstheoretische Zugang zur Familienpolitik; a. a. O.; S. 86f.

[185] siehe hierzu im einzelnen Schultz, T.W.: The Value of the Ability to Deal with Disequilibria; a. a. O. sowie Schultz, T.W.: Investing in People: The Economics of Population Quality; a. a. O., zusammenfassend dann aber Krüsselberg, H.G.: Ethik, Vermögen und Familie, Quellen des Wohlstands in einer menschenwürdigen Ordnung, Stuttgart 1997, dort Teil II.Vermögen, und Teil III. Familie

Wenngleich die Befürworter dominierender Interpretationen diese üblicherweise als einzig authentische oder legitime Positionen ihrer Kultur in bezug auf eine bestimmte Fragestellung darstellen, kann dennoch gezeigt werden, daß jeweils verschiedene Ansichten und Positionen ebenfalls im Bereich des Möglichen liegen. Dies allein zeigt schon die Tatsache, daß kulturelle Normen und Institutionen durch variierende Grade von Ambivalenz und Flexibilität charakterisiert sind, um so auf die Bedürfnisse und Umstände einer Bevölkerung eingehen zu können. Kulturen verändern und entwickeln sich in Antwort auf sowohl äußere Einflüsse wie auch auf interne Erfordernisse.[186]

Unabhängig davon, ob nun der Versuch, gemeinsame Normen zu errichten, erfolgreich ist oder nicht, werden diese Normen nie von allen akzeptiert, die an dem betreffenden sozialen System teilhaben. Somit unterscheiden sich die verschiedenen Gruppen auch in ihrer Fähigkeit und Willigkeit, die von dem institutionellen System verlangten Ressourcen zu beschaffen.[187]

Aus diesen Grund ist ein institutionelles System nie völlig homogen und wird nie von allen, die daran teilnehmen, im gleichen Maß akzeptiert. So werden die verschiedenen Einstellungen gegenüber den zentralen symbolischen Bereichen zu Konfliktherden und können damit einen Wandel auslösen. Es sind immer andere Strömungen vorhanden, wenn auch die große Mehrheit der Gesellschaftsmitglieder sich lange Zeit einigermaßen mit den Werten und Normen eines bestimmten Systems identifiziert und willens ist, diesem die nötigen Ressourcen zu verschaffen. Die grundlegenden Prozesse, die die Reproduktion und Kontinuität sozialer Systeme und ihrer institutionellen Ableitung garantieren, erzeugen im allgemeinen auch ständige Veränderungen in den Macht- und Marktpositionen verschiedener gesellschaftlicher Gruppen und deren Einstellung gegenüber den Prämissen der gesellschaftlichen Ordnung. Solche Änderungen entstehen im Verlauf der Erzeugung und Verteilung von Ressourcen und stehen im Zusammenhang mit dem Versuch der zentralen Eliten, die Grenzen des Systems sowie die Legitimität seiner Werte, Symbole und Normen dadurch zu erhalten, daß sie ständig Ressourcen von verschiedenen Gruppen und Individuen mobilisieren.[188]

Während der Verlauf der Wandlungs- und Veränderungsprozesse ereignen sich verschiedene Reaktionen auf diesen Prozesse. So kann man zwischen einer negativen und einer positiven Haltung gegenüber dem Wandel unterscheiden. Es ist auch wichtig für Untersuchungen der Reaktion auf den Wandel zu wissen, ob

---

[186] Siehe Abschnitt 2.4.1.3 und vgl. An-Na'im, A.: Problems of Universal Cultural Legitimacy for Human Rights; a. a. O.; S. 362f.

[187] Vgl. Eisenstadt, Tradition, Wandel; a. a. O.; S. 21. Siehe auch An-Na'im: An-Na'im, A.: Cultural Transformation and normative consensus on the best interests of the child; a. a. O.; S. 67ff.

[188] Vgl. ebenda; S. 170ff.

die vorhandenen Organisationen oder Institutionen in der Lage sind, mit den sich aus dem Wandel ergebenden Problemen fertig zu werden.[189]

Wenn diese beide Faktoren kombiniert werden, ergeben sich folgende mögliche Reaktionen auf den Wandel:

- ein völlig passive, negative Haltung, die oft zum Verschwinden oder zur Schwächung der betreffenden Gruppen führt;
- ein aktiv organisierter Widerstand gegen Wandel, eine organisierte traditionalistische Reaktion. Es wird damit versucht, wenigstens einen Teil der überkommenen Werte in der neuen Umwelt zu bewahren.

Es können verschiedene Modi der Anpassung an den Wandel entwickelt werden; Transformation bedeutet die Fähigkeit, sich nicht nur an neue interne oder internationale Bedingungen anzupassen, sondern auch neue institutionelle Bezugsrahmen und Zentren zu schaffen. Diese Transformationsfähigkeit variiert je nach dem Grad des Zwang, auf den sie reagiert.[190]

Der jeweiligen Einstellung gegenüber dem Wandel entspricht die Art und Weise, die Probleme des Wandels anzupacken. Beispielsweise werden in einer Gesellschaft, die dem Wandel Widerstand leistet, d. h. geringe Anpassungsfähigkeit zeigt und über keine oder nur geringe Transformationsfähigkeit verfügt, oft traditionelle (rituelle, religiöse) und nicht-traditionelle Lebensbereich segregiert, ohne daß symbolische oder organisatorische Verknüpfungen passieren.[191] Anders ausgedrückt:

> „Es entwickeln sich keine neue symbolischen Orientierungen, die die verschiedene Sichten der Tradition und ihre Bedeutung für bestimmte Lebensbereiche miteinander verbinden könnten. Zur gleichen Zeit besteht das Bedürfnis nach einem klaren vereinheitlichenden Prinzip, dessen Fehlen Unsicherheit hervorruft."[192]

Als wichtiges Indiz für die Reaktion einer Gesellschaft oder Gruppe auf den Wandel ist die jeweilige Orientierung der Elite in dieser Gesellschaft oder Gruppe gegenüber dem Wandel. Diese Orientierung hat strukturelle und organisatorischen Konsequenzen. Ob neue institutionelle Bezugsrahmen und Zentren entstehen, neue Gruppen integriert werden, neue Modi dieser Teilnahme geschaffen, neue symbolische Ordnungen und neue effizientere zentrale Institutionen und Symbole geschaffen werden, hängt von der transformatorischen Fähigkeit der Eliten ab.[193] Die transformationsbereiten und anpassungsfähigen Eliten benützen die Tradition dazu, Antworten auf neue Probleme im Bereich der

---

[189] Vgl. ebenda; S. 344.
[190] Vgl. ebenda.
[191] Vgl. ebenda; S.345.
[192] Ebenda.
[193] Vgl. ebenda; S. 350.

sozialen und kulturellen Ordnung zu finden. Sie tendieren natürlicherweise dazu, die wichtigsten Probleme zu redefinieren und die Reichweite der erlaubten Lösung zu erweitern. Daher differenzieren sie zwischen verschiedenen Lagen traditioneller Verpflichtung und Motivationen und benutzen die vorhandenen Organisationen für die Implementierung neuer Ziele und neuer Tätigkeiten. Dies weist auf die beide wichtigsten Brennpunkte der Kontinuität der Tradition in solche Gruppen hin.

- Der erste bezieht sich auf die Fortdauer bestimmter grundlegender Wahrnehmungsmodi, die kosmische, soziale und kulturelle Ordnung betreffend;
- der zweite auf die Fortdauer autonomer Symbole der kollektiven Identität wichtiger Subgruppen, auch wenn die konkreten Inhalte völlig verändert sind.

Die Redefinition und der Versuch, verschiedene Lösungen für die gleichen Probleme zu akzeptieren, erleichtern nicht nur die Entwicklung neuer Gruppen, sondern auch neuer Gruppenarten, die differenzierter und spezialisierter sind und sich neuen institutionellen Zielen verpflichtet fühlen. Daher besteht die Kontinuität der Tradition vor allem auf der Ebene der Bindung an die zentralen Symbole der kulturellen und sozialen Ordnung.[194]

Aufgrund dieser intrakulturellen Transformationsprozesse wird es immer neben den dominierenden Interpretationsmustern andere geben, die diese Sichtweisen herausfordern und damit Alternativen darstellen. Die vorherrschenden Perspektiven sind deshalb jeweils unterschiedlich offen für die Veränderung oder Anpassung der jeweiligen Machtbeziehungen innerhalb einer Kultur. Oft fordern sie diese heraus. Der Kampf um die „richtigen" und adäquaten Sichtweisen bezüglich intrakultureller Prozesse und damit um kulturelle Ressourcen kann sowohl durch aktives Verhalten (in Form von aktivem Widerstand und Demonstration) als auch durch verbale Artikulation (z. B. durch Protestschreiben, Literatur usw.) im Gang kommen, durch die gesellschaftliche Transformationsprozesse eingeleitet oder unterstützt werden. Jedoch kann daraus nicht umgekehrt geschlossen werden, daß bei Abwesenheit dieser aktiven Formen der Herausforderung und Anfechtung bestehender dominierender Interpretationen keine kulturellen Transformationsprozesse stattfinden.[195]

In diesem Licht gesehen wäre nach den Aussichten zu fragen für die eine Variante der Beeinflussung der Richtung eines kulturellen Wandels, die geeignet ist, die Anerkennung der Legitimität einer Entwicklungspolitik zu fördern. Die ge-

---

[194] Vgl. ebenda; S. 352ff.

[195] Für die detaillierte Diskussion siehe beispielsweise Murdock, P.: The cross-cultural Survey; in: Moore, F.W. (Hrsg.): Reading in Cross-cultural Methodology; New Haven; Harf Press; 1961; S. 45-54 und Kluckhohn, C.: Universal Categories of Culture; in: Moore, F.W. (Hrsg.): Reading in Cross-cultural Methodology; a. a. O.; S. 89-105.

gebene radikale Transformation der Kommunikations- und Informationstechnologie in einer zunehmend globalisierten Welt ermöglicht die Manipulation bestimmter Ziele. Solche Manipulationen finden bereits – etwas planlos – zugunsten kommerzieller Interessen statt. Mächtige Symbole und Bilder werden konstant genutzt, um das Konsumentenverhalten bezüglich der Mode und Unterhaltung usw. zu fördern. Zu fragen wäre nun, ob angemessene Methoden verwendet werden könnten, um die Akzeptanz einer Entwicklungspolitik in einer bestimmten Gesellschaft zu fördern, und welchen Techniken benutzt werden könnten, um diese Politik durchzusetzen.

Vor diesem Hintergrund untersucht dieser Abschnitt die gegenwärtige Kenntnis der Prozesse kultureller Dynamiken und Transformationen, im Hinblick darauf, wie diese unterstützend und förderlich für das Bestreben nach einer kulturellen Rechtfertigung oder Legitimierung einer Entwicklungspolitik sein könnte. Damit soll gezeigt werden, daß es möglich sein sollte, einige Richtlinien für die Entwicklungspolitik zu entwickeln, die helfen können, zwischen der gewünschten Entwicklung und der Ethik der jeweils im Blickpunkt stehenden Gesellschaft zu vermitteln.

3.2 Form und Inhalt einer „lokal-partizipativen" Entwicklungsstrategie

Wir meinen: Die Vermittlung zwischen den Vorstellungen von Entwicklungspolitik und der Ethik der gemeinten Gesellschaft zum Zweck der Prüfung der Förderungswichtigkeit alternativer Codes könnte durch die Entwicklung des Konzepts des intragesellschaftlichen Diskurses in einem gleichzeitig stattfindenden interkulturellen Dialog vorangebracht werden. Diese Idee werden wir in den folgenden Abschnitten erläutern bevor wir darüber nachdenken, was an praktischen Schritten weiter erfolgen könnte.

3.2.1 Der innere gesellschaftliche Diskurs

Die Schlußfolgerung der bisherigen Analyse für die vorliegende Arbeit und die Entwicklungspolitik lautet: Um eine nachhaltige und tiefgreifende Entwicklungsstrategie entwickeln und um einen gesellschaftlichen Wandel einleiten zu können, sind als erstes die Potentiale des Wandels innerhalb der jeweiligen Gemeinschaft zu identifizieren. Solche Gemeinschaften und Potentiale lassen sich, wie oben diskutiert, nach anthropologischen Kriterien bestimmen. Sollen Veränderungen bezüglich der Überzeugungen, Einstellungen und Verhaltensweisen erfolgreich sein, so müssen die Mitglieder der entsprechenden Zielgruppe davon überzeugt sein, daß die alternativen Sichtweisen relevant für ihre Bedürfnisse und Erwartungen sind und zugleich mit den internen Kriterien der Legitimität konsistent sind. Daraus folgt, daß die Träger und Befürworter der jeweiligen Entwicklungspolitik und Transformationsprozesse als kulturelle Insider wahrgenommen werden sollten und in ihrer Darstellung und Methodik intern gültige Argumente und Mittel verwenden müssen.[196]. Damit ist nicht gemeint, daß kulturelle Außenseiter keinerlei Einfluß auf intrakulturelle Diskurse haben. Sie können diese mit verschiedenen Methoden positiv beeinflussen.

Es wurde bereits erwähnt, daß die transformations- und anpassungsfähigen Eliten einer bestimmten Gesellschaft eine große Rolle in der Entwicklungspolitik spielen könnten. Sie sind in unsere Betrachtung die kulturellen Insider. Diese sollten Schlüsselpersonen, z. B. in der jeweiligen NRO und in den traditionellen Gemeinden und Gruppen, sein und einen Zugang zu den lokalen Gemeinschaften haben, um diese auch ehrlich vertreten zu können. Sie dürfen diese Gemeinschaften nicht als bloße Objekte ihrer Programme wahrnehmen, sondern als selbständig und eigenverantwortlich handelnde Subjekte respektieren. Diese Schlüsselpersonen sollten außerdem die Fähigkeit haben, ein mögliches Kommunikationsdefizit zwischen der Welt der Intellektuellen und der Welt der wenig oder überhaupt nicht gebildeten Bevölkerung, die gerade im Zentrum unserer Aufmerksamkeit steht, zu schließen. Wichtig ist, daß diese Schlüsselpersonen verstehen, wie die Leute denken, und in der Lage sind, die Dynamik des gesellschaftlichen Wandels zu erfassen. Wichtig ist, nicht nur den Wandel beschreiben zu können, sondern auch für diesen Wandel in lokal glaubwürdigen Zusammenhängen einstehen zu können, um schließlich zu zeigen, wie gesellschaftlicher Wandel im lokalen Setting funktioniert.[197]. Das heißt auch, daß nicht jedes Mitglied einer Gesellschaft die Rolle des Insiders spielen kann und in diesem Sinn als eine Schlüsselperson betrachtet werden kann. Demnach wären viele Mitglieder als Outsider ihrer Gesellschaft zu betrachten, da sie in ihrem Leben die glaubenswürdigen Zusammenhänge ihrer Gesellschaft nicht wahrnehmen.

Hieraus ergibt sich, daß die Adaption alternativer Perspektiven am erfolgreichsten durch einen in sich stimmigen internen Diskurs erreicht werden kann. Angesichts der Vielfalt von Perspektiven und Optionen bezüglich der Bedeutung und Implikation jeder Entwicklungsstrategie in jeder Kultur ist das Hauptproblem die Frage, wie die Diskurs- und Dialogprozesse über die Verankerung dieser Strategie in den verschiedenen Phasen der Entscheidungsfindung zu regulieren sind. Der Dialog über Einsichten und Erfahrungen in internen Diskurse wird, so meinen wir, dazu beitragen, kulturelle und kontextuelle Verschiedenheiten zu vermitteln, um so gemeinsame Standards über diese Strategie zu entwickeln. Folgende Überlegungen sollen dabei einbezogen werden.

---

[196] Dieses Konzept von Insider wird auch benutzt von An-Na'im für die Lösung des Konfliktes der Universalen Menschenrechte und die Legitimität der Kulturen. Siehe dazu beispielsweise An-Na'im, A: Cultural Transformation and normative consensus on the best interests of the child; a. a. O.

[197] Vgl. ebenda; S. 69.

Problematisch sind zunächst der Umfang und die Dynamik der öffentlichen Beteiligung an diesem internen Diskurs. Während es einerseits keine Beschränkung der Teilhabe seitens der Bevölkerung geben soll, ist es andererseits unwahrscheinlich, daß alle Teile der Bevölkerung eine relativ gleiche oder proportional gleiche Fähigkeit und Möglichkeit zur Partizipation besitzen. Um diese zu maximieren sollten diese Diskurse nicht nur auf verbaler Kommunikation basieren, da breite Teile der Bevölkerung verbalen Artikulationen über Einstellungen und Verhaltensweisen abgeneigt gegenüberstehen. Die Frage ist deshalb, wie die Kommunikationslücke zwischen der Sprache der Intellektuellen einerseits und der Welt ihrer weniger gebildeten wortgewandten Zielgruppe, deren Verhalten im Zentrum der Analyse steht, überbrückt werden kann. Zudem erfordert die Natur und die Dynamik des internen Diskurses die Berücksichtigung und Förderung von bereits existierenden bzw. sich entwickelnden sogenannten *Folkmodels* als wirksamste Strategie für Veränderungsprozesse. Es wäre problematisch, diese *Folkmodels* herauszufordern oder gar zu ersetzen, weil durch sie die relative Bedeutung der verschiedenen Dimensionen der menschlichen Existenz, die kulturelle Identität, die Wahrnehmung der Beziehung zwischen kosmischer, sozialer, wirtschaftlicher und politischer Ordnung, die Teilnahme an der sozialen und kulturellen Ordnung und die Legitimationsgrundlage dieser Ordnungen am besten definiert werden kann.[198]

Diese Strategie wird heute in den islamischen Ländern z. B. von islamistischen Gruppen erfolgreich angewandt. Die Islamisten sind erfolgreich, da sie die bestehenden Glaubensinhalte und -praktiken ihrer Klientel berücksichtigen, diese vereinen und mobilisieren, um so radikale „Aktionen" durchführen zu können durch die die bereits bestehenden Ziele und Erwartungen ihrer Klientel realisiert werden können. Obwohl die Islamisten unserer Ansicht nach tatsächlich versuchen, bestehende Überzeugungen und Verhaltensweisen zu transformieren, wird dieses Ziel geschickt hinter der Rhetorik über die „Kontinuität der Tradition" und „Wiederkehr der goldenen Vergangenheit" versteckt.

Im Kontrast dazu erscheinen bzw. werden die Meinungen der liberalen Intellektuellen in der Öffentlichkeit so präsentiert, als versuchten sie, die existierenden *Folkmodels* ihrer Gesellschaften entweder herauszufordern oder durch fremde Konzepte und Normen zu ersetzen. Hier mag es sein, daß die negative Wahrnehmung durch die oft abstrakte Redeweise der Intellektuellen und ihren Lebensstil, der oft von den täglichen Problemen und Realitäten der allgemeinen Bevölkerung weit entfernt ist, mit verursacht ist. Wahr ist jedoch, daß die Substanz der Botschaften der Intellektuellen nicht so weit von der Essenz der jeweiligen kulturellen und religiösen Tradition entfernt ist, wie ihre islamischen Kontrahenten es glauben machen wollen. Dies kann jedoch innerhalb der gegenwär-

[198] Vgl. ebenda.

tigen Dynamiken zwischen verbalem und nonverbalem Diskurs von den Massen der Bevölkerung nicht leicht wahrgenommen werden.[199]

Diese letzten Ausführungen sollen die folgende These verdeutlichen: Je mehr die Bevölkerung eine Unterstützung und Bestätigung vorhandener Überzeugungen und Praktiken durch neue Ideen wahrnehmen kann, um so besser sind die Aussichten für eine breite Annahme und Durchführung von Veränderungsvorschlägen.

Ist damit gemeint, daß *Folkmodels* bzw. einzelne Elemente dieser stets mit den internationalen Standards und Prinzipien einer Entwicklungspolitik ausgesöhnt werden können? Diese Frage ist berechtigt, insbesondere wenn wir den Bereich des Status der Frauen und ihre Rechte und die Möglichkeit für ihre effektive Partizipation an der Entwicklungspolitik betrachten, da die Aussöhnung zwischen dem *Folkmodel* und dem internationalen Standard für Frauenmenschenrechte und die Verbesserung ihres Status in vielen Gesellschaft nicht einfach ist. Das führt zur zweite Fragen: was passiert, wenn diese Aussöhnung mit dieser Methode nicht zu erreichen ist? Die Versuche diese Frage zu beantworten lassen sich mit folgendem Zitat zusammengefaßt:

> „Instead of a simplistic dichotomy between folk models and international standards, which instals one as the definitive norm by which the other is to be judged, I propose a dynamic interaction between the two. On the one hand, international standards should be premised on fundamental global ethical, social and political values and institutions, and thereby have an inspiring, elevating and informative influences on popular perceptions of existing folk models. These models and their rationale, on the other hand, should be seen as a source of the values and institutions which legitimize the international standards. Both aspects of this dynamic interaction, I suggest, should be mediated through the processes of discourse and dialogue ..."[200]

3.2.2 Interkultureller Dialog als internationale Aufgabe

Wie schon mehrfach erwähnt, wenn man sich die ernüchternde Bilanz der bisherigen Zusammenarbeit innerhalb des politischen und wirtschaftlichen Nord-Süd-Gefälles ansieht, so war diese Zusammenarbeit vielfach geprägt durch ein direktes Diktat hinsichtlich der Lebensform von Menschen in Entwicklungsländern. Die vielfache Willkür und das Aufdrängen von fremden Werten führte häufig zu *Top-down*-Phänomenen, auch wenn die ursprünglichen Anliegen als gut zu bewerten sind. Die Bevölkerung reagierte mit Ressentiment, psychologischer Resistenz und Ablehnung. Rein exportierte Strategien, die nicht mit dem einheimischen Gesellschaftssystem und der innerkulturellen Dynamik überein-

---

[199] Vgl. Elnaiem, B.: Das Paradox der universalen Frauenmenschenrechte. In: Einschnitte. Materialband zu Female Genital Cuttings (FGC); Deutsche Gesellschaft für Technische Zusammenarbeit (GTZ); Eschborn 2000; S. 122.

[200] An-Na'im, A.: Cultural Transformation and normative consensus; a. a. O.; S. 71.

stimmen, führen in Entwicklungsländern oft nur zu Desorganisation, Delinquenz und Chaos. Die mangelnde Fähigkeit, Ehrlichkeit und Loyalität der Regierungen und Eliten vieler Entwicklungsländer gegenüber ihrer Bevölkerung sind ebenso ein Problem wie die vom Ausland angebotenen, empfohlenen oder gar als Auflagen erlassenen Strategien. Fehlende Rücksichtnahme auf die Gesellschaftsverhältnisse und die kulturellen Wertvorstellungen machten das Problem bislang unlösbar. Viele afrikanische Regierungen orientieren sich in ihren Programmen an westlichen Gedanken und Vorstellungen und behandeln damit die Bevölkerung als Objekt und nicht als Subjekt, nicht als Planer und Kontrolleure ihres eigenen Lebens.[201]

Mit diesem kritischen Rückblick ist nicht gemeint, daß kulturelle Außenseiter keinerlei Einfluß auf Entwicklungspolitik der südlichen Länder haben sollen. Wollte man den Leitlinien oder Grundsätzen des Kulturrelativismus folgen, so verbietet sich eine Einmischung von selbst. Aber diese Gedanken sollen hier nicht vertreten werden, denn weder Kulturrelativismus noch Kulturimperialismus passen in die uns vorschwebende Konzeption. Ein Einfluß der Außenseiter, nicht zuletzt die Beteiligung der internationalen Organisationen und die Entwicklungszusammenarbeit mit den Nordstaaten, darf stattfinden, soll jedoch die Selbstbestimmungschance und die kulturelle Integrität der betrachteten Gesellschaft nicht zerstören. Eine Antwort auf die Frage, wie dies stattfinden soll, sehe ich in dem Konzept des interkulturellen Dialogs als Lösung dieses Problems, denn nur durch gegenseitigen Respekt und den Willen zu einer ernsthaften Zusammenarbeit zwischen den Nord- und Südstaaten kann dies verwirklicht werden.[202] So könnte die Zusammenarbeit aus dem Norden durch folgende Faktoren die intrakulturellen Diskurse positiv beeinflussen:

Eigene interne Diskurse können die Teilnehmer befähigen, ähnliche Prozesse in anderen Kulturen wahrzunehmen. Die internen Teilnehmer sollen darin unterstützt werden zwar vorherrschende Meinungen herauszufordern, jedoch offene Einmischungen zu vermeiden, da dies die Glaubwürdigkeit der Akteure untergraben kann. Im interkulturellen Dialog können Erfahrungen und Strategien über die jeweils stattfindenden internen Diskurse ausgetauscht werden.[203]

Interkulturelle Dialoge können durch Betonung moralischer und philosophischer Gemeinsamkeiten der verschiedenen Kulturen und Erfahrungen eine Universalität auf theoretischer und begrifflicher Ebene fördern. Die Bemühungen um die Artikulation gemeinsamer Werte und Prinzipien müssen jedoch vor dem Hinter-

---

[201] Vgl. Elnaiem, B.: Das Paradox der universalen Frauenmenschenrechte. In: Einschnitte. Materialband zu Female Genital Cuttings (FGC); Deutsche Gesellschaft für Technische Zusammenarbeit (GTZ); Eschborn 2000; S. 123.
[202] Ebenda; S. 122.
[203] Vgl. An-Na'im, A.: Cultural Transformation and normative consensus; a. a. O.; S. 68.

grund der kolonialen und postkolonialen Beziehungen zwischen Nord und Süd auf gegenseitigem Respekt und Sensibilität für die Integrität der jeweiligen Kulturen beruhen.[204]

Somit sollten die Organisationen für Entwicklungszusammenarbeit etwas zur Unterstützung der Entwicklungspolitik in den Entwicklungsländern unternehmen – schon aufgrund des Menschenrechtsparadigmas, aber auch aus moralischer Verpflichtung heraus. Folgende Art der Zusammenarbeit ist dabei vorstellbar:

Es soll von der Prämisse ausgegangen werden, daß Kulturen keine statischen Phänomene oder monolithischen Blöcke sind, sondern stets aufgrund innerer und äußerer Faktoren im Wandel begriffen sind, und daß verschiedene Positionen, Sichtweisen, Definitionen und Interpretationen innerkultureller Gegebenheiten existieren, die zur kulturellen Transformation führen. Mit anderen Worten: es gibt auch in den Gesellschaften der Entwicklungsländer Gruppen, die, wenn auch nicht zur Elite gehörend, die nötige Transformations- und Wandelungsfähigkeit besitzen, die Tradition und die symbolische Codestruktur ihre Gesellschaften dazu zu benutzen, Antworten auf neue Probleme im Bereich der sozialen und kulturellen Ordnung zu finden. Das heißt, daß sie dieselben Ansichten wie Vertreter von Organisationen westlicher Länder vertreten. Sie haben eigene Vorstellungen über die Lösung der Entwicklungsprobleme, stehen aber vielfach in Konflikt mit den herrschenden Eliten ihres Landes und werden durch deren dominante Interpretationen marginalisiert und unterdrückt.[205]

Solche Gruppen, z. B. Frauengruppen oder auch junge gebildete Menschen, brauchen Solidarität und Unterstützung, damit sie in der Lage sind, ihre Meinung zu äußern. Sie brauchen Hilfe, sich zu organisieren, und Unterstützung in ihrem Engagement, Probleme zu artikulieren und zu thematisieren.

Hierin sehe ich eine Aufgabe für die in Entwicklungszusammenarbeit engagierten Organisationen. Mit Hilfe dieser Organisationen könnten diese Gruppen ihre Agenda in einem Programm formulieren, welches den innerkulturellen Bedürfnissen angepaßt ist. Sie könnten dadurch diese Gruppen stärken und, aufgrund der Innensicht der Mitglieder dieser Gruppe, kann dieses zu effektiveren und nachhaltigeren Ergebnissen führen, als es bis jetzt der Fall war.

Sicherlich könnte argumentiert werden, daß die Durchführung solcher Programme sehr schwer oder unmöglich sei, da ein Zugang zu diesen Gruppen aufgrund ihrer schwachen Position innerhalb der Gesellschaft nicht ohne weiteres möglich ist. Jedoch haben bereits entsprechende Versuche bestimmter deutscher

---

[204] Vgl. ebenda.

[205] Elnaiem, B.: Das Paradox der universalen Frauenmenschenrechte. In: Einschnitte. Materialband zu Female Genital Cuttings (FGC); Deutsche Gesellschaft für Technische Zusammenarbeit (GTZ); Eschborn 2000; S. 124.

Organisationen, wie z. B. der Deutschen Gesellschaft für Technische Zusammenarbeit (GTZ), direkt mit NROs zu arbeiten, Erfolge erzielen können. Diese Versuche, wie beispielsweise das Pilotprojekt der rechts- und sozialpolitischen Beratung für Frauen, sollten erweitert und verbessert werden, um den vorgeschlagenen Ansatz zu realisieren.[206]

4 Zur praktischen Prüfung der Anwendbarkeit unserer Idee einer „lokal-partizipativen" Entwicklungsstrategie

4.1 Die Selektion entwicklungspolitisch kritischer Faktoren – einige methodische Erwägungen

In diesem ersten Teil unserer Arbeit sollte gezeigt werden, daß es in der Debatte um die Angemessenheit einer Entwicklungspolitik für eine bestimmte Gesellschaft sinnvoll sein kann, den Gesichtspunkt einzubringen, zur Förderung von Entwicklung sei es notwendig zwischen den Entwicklungszielen und der traditionellen Ethik der jeweils gegebenen Gesellschaft zu vermitteln. Weiter haben wir geklärt, daß aufgrund des Konzeptes des intragesellschaftlichen Diskurses der innergesellschaftliche Dialog in einen zugleich stattfindenden interkulturellen Dialog – in dem die verschiedenen Positionen vermittelt werden – aufgelöst werden könnte.

Zu Recht wird heute in der entwicklungspolitischen Zusammenarbeit häufig auf die sozialpsychologischen Aspekte des Kulturwandels und die Feldforschungen der *Cultural Anthropology* sowie die Erfahrungen der *Applied Anthropology* verwiesen und gefordert, „die soziale und ökonomische Struktur eines Volkes zu erforschen und ausfindig zu machen, inwieweit das (Entwicklungs-)Programm mit der Tradition, der Denkart und den Bedürfnissen der lokalen Bevölkerung in Einklang gebracht werden kann. Nur wenn dies der Fall ist, wird man mit einer aktiven Teilnahme seitens der breiten Bevölkerung rechnen können, denn die Menschen sind nicht der Ton, der vom Programm geformt wird, sondern der Töpfer, der das Programm verwirklicht".[207] Um dies zu gewährleisten, haben viele Autoren wiederholt die Beteiligung von Kulturwissenschaftlern an der entwicklungspolitischen Zusammenarbeit gefordert. Deren wichtigster Beitrag soll es sein, gedankliche Modelle auf empirischen Grundlagen zu erarbeiten, die geeignet sind, die soziokulturellen Ordnungen anderer Völker mit adäquaten begrifflichen Mitteln zu erfassen. Ohne anthropologisches Hintergrundwissen könne man nur ein oberflächliches Verständnis für die Kultur eines Volks oder eines Landes haben. Eine Kultur sei jedoch ein umfassendes und komplexes System, dessen Teilsysteme sich gegenseitig erklären und unterstützen. Die

---

[206] Für das Konzept des Pilotprojekt der rechts- und sozialpolitischen Beratung für Frauen siehe die Homepage der GTZ unter http://www.gtz.org.

[207] Zitiert nach Riedel, J.: Sozio-kulturelle Herausforderungen; a. a. O.; S. 359.

Änderung einer Komponente führe zur grundsätzlichen Veränderung des gesamten Systems – wenn auch im Einzelfall quantitativ und qualitativ in unterschiedlicher Weise.

Zur Erfassung des soziokulturellen Umfeldes einer Gesellschaft gehören somit Untersuchungen der kulturellen, sozialen, personalen und ökonomische Strukturen. Dabei gelten als Bestandteile der kulturellen Struktur Werte und Normen, Bewertungsmaßstäbe, Wissensbestände, Religion, Symbole und ähnliches mehr; als Bestandteile der sozialen Struktur vor allem soziale Organisation, Institutionen, soziale Schichtung, soziale Rollen, sowie als Bestandteile der personalen Struktur insbesondere individuelles Verhalten, Sozialisationsmuster, Verhaltensmotivationen.[208]

In Anlehnung an Hofstede wird von uns bei der Analyse einer Kultur ein gedankliches System zugrundegelegt, das die kulturellen Werte erfaßt, d. h. die gesellschaftlichen Normen oder *Mental Programs*, die durch die gewachsenen natürlichen, ökologischen und historischen Gegebenheiten, die die physische Umwelt umfassen, sowie durch exogene Einflüsse als Kern dieses System geprägt werden (siehe Abbildung 4). Die Wertesysteme jeder Bevölkerungsgruppe gestalten deren soziale Beziehungen und Organisationsstrukturen. Die sich in diesem Bereich entwickelnden gesellschaftlichen Kräfteverhältnisse und Spannungen haben wiederum Rückwirkungen auf die Wertesysteme und ökologischen Rahmenbedingungen zur Folge. Die Wertesysteme liegen der Existenz sowohl der Individuen als auch der Gruppen, Organisationen und Institutionen zugrunde. Sie werden dem Menschen während der Kindheit durch die Familie und Sippe, durch die Sozialisation und Bildung und im Rahmen der Zugehörigkeit zu Gruppen und Mitgliedschaft in Organisationen vermittelt. In ihnen pflanzen sich die Religion, Tradition und Erfahrungen fort, die von jeder Generation im Verlauf ihrer Entwicklung mit neuen eigenen Erfahrungen und Einflüssen konfrontiert, verschmolzen oder gegen solche abgeschirmt werden. An einzelnen Phänomen ist zu beobachten, welche Werte vermittelt werden. Die Werte selbst sind nicht direkt beobachtbar, sondern äußern sich in Taten, Verhalten und Worten und müssen deshalb nach Ansicht der empirischen Kulturforschung als Konstrukte gefaßt werden, die wiederum für eine empirische Analyse operationalisierbar gemacht werden müssen, d. h. in beobachtbare Phänomene zu zerlegen bzw. zu konkretisieren sind. Dabei sollte man sich dessen bewußt sein, daß die dort eingeführten Definitionen mit einer subjektiven Sprachwertung behaftet sind.[209]

---

[208] Vgl. ebenda.

[209] Vgl. Hofstede, G.: Culture's Consequences. International Differences in Work-Related Values, SAGE Cross-Cultural Research and Methodology Series, Vol. 5, Beverly Hills 1980; S. 27ff.

Diese Erwägungen schaffen einer bereiten wissenschaftlichen Hintergrund für eine empirisch ausgerichtete Feldforschung. Daher werden wir auch im nächsten Teil die Analyse der Ergebnisse unserer Feldforschung zur sozialen und kulturellen Ordnung der Bevölkerungsgruppen im Sudan und dann speziell im Unteren Atbara in Orientierung an diesem begrifflichen Rahmen betreiben. Das soll uns in die Lage versetzen, konkrete Überlegungen für eine Entwicklungsstrategie anstellen zu können.

Wie unsere Debatte im Abschnitt 2.4.2 jedoch gezeigt hat, reicht die Bestimmung der Einflußfaktoren eines Systems nicht aus, soll ein Handlungssystem in seiner Gesamtheit erfaßt werden. Hier bietet der Rückgriff auf die Erkenntnisse der Familienökonomik in humanvermögentheoretischer Sicht eine unabdingbare Hilfe an. Erst die „Verkörperung“ von Wertesystemen und Kompetenzen in Menschen, der Aufbau und die Erhaltung von Humanvermögen im konkreten Alltag gegebener Gesellschaften schafft Handlungspotentiale. Daraus folgt für die empirische Arbeit, daß die Institutionen, in denen dieses Humanvermögen entsteht und eingesetzt wird, einen ganz besonderen Stellenwert für jegliche entwicklungsbezogene Analyse erhalten. Das sind die Institutionen des Haushalts und der Familie. Dort wird über Investitionen, über Produktion und Konsum entschieden. Dort finden für jeden Einzelnen grundlegende Sozialisationsprozesse statt.

All das sind Prozesse, die wiederum wichtige Auswirkungen haben auf den sozialökonomischen Status und die gesellschaftliche Reputation von Familien und deren Mitglieder.

Für unser methodisches Vorgehen folgt daraus, daß sich somit nur durch eine Zusammenschau der sozialkulturellen mit sozialökonomischen Systemen, deren Grundelemente die (Haushalts-)Systeme (siehe Abbildung 3, S. 65) sind, ein Raster erstellen lässt, das der oben diskutierten Interdependenz Rechnung trägt. Nur so werden die im Alltagsleben tatsächlich bedeutsamen Lebensräume und Lebenszyklen erfaßt: Kein Menschenleben kann ohne den ausdrücklichen Bezug auf seinen familialen Zusammenhang in lokaler und zeitlicher Perspektive angemessen beschrieben werden.

Daher wird dann auch die Gliederung der folgenden Teile in ihrer Systematik bestimmt sein durch unser Bemühen, in einer Analyse, die sich an einer Zusammenschau der Abbildung 3 (S. 65) und Abbildung 4 (S. 83) orientiert, die strategisch wichtigen Elemente der Sozialstruktur zunächst des Sudans und dann der sudanesischen Region Unteres Atbara empirisch zu erheben. Neben den ethnischen und religiösen Einflußgrößen müssen die Familien- und die Haushaltsstrukturen eingehend untersucht werden ebenso wie die sozialen Netze, in die sie eingebunden sind.

Abbildung 4: Modell eines dynamischen sozio-kulturellen Systems

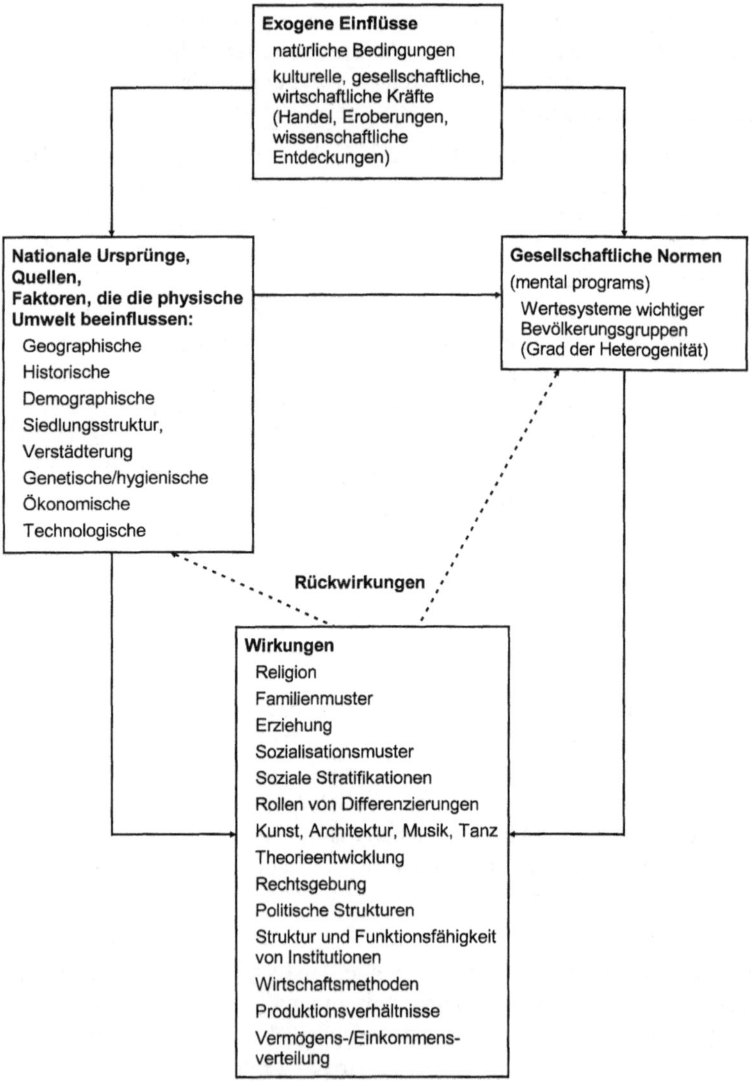

Quelle: Riedel, J.: Sozio-kulturelle Herausforderungen, a.a.O.; S. 369.

4.2 Teilnehmende Beobachtung und lokaler Diskurs: Eigene Feldforschung im Unteren Atbara

Mit dem oben beschriebenen kulturwissenschaftlichen Ansatz und der Vorstellung von einer entsprechenden Vorgehensweise im Kopf ist die Autorin mit der Absicht in das Forschungsgebiet gereist, mit Hilfe der Methode der teilnehmenden Beobachtung zu prüfen, ob sich in der konketen Realität einer sudanesischen Region Entwicklungschancen für Frauen damit eröffnen lassen, daß erkannt wird, wie wesentlich dies der gesamten Gesellschaft Nutzen stiften kann. Da die Autorin aus demselben Land stammt, ebenfalls Muslimin ist und dem Hauptstamm des Gebietes angehört, nämlich den Ja'aliyn – wenngleich auch aus einer anderen Lineage – und zudem als Frau in das Gebiet reiste, hielt sie es für relativ sie einfach, sich in die gesellschaftlichen Probleme im Unteren Atbara hineinzudenken. Da die Autorin in vielen Bereiche denselben kulturellen Hintergrund hat und maßgeblich die Rolle des Islam in der Sozialisation kennt, hoffte sie, Gehör für ihr Forschungsanliegen zu finden, und darüber hinaus ein Vertrauensverhältnis zwischen ihr und den dortigen Menschen, vor allem den Frauen, aufzubauen, das eine offene Kommunikation ermöglichte.

Ihre Idee war, daß dieser Teil des Forschungsprozesses aus der Binnensicht her aus erfolgen müsse. Sie schloss sich damit der Argumentation von Seur an, daß eine entsprechende Vorbildung des Forschers und Sensibilität für eine Kultur für eine teilnehmende Beobachtung äußerst wichtig seien. Die Lebenswelt einer Gesellschaft werde nur für diejenigen verständlich, die die Kompetenz besitzen und nutzen, so zu sprechen, zu kommunizieren, zu partizipieren und sich zu verhalten wie die Mitglieder der zu erforschenden Gesellschaft. Mit anderen Worten, er argumentiert, daß die Forscher sich quasi als Mitglieder der Gesellschaft betrachten sollen.[210] Aus diesen Überlegungen folgt, daß es der Autorin möglich sein müsste, wie ein Mitglied der Gesellschaft im Unteren Atbara zu leben.

Die Praxis zeigte dann auch, daß als eine Frau, die dieselbe Sprache spricht, dieselbe Geschichte und denselben kulturellen Hintergrund hat, ohne weiteres als Mitglied der Gesellschaft akzeptiert wurde. Damit kam es auch zu einem unausgesprochenen Solidaritätskodex zwischen den Frauen im Gebiet und der Autorin. Sehr nützlich war hier, daß die Autorin sich ohne Beobachtungen durch weitere Personen und ohne Fremdheit in den Dörfern mit den Frauen bewegen konnte: wenn die Frauen ihre Hausarbeit erledigten, zur Nachbarin gingen, zur *khalwa* (Koranschule) oder zur Moschee, Wasser holten oder im Feld arbeiteten.

---

[210] Vgl. Seur, H.: The Engagement of the Research and Local Actors in the Construction of Case Studies and Research Themes; in: Long, N./Long, A. (Hrsg.): The Battlefield of Knowledge: The Interlocking of Theory and Practice in Social Research and Development; London, Routledge 1992; S. 138.

Gleichwohl hat aber dieses Zugehörigkeitsgefühl der Autorin und den beobachteten Frauen manche Probleme bereitet. Es war beispielsweise nicht immer einfach, detaillierte Fragen zu stellen, insbesondere zu den Dingen, die von sudanesischen Musliminnen unhinterfragt als normal betrachtet werden wie z. B. die Polygamie und die Beschneidung. Damit ging ein anderes Problem einher: die Gefahr nämlich, daß die Autorin das Zusammengehörigkeitsgefühl und den Solidaritätscode mit solchen Fragen zerstören könnte. Deshalb mußte sie immer wieder eigens erklären, warum sie für Forschungsarbeiten dieser Art stets detaillierte Fragen stellen mußte und warum sie mit jeder Frau oder in der jeweiligen Gruppe diskutieren wollte.

Wie die empirische Arbeit deutlich bestätigt, orientiert sich die stark vom Islam und der arabischen Kultur geprägte Gesellschaft des Unteren Atbara an einer klaren Geschlechtertrennung und genau definierten geschlechtsspezifischen Rollenzuschreibungen und Verhaltensnormen. Deshalb war es für die Autorin sehr schwierig, in Männerbereiche hinein zu gelangen oder diesbezügliche Fragen zu stellen. Aus Rücksicht auf ihre gute Aufnahme und das gewachsene Zusammengehörigkeitsgefühl zwischen ihr und den Einheimischen durfte sie bestimmte Grenzen nicht überschreiten und mußte sich bestimmter Verhaltensweisen enthalten. Da sie jedoch an der Erfassung der gesamten Gesellschaftsstruktur interessiert war, d. h. also auch an den Bereichen der Männer, insbesondere deren Rolle und Position innerhalb des Geschlechterverhältnisses, mußte sie Umwege finden, um in diesem Bereichen zu forschen. Eine gute Möglichkeit dazu bot der Umgang mit älteren Frauen. Es gab zudem im betreffenden Gebiet ein UNDP-Projekt. So konnte sich die Verfasserin den Mitarbeitern des Projektes anschließen und diese die für sie wichtigen Fragen stellen lassen.

4.3 Die Datenerhebung

Die Feldforschung hat im Sommer 1999 im Verlauf von drei Monaten stattgefunden. Um im Sudan das engere Forschungsgebiet auszuwählen, hielt sich die Autorin im Jahr 1998 für sechs Wochen im Sudan auf. Dabei besuchte sie verschiedene Gebiete im Land und nahm Kontakt nahm mit verschiedenen Forschungsinstituten und internationalen Organisationen auf, die Projekte im Sudan durchführen. Da die Autorin an einer typischen traditionellen und benachteiligten Gesellschaft in Norden des Sudan interessiert war, wo sie sich auch schnell zu integrieren können glaubte, hat sie die Gegend des Unteren Atbara gewählt. Die Entscheidung fiel nach einem Besuch des Gebietes und Kontakten mit dem Büro eines UNDP-Projekts, das auf dieses Gebiet bezogen war.

Zur Erhebung soziokultureller und sozioökonomischer Ergebnisse wurden qualitative und quantitative Verfahren für die Datenerhebung angewandt. Für die Gewinnung der ethnologischen und soziokulturellen Ergebnisse wurden qualitative Verfahren verwendet. Offene sowie strukturierte Gespräche, Gruppendiskussionen, Lebensgeschichten standen im Mittelpunkt. Durch die Aufnahme der Autorin in den Frauenbereich eines einheimischen Haushaltes wurde es ihr möglich, die Voraussetzung zu schaffen für die geplante teilnehmende Beobachtung. So konnte sie den Alltag der Frauen vom frühen Morgen bis zum Abend miterleben.

Vergleichbares galt für die Erhebung der ökonomischen Daten mit Hilfe quantitativen Verfahren. Jedoch war es oft ein Problem für die Autorin, solche Verfahren zu verwenden. Wie schon erwähnt wird die Gesellschaft des Unteren Atbara stark vom Islam und der arabischen Kultur geprägt und orientiert sich an der klaren Geschlechtertrennung und genau definierten geschlechtsspezifischen Rollenzuschreibungen und Verhaltensnormen. Deshalb war die Erstellung und Ausfüllung eines Fragebogens für die Autorin immer dann sehr problematisch, wenn die meisten Fragen von Männern beantwortet werden sollten. Um dieses Problem zu lösen, riete viele Mitarbeiter des UNDP-Projekts der Autorin, die quantitativen Daten des Projektes zu nutzen. Diese sind sehr aktuell. Sie werden auch alle sechs Monate aktualisiert. Deswegen hat die Autorin am Ende die meisten quantitativen Daten dem Material des Projektes entnommen, obwohl sie eigene Fragebögen entwickelt hatte. (Siehe Anhang A.)

4.4 Das weitere Vorgehen

Mit unserer Entscheidung, einem Denkansatz zu folgen, wie er in den Abschnitten 2 und 3 dieses Teils entwickelt wurde, wird dann auch der Ablauf der Gesamtstudie der folgenden Untersuchungen bestimmt. Sowohl die Räume, in denen die Menschen leben, denen unser Interesse gilt, als auch das dortige „sozialkulturelle Milieu“ und die Institutionen, die die Lebenschancen und „Attitüden“, die Verhaltensmuster, prägen, müssen Gegenstand einer Analyse sein, die letztlich einmünden will in eine Betrachtung darüber, welche Schritte unternommen werden können, um die Versorgungslage und die Entwicklungspotentiale aller Teile, vor allem aber der bislang wirtschaftlich schwächsten, der Bevölkerung nachhaltig verbessern zu können.

Zunächst werden wir deshalb in einem eigenen Teil II eine allgemeine Beschreibung der wirtschaftlichen, sozialen und kulturellen Ordnungen im Sudan vornehmen. Dort wird ein besonderes Augenmerk auf die normativen Systeme gerichtet sein. Sie sind schließlich für die inhaltliche Ausrichtung der kulturellen Codes bestimmend, auf die sowohl der inner-gesellschaftliche Diskurs als auch der interkulturelle Dialog zielen will.

Eine Grundthese dieser Arbeit ist – wie oben erörtert wurde –, daß sich entwicklungfördernde Potentiale am ehesten erschließen lassen, wenn dies im gesellschaftlichen Konsens geschieht. Daraus folgte die für diese Studie absolut ausschlaggebende Überlegung, ob ein islamischer Dialog geführt werden kann, dessen Ergebnis zu einer von der Religion gestützten, behutsamen, gleichwohl nachhaltigen Öffnung bisheriger institutioneller Arrangements zu führen vermag. Diese Diskussion soll im Teil III stattfinden.

Da es der Verfasserin besonders wichtig war, in der konkreten Realität einer sudanesischen Region zu überprüfen, ob sich ihre Fragestellungen und entwicklungspolitischen Anliegen als Tatbestände erweisen, die für die dort lebenden Menschen sich gleichfalls als Probleme darstellen, mußte über die Auswahl einer solchen Region entschieden werden. Der Autorin als Sudanesin, Muslimin und Angehörige des im Gebiet des Unteren Atbara ansässigen Hauptstammes, dem der Ja´aliyn, ist, erschien dieses Gebiet als ein besonders geeigneter Raum für vertiefende Studien. Somit stellte sich als nächste Aufgabe die Darstellung der zentralen Gesellschafts- und Wirtschaftsbereiche der ethnischen Gruppen im Unteren Atbara in einem eigenen Teil IV. Dabei interessierten vor allem die Fragen nach Hemmnissen und Chancen für Entwicklungsprozesse und deren Konkretisierung unter den Bedingungen einer islamischen agrarisch ausgerichteten dörflichen Sozialstruktur. Es zeigte sich deutlich, daß sich die stark vom Islam und der arabischen Kultur geprägte Gesellschaft des Unteren Atbara an einer klaren Geschlechtertrennung und genau definierten geschlechtsspezifischen Rollenzuschreibungen und Verhaltensnormen orientiert. Die zentrale Hypothese dieser Arbeit, die auf eine Veränderung solcher Sozialstrukturen zum Zweck der Aufwertung des entwicklungspolitischen Potentials von Frauen zielt, ist damit grundsätzlich berührt.

Abschließend zu erörtern ist, ob es im Unteren Atbara Anzeichen dafür gibt, daß sich die lokalen Institutionen frauenspezifisch öffnen können. Mit den empirischen Belegen der Eindrücke vor Ort als Referenzmaterial kann dann ein vorläufiges Resümee gezogen werden bezüglich der eventuellen Tragfähigkeit der hier reflektierten frauenspezifischen Entwicklungsstrategie für die aktuelle Entwicklungspolitik.

II. Teil: Allgemeine Beschreibung der wirtschaftlichen, sozialen und kulturellen Ordnungen im Sudan

1 Die natürlichen und wirtschaftlichen Strukturen

Umgeben von neun Ländern[211], die während des Verlaufs der Geschichte eine entscheidende Rolle bei der Herausbildung der ethnischen Zusammensetzung ihrer Bevölkerung und ihrer sozialkulturellen Ordnungen spielten, ist die Republik Sudan ein ethnisch heterogenes, spärlich besiedeltes (24,9 Mill. laut Zensus von 1993), von der Landwirtschaft bestimmtes Land mit einer Fläche von 2 506 000 km^2 (vgl. Tabelle 2). Zugleich ist der Sudan flächenmäßig der größte Staat Afrikas, dessen natürliche Ressourcen nur unvollkommen genutzt werden. Dies gilt vor allem im landwirtschaftlichen Bereich, von rund 68 Mill. ha potentieller landwirtschaftlicher Nutzfläche werden nur rund 15 % effektiv genutzt. Aufgrund seiner geographischen Lage nimmt der Sudan eine ausgeprägte und historisch weit zurückreichende Brückenfunktion zwischen der arabischen und schwarzafrikanischen Welt ein.[212]

Tabelle 2: Fläche, Bevölkerung und Bevölkerungsdichte

Fläche (km^2)	2.505.813
Bevölkerung (Zensusergebnisse)	
01. Februar 1983	20.594.197
15. April 1993	
männlich	12.518.638
weiblich	12.422.045
insgesamt	24.940.683
Bevölkerung (UN-Hochrechnung zur jeweiligen Jahresmitte)	
1995	26.707.000
1996	27.291.000
1997	27.899.000
Bevölkerungsdichte (pro km^2) zur Jahresmitte 1997	11,1

Quelle: Ofcansky, T.: Economy. Sudan; in Africa south of the Sahara 2000. 29th edition; London 1999; S. 1057.

---

211 Tschad, die Zentralafrikanischen Republik, Kongo, Uganda, Kenia, Äthiopien, Eritrea, Ägypten und Libyen.

212 Vgl. Mattes, H.: Sudan; in: Nohlen, D/Nuscheler, F. (Hrsg.), Handbuch der Dritten Welt, Bd. 5. Ostafrika und Südafrika, 3. Auflage, J.H.W. Dietz Nachf. Bonn 1993, S. 156f.

Abbildung 5: Sudan und Unterer Atbara

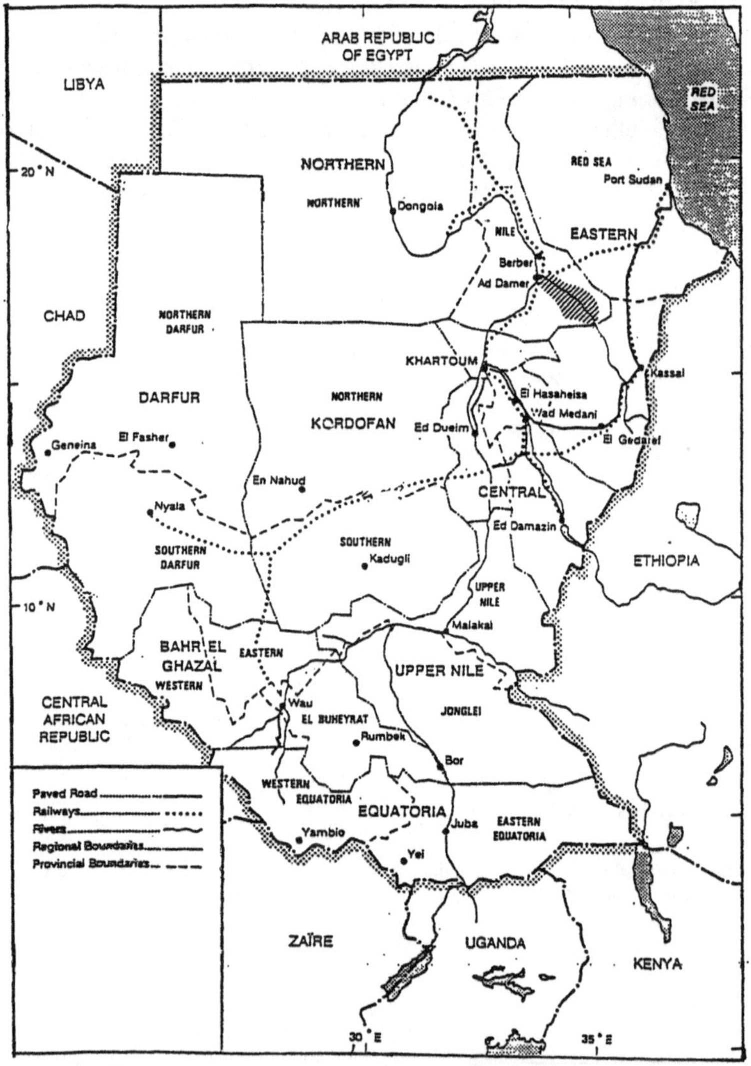

Quelle: Ministry of Finance and National Economy. United Nations Development Programme (UNDP). National Execution Management Support Unit (NEX-MSU): Area Development Scheme Programme (lower Atbara). Third Re-Animation Report form the Village Goz Al Halag 1993; S. 12.

Der Nil, dessen beide Hauptarme[213] – mit einem jährlichen Zufluß von etwa 26 Mrd. Kubikmeter Wasser – sich in Khartoum vereinigen und dessen Wasserfluß in Atbara durch den Zustrom des Atbara-Flusses noch weiter verstärkt wird, bildet die Lebensgrundlage der Bevölkerungsmehrheit, die zu 60 % im Niltal konzentriert ist. Die außerhalb des Niltals siedelnde oder nomadisierende Bevölkerung ist auf Grundwassernutzung bzw. die Sammlung von Oberflächenwasser in natürlichen Seen (*rahad, birka*) oder künstlich angelegten Staubecken (*hafir*) angewiesen. Eine Ausnahme davon stellen die riesigen Sumpfgebiete im Südsudan im Einzugsbereich der Nilnebenflüsse dar. Der weiße Nil verliert jedoch den größten Teil seines Wassers in diesem Sumpfgebiet.

Das Klima im Sudan ist tropisch bzw. randtropisch mit Sommerregen, nur die Küste des Roten Meeres kennt subtropischen Winterregen. Entsprechend der großen Nord-Süd-Ausdehnung (2100 km) unterscheidet man drei Klimazonen, aufgegliedert in fünf Landwirtschaftszonen mit unterschiedlichen geologischen und hydrologischen Verhältnissen. Im nördlichen Teil des Landes herrscht Wüstenklima, im Zentralsudan trockenheißes Steppenklima und im Süden wintertrockenes Savannenklima.[214] Die folgenden fünf Landwirtschaftszonen unterscheiden sich durch Relief, Böden und das Vorhandensein von Oberflächenwasser:

a) Die Vollwüste nördlich des 17. Breitengrades bedeckt ca. 25 % der Staatsfläche.

b) Die Halbwüste zwischen dem 14. und 17. Breitengrad, die weitere 20 % der Landfläche deckt.

c) Südlich schließen sich die Dornbuschsavannen an (10 % der Fläche), die durch Überweidung, Überkultivierung und übermäßige Abholzung in den letzten Jahrzehnten einen wüstenähnlichen Charakter erhielten; diese Fläche bietet die Möglichkeit zum Hirseanbau.

d) Die Trockensavanne (rund 25 % der Fläche einschließlich des saisonal überschwemmten Suddgebietes) ist die Zone intensiven Ackerbaus, es werden vor allem Hirse, Erdnüsse, Sesam Baumwolle angebaut; gleichzeitig ist es das Kerngebiet des Rindernomadismus.

e) Schließlich herrscht im ganzen südlichen Teil des Landes die Feuchtsavanne vor (20 % der Fläche mit sechs bis neun Regenmonaten im Jahr); im Wanderfeldbau werden hier vor allem Hirse, Kassawa, Yams, Süßkartoffeln, Erdnüsse und Sesam angebaut. Die Nieder-

[213] Der weiße Nil mit Ursprung in Uganda und der blaue Nil mit Ursprung in Äthiopien.

[214] Vgl. Sellin, H./Tetzlaff, R.: Sudan; in: Nohlen, D./Nuscheler, F. (Hrsg.), Handbuch der Dritten Welt, Bd. 5. Ostafrika und Südafrika. Unterentwicklung und Entwicklung; 2. Auflage; Ludwigsburg 1982; S. 98.

schläge variieren folglich extrem vom 1 mm in Wüstenklima im Norden bis zu 2000 mm im tropischen Klima des Südsudan. Die Temperaturen liegen im Jahresdurchschnitt zwischen 20 und 32° C.[215]

Neben den landwirtschaftlichen Ressourcen spielen Bodenschätze bislang nur eine untergeordnete wirtschaftliche Rolle. Außerdem ist deren Förderung durch die fehlende Transportinfrastruktur maßgeblich beeinträchtigt. Wirtschaftlich interessant ist das Vorhandensein von Gold, Silber, Eisenerz, Kupfer, Blei, Zink, Uran und Diamanten in den Bergen entlang dem Roten Meer, den Ingessana- und Nuba-Bergen.[216] Da es konkurrierende Ansprüche auf Erdölreserven gibt, werden zur Zeit große Investitionen im Südsudan durchgeführt.[217]

In seiner wirtschaftlichen Struktur ist der Sudan ein Agrarland mit weitgehend monokultureller Produktionsstruktur, deren Basis der Baumwollanbau darstellt. Diese Dominanz der Landwirtschaft zeigt sich in ihrem hohen Anteil an der Entstehung des BIP (Bruttoinlandsprodukts) (26 %) und im Anteil der in der Landwirtschaft Beschäftigten mit etwa zwei Drittel der Bevölkerung. Insgesamt leben 80 % der Menschen von der Landwirtschaft. Der Anteil der verarbeitenden Industrie am BIP liegt seit den 70er Jahren unverändert unter 10 %. Der größte (nichtlandwirtschaftliche Sektor) ist immer noch der Dienstleistungssektor (über 50 %) (siehe auch Tabelle 3). Nach dem Entwicklungsstand der Produktivkräfte und hinsichtlich ihrer Organisation lassen sich vier verschiedene Systeme der Landbewirtschaftung unterscheiden:

a) die traditionellen Formen des Regenfeldbaus,

b) die nomadisch und halbnomadisch betriebene Viehzucht, die hauptsächlich die Selbstversorgung der Familien gewährleistet (durch Verkäufe von Überschüssen und saisonale Wanderarbeit ergänzt), im Zentralsudan,

c) künstliche Bewässerungssysteme (durch Pumpen und Staudämme) und

d) der mechanisierte Regenfeldbau, überwiegend auf die Marktproduktion orientiert. Jedoch wird ein Teil der Subsistenzmittel, vor allem Durra-Hirse, hier produziert.[218]

Die wichtigsten Bewässerungsgebiete sind[219] das seit Mitte der 20er Jahre begonnene Gezira Scheme, das zwischen weißem und blauem Nil liegt (2,1 Mill.

---

[215] Vgl. ebenda, S. 99.

[216] Mattes, H.: Sudan; in: in: Nohlen, D/Nuscheler, F. (Hrsg.): Handbuch der Dritten Welt. Bd. 5. Ostafrika und Südafrika a. a. O.; S. 157f.

[217] Siehe Alray Alaam 5/11/1999 Issue No. 994; S. 9.

[218] Ofcansky, T.: Economy. Sudan; in Africa south of the Sahara 2000; 29th edition; London 1999; S. 1050ff.

Feddan = 880 000 ha.; 100 000 Pächter in Kooperation mit Sudan Gezira Board), auf dem Baumwolle, die zum Hauptanbauprodukt und wichtigsten Devisenbringer entwickelt worden ist, sowie Sorghum, Weizen und Gemüse angebaut werden. Das 1977 fertiggestellte Rahad-Scheme (zur Zeit 300 000 Feddan) produziert Spitzenqualität an Baumwolle, Erdnüssen und Obst/Gemüse und wird bewässert durch den Roseires-Damm nahe der äthiopischen Grenze. Etwa gleichgroß ist das Khashm al-Qirba Scheme. Sein Hauptanbauprodukt ist Getreide. Der Ausbau der Zuckerrohrproduktion war eine der Versorgungsstrategien von Seiten der Regierung. In der 70er Jahre wurden die mittelgroß dimensionierten Projekte Sennar und Hajar Assalaya in Betrieb genommen, während der Welt größter Zucker(rohr)produktionskomplex Kenana erst 1980/81 die Produktion aufnahm.[220] Trotz des größten Verlusts des Viehbestandes während der Dürre 1984/85 hat der Sudan immer noch einen beachtlichen Bestand von 22,6 Mill. Kühen, 19 Mill. Schafen und 2,9 Mill. Kamelen etwa 40 % der Bevölkerung leben entweder als Nomaden oder teilseßhafte Viehzüchter von der Viehwirtschaft[221]

Tabelle 3: Gross Domestic Product by Economic Activity
(Ls million at costant 1981/82 Prices)

	1995	1996	1997
Agriculture and forstery	4.177	4.696	5.288
Mining and quarrying	13	90	105
Manufacturing	652	682	690
Electricity, gas and water	193	199	207
Costruction	548	538	540
Governement services	837	780	719
Other servises	3.548	3.453	3.467
GDP at faktor cost	9.967	10.438	11.016

Quelle: Ofcansky, T.: Economy. Sudan; in Africa south of the Sahara 2000. 29th edition. London 1999; S. 1059.

[219] Da der Landbesitz überwiegend staatlich ist, handelt es sich hier praktisch um Staatsfarmen. Vgl. ebenda; S. 1052.

[220] Vgl. Mattes, H.: Sudan; in: in: Nohlen, D./Nuscheler, F. (Hrsg.): Handbuch der Dritten Welt. Bd. 5. Ostafrika und Südafrika; a. a. O.; S. 167f.

[221] In der Dekade vor der Dürre ermöglichte dieser Bestand einen rasch wachsenden Export lebender Tiere nach Nahost, vgl. ebenda; S. 168f.

2 Die Bevölkerungsstruktur

Im Zensus von 1956, der als der einziger die ethnische Zugehörigkeit erfaßte, wurde eine ethnische Vielfalt von 19 ethnischen Gruppen mit 597 Untergruppen festgestellt. Während des Verlaufs der Geschichte des Sudans und aufgrund seiner Längenausdehnung und historisch weit zurückreichenden Brückenfunktion zwischen der arabischen und schwarzafrikanischen Welt, gab es viele Immigrationen in den Sudan aus verschiedene arabischen und anderen afrikanischen Volksgruppen.[222]

> „Thousands of years ago, the area of present Sudan became the home of nomadic, pastoralist, and farming communities. During the last 5000 years, Sudan continuously has been troubled by the precarious coexistence of segmentary and centralized sub-societies. The Sudanese experienced empires bringing their previously autonomous sub-societies into subjection, enslavement of vast sections of the population, and invasions of foreign people. The invaders partly intermingled with the indigenous population and frequently imposed new leaderships on them, a process which was accompanied by the change of many sub-societies from matrilineal to patrilineal systems. Streams of migrants and refugees have constantly been crossing, penetrating, and leaving Sudan. The Sudanese have proved flexible in securing their livelihood by continuously adapting their modes of production and their society to the changing conditions and environment. However, an amazing persistence of habits gives a hint as to the compromises the Sudanese society has made between internal and external requirements. Such compromises are behind the structure of the society and economy of present Sudan."[223]

Jedenfalls lassen sich die folgenden fünf wichtige Volksgruppen im Sudan unterscheiden:

a) Araber und Arabermischlinge im Nord- und Zentralsudan (vor allem im Niltal, Ostsudan und in Kordofan im Westsudan), die als größte Gruppe 40 % der Bevölkerung stellen; meistens sindsie Ackerbauern und Viehzüchter;

b) Südsudanesen (30 % der Bevölkerung) mit der Untergliederung in 1) Niloten (u. a. Dinka, Schilluk, Nuer, Jur, Annak; alle Vielzüchter), 2) Nilohamiten (drei Hauptgruppen: nomadisierende Viehzüchter) und 3) Sudaniden (Bantustämme wie die Anzande und Moru- Madi; vorwiegend Ackerbauern westlich des Weißen Nils);

c) „Sudanneger", d. h. die Fur-Stämme (Jebel-Marra-Massiv in Darfur im Westsudan und die Nuba-Stämmme im Kordofan); vorwiegend Ackerbauern aber auch Viehzüchter;

---

[222] Vgl. Ministry of Finance and National Economy. Statistical Deparment. Der 1993 Zensus.

[223] Grawert. E.: Making a living in Rural sudan. Production of Women , Labour Migration of Men, and Policese for Peasants' Needs. Macmilian Press Ltd. London 1998. S. 29.

d) Nubier (10 %): moslemische (bis 15 Jh. ägyptisch-koptische) mit Siedlungsgebiet nördliches Niltal, Südägypten und – nach der Umsiedlung – in Khashm el-Girba in der Kasslaprovinz; sie sind Ackerbauern;

e) Beja (7 %), d. h. die hamitische Sprachen sprechenden Nomaden zwischen Nubien und Rotem Meer, teilen sich auf in Bisharin, Amarar und Hadendowa; vorwiegend Nomaden und Viehzüchter.[224]

Es wurde früher häufig eine Trennlinie entlang des 10. Breitengrades zwischen einem islamisierten arabischen Nordsudan und einem afrikanisch-christlich-animistischen Südsudan gezogen. Dies ist jedoch wegen der Bevölkerungsbewegungen heute nicht mehr in dieser Form aufrechtzuerhalten. Hinzuweisen ist auch auf die Tatsache, daß die ethnische Zuordnung (hier arabisch und dort afrikanisch) eine subjektive Komponente hat, denn viele Sudanesen, die Muslime und arabischsprachig sind, nehmen für sich eine arabische Herkunft in Anspruch, ohne indes von den Arabern Nordafrikas und des Maschrek auch als solche akzeptiert zu werden. Andererseits werden von den islamischen Aktivisten des Nordsudan alle Muslime zum arabischen Kulturkreis gerechnet, um ihre (sprachliche) Arabisierungs- und Islamisierungsambitionen regional noch weiter auszudehnen. Etwa 65 % der Sudanesen sind Muslime, 17 % sind Christen und 18 % Anhänger einer der lokalen Religionen.[225]

3 Die normativen Systeme

Normative Systeme stellen den Kernbereich der Struktur und der Kultur einer Gesellschaft dar. Verschiedene Aspekte des normativen Systems im Unteren Atbara wird in den Kapiteln über die soziale Organisation der Wirtschaft im IV. Teil weiter dargestellt, darunter die Leistungsorientierung. In diesem Abschnitt sollen schwerpunktmäßig zwei Bereiche herausgearbeitet werden, die einerseits eine hohe Bedeutung und Auswirkung im gesamten Gesellschaftssystem für konkreten Verhaltensweisen und -orientierungen haben. Andererseits lassen sie sich gut operationalisieren. Es handelt sich um das Rechtssystem und die Religion. Beide Bereiche stellen wirksame Normensysteme dar, die in besonderem Maße individuelles und kollektives Verhalten determinieren. Vor allem beeinflussen sie den Status der Frau in der Gesellschaft. Im Vordergrund des Interesses steht die Frage, wie sich die jeweiligen normativen Systeme herausgebildet haben, wie sich die Regeln manifestieren und wie ihre Bedeutung für das Zusammenleben in den Gesellschaften des Unteren Atbara ist (siehe Teil IV).

---

[224] Vgl. Mattes, H.: Sudan; in: in: Nohlen, D/Nuscheler, F. (Hrsg.): Handbuch der Dritten Welt. Bd. 5. Ostafrika und Südafrika; a. a. O.; S. 158.
[225] Vgl. ebenda S. 159.

3.1 Recht

Aus der Vielfalt der einzelnen Rechtsgebiete sollen hier stellvertretend drei Bereiche herausgegriffen werden, nämlich das Familienrecht, das direkt der Status von Frauen im ganzen Land reflektiert, das Bodenrecht, das eine besondere Bedeutung für das Wirtschaften in Agrargesellschaften hat, und das Erbrecht, das Rückschlüsse auf die zugrundeliegenden Vorstellungen von Umverteilung und Leistung erlaubt. Die beide Bereiche des Bodenrechtes und des Erbrechtes bestimmen ebenfalls den Status der Frau mit. Einleitend werden die Grundlagen des Rechtssystem dargestellt.

3.1.1 Quellen des Rechtssystem im Sudan

Nach dem Sieg über Mahdia und der Gründung der anglo-ägyptischen Kondominiums verkündeten die Briten als die eigentlichen Träger der Politik im Sudan eines neues Rechtssystem. Das Prozeßrecht besteht bereits seit 1899 und hat seither zahlreiche Änderungen erfahren. Die Grundlage dieser Gesetzgebung waren das englische *Common Law*, die islamische Jurisprudenz und/oder die Gewohnheitsrechte der jeweiligen Stammesgebiete.[226]

Auf bestimmten Rechtsgebieten wie Familienrecht, Bodenrecht und Erbschaftsrecht, haben die Briten vielfach auf die jeweiligen Gewohnheitsrechte zurückgegriffen. Die Stämme im Norden haben viele ihrer früheren Gewohnheitsrechte zugunsten islamischer Rechtsvorstellungen aufgegeben. Die islamischen Vorschriften gelten einheitlich für alle Muslime im Sudan. In übrigen greifen Gewohnheitsrechte dort, wo die Dinge nicht anderweitig gesetzlich geregelt sind oder gegen Grundsätze der Gerechtigkeit, Billigkeit und guten Sitten verstoßen (*justice, equity and good conscience*). Als *Customs* gelten grundsätzlich auch die jeweiligen religiösen Rechte der NichtMuslime sowie die Stammesrechte in den südlichen Teilen des Landes.[227]

Das Rechtssystem des anglo-ägyptischen Kondominiums ist grundsätzlich – mit wenigen Änderungen insbesondere während des Numeiri-Regimes (1969-1985) und in bestimmten Rechtsgebieten wie dem Bodenrecht – mit denselben Rechtsquellen nach der Unabhängigkeit bis September 1983 in Kraft geblieben. Artikel 9 der (aufgehobenen) Verfassung von 1973 legte gleichfalls fest, daß das *Common Law* und die Gewohnheitsrechte als Rechtsquellen gelten. So wurden die Personenstandsangelegenheiten der Nichtmuslime durch das jeweils bei ihnen gültige Personenstandsrecht geregelt. Derselbe Verfassungsartikel legte aber gleichzeitig auch fest, daß islamisches geschriebenes Recht und Gewohnheitsrecht die Grundlagen der Gesetzgebung sein sollen. In zahlreichen neueren

---

[226] Vgl. Women and Law in Sudan Project; Volume one; London 1997; S. 9ff.

[227] Vgl. Fluehr-Lobban, C.: Islamic Law and the Society in the Sudan; London 1987; S. 35f.

Gesetzen z. B. *Civil Transaktion Act* (Artikel 3) wird ebenfalls bestimmt, daß die Gerichte dessen Regeln nach den Prinzipien der *sharia* interpretieren sollen.[228]

Die Rechtsprechung im Sudan wird im Bereich des Zivilrechtes durch staatliche Gerichte (*Civil Courts*) auf lokaler Ebene (*Town Bench*), Distriktebene (*District Court*), Provinzebene (*Province Court*), sowie durch den *Court of Appeal* in Khartoum und neun anderen Städte und den *Supreme Court* ausgeübt. Für Muslime bestehen außerdem funktionell getrennte Sharia-Gerichte (*Sharia Court*) auf der Distrikt- und Provinzebene. Daneben bestehen auf lokaler Ebene, insbesondere im Südsudan Ortsgerichte (*Local Courts*), die mit Laien besetzt sind.[229]

Mit der Islamisierungspolitik Numeiris ab September 1983 gilt das islamische Recht *sharia* hauptsächlich der hanifitischen Rechtsschule als Hauptquelle oder sogar als die einzige in vielen Rechtsgebieten des Rechtssystems im Sudan, insbesondere für die Nordsudanesen. Die Rechtsreform Numeiris betraf zahlreiche sowohl zivil-, straf- als auch verfahrensrechtliche Bereiche.[230] Um ein besseres Verständnis für die *sharia* und damit für das heutige Rechtssystem im Sudan, und vor allem im Unteren Atbara als eines islamischen Gebietes zu bekommen, werden wir im folgenden die Grundlagen des islamischen Recht darstellen.

3.1.2 Das Rechtsverständnis im Islam

> „... Shari'a, include a universal system of law and ethics and purport to regulate every aspect of public and private life. The power of Shari'a to regulate the behavior of Muslims derives from its legal norms. As such Shari'a influences individual and collective behavior in Muslim countries through its role in the socialization processes of such nation regardless of is status in their formal legal systems."[231]

Das Recht nimmt im Islam einen außerordentlichen Platz ein. Alle Handlungen des menschlichen Leben sind nach Rechtskategorien geordnet. Die islamische Pflichtenlehre (*fiqh*) regelt in umfassender Weise alle Aspekte des privaten und öffentlichen Lebens. Dementsprechend umfaßt das islamische Recht (*sharia*) sowohl die religiösen Vorschriften, die die Religionsausübung betreffen (*ibadat*), als auch gesellschaftlich-politische Normen, die im eigentlichen Sinne rechtliche Vorschriften im Zusammenhang mit vermögensrechtlichen Geschäften (*mu'amalat*) sowie mit Familie, Vererbung und Strafen, aber auch mit dem Zusammenleben in der menschlichen Gemeinschaft schlechthin. Im Sinne einer

---

[228] Vgl. Bergmann/Farid: Internationales Ehe- und Kindschaftsrecht. Sudan; Frankfurt a. M. 1992; S. 44.

[229] Vgl. ebenda; S. 4.

[230] Vgl. Women and Law in Sudan Project; a. a. O.; S. 16.

[231] An-Na'im, A. A.: Human Rights in the Muslim World: Socio-Political Conditions and Scriptural Imperatives; in; Harvard Human Rights Journal; Volume Three; Spring 1990; S. 13.

islamischen Ethik dient das islamischen Recht somit auch zur Orientierung des politischen Verhaltens und der politischen Ordnung.[232] Die Pflichtenlehre kennt fünf Kategorien menschlicher Handlungen: „geboten" und „verboten", „empfohlen" und „mißbilligt" sowie das neutrale „erlaubt". Jedoch sind die Vorschriften der *sharia* nie in einer Gesetzessammlung eindeutig kodifiziert worden. Das islamischen Recht, *sharia*, geht nur zu einem Bruchteil direkt auf den Koran zurück; der größte Teil wurde von Rechtsgelehrten unter religiösen Gesichtspunkten erarbeitet, und zwar schon bald nach dem Tod des Propheten zwischen dem achten und zehnten Jahrhundert.[233] Da der Islam keinen Code der koranischen Gebote besitzt, dienen die Handbücher der islamischen Pflichtenlehre (*fiqh*) zur Erklärung des Koran. Das heißt, daß diese Bücher von den Rechtsgelehrten zur Interpretation der *sharia* herangezogen werden. Die *fiqh* beruht nach der „Wissenschaft von den Wurzeln" auf vier Wurzeln:[234], nämlich:

- Der Koran: Er ist die wichtigste Quelle der islamischen Rechtswissenschaft und gilt als Wort Gottes. Das heilige Buch enthält kein umfassendes System von Regeln, sondern bietet nur Lösungen für problematische Einzelfälle. Die vom Propheten Mohammed verkündeten Entscheidungen ergingen vor dem Hintergrund des damals in Arabien herrschenden Gewohnheitsrechte. Der Koran enthält nur wenige absolute Gebote und Verbote. Es finden sich auch nur verhältnismäßig selten Aussagen, die unmittelbar als Rechtssätze angewendet werden können. Überwiegend wird ein Verhalten nur als erwünscht, verwerflich oder einfach erlaubt bezeichnet. Den Gläubigen werden mehr moralisierende Belehrungen über ethische Verhalten erteilt.

- Neben dem Koran orientiert sich die islamische Rechtwissenschaft an dem Verhalten des Propheten Mohammed (*sunna*), wie es in seinen Taten und Worten zum Ausdruck kam.

- Eine auf Koran und Sunna zurückgehende Lehrmeinung wurde dann allgemeiner Glaubensinhalt, wenn kein namhafter Religions- bzw. Rechtsgelehrter Einspruch (*fagih*) erhob. Weil es im Islam keine religiöse Instanz gab, die den Glaubensinhalt verbindlich festlegte, bildete sich aus der widerspruchslosen Hinnahme allgemein verbreiteter Ansichten zu religiösen Fragen der Konsens (*igma*) als entscheidendes Kriterium heraus. Die Übereinstimmung der Reli-

---

[232] Vgl. Dilger, K.: Das Rechtsverhältnis im Islam und seine politische Dimension; in: Schwartz, J. (Hrsg.), Der politischen Islam. Intentionen und Wirkungen; Paderborn, München, Wien, Zürich 1993; S. 55.

[233] Vgl. Schwerin, G. K.: Die Stellung des Islam und des islamischen Rechts in ausgewählten Staaten, 7. Indien; in: Ende, W./Steinbach, U. (Hrsg.): Der Islam in der Gegenwart; München 1984; S. 307-314.

[234] Für die folgende Punkte Dilger, K.: Das Rechtsverhältnis im Islam und seine politische Dimension; a. a. O.; S. 56ff.

gionsgelehrten einer bestimmten Epoche, die die Gemeinschaft repräsentierten, war der Maßstab, der bei Auslegung der Quellen im eigentlichen Sinn, des Koran und der Sunna, gelten sollte.

- Die vierte und die fünfte, d. h. das Selbstständige Bemühen (*igtihad*) und der Analogieschluß (*giyas*), sind keine Quellen im eigentlichen Sinne, sondern Methoden, mit deren Hilfe neue Lösungen gefunden werden können. Nach Herausbildung der Rechtsschulen[235] seit Ende des neunten Jahrhunderts gilt das „Tor des selbständigen Bemühens“ (*bab al igtihad*) als geschlossen. Der sogenannte *giyas* umfaßt jede logische Deduktion, durch die in einem neuen Fall eine Lösung aus einem bereits entschiedenen Fall abgeleitet werden kann.

Aus der Sicht orthodoxer islamischer Rechtsgelehrter wurde die Struktur des islamischen Rechts bereits im neunten Jahrhundert vollendet: Damit kommen wir zu einer wichtigen Tatsache und zwar zum Paradox der islamischen Rechte und ihrer Beziehung zu bestimmten selbstverständlichen Rechten in der heutigen Zeit: den Menschenrechten, vor allem den Frauenrechten, die in unseren Überlegungen im Vordergrund stehen, und zur Demokratie.[236]

3.1.3 Bodenrecht

Unser Ausgangspunkt ist die Vorstellung, daß das Eigentum keine Beziehung zwischen Menschen und Sachen bzw. Gütern ist, sondern vielmehr eine Beziehung zwischen Menschen bezüglich knapper Güter. es hat keine Objekte zum Inhalt, sondern ist eine jeweils spezifische soziale Beziehung, die bestimmt wird durch die Position des Inhabers eines Eigentumsrechts gegenüber anderen Akteuren, immer bezogen auf den Nutzen oder Einkommen, der aus dieser Ressource entsteht.[237] Ein Recht in diesem Sinne ist danach die Befugnis, zum Schutz eines Nutzenstroms (Einkommens) auf den Vorbehalt, die Sicherung eines Kollektives oder im Extremfall auf mächtige Einzelpersonen zurückgreifen zu können. Dementsprechend muß eine Autoritätsinstanz existieren, die auch bereit und fähig ist, die Interessen der Besitzer von Rechten zu verteidigen. Eine effektive Sicherung bedeutet hierbei nichts anderes als die damit unmittelbar

---

[235] Im 9. Jahrhundert kristallisierten sich vier Rechtsschulen (*madhab*) heraus, die bleibende Bedeutung erlangten: Die malikitische Rechtschule, hanafitische Rechtschule, die schafiitische Rechtschule und die traditionalistische Schule des Ahmed ibn Hanbel. Die Unterschiede zwischen ihnen liegen weniger im Inhalt als in den Methoden der Rechtsfindung. Für weitere Erklärungen siehe Dilger, K.: Das Rechtsverhältnis im Islam und seine politische Dimension; a. a. O.; S. 59.

[236] Für die Stellung der Frau im *sharia* werden wir das detailliert im verschiedene Punkte abhandeln. Siehe z. B. Abschnitt 1.2 im Teil III.

[237] Vgl. Kirk, M.: Bodenrechte; in: Mensching, H. G./Seifert, H.S.N.: Tierhaltung im Sahel. Rezente Entwicklung und Perspektiven in der Republik Sudan; a. a. O.; S. 224.

verbundenen Pflichten all jener, die das Rechtssystem mittragen. Auch für Bodenrecht kann die Befugnis nur existieren, wenn es einen sozialen Mechanismen gibt, der die Pflichten auferlegt und Einzelne bzw. Gruppen an diese Pflichten binden kann.[238] Mit Blick auf den Untersuchungszweck betrachten wir in Bodenrecht lediglich die ländliche Ebene, vor allem im Nordsudan wie im Unteren Atbara.

Als segmentäre Gesellschaften, in denen im Prinzip die Familienverbände als „untere" Segmente oder lineage auch gleichrangig autonom nebeneinander stehen und denen eine starke Zentralautorität fehlt, waren die ethnischen Gruppen Nordsudan bis zu der anglo-ägyptischen Kolonisation auf allgemeingültige Kooperations- und Konfliktlösungsmuster angewiesen. Daher hatten sich Systeme des Gemeineigentums (*common property*) an zentralen Ressourcen, wie Boden und Wasser, herausgebildet. Grundbedingungen war zunächst die Abgrenzung der Einflußsphären der Ethnien, der Aufbau eines Hoheitsgebiets, eines *Homeland* (arab.: *dar*) als gemeinschaftlichem Eigentum jeder ethnischen Gruppe, das die Ressourcenbasis der extensiven Produktionssysteme bildet.[239] Die territorial begründeten gemeinschaftlichen Rechte am *dar* umfassen das Rechte der eigenen Mitglieder, Weiden und Wasserstellen zu nutzen und neue Brunnen zu bauen, das Recht, Ackerbau zu betreiben und sich dauerhaft anzusiedeln, sowie das Recht, Fremde zum Siedeln, zum Weiden oder zur Wasserentnahme zuzulassen bzw. abzulehnen. Sie beinhalten neben den Nutzungsrechten auch die Rechte des Transfers, der Allokation, Mechanismen zum Management der Ressourcennutzung. Damit eng verbunden ist ein System von Autorität. Dieses Eigentumssystem erfordert ein hohes Maß an Abstimmung zwischen den verschiedenen Nutzern innerhalb der Eigentümer-Gruppe eines gemeinsamen *dar* (Innenverhältnis) sowie zwischen verschiedenen Eigentümer-Gruppen, also den Stämmen.[240]

Entgegen allen Erfahrungen mit Beuteansprüchen nach Kriegen und mit den islamischen Rechtsvorstellungen erklärte sich die Kolonialregierung des Kondominiums nicht als Eigentümer allen Bodens qua Eroberung. Sie betrieb vielmehr eine Politik des Schutzes der Gewohnheitsrechte auf Land, insbesondere aber des individuellen Privateigentums, das sie in jeder erdenklichen Weise schützte und förderte. Einerseits erfolgte die Förderung des individuellen Privat-

---

[238] Vgl. ebenda; S. 225.

[239] Detaillierter wird das Konzept der *dar* und des Gemeineigentums beschrieben in ebenda; S. 221ff., wobei in dieser Studie das Bodenrecht der ethnischen Gruppen in Butana behandelt wird, die ähnlicher Abstammung wie die ethnischen Gruppen im Unteren Atbara sind.

[240] Vgl. Kirk, M.: Wandel von Property Rights in Tierhaltergesellschaften in der Butana/Ostsudan; in Sudantagung 1993: Forschungsberichte, Berichte über Entwicklungsprojekte und Diskussion über aktuelle Entwicklung; Institute für Weltwirtschaft und internationales Management; Tagung am 11.-12. Februar 1993; Universität Bremen, S. 3.

eigentums entsprechend den europäischen Rechtsvorstellungen durch Katastereintrag und Vergabe von Eigentumstiteln in den Regionen mit hohem Produktionspotential, wie im Niltal. Einbezogen waren auch die Flächen im Einzugsgebiet der Städte. Andererseits wurde auch die Treuhänderfunktion gegenüber den Sudanesen betont, um Bodenkonzentration und weiße Siedlerkolonien zu verhindern.[241]

Beruhend auf der *Title to Land Ordinance* (1899) und der *Land Settlement Ordinance* wurde 1926 der *Land Settlement and Registration Act* verkündet. Er regelte bis in die Zeit nach der Unabhängigkeit zwei das Untere Atbara betreffende Bereiche und zwar die Eigentumsrechte an Ackerland entlang des Atbara-Flusses und die Eigentumsrechte an gemeinschaftlichem Bodeneigentum, also auch an Weideland.[242]

Einerseits schritten Privatisierung und Individualisierung im Ackerbau voran. In den Augen der Briten nämlich war Ackerland niemals Stammeseigentum, sondern individuelles Eigentum, allerdings begrenzt durch die Stammesrechte. So konnte unter den Mitgliedern des Stammes das Land verpachtet, belastet und sogar verkauft werden. Entsprechend stand für die Kolonialverwaltung das Problem der Anerkennung und Registrierung von Eigentumsmittel im Mittelpunkt. Andererseits besteht ein Eigentumsanspruch des Staates an gemeinschaftliche genutztem Land in all jenen Fällen, in denen anderweitige, individuelle oder gemeinschaftliche Eigentumsansprüche nicht durch staatliche Registrierung oder durch islamische Rechtsinstanzen belegt werden können.[243]

> „... All waste, forest, and unoccupied land shall be deemed to be the property of Government until the contrary is proved“[244]

Formal war in Fällen, in denen keine Registrierung vorgenommen worden war oder andere Beweise vorgebracht werden konnten, das Land Eigentum des Staats. Faktisch blieben die traditionellen bodenrechtlichen Regelungen allerdings im Unteren Atbara in Kraft, so daß zwei Systeme gleichzeitig existieren, ohne zunächst miteinander in Konflikt zu geraten. Denn die Kolonialverwaltung hatte die zentrale Bedeutung der Institution des *dar* als Grundlage ethnischer Identität für die alltägliche Verwaltungs- und Rechtspraxis durchaus erkannt. Es wurde damit den tradierten Normen und Instanzen Rechnung getragen, beispielsweise durch die Anerkennung der lokalen Gerichtsbarkeit bei bodenrechtlichen Konflikten – des *Native Court* – sowie des Allokationsrechts der lokalen

---

[241] Vgl. Kirk, M.: Bodenrechte; in: Mensching, H. G./Seifert, H.S.N.: Tierhaltung im Sahel. Rezente Entwicklung und Perspektiven in der Republik Sudan; a. a. O.; S. 214.

[242] Vgl. ebenda.

[243] Vgl. Kirk, M.: Wandel von Property Rights in Tierhaltergesellschaften; a. a. O.; S. 4.

[244] Zitiert nach Kirk, M.: Bodenrechte; in: Mensching, H. G./Seifert, H.S.N.: Tierhaltung im Sahel. Rezente Entwicklung und Perspektiven in der Republik Sudan, a. O., S. 214.

Führungspersönlichkeiten und *Sheikhs* (islamische Gelehrte) über Ackerbau in Wadiland. Mit der Einführung der *Native Administration* von 1925 wurden auch offiziell diese Aufgaben auf die autochthonen Führungspersönlichkeiten übertragen. So wurde die Gerichtsbarkeit auf die Basis des tradierten Gewohnheitsrechtes ausgeübt.[245]

> „Somit ordnet sich die britische Politik im Kondominium der generellen Kolonialphilosophie unter, über den Machtzuwachs der obersten autochthonen Hierarchieebenen die Prinzipien der 'indirect rule' zu verbreiten zu lasten beispielsweise der 'extented family' als Allokations- und Kontrollinstanz"[246]

Auch nach der Unabhängigkeit und bis zum Beginn der Herrschaft Numeiris blieb das Bodenrecht der Kolonialzeit im Kern unverändert: Ackerland war sehr weit privatisiert und individualisiert und das Weideland war formal Staatseigentum unter Anerkennung der gemeinschaftlichen Nutzungs-, Verteilung- und Kontrollrechte sowie des Resistenzrechtes der Stämme in ihrem *dar*.

Durch Numeiris Regime wurde im Jahr 1970 die „Native Administration" formal abgeschafft und die lokale Verwaltung durch das *Local Government Act* im Jahr 1971 neu geregelt. Die Gerichtsbarkeit ging von den *Native Court* auf die Gerichte der lokalen *Area Councils* über. So mußte die Selbstverwaltung auf unterer Ebene aufgegeben werden. Die unteren Rechtszüge wurden in den allgemeinen Verwaltungsapparat eingegliedert. Mit der *Land Administration Act* von 1971 wurden die exklusiven Nutzungsrechte der ethnischen Gruppen in ihren *dar* für unwirksam erklärt. Das Staatseigentum an Land hingegen wurde noch einmal nachdrücklich bestätigt. Jedes Land, das bis zum Inkrafttreten des Gesetzes nicht registriert war, wurde zu Eigentum des Staats und dann schließlich auch als solches registriert in der Weise wie sie in der *Land settelment and registration Ordinance* von 1925 festgelegt war. Die Weiden und jenes Wadiland, das in Trockenjahren und bereits seit längerer Zeit nicht genutzt und bebaut worden war, wurde als unbesetztes Land angesehen und dieses als *open grazing land* allen interessierten Nutzern zur Verfügung gestellt.[247]

Durch die heutige islamische Regierung wurde die lokale, dezentrale Verwaltung in Anlehnung an die *Native Administration* im Jahre 1991 wiedereingeführt, allerdings mit eingeschränkten Vollmachten und im Sinne eines islamischen Staates.[248]

---

[245] Vgl. ebenda; S. 216.

[246] Ebenda.

[247] Vgl. Kirk, M.: Wandel von Property Rights in Tierhaltergesellschaften; a. a. O.; S. 6.

[248] Vgl. Kirk, M.: Bodenrechte; in: Mensching, H. G./Seifert, H.S.N.: Tierhaltung im Sahel. Rezente Entwicklung und Perspektiven in der Republik Sudan; a. a. O.; S. 221. Dazu vgl. auch Abschnitt 3.2.2: der heutige Islam im Unteren Atbara.

3.1.4 Familien- und Erbschaftsrecht

Im Bereich des Familienrechts und des Erbschaftsrechts anerkannten die Briten das islamische Recht als Rechtsquelle für die Muslime im Nordsudan, die Familien- und Erbstreitigkeiten sollten unter Muslimen nach*Sharia Law* entschieden werden. Im übrigen sollten die jeweiligen Gewohnheitsrechte (*customs*) dort gelten, wo nicht anderweitige gesetzliche Regeln in Kraft waren oder gegen Grundsätze der Gerechtigkeit, der Billigkeit und der guten Sitten verstoßen wurde (*justice, equality and good conscience*). Basierend auf der*Mohammedan Law Courts Ordinance* (1902) und später dem *Mohammedan Law Courts Procedures Act* von 1915 wurden die islamischen Rechte in bestimmten Bereichen, darunter im Familien- und Erbschaftsrecht für die Muslime verkündet.[249]

> „The Sudan Mohammedan Law Courts shall be competent to decide: a) any question regarding marriage, divorce, guardianship of minors or family relationship, provided that the question was concluded in accordance with Muslim law or all parties are Mohammedans. ... the Grand Kadi shall from time to time, with the approval of the Governor-General, make regulations consistent with this ordinance regulating decisions, procedure, constitution, jurisdiction and functions of the Mohammedan law courts"[250]

Die Kolonialverwaltung legte Wert auf das Prinzip des *indirect rule* gegenüber den Sudanesen: Die Anwendung der islamische Rechte im Bereich Familie und Erbschaft wurde auch damit begründet, daß der Islam sozio-kulturelle Wirklichkeit unter den Massen der Bevölkerung sei, er sei in den Einstellungen und dem Verhalten der Gesellschaftsmitglieder präsent. Institutionelle Wirklichkeit ist der Islam in dem Maße, in dem er in (stabilen) Institutionen organisiert und in das gesellschaftspolitischen System strukturell integriert ist. Deshalb verhielten sich die Briten zurückhaltend gegenüber die Macht der Religion und legitimierten durch die Anerkennung der islamischen Rechte ihre eigene Vorherrschaft.[251] Damit und mit ihrer weiteren Unterstützung der lokalen religiösen Autoritäten haben sie auch zum Machtzuwachs der islamischen Rechte, der *sharia*, und der obersten orthodoxen Religionsgelehrten beigetragen. Die Rechtsprechung im Bereich Familien- und Erbschaftsrecht für Muslime wurde durch eigene Sharia-Gerichte (*Sharia Court*) auf der Distrikt- und Provinzebene ausgeübt.

Nach islamischen Recht sind die Frauen stark benachteiligt und dem Mann kommt die vorherrschende Rolle in der Familie zu. Mit der Sure 4, Vers 34 im Koran (siehe auch Abschnitt 1.2 im Teil III) legitimiert man die Unterdrückung der Frauen und werden die Männer gesetzlich bevorzugt. Nach der*sharia* gibt es

---

[249] Vgl. Bergmann/Farid: Internationales Ehe- und Kindschaftsrecht. Sudan; Frankfurt a. M. 1992; S. 11.

[250] Zitiert nach Fluehr-Lobban, C.: Islamic Law and the Society in the Sudan; a. a. O.; S. 36.

[251] Vgl. ebenda; S. 37.

gottgewollte rechtliche Unterschiede zwischen Mann und Frau. So werden für den Bereich der Familie und der Erbschaft die folgenden Unterschiede angegeben:

- Männer stehen in der sozialen Rangskala über den Frauen.
- Männer haben die elterliche Gewalt gegenüber den Frauen.
- Der Koran erlaubt die Polygamie (der Mann darf bis zu vier Frauen gleichzeitig heiraten).
- Der Mann kann die Ehe einseitig auflösen.
- Töchter erben nur die Hälfte dessen, was die Söhne erben. Dafür aber müssen die Männer für den Lebensunterhalt von Frauen und Kinder aufkommen.
- Vormund der Kinder ist ausschließlich der Väter.[252]

Hierbei sollte auch erwähnt werden, daß es einige weitere Gewohnheitsrechte und soziokulturelle Faktoren im Unteren Atbara gibt, die weitere rechtliche Unterschiede zwischen Mann und Frau, insbesondere im Erbschaftsrecht, zur Folge haben.

Durch die forcierte Umwandlung des Sudan in einen islamischen Staat mit dementsprechenden Rechtssystem wurden ab 1983 die Implementierung und Durchsetzung der *Sharia-Law* noch einmal beschleunigt. So wurden weitere Beschränkungen für Frauen im Bereich des Familienrechts eingeführt. Die Vormundschaft und Autorität des Mannes über Frau und Kinder beispielsweise ist nun gesetzlich geregelt. Vorher war das nicht der Fall. Section 118 des*Personal Law Code* von 1991 stellt fest:

> „The Father‘s guardianship also includes his supervision of the children‘s properties and financial assets if any. Boys are to remain under the guardianship of their fathers till the age of adulthood. When reaching adulthood a Muslim mentally sound man can be legally considered as a guardian. While in the case of women, who can never be legally considered as guardians, they have to remain under the guardianship of a male relative even when reaching adulthood.“[253]

Zusammenfassend gesagt: Die Durchsetzung des islamischen Rechts im Sudan ist für die Frauen von Nachteil. Durch die Vormundschaft und die Autorität des Mannes gegenüber der Frau werden Handlungsmöglichkeiten und Handlungsfreiräume der Frauen stark beschränkt. Aus der Sicht des Ökonomen haben diese Beschränkungen eine unmittelbare Auswirkung auf den Wert und die Allokation

---

[252] Vgl. ebenda 41ff. Diese Punkte werden noch mal detailliert im Teil III Abschnitt 1.2 behandelt.

[253] Women and Law in Sudan Project; S. 53.

von Ressourcen und auf die Verteilung von Einkommen und Vermögen. Ferner wird die Anreizstruktur unternehmerischen Handelns der Frau und damit die Bereitschaft zu einem innovativen Verhalten beeinflußt. Dieser Einfluß spiegelt sich in der Produktivität des Faktoreneinsatzes, der Faktorenentlohnung und der Verteilung des Einkommens und des Vermögens wider. Von überragender Bedeutung ist in dieser Hinsicht, daß die Handlungsbeschränkungen für die Frauen eine Eliminierung von bestimmten Handlungsalternativen bewirken können und ihre unternehmerischen Fähigkeiten beeinflussen. Das geschieht, indem sich die „Kosten" bei einer Verletzung der Verhaltensnormen erhöhen, d. h. die dadurch provozierten Sanktionen (Strafen usw.) verschärfen, so daß die alternative Aktivität für die Unternehmerin uninteressant wird.[254]

3.2 Religion

Der Bereich der Religion ist im Zusammenhang mit der Behandlung der sozialen und kulturellen Ordnungen zentral. Wie sonst nur im Bereich der Rechtsordnung, kristallisiert sich hier das Ergebnis sozialkultureller eigenständiger Entwicklung, und zwar auf der institutionalisierten Ebene wie Sanktions-, Weltdeutungs- und Interpretations-Institutionen, und auf der personalen Ebene individueller Handlungs- und Motivationsmuster. Der Sinngehalt des sozialen Handelns kann unterschiedlich sein; eine Möglichkeit neben anderen ist, daß dieser Sinn von der Religion bereitgestellt wird. Denn ein zentraler Aspekt von Gesellschaft ist Religion als Bezugsrahmen für die Sinngebung sozialen Handelns, Religion als Wertsystem. Im diesem Zusammenhang versuchte Max Weber in seinen Arbeiten die Frage, wie wirtschaftliches Handeln abläuft und wie es motiviert ist, zu bearbeiten. Sein Erkenntnisinteresse ist in diesem Kontext das ökonomisch-rationale Handeln im Zusammenhang mit Prinzipien der Lebensführung. Das Religiöse oder „Magische" kann aus dem Kreis des alltäglichen Zweckhandelns nicht ausgesondert werden.[255] Vor diesem Hintergrund wird der Einfluß der Religion auf das soziale und wirtschaftliche Handeln im Unteren Atbara untersucht.

Mehr als 65 % der Sudanesen bekennen sich zum Islam, 17 % zum Christentum und 18 % zu autochthonen Religionen. Vor allem im Unteren Atbara sind alle Bewohner Muslime. Deshalb wird in der folgende Analyse der Islam und seine Einflüsse im Sudan behandelt, da er gerade sehr starken Einfluß auf alle Lebens-

[254] Vgl. Röpke, J.: Wirtschaftliche Entwicklung und Eigentumsrechte. Möglichkeiten und Grenzen einer egalitären Entwicklungsstrategie; in; Krüsselberg, H. G. (Hrsg.): Vermögen und ordnungstheoretischer ordnungspolitischer Sicht; Friedrich-Kuratorium; Köln 1980; S. 36f.

[255] Vgl. Ausführlicher Weber, M.: Wirtschaft und Gesellschaft (Studienausgabe), Bd. 2; Köln, Berlin 1964.

bereiche der Nordsudanesen hat und die wichtigste Basis für die Rechtsordnung ist.

3.2.1 Historische Marksteine der Expansion des Islam im Sudan

Von einer „Islamisierung von oben", d. h. durch militärische Invasion, gezielte Mission und Implantierung islamischer Institutionen kann im Sudan keine Rede sein. Sie vollzog sich vielmehr durch sukzessive Infiltration über Händler und – nach dem Sturz der christlichen Königreichs von Maqurra im vierzehnten Jahrhundert – durch vermehrt eindringende arabischen Gruppen, die sich mit der einheimischen Bevölkerung vermischten.[256] Zwar brachten erstere in Ansätzen islamische Rechtsinstanzen ins Land, indem sie islamische Gelehrten-Kollegs (*ulama*) in den Haupthandelsorten einrichten. Aber der Einfluß islamischer Rechtsgelehrter blieb auf die Handelssphäre beschränkt. Sie hatten kaum Kontakt zur Bevölkerung. Auch die eindringenden arabischen Gruppen – selbst wohl nur oberflächlich islamisiert – sind sicher nicht mit großem missionarischem Eifer ans Werk gegangen. Ihr Ziel war vielmehr die Suche nach Weidegründen und Beute sowie der Wunsch, der mamelukischen Herrschaft in Ägypten zu entgehen.[257]

Eine umfangreichere Islamisierung des Sudans begann erst Anfang des sechzehnten Jahrhunderts – lange nach dem Verlöschen der christlichen Königreiche von Maqurra und Alwa – mit der Gründung des Fung-Sultanats am oberen blauen Nil.[258] Die neue Dynastie scheint sich von Anfang an bewußt als eine islamische dargestellt zu haben. Es sind zahlreiche Spekulationen über die Motive ihrer Konversion angestellt worden. So vermutet der sudanesische Historiker Yusuf Fadul Hasan, daß das islamische Bekenntnis zusammen mit einer arabischen Genealogie das Prestige der neuen Herrscher und ihre Autorität auch gegenüber die nördlichen „arabischen" Untertanen erhöhen sollte.[259] Zudem

[256] Vgl. Holt, P.M./Daly,M.W.: A History of the Sudan: From the Coming of Islam to the Present Day, London, New York 1988; S. 17-22.

[257] Vgl. Trimingham, J.S.: Islam in the Sudan, London, New York; 1949; S. 99.

[258] Die südliche Grenze des Fung-Sultanats verlief etwa entlang des 12. Grades der nördlichen Breite. Zugleich lag hier die Grenze der Islamisierung nach Süden, was vor allem laut Muddathir Abdal Rahim darauf zurückzuführen ist, daß die südlich anschließenden Sümpfe als Barrieren mit Fliegen und Feuchtigkeit für die kamelzüchtenden Wüstenbewohner ungeeignet und wenig attraktiv waren. Bis heute ist die Bevölkerung dieser Grenze überwiegend nicht muslimisch. Siehe dazu Yusuf Fadul Hasan: External Islamic Influences and the Prozess of Islamization in the Eastern Sudan between the Fifteenth and Ninteenth Centuries. In: ders. (Hrsg.): Sudan in Africa; Khartoum 1971; S. 75. Und siehe auch Muddathir Abdal Rahim: Arabism, Africanism, and Self-Identification in the Sudan; in: Yusuf Fadul Hasan: Yusuf Fadul Hasan (Hrsg.): Sudan in Africa; Khartoum 1971; S. 230.

[259] Spätere Genealogen führten die Abstammung des Begünder der Dynastie Amara Dungas sogar auf die Umaiyaden zurück. Siehe dazu Oevermann, A.: Die „Republikanischen Brüder"

wurde der Islam mit der arabischen Kultur identifiziert. Trotzdem läßt sich festhalten, daß es durch die Konversion der Fung-Dynastie zum Islam nicht einmal am Hof zu einem Bruch mit vorislamischen Kulturtraditionen gekommen ist. Die Islamisierung war eher nominell. Mehr als ein Jahrhundert scheint der Islam im Herrschaftsgebiet der Fung eine rein höfische Angelegenheit geblieben zu sein, wesentlich assoziiert mit Händlern und Würdenträgern aus dem Ausland.[260]

Erst seit dem 17. Jahrhundert wurden von den Fung-Herrschern gezielt einzelne, meistens aus dem Higaz in der arabischen Halbinsel stammende religiöse Gelehrte angeworben und die Ausbildung einheimischer Gelehrter betrieben.

> „Another important element in the spread of Islam during the Fung regime was the migration of groups of Mahas and their settlement on the Blue Nile at Tuti, Halfaya, Ailafun, Kutranj, Kamlin, and many other places. These Mahas, claiming to be Arab *ansar*, quickly adopted the Arabic language, the traditional training in jurisprudence and a mystical succession, and set up as miracle-working feki-families, deeply influencing the life of the indigenous tribes in the Fung Confederation“[261]

Letztere wurden der arabischen Sprache mächtig, schriftkundig und versiert in Fragen des Rechts und der Diplomatie. Und sie wurden zu einem Teil des Herrschaftsapparate: so dienten die religiösen Gelehrten häufig den Fung als Berater und erfüllten eine Mittlerrolle zwischen dem Herrscherhaus und seinen Untertanen.[262]

Der Islam selbst trug degenerierte Züge – populäre Mystizismus und Heiligenverehrung –, die damals fernab der Zentren islamischer Gelehrsamkeit weit verbreitet waren. Die Religion, die die Männer aus dem Hijaz unters Volk brachten, hatte mit islamischer Orthodoxie nicht viel gemein. Gerade das hat seine Akzeptanz bei der Bevölkerung sehr erleichtert, denn Teile der neuen Religion konnten ohne Entfremdung von alten Riten und Glaubensvorstellungen angenommen werden.[263]

Ein wichtiger Aspekt für die Entwicklung des spezifischen sudanesischen Islam war der Doppelcharakter dieser religiösen Lehrer: einerseits waren sie Juristen (*fugaha*), vor allem des *malikitischen madhab*. Diese versuchten die bis dahin – zumindest aus islamischer Sicht – herrschende Anarchie sudanesischer

---

im Sudan. Eine islamische Reformbewegung im Zwanzigsten Jahrhundert; Heidelberger Orientalistische Studien; Schall, A. (Hrsg.); Bd. 24; Peter Lang; Frankfurt a. M., Berlin, Bern, New York, Paris, Wien; 1993; S. 18 und die dort aufgeführte Literatur.

[260] Vgl. ebenda; S. 19.

[261] Trimingham, J.S.: Islam in the Sudan; London, New York; 1949; S. 101.

[262] Oevermann, A.: Die „Republikanischen Brüder" im Sudan; a. a. O.; S. 19.

[263] Vgl. Fluehr-Lobban, C.: Islamic Law and the society in the Sudan; Frank Cass; London; S. 23. Am erfolgreichsten waren Orden wie Qadiriya, die die gewohnheitsmäßiges Verhalten der Menschen anerkannten und lokale Traditionen und Praktiken integrierten. Vgl. dazu Oevermann, A.: Die „Republikanischen Brüder" im Sudan; a. a. O.; S. 20.

Rechtspraxis durch islamische Prinzipien abzulösen. Zugleich aber waren die meisten von ihnen Sufis, d. h. in eine mystische Bruderschaft initiiert. Diesen Bruderschaften kommt für den sudanesischen Islam entscheidende Bedeutung zu, denn die „Heiligen Männer" aus dem Hijas führten mystische Bruderschaften (*turug*) im Sudan ein, die noch bis heute für den Islam des Landes charakteristisch sind. Sie stellen ein zentrales Element der Sozialstruktur dar.

Die Lehren dieser Bruderschaften waren nicht die komplexen, philosophisch-esoterischen der Frühzeit der islamischen Mystik, da diese in den langwährenden Auseinandersetzungen mit dem Gesetzesislam längst zurückgedrängt worden waren. Statt dessen etablierten die „Heiligen Männer" vielmehr äußere Formen der Frömmigkeit, rituelle Praktiken wie die nächtliche Versammlungen (*lailiya, hadra*) mit kollektiven Ekstaseübungen (*dikr*) oder das Singen ordenseigener Gesänge wie den je ordensspezifischen hymnischen Mohammed-Biographien (*mulid*), wobei spirituelle Erfahrungen im Vordergrund entstanden.[264]

Somit hat der Islam sich in der Fung-Zeit in hohem Grad mit autochthonen, paganen Traditionen vermischt, so daß sich letztlich infolge wechselseitiger Akkulturationen eine sudanesischen Sonderform des Islam entwickelt hat, die zusätzlich von innerem Partikularismus geprägt ist.

> „... so sehr ist er dennoch – und das ist als entscheidend festzuhalten – in einem abstrakten und allgemeinen Sinn zum Hauptgegenstand der Identifikation und des Selbstverständnisses von Nordsudanesen geworden; ein Faktum, das sich durch soziale und politische Entwicklungen in neunzehnten Jahrhundert noch verstärken sollte."[265]

Ende des achtzehnten Jahrhunderts ging durch verschiedene Teile der islamischen Welt eine Welle aktivistischer, puritanischer Erneuerungsbewegungen. Der Fluchtpunkt ihrer sozialen und politischen Utopie war das Gemeinwesen von Medina zur Zeit des Propheten, das sie zum Idealstaat verklärten. Sie propagierten zum Zwecke seiner Wiederbelebung eine moralische Neubesinnung und bewußte Reorientierung muslimischen Verhaltens an Koran und Sunna als den Grundlagen des erstrebten Idealstaates.[266] Diese Bewegungen hat den Sudan – vor allem im Zusammenhang mit dem Zerfall der zentralen Macht im Fung-Sultanat, als die Herrscher die ökonomische Kontrolle an die neu entstehende Händlerschicht verlor – sehr stark beeinflußt. Die neue, eingeborene Händlerschicht entwickelte einen stärker islamisch geprägten *Way of life*, der den autochthonen sozialen Normen der Sudanesen sehr fremd war. Im Gegensatz zu diesen paßten sie sich an die sozialen Normen der ägyptischen Gesellschaften

---

[264] Vgl. ebenda; S. 22f.
[265] Ebenda.
[266] Heutzutage interpretiert man diese Reformbestrebungen vor allem als eine Reaktion auf die schnelle Expansion europäischer Ländern in muslimische Staaten. Vgl. ebenda; S. 23.

an: Islamische Haartracht, züchtigere Kleidung der Frauen und kollektives Gebet wurden zu Ausdruckformen der Zugehörigkeit zu dieser neuen Schicht. Durch Moschee- und Schulbauten sowie die Finanzierung von Studienreisen in die Zentren islamischer Gelehrsamkeit förderten die reichen Händler einen mehr orthodoxen Islam und die arabische Sprache.[267]

Als die Osmanen Anfang des neunzehnten Jahrhunderts den Sudan von Ägypten aus eroberten, versuchten sie von Anfang, an den Sudan auch durch die Religion an sich zu binden und die eigene Vorherrschaft religiös zu legitimieren. So brachten sie schon mit ihren ersten Expeditionstruppen islamische Rechtsgelehrte ins Land. Sie sollten den hanafitischen Staats-madhab des osmanischen Reiches errichten und die Bevölkerung im Namen des Islam zum Gehorsam gegenüber den neuen Herrschern anhalten. Zur Unterstützung ihrer Herrschaft gründeten die Osmanen Institutionen islamischern Rechts:[268] Sie brachten Rechtsgelehrte (*ulama*) aus Ägypten ins Land, gründeten Gerichtshöfe, finanzierten den Bau von Moscheen und Bildungseinrichtungen und vergaben Stipendien für das Studium an der Kairoer Universität al-Azhar.

Mit der Bevorzugung bestimmter Bevölkerungsgruppen wie der Shaigia und gleichzeitiger Marginalisierung anderen Gruppen planten die Osmanen lange Zeit den Sudan zu regieren. Jedoch hat dies zum Erfolg der Bewegung des Mahdi[269] beigetragen, der seit Jahre 1881 mit endzeitlicher Rhetorik und dem Aufruf zum *jihad* die Sudanesen gegen die Osmanen kriegsbereit machte.

Während der Mahdia-Herschaft von 1885 bis 1898 erlebte der Sudan eine neue islamischen Ideologie, die vom Mahdi eingeführt worden war. Obwohl er aus einer Sufi-Familie stammte, hatte el Mahdi sich von allen*sufis-turug* abgegrenzt und eine neue Bewegung begründet. Er fühlte sich berufen als Erlöser und religiöser Erneuerer die sozialen Mißstände, die sich im Sudan unter osmanischer Herrschaft verschärft hatten, durch die Wiederbelebung von Glauben und Praxis des Propheten auf der Basis von Koran und Hadith, d. h. den dem Propheten zugeschriebenen Überlieferungen, zu beheben. Aber nur ein Teil derer, die sich seinem Aufstand anschlossen, teilten diese Vorstellungen. Er starb zudem auch

[267] Vgl. Trimingham, J.S.: Islam in the Sudan; a. a. O.; S. 102.

[268] Trotz formaler Gültigkeit des malikitischen madhab während des Fung-Sultanates war in der Regel nach Gewohnheitsrecht verfahren worden. Mit der Vereinheitlichung der Rechtspraxis nach einer Schule erreichten die Osmanen eine gewisse Zentralisierung, die das Regierung und Verwaltung des Sudan erleichtern sollte. Siehe dazu Holt, P.M.: The Islamisation of the Nilotic Sudan; in: Michael, B. (Hrsg.): Northern Africa: Islam and Modernisation, London 1973; S. 19. Und Oevermann, A.: Die „Republikanischen Brüder" im Sudan; a. a. O.; S. 25.

[269] Zur Person, auslösenden Faktoren seiner Bewegung und der Herrschaft von Mahdi Muhamed Ahmed siehe Trimingham, J.S.: Islam in the Sudan; a. a. O.; S. 93f. und Holt, P.M.: The Mahdist State of the Sudan, 1881-1898. Oxford 1970; S. 47ff.

sehr schnell bevor er seine Ideologie richtig durchzusetzen vermochte. Sein Nachfolger war bei der Bevölkerung nicht beliebt und konnte nicht in allen Gebieten des Nordsudan seine Macht etablieren. Jedoch haben die Mahdi-Revolte und der aus ihr resultierende theokratische Staat deutliche Spuren im Selbstverständnis heutiger Sudanesen hinterlassen.[270]

Die britisch-ägyptischen Herrschaft nach der Zerschlagung des Mahdi-Staates im Jahr 1898 setzte die Politik der Osmanen im wesentlichen fort. Um die gefährliche Sprengkraft der Bruderschaft zu unterdrücken, die sich im Mahdi-Aufstand gezeigt hatte, förderten die Briten als die eigentlichen Träger der Politik, Einrichtungen des orthodoxen Islam. Muddathir Abd al-Rahim schreibt:

> „Generalgouverneur Kitchener ließ Moscheen in den Städten wieder aufbauen, unterband dies aber bei Einrichtungen der turug, weil takkiya, zowiya und Gräber üblicherweise Zentren des Fanatismus seien"[271]

Damit suchten die Briten vor allem ihrer Herrschaft den Anschein islamischer Legitimität zu verleihen. Ähnlich wie die Osmanen verhielten sich auch die Briten gegenüber lokalen Autoritäten. Sie betrachteten es als sinnvoll, traditionellen islamischen Führern ökonomische Vorteile einzuräumen, um sich ihrer Loyalität zu versichern. Zu den Nutznießen dieser Politik gehörten zwei religiöse Gruppen: *el Hatmiya*, die ja schon vor dem Kondominium eine Stütze der Fremdherrschaft gewesen war, und *el Ansar*, die Nachfahren der ursprünglichen Mahdi-Bewegung. Die Briten griffen auf sie zurück, da sie ihren Einfluß sichern und die religiöse Opposition neutralisieren wollten. Als Gegenleistung für verläßliche Zusammenarbeit förderten die Briten auch den Ausbau der ökonomischen Basis des Ordens durch Steuerbefreiung und Landzuweisungen.[272] Durch die ökonomische Unterstützung traditioneller religiöser Autoritäten wie der Oberhäupter der Hatmiya und der Ansar trugen sie aber auch zur Stärkung dieser Kräfte bei. Damit förderten die Briten indirekt den Fortbestand religiöser Obertöne in der Politik. Die weitreichenden Folgen bis in die Gegenwart hinein mögen einige Beispiele belegen: Die Unterstützung der *Umma-Party* – 1945 von Mahdisten gegründet – und der *Democratic Unionist Party* (DUP) – 1967 gegründet und mit der Hatmiya eng verbunden – durch die Bevölkerung beruhte stets zu einem Gutteil auf religiöser Gefolgschaftstreue gegenüber der charismatischen Führerschaft der Ordensoberhäupter.[273] So werden in beiden Fällen den

---

[270] Vgl. Ebenda.

[271] Zitiert nach Oevermann, A.: Die „Republikanischen Brüder" im Sudan; a. a. O.; S. 28. Vgl. auch Muddathir Abd al-Rahim, Imperialism and Nationalism in the Sudan: A Study in Constitutional and Political Development (1899-1956); Oxford 1969; S. 237.

[272] Vgl. Oevermann, A.: Die „Republikanischen Brüder" im Sudan; a. a. O.; S. 28f.

[273] Die Segenskraft (*baraka*), die aus der Sicht seiner Anhänger den gottgesandten Mahdi Mohammed Ahmed auszeichnete, gilt den Anhängern der Bewegung als erbliche Eigenschaft der Mahdi-Familie. Mit der Behauptung familiärer Abstammung vom Propheten untermauert

Ordensoberhäuptern neben geistig-spiritueller Führerschaft auch weitreichende politische Autorität zugebilligt.

So ist die Bevölkerung des Sudan in diese zwei Gruppen geteilt. Nach der Unabhängigkeit im Jahr 1956 gab es bis zu heutigen Tag lediglich zwei demokratische Regierungen. Unter beiden Regierung besaßen diese zwei Parteien mehr als 90 % der Sitze in Parlament. Den Präsidenten stellte die DUP und der *Prime minister* war Mitglied der Umma-Partei.

3.2.2 Der heutige Islam im Sudan zwischen zwei Strömungen

3.2.2.1 Der politische Islam im Sudan

Seit 1989 wird der Sudan von eine neuen kleinen radikalen islamischen Gruppe, der nationalen islamischen Front)[274] beherrscht. Für ihre neuen urbanen und vorwiegend kleinbürgerlichen Bildungsschichten angehörenden Mitglieder besaßen die traditionellen Loyalitätsbindungen keine Gültigkeit mehr. Zu deren weiterer Auflösung und zur Wiederbelebung des Mythos vom idealen islamischen Staat in Medina forderte die nationale islamischen Front als unabdingbare Voraussetzung eine Rechtsreform, die geltendes Recht mit den islamischen Recht *sharia* in Einklang bringen sollte.[275] So sind die Führungsschichten der islamischen Front mit religiösen Vollmachten ausgestattet, die sie direkt auf ihre politischen Positionen zurückbeziehen können und diese damit legitimieren können; diese politisch-administrative und religiöse Doppelfunktion ist ein tragendes Merkmal des heutigen Islam im Sudan. Herrschaftsausübung und -erhaltung durch eine Gruppe der Bevölkerung, die zur islamischen Front gehört – darunter viele Imame und islamische Gelehrte und andere Gebildete sowie reiche Kaufleute –, stützen sich fundamental auf die Verflechtung politischer

---

die Familie der Saiyid Mohammed Osman Al Marghni ihre besondere Stellung. Dazu siehe Trimingham, J.S.: Islam in the Sudan; a. a. O.; S. 98 und Oevermann, A.: Die „Republikanischen Brüder" im Sudan; a. a. O.; S. 31.

[274] Offiziell wurde die Bewegung im Jahr 1954-1955 von Professoren und Studenten der Universität Khartum gegründet. Sie beschränkte ihre soziale Basis für die erste neuen Jahre bewußt auf Studenten und Graduierten, um die „intellektuelle Qualität der Bewegung zu erhalten". Als Partei traten sie erst ab 1964 unter dem Namen „Islamic Charter Front" (ICF) in Erscheinung. Vgl. dazu Oevermann, A.: Die „Republikanischen Brüder" im Sudan; a. a. O.; S. 36.

[275] Die islamischen Front propagierten seit ihre Entstehung die islamischen Rechtsreform. Eine gute Chance hatten sie gefunden durch die von der diktatorischen Regierung von Numeiris (1969-1985) im September 1983 zugestandene Politik der Islamisierung. Unter dem Druck der islamischen Front und mit der wohlwollender Zustimmung Saudi-Arabiens wurde die islamische Rechtsreform eingeführt. Die Rechtsreformen deckte zahlreiche sowohl zivil- wie strafrechtliche als auch verfahrensrechtliche Bereiche ab. Vgl. dazu die Liste der Gesetzespakete von 1983 und 1984 bei Gorden, C.N.: the Islamic Revolution. The Case of the Sudan; in: The International Lawyer Nr. 19; 1985; S. 793-815.

und religiöser Macht in politischen Ämtern und in der ihnen unterstellten politischen Administration, die auch zugleich religiöse Funktionen wahrnimmt. Die politisch-soziale Macht dieser Gruppe ist in den letzten zehn Jahren durch die wirtschaftliche Abhängigkeit der Mehrheit der Sudanesen gewachsen, die bei den jetzt auch als kapitalistische Großgrundbesitzer auftretenden Ordensführern in Lohn und Brot standen. Ökonomische Patronage bei der Schaffung einer religiösen Infrastruktur, z. B. durch die Finanzierung und das Aufbauen von islamischen neuen Institutionen wie *dar el zakat*, d. h. das Haus, in dem die islamische Almosensteuer gesammelt wird, und der islamischen Banken, verschaffen den neuen Ordensführern zusätzliche Macht.

Der sudanesische Staat, der fest in der Hand der Nationalen Islamischen Front (NIF) ist, betrachtet die Religion bzw. den Islam als seine politische Antriebskraft. In diesem Zusammenhang gewinnt der Raum, den die Moschee bietet, zunehmend an politischer und sozialer Bedeutung. Religiöse Gruppen fordern anhaltend, den Raum der Moschee für ihre Sitzungen nutzen zu können. Die Reden während des Freitagsgebetes wurden zu politischen Foren, wo staatliche Vorhaben, zum Beispiel der Aufruf zum heiligen Krieg (*jihad*), vorgestellt werden. Auf diese Weise steht die Religion/der Islam für neue Institutionen, soziale Elite und Wege der sozialen Differenzierung.[276]

Es ist der Wunsch der Islamisten, die politische Hegemonie aufzubrechen, die von Klassen- und Volksgruppenbündnissen, ausgeübt wird, die sich um die „traditionelle" Bourgeoisie gruppieren. Die von der staatlichen Propaganda und Politik ins Auge gefaßten Zielgruppen der „Befreiungsbemühungen" sind soziale Gruppierungen, die für den Feudalismus und das Sektierertum stehen. Diese umfassen die soziale, wirtschaftliche und politische Elite, die größtenteils den traditionellen Parteien der *Umma* und der *Khatmiyya* angehört. Die Islamisten wenden sich ebenfalls an die Sufigruppen und -institutionen, innerhalb derer sich der Islam im Sudan entwickelt. Kurz gesagt: Der Feudalismus und das Sektierertum stehen für soziale und politische Gruppen und auch Einzelne, die womöglich die Verwirklichung der staatlichen Vorhaben bedrohen könnten.[277]

Der Islam war immer ein Teil des kulturellen, sozialen und politischen Gefüges der Gesellschaft. Seit dem islamischen Staatsstreich hingegen wurde der Islam darauf festgelegt, als Staatsideologie zu fungieren, also die Grundlage der staatlichen Politik, Gesetzgebung und Praxis und deren Propagierung zu sein. Um

[276] Vgl. El-Battahani, A.: Economic Transformation and Political Islam in Sudan 1975-1995, a paper presented for the Eighth General assembly of CODESERIA, Crisis, Conflict and Transformation: Responsive and Prospective, 26 June-2 July, Dakar 1995; S. 26.

[277] Vgl. O'fahy, R.: Islamic Hegemonies in the Sudan, Mahadism and Islamism; in: Brenner, L. (Hrsg.): Muslim Identities and Social Change in Sub-Saharan Africa; Bloomington 1993; S. 21ff.

dafür politischen Rückhalt in der Öffentlichkeit zu bekommen, müssen die herkömmlichen Loyalitäten gegenüber Parteien, Bewegungen, Sufi-Zentren oder den wirtschaftlich vorherrschenden Schichten untergraben werden. Alles „Moderne" hingegen, von den Islamisten gleichgesetzt mit dem Westen und in ihren Augen vertreten durch alle sozialen, politischen und ökonomischen Institutionen, die nicht als „traditionell" gelten, muß unter Kontrolle gestellt werden. Die Islamisten erklären sich die sudanesische Gesellschaft mittels der Kategorien „traditionell" und „modern". Dies Einteilung rechtfertigt dann den Ruf nach einem „islamischen" Weg. Beide Kategorien (modern oder traditionell) haben in den Augen der Islamisten eine ideologische Grundlage, die entweder „nicht-islamisch" oder „nicht-genug-islamisch" ist. Insofern ist die „Verhärtung" des Islam ein Prozeß des Gegenüberstellens der islamistischen Vorstellung vom Islam und der heimischen Kulturen und Gemeinschaften. Dieser Prozeß wird als das „islamische Projekt" beschrieben und mit dem „Projekt der Zivilisation" gleichgesetzt. Beide Bezeichnungen sind untereinander austauschbar und beschreiben das staatliche Vorhaben, politische, wirtschaftliche und soziale Institutionen dem politischen Programm der sogenannten Islamisierung zu unterziehen.[278]

Eine der politischen Dimensionen der „Islamisierung" ist die strukturelle Veränderung des öffentlichen Bereiches und des öffentlichen Dienstes. Das begann mit der erzwungenen Pensionierung älterer Beamter und ihrer Ersetzung durch Mitglieder oder Sympathisanten der NIF. Zugleich blieben die angesehenen Beschäftigungsmöglichkeiten und Posten in der wachsenden Zahl islamischer Banken, Nichtregierungsorganisationen und Wohltätigkeitsorganisationen solchen Leuten vorbehalten, die die „richtige" politische Haltung an den Tag legen.[279] Die „Islamisierung" der Wirtschaft vollzieht sich durch die Eröffnung einer wachsenden Zahl von islamischen Banken und die Bevorzugung von treuen Muslimbrüdern oder Mitgliedern der NIF bei der Inanspruchnahme ihrer Dienstleistungen. Sie spiegelt sich auch in der Unterstützung für mittlere und kleiner städtische Unternehmer sowohl durch den Staat als auch durch die Muslimbrüder, die im Großhandel tätig sind, mit dem Ziel, die bürgerliche Konkurrenz zu verdrängen und eine neue Händlerschicht als städtische Basis für die Islamisten zu schaffen. Zur weiteren Kontrolle der „traditionellen" Bourgeoisie hat der Staat sehr energisch eine Politik der Kontrolle der Geldbewegungen in ausländischer Währung und des entsprechenden Schwarzmarktes verfolgt. Das bedeutete eine strenge Überwachung sowohl der informellen wirtschaftlichen Aktivitäten als auch der offiziellen Geschäfte. Alles, was dieser staatlichen

[278] Für detaillierte Diskussion siehe El-Battahani, A.: Economic Transformation and Political Islam in Sudan; a. a. O.; S. 16ff.

[279] für detaillierte Diskussion über die Islamisierung und Menschenrechte im Sudan siehe Behind the Red Line. Political Repression in Sudan, Human Rights Watch; New York 1996 und Reports of Casper Biro, The Special Rapporteur of the United Nations 1992-93.

Politik zuwider lief, wurde als „Verbrechen gegen den Staat" gewertet. Zugleich liberalisierte das Strukturanpassungsprogramm der Islamisten einen ausgedehnten Teil der Wirtschaft und setzte eine eifrige Privatisierungskampagne in Gang. Die Liberalisierung der Wirtschaft führte zur Verarmung des größten Teils der Bevölkerung. Weite Bereiche der „traditionellen" Mittelschicht, Staatsdiener, Händler, Facharbeiter sind vom sozialen Abstieg betroffen. Die Wirtschaftspolitik bietet demgegenüber die Basis für das rasche Anwachsen der islamischen Bourgeoisie. Es wird von einigen Autoren gezeigt, daß die islamistische Privatisierungskampagne auf alle Bereiche der Wirtschaft abzielt. Die Umsetzung dieser Reform ist jedoch selektiv, da sie zunächst im Finanzbereich einsetzt, der die Basis für weitere Eingriffe darstellt.[280]

Es wundert nicht, daß die islamistischen Geschäftsleute, die die staatlichen Finanzinstitute beherrschen und im Zuge der Privatisierungskampagne besonders bevorzugt werden, von den Leuten als *tmasieh elsuq* bezeichnet werden, als Marktkrokodile – ein Ausdruck, der das in der Gesellschaft verbreitete Bewußtsein von der Rücksichtslosigkeit der sozialen und wirtschaftlichen Veränderungen durch die Islamisten widerspiegelt. Diese Bezeichnung weist darauf hin, daß die Menschen die sozialen Veränderungen als rasches Anwachsen einer neuen Elite erlebt haben. Mit diesem Ausdruck wird auch auf die jüngste Ausweitung der Stadt Khartoum angespielt, insbesondere die neuen Oberschichtwohnviertel mit ihrer modernen technischen Ausstattungen wie Satellitenschüsseln oder Riesenohren, oder auf die neue Bourgeoisie und ihr Verhalten selbst. Des weiteren wird der Ausdruck benutzt für Geschäftsleute, die sich einen Bart wachsen lassen und sich ein islamistisches Äußeres zulegen, um ihre Geschäfte zu fördern. Nicht zu unterschätzen sind die sozialen Verhaltensweisen, die von einigen Angehörigen der neuen Bourgeoisie an den Tag gelegt werden, um ihre neue soziale Stellung abzusichern, und die direkt mit dem Geschlechterverhältnis zu tun haben. Da ist zum Beispiel die Übergabe übertrieben hoher Brautpreise oder die Art und Weise, wie diese Leute ihre finanziellen Möglichkeiten nutzen, um in hergebrachte lokale ethnische Gesellschaftsstrukturen einzudringen, sie können zum Beispiel in eine Bevölkerungsgruppe einheiraten, die die Vorherrschaft beansprucht, was auf die ethnische Dimension der neuen Bourgeoisie verweist.[281]

Um ihre urbane Basis zu festigen, propagieren die Islamisten andererseits etwas, was sie selbst den „Aufbau der Umma" oder die islamistische Nation nennen. Letzteres ist der Vorgang der Zerstörung der „traditionellen" sozialen,

---

[280] Siehe beispielsweise Medani, K.: Funding Fundamanentalism. The Political Economy of an Islamist State; in: Joel, B./Joel, S. (Hrsg.): Political Islam, Essay from the Middle East Report; Middle East Research and Information; New York 1997; S. 175ff.

[281] Eigene Beobachtungen der Autorin.

wirtschaftlichen und ethnischen Strukturen und der Versuch, die sudanesische Gesellschaft zu vereinheitlichen. Um noch tiefer in die lokalen Gemeinschaften einzudringen, schließen sie andere Kulturen aus und lassen nur ihre eigene Vorstellung vom Islam zu. Diese Widersprüchlichkeiten sind zu verstehen als der Weg, neue Treueverhältnisse auf globalem Niveau zu etablieren. Die Islamisten verstehen das Projekt der „Islamisierung" als ein Vorhaben, das den Sudan zur leitenden Nation und zum anführenden Staat machen soll beim Entwurf eines islamischen Vorbildes für soziale und politische Befreiungsbewegungen, die auf dem Aufbau einer islamischen *Umma* beruhen. Indem er diese Rolle einnimmt, wird der Sudan zum Sprungbrett für das Eindringen der panislamistischen Ideologie in Nord- und Ostafrika.[282]

Den neuen Platz, den die Islamisten für den Sudan beanspruchen, also als führendes islamisches Gesellschaftsmodell, beruht auf einem besonderen politischen Plan. Das Programm und die Ideologie der Islamisten sind eine Methode des kulturellen Austauschen auf globaler Ebene. Der Aufbau der Umma ist der Entwurf eine Nationalstaatsbildung, der den Bruch mit dem verbreiteten Islam und den vorhandenen Kulturen und Lebensweisen betont. Dieser Entwurf basiert auf der Einführung der *sharia* als des „islamischen" Rechts schlechthin. Die Einführung dieser Gesetze geschieht zum beträchtlichen Schaden der nichtmuslimischen Sudanesen, der Frauen und der Grundprinzipien der Menschenrechte. Das Bildungssystem ist tiefgreifenden strukturellen Änderungen unterzogen worden, und zwar entsprechend der Prinzipien des *ta'siiel* (der Indigenisation), die das umschreiben, was die Islamisten die „Bildungsrevolution" oder die „Islamisierung des Wissens" nennen. So wurden die Prinzipien dieser Revolution im allgemeinen Bildungsgesetz Nr. 25 aus dem Jahr 1992 festgelegt. Diesem Gesetz zufolge muß das Bildungssystem arabisiert werden und in jeder Stufe sind religiöse Unterweisungen vorgeschrieben. Weiterführende Ausbildung ist an die Bedingung der Einhaltung dessen geknüpft, was der Staat die islamischen Grundsätze für das Benehmen und die äußere Erscheinung nennt. In dieser Hinsicht ist das Gesetz besonders diskriminierend für Frauen, die zum Beispiel die Kleidervorschriften einzuhalten haben. Von ähnlicher Bedeutung ist die Einführung der militärischen Ausbildung in den *Popular Defense Forces* (PDF, Volksverteidigungsarmee). Neben der Aufgabe der Militarisierung, hat sich die PDF entschieden der Aufgabe verschrieben, im Rahmen des Bildungsprogramms innerhalb der Militärausbildung die islamistische Ideologie zu verbreiten. So dienen die PDF-Ausbildungsprogramme nicht nur dazu, die Ideologie des *jihad* zu fördern, die dem Krieg zwischen dem Süden und dem Norden eine religiöse

[282] El-Battahani, A.: Economic Transformation and Political Islam in Sudan; a. a. O.; S. 28f.

Dimension gibt, sondern sie beinhalten ein Programm zur massenhaften Rekrutierung junger islamistischer Funktionäre.[283]

Im Dezember 1991 verfügte ein präsidiales Dekret, was als islamische Kleidung für Frauen gelten sollte und daß der *hijab* fortan die offizielle Kleidung für Frauen sei. Von Anbeginn des Regimes an wurden Tribunale für öffentliche Ordnung und Polizeieinheiten eingerichtet, insbesondere in städtischen Zentren, um durchzusetzen, was als das Gesetz über die öffentliche Ordnung von 1991 bekannt geworden ist. Dieses Gesetz legt fest, was islamisches Benehmen in der Öffentlichkeit zu sein hat, einschließlich der äußeren Erscheinung – besonders der von Frauen – und des Umgangs miteinander in der Öffentlichkeit. Es wurde eingeführt zum Schutz vor gesellschaftlicher „Unmoral". Außer den bereits erwähnten Regelungen enthält es auch Strafen für den Konsum von Alkohol, regelt das Geschehen auf Marktplätzen und bestimmt die Geschlechtertrennung. Zugleich sind eine Reihe von Programmen zur „Islamisierung" aufgelegt worden, um den öffentlichen Bereich zu „islamisieren", sowie um die Arbeits- und Verwaltungsgesetze ebenso der Islamisierung zu unterziehen wie Politik der öffentlichen Hand mit dem Ziel, die Änderungen im Einklang mit dem politischen Programm der Islamisten zu bewerkstelligen. Die gleichen Programm zielten auf die Medien und den Sport. Im nationalen Fernsehen und im Radio wurden diese Programm vorgestellt und erläutert.[284]

Während die Islamisten das Projekt der „Islamisierung" vorantreiben, haben sie noch eine weitere Sorge. Sie haben sich verpflichtet, Verbindungen zu anderen islamischen Ländern und Bewegungen rund um die Welt aufzubauen und als Brücke zwischen ihnen zu fungieren, um den Islamismus auf internationaler Ebene zu stärken. Großzügige Investitionen und andere Förderung wurde in Aussicht gestellt, um die finanzielle und wirtschaftliche Basis der weltweiten islamistischen Bewegung zu stärken. Der Sudan bietet also sowohl einen wirtschaftlichen als auch einen politischen Spielraum für den Islamismus. Nichtregierungsorganisationen und islamische Wohltätigkeitsorganisationen wurden ebenso im Sudan aufgenommen wie einige ihrer internationalen Konferenzen und Treffen. Der Sudan zeigt also der Welt ein neues Gesicht und seine Politik wird durch andere Loyalitäten bestimmt als früher.[285]

Diese neue Position, die die Islamisten im Sudan erobern, bedeutet, daß die Religion eine Vehikel der sozialen Ausdifferenzierung wird. Die „traditionellen" Klassen- und Volksgruppenstrukturen sind in Frage gestellt und neue Strukturen der gesellschaftlichen Elite bilden sich heraus. Nichtsdestotrotz öffnetsich die

---

[283] Für eine ausführliche Diskussion siehe Amnesty International. Sudan. Keine Zukunft ohne Menschenrechte; 1. Auflage Bonn 1995; S. 36ff.

[284] Vgl. ebenda; S. 76f.

[285] El-Battahani, A.: Economic Transformation and Political Islam in Sudan; a. a. O.; S. 16ff.

Schere zwischen den Reichen und den Armen immer weiter und die Religion heizt den alten Krieg zwischen dem Norden und dem Süden als *jihad* weiter an. Unterdessen soll der Sudan das Muster einer islamischen Nation darstellen, die unter der islamischen Ideologie und dem islamischen politischen Programm vereinheitlicht ist. Inzwischen sind alle Bereiche der Kultur, der Lebensweisen, der ethnischen Identitäten und der Klassen gezwungen, der islamischen Vorstellung von Gesellschaft zu entsprechen. Es wird auch angestrebt, das Geschlechterverhältnis zu islamisieren, daß quer zu den oben genannten Schichtungen steht. Es ist sicher sinnvoll, einen kritischen Blick auf die islamistischen Diskurse und Praktiken zu werfen, die Frauen und die gesellschaftlichen Räume, in denen sie sich bewegen, betreffen.

Mit der Einführung ihrer Politik der „Islamisierung" des Verhaltens in der Öffentlichkeit, die dann 1996 in einem besonderes Gesetz über die öffentliche Ordnung festgeschrieben wurde, haben die Islamisten das Geschlechterverhältnis im öffentlichen Bereich neu geordnet. Unter anderem regelt das Gesetz die Benutzung öffentlicher Verkehrsmittel, wo die Sitze für Männer und Frauen voneinander getrennt und gekennzeichnet werden müssen. Bei Parties und öffentlichen Festen muß die Geschlechtertrennung in der Weise erfolgen, daß Sitzgelegenheiten und Tanzflächen nach Geschlechtern getrennt sind. Männer dürfen nicht in Damenbekleidungsgeschäften arbeiten. Alle öffentlichen Dienstleistungseinrichtungen, wo man sich in Schlangen zum Warten anstellt, müssen sicherstellen, daß die Menschenschlangen nach Geschlechtern getrennt sind. Diese und andere Vorschriften, wie die, den *hijab* zu tragen, werden in den Straßen und in der Öffentlichkeit streng kontrolliert. Tatsächlich allerdings sind nicht alle Frauen z. B. den Kleidervorschriften in gleicher Weise unterworfen. So ist es den Frauen, die private Verkehrsmittel benutzen, leichter, der *hihab*-Regel zu entgehen. Nichtsdestotrotz ist das oben erwähnte Gesetz ein Beispiel für etliche andere Vorgehensweisen und Gesetzesänderungen, die auf das Geschlecht und die Geschlechterbeziehungen in der Öffentlichkeit abzielen. In Unterstützung dieser Politik und dieser Gesetzesänderungen zielen die Programme auf die Umerziehung der Öffentlichkeit, der das Schulsystem, die Medien und die PDF besondere Aufmerksamkeit widmen. Die Sorge der Islamisten um die Geschlechter, die Geschlechterbeziehungen und das soziale und öffentlich Betragen von Frauen steht im Mittelpunkt ihres „Zivilisationsprojekts". Durch diesen Prozeß soll der Öffentlichkeit ein islamisches Aussehen verpaßt werden und das wiederum ist Teil des Gesamtprojektes, die Hauptstadt Khartoum zu islamisieren. Ein spezielles Komitee ist eingerichtet worden, daß die „öffentliche Erscheinung" oder das „islamische Aussehen" der Stadt kontrollieren soll. Die Hauptaufgabe dieses Komitees ist es, Die Befolgung des Gesetzes über die öffentliche Ordnung im öffentlichen Raum sicherzustellen.[286]

3.2.2.2 Der Islam der vergessenen Mehrheit der Bevölkerung im Sudan

Andererseits und immer noch hat der Islam der vergessenen Mehrheit der Bevölkerung im Sudan, gerade auch im Unteren Atbara und in den meisten ländlichen Gebieten im Sudan, mit dem islamischen Fundamentalismus der Regierung nicht viel gemein. Die vergessene Masse im Sudan will ihr Leben nicht durch die Religion verkomplizieren und erkennt den Islam mit seinen fünf elementaren Grundsätze an: die Überzeugung, es existiert nur ein Gott und Mohammed ist sein Propheten, regelmäßiges Beten, Fasten während des Ramadan, Almosengeben und die Teilnahme an einer Pilgerfahrt. Sie verherrlichen den Propheten Mohammed und praktizieren mehr die Sufi-Richtung des Islam, wobei viele vorislamische Gewohnheitsrechte und Rituale ihren Einklang mit dem Islam finden. Es kann sich demnach kein Konflikt zwischen diesen Menschen und dem Glauben an sich entwickeln. Obwohl ihr gesellschaftliches und familiäres Leben von islamischen Regeln beeinflußt wird und es nach außen hin wie ein normales muslimisches Leben aussieht, haben sie dennoch viele vorislamische Gewohnheitsrechte nicht aufgegeben und leben eher nach alten Ritualen. Anders ausgedrückt vermischten sich ihr Ursprungsglaube und die ursprünglichen Gewohnheitsrechte mit dem Islam. Es hat sich ein neuartiger Islam herausgebildet. Gleichwohl spielt der Islam in seinen verschiedenen Ausprägungen eine wesentliche Rolle in den verschiedenen Bereichen des Lebens im Unteren Atbara, vor allem in Bezug auf die Geschlechtsverhältnisse und beim Sozialisationsprozeß.[287]

Laut J. Spencer Trimingham muß die Definition des Islam, er sei eine Gesetzesreligion, in der eher Orthopraxie – in der Befolgung der fünf Grundpflichten – denn Orthodoxie angestrebt wird, daher für den Sudan entsprechend spezifiziert werden. Er hat den Islam der Massen treffend charakterisiert: Sie anerkennen zwar seine fünf Grundregeln, aber die Segenskräfte ihrer Heiligen Männer (*auliya*) bewegt sie mehr als das Recht, die *dikr*-Ekstase mehr als das rituelle Gebet. Der Heiligenkult ist ihre Religion.[288] Sie bewahrten den Glauben an die Heiligen Männer und deren Segenskräfte, einem Menschen durch bestimmte Rituale aus einer Notlage, sowohl seelischer als auch körperlicher Art, heraus zu helfen. Für die Bevölkerung besitzt der heilige Mann übernatürliche Fähigkeiten (*baraka*) und diese Erscheinungen sind sehr real. Sie verbinden die spirituelle mit der realen Ebene, so daß diese im Einklang nebeneinander existieren können. Diese

---

[286] Vgl. Amnesty International. Sudan. Keine Zukunft ohne Menschenrechte ; 1. Auflage Bonn 1995; S. 36ff und Hale, S.: Gender Politics in Sudan; a. a. O.; S. 216f.

[287] Das wird weiter im Teil IV, Abschnitt 4.1 diskutiert.

[288] Dazu siehe Trimingham, J.S.: Islam in the Sudan; a. a. O.; S. 110ff.

wundertätige und heilende Kraft macht ihre Träger zum Mittelpunkt eines ausgeprägten Heiligenkultes und verleiht ihnen eine derartige Autorität, daß ihre Gräber wie die Moscheen Zentren und Symbole der Religion sind.

Zur Zeit rekrutiert sich die herrschende Adelsklasse im Unteren Atbara nicht nur aus der Gruppe der traditionellen *Scheikhs*, sondern unter jungen Leuten, die vorher keine traditionelle Herrschaft innehatten, aber als Mitglieder der islamischen Front im Unteren Atbara mit religiösen Vollmachten ausgestattet sind. Mit verschiedenen Institutionen wie *shabab el watan* (der Jugendverein) und *dar el Zakat* praktizieren sie ihre Macht und kontrollieren sie den sozialen und wirtschaftlichen Verkehr in diesem Gebiet. Nach islamischem Verständnis im Unteren Atbara ist die Moschee über ihre Eigenschaft als Ort des Gebetes hinaus immer auch Versammlungsraum und ein Ort für Dienstleistungen. Da der Imam (der Vorbeter) einen starken Einfluß auf das Denken der einfachen Bevölkerung hat, versucht die neue herrschende Gruppe auch durch ihn ihre soziale und politische Macht auszuüben und neue Leute zu gewinnen. Durch Ratschläge an die einfache Bevölkerung beeinflußt der Imam ja nicht nur diejenigen, die ihm, sondern auch die, die dem Dorf etwas geben. Mit anderen Worten: von einem guten Verhältnis zu den islamischen Würdenträgern profitiert man nicht nur ideell, sondern auch materiell. Es wäre unangemessenen zu sagen, daß die Imame direkte politische Macht ausüben. Aber die prägen die gesellschaftliche Wirklichkeit und legitimieren die Macht.

Wir sehen also, daß die Religion die weltanschauliche Grundlage für die alltäglichen Handlungen der Menschen im Unteren Atbara darstellt. Die Religion legitimiert weltliche Verfügungsmacht über Güter und Personen. Sie ist auch Mittel zur Verfolgung individueller Interessen.

III. Teil: Das Entwicklungspotential eines islamischen Diskurses im Sudan

1 Über die entwicklungspolitische Notwendigkeit eines islamischen Diskurses

1.1 Der Islam als bedeutendes Element der soziokulturellen Ordnung und als strategischer Faktor in nordsudanesischen Gesellschaften

Im Rahmen eines evolutorischen ökonomischen Ansatzes ist die Entwicklung nicht nur als Allokationsproblem, sondern auch vor allem als Austauschprozeß in seiner ganzen sozialen Komplexität zu betrachten. In dieser Hinsicht stellt die Kultur einen selektierenden Filter dar, der im Laufe der Evolution den Siebungsvorgang und die Diffusion der (situativ) erfolgreichsten Kenntnisse, Praktiken und sozialen Institutionen bestimmt.

In diesem Zusammenhang ist nach Ansicht vieler Ethnologen jede uns bekannte Kultur von religiösen Voraussetzungen geprägt. Jede Kultur ist immer zugleich materielle Lebensform und geistige Ordnung. Kultur als gemeinsame Lebensform ist von der gemeinsamen Tradition, dem gemeinsamen Denken und Erbe an Wissen nicht zu trennen. Das schließt wiederum das organisierte Streben ein, das menschliche Tun mit der transzendenten göttlichen Macht, die die Welt regiert und von der das Leben des Menschen abhängt, in Einklang zu bringen.[289] Insbesondere in unserem Fall ist mit dem Islam eine Religion gegeben, deren Einfluss auf die kulturelle Ordnung der muslimischen Gesellschaften sehr stark ist. Diese Religion wirkt auf den Menschen ein und formt ihn nicht nur als „religiöses Wesen", sie nimmt auch Einfluß auf sein Verständnis über Selbstbestimmung und Selbstverwirklichung, auf seine Lebens- und Weltorientierung. Der Islam stellt als Sozialisationsfaktor einen elementaren soziokulturellen Bestimmungsgrund für die Verhaltensmuster seiner Anhänger dar.[290] Mit seinem Interesse an allen „Details" des Lebens leitet er sehr konkret die Einübung in religiöse Praktiken an und gibt zugleich Anweisungen für das eheliche, familiäre, gesellschaftliche, wirtschaftliche und politische Leben. An den Bedürfnissen der Menschen orientiert er sich ebenso wie an denen der jeweiligen Gesellschaften. Er greift in die einzelnen Lebenslagen des Menschen mit großer Freiheit, Unbefangenheit und Selbstverständlichkeit ein – bis hin zu Fragen des Körperlichen, Erotischen, Ehelichen. Vom frühesten Lebensalter an wird der Mensch durch

[289] Vgl. Köster, F.: Religiöse Erziehung; a. a. O.; S. 1.

[290] Vgl. Irabi, A.: Arabische Soziologie. Studien zur Geschichte und Gesellschaft des Islam; Wissenschaftliche Buchgesellschaft; Darmstadt 1989; S. 1ff.

Belehrung, Gewöhnung, Führung, Initiative und „Initiation" zu Verhaltensweisen angeleitet, die den verschiedenen Lebenssituationen gerecht werden.[291]

Dabei stehen die Menschen unter der Autorität der zwei „Glaubenquellen" Koran und Sunna, die ihrerseits Spiegelbild früherer soziokultureller Gegebenheiten sind, d. h. sie stammen weitgehend aus der Gründerzeit des Islam. Selbst da, wo sich der Islam im Laufe seiner Geschichte erstaunlich gut anzupassen vermochte, z. B. in vielen Ländern Afrikas, ist die gesellschaftliche, kulturelle und geschichtliche Verfaßtheit dieser Länder statisch-traditionellen Gesellschaftsformen zuzuordnen. Deswegen sind sie wie die arabischen Länder bis heute noch weitgehend vom Prozeß der „Aufklärung" und Zivilisation, nicht zuletzt der Unterscheidung von „rein weltlichen" und „rein religiösen" Lebensbereichen unberührt geblieben. Daher wollen noch viele Muslime wie in der ursprünglichen Zeit des Islam, d. h. wie in der damaligen gesellschaftlichen, sozialen und politischen Verfaßtheit leben.[292]

Wenn wir von dieser Seite her die heutige Situation im Sudan und in vielen islamischen Ländern wie z. B. Iran, Pakistan und Algerien bedenken, wird uns sehr deutlich, wie wichtig es ist, den Islam als einen das Verhalten der Menschen prägenden Faktor in jedes entwicklungsstrategische Konzept einzubeziehen. Wenn der Islam als wichtiger gesellschaftlicher und kultureller Faktor in die Entwicklungspolitik dieser Länder vor langer Zeit einbezogen worden wäre, hätte man sich die heutige Situation von Fundamentalismus und Gewalt in der Gesellschaft wahrscheinlich erspart. Nach unserer Ansicht sind die radikalen islamischen Bewegungen Ausdruck einer Systemkrise. Sie sind ein Reflex der Ambivalenz zwischen traditionellen soziokulturellen Herkunftsmilieus und modernen importierten säkularen soziopolitischen Systemen, die während und nach der Kolonialzeiten in den islamischen Ländern eingeführt wurden. Sie sind eine radikale Antwort auf eine Identitätskrise, die durch unnatürliche soziokulturelle Transformationen eingeleitet wurde und sich in der Unfähigkeit des herrschenden Systems äußert, Sinn, Motivation, Orientierung, Geborgenheit und Heimatgefühl für die Mehrheit der Bevölkerung zu vermitteln.[293]

Deshalb suchen wir einen intelligenten Weg, aus diesen Krisen herauszukommen. Wir betrachten die Thematisierung und Problematisierung des islamischen Fundamentalismus in einer geistigen Auseinandersetzung zwischen islamischen Bewegungen und die Nutzung der für die Beachtung der Menschenrechte offenen Partien des Islam in einem islamischen Diskurs als strategischen Faktor in der Entwicklungspolitik im Sudan.

---

[291] Vgl. Köster, F.: Religiöse Erziehung; a. a. O.; S. 194.

[292] Vgl. Ebenda; S. 195.

[293] In diesem Hinsicht siehe Irabi, A.: Die blockierte Gesellschaft. Die arabische Gesellschaft; a. a. O.; S. 9-21.

Wir wagen folgende Aussage: Große Teile der Bevölkerung akzeptieren die im Islam vertretenen Überzeugungen und Grundwerte. Sie glauben auch, daß die religiös bestimmten Praktiken des Alltaglebens für sie verbindlich sind. Gleichwohl läßt sich – wie wir zeigen werden – gut begründen, daß es zu den gegenwärtigen Praktiken gedankliche Alternativen gibt, die, ohne den Wertmustern des Islam zu widersprechen, den Menschen ein Mehr an Freiheit zur Selbstbestimmung und zur Selbstentwicklung gewähren könnten. Gelingt es, über einen gesellschaftlichen Diskurs zu erreichen, daß sich Menschen für die Erprobung solcher Alternativen entscheiden können, dürften die Aussichten für eine bereitwillige Annahme und Ausführung von Veränderungsvorschlägen günstig sein.

Gelänge es deutlich zu machen, daß hier Wertinhalte wiederbelebt werden könnten, die im Islam einst eine große Bedeutung hatten, ließen sich rekigiöse Koinflikte reduzieren oder gar vermeiden. Wenn Muslime zu überzeugen wären, daß ihre Religion, der Islam, nicht im Widerspruch stünde zu der prinzipiellen Vorstellung, aller gesellschaftlichen Gruppen, Frauen und Männer, sollten im Alltag des Lebens gleiche Rechte und Chancen haben, müßte sich ihre Bereitschaft, privat und öffentlich, unter Einbeziehung von Frauen, darüber zu diskutieren, auch auf die Bereitschaft zur Beachtung dieses Prinzips in der Praxis ausdehnen lassen.

1.2 Frauen und der Islam: Reformbedarf – Förderungsbedarf?

Eng verbunden mit der sozialen Stellung der Frau im Nordsudan, vor allem in ländlichen Gebieten wie dem Unteren Atbara ist der Status der Frau in der islamischen Orthodoxie, der *sharia*. Es gibt zwei wichtige grundsätzliche Prinzipien in der *sharia*, die negativen Einfluß auf den Status der muslimischen Frau haben. Damit konnten die islamischen Rechtsgelehrten die Ungleichberechtigung zwischen Man und Frau legitimieren.[294] Sie haben auch einen direkten Einfluss auf die Sozialisation von Jungen und Mädchen, die soziale Orientierung sowie die Gesetzgebung und damit auch die gesellschaftliche Stellung der Frau. Und zwar das Prinzip *qawama* und das Prinzip *al-hijab*.

[294] Historisch gesehen waren die Lehren der *sharia* in Bezug auf die Stellung der Frau und das gesellschaftliche Verhältnis zwischen Mann und Frau zu Zeiten des Propheten Mohammed revolutionäre. Mädchentötung wurde verboten. Polygamie, die bisher eine unbegrenzte Anzahl von Frauen erlaubte, wurde auf vier legale Ehefrauen beschränkt unter strengsten Auflagen, alle Frauen gleich zu behandeln, und für den Fall, daß dies dem Mann nicht möglich wäre, wird es im Koran als unmöglich gesehen, auch nur eine Frau zu heiraten. Soziale und rechtsgültige Institutionen wurde errichtet, die sich mit Angelegenheiten des Familienrechts befassen, wie z. B. Obhut der Kinder, Ehe, Scheidung, Erbschaft. Zum ersten Mal erhielten Frauen Erbschaftsrecht. Es wurde den Frauen erlaubt, ihr Geld zu verwalten und ihre eigenes Einkommen zu kontrollieren.

Die wichtigste Prinzip, das die Rechte und Status der Frau beeinflusst, ist das Prinzip *qawama*, die Vormundschaft und Autorität des Mannes gegenüber der Frau. Im Koran wird gesagt (Sura 4:34):

> „Men have qawama (guardianship and authority) over women because of the advantage they (men) have over them (women) and because they (men) spend their property in supporting them (women)."[295]

Entsprechend der *sharia*-Interpretation für diesen Vers stehen die Männer (als Gruppe) über den Frauen (als Gruppe) und die Männer über den Frauen in einer Familie. Hierbei haben sie auch die Vormundschaft über die Frauen. Diese Vorstellung widerspricht dem Grundsatz der Gleichberechtigung in der Menschenrechteskonventionen der UNO. Sie hat auch weitere Konsequenz für den Status und die Rechte der Frau in ihren öffentlichen und privaten Funktionsbereichen. Beispielsweise dürfen Frauen nach der *sharia* keine öffentlichen Funktionen übernehmen, vor allem dürfen sie nicht in Führungs- und Kontrollstellen gelangen, in denen ihnen Männer untergeordnet sind. Es herrschen somit bei der Besetzung der Führungsorgane in sozialen und wirtschaftlichen Institutionen sachfremde Kriterien vor, unabhängig von Wissen, Kreativität und unternehmerischen Fähigkeiten. In der Familie und in der Gesellschaft ist der Mann der Bestimmende: er entscheidet über die Eheschließung, er kann die Ehe einseitig auflösen, er kann zusätzliche Frauen heiraten, er kann seine Frau einsperren und ihr Ausbildung und Arbeit verbieten, ohne seine Zustimmung kann sie das Haus nicht verlassen, er bestimmt über die Verwendung des Einkommens, er ist der einzige Vormund für die Kinder und regelt die wichtigen Gelegenheiten der Kinder wie Ausbildung und die Eheschließung seiner Töchter.

Eine anderes generelles Prinzip in der *sharia*, das Konsequenz für den Status und die Rechte der Frau hat, ist die Vorstellung von*al-hijab*. Dies bedeutet mehr als nur, daß die Frauen ihre Körper und Gesicht in der Öffentlichkeit zu bedekken haben:

> „According to Shari'a interpretations of verses 24:31, 33:33, 33:53 and 33:59 of the Qur'an, women are supposed to stay at home and not leave it except when required to by urgent necessity. When they are permitted to venture beyond the home, they must do so with their bodies and faces covered."[296]

Al-hijab verstärkt die Unmöglichkeit, daß Frauen öffentliche Aufgabe übernehmen, und beschränkt ihren Zugang zum öffentlichen Raum.

> „They are not supposed to participate in the public life, becauce they must not mix with men even in public places."[297]

---

[295] An-Na'im, A.A.: Human Rights in the Muslim World. Socio-Political; a. a. O.; S. 37. (Zu beachten ist, daß die in der deutschen Übersetzung diese Sure als 4,35 gezählt wird.)

[296] Ebenda; S. 38.

[297] Ebenda.

Neben der generellen Inferioriät unter dem Prinzip *qawama* und der Beschränkung des Zugangs zur Öffentlichkeit als Konsequenz des Prinzips *al hijab* gibt es weitere spezifische Gesetze im Privatrecht und im öffentlichen Recht, die die Diskriminierung der Frauen und ihre Inferiorität und Nichtgleichberechtigung gegenüber den Männern entsprechend der *sharia* bestätigen.[298] Die privaten und öffentlichen Aspekte in der *sharia* haben eine Wechselwirkung, da sie – z. B. im Erbschaftsrecht – die Unterdrückung der Frau in der Familie verstärken und zugleich ihre Diskriminierung in Öffentlichkeit verstärken. Diese Überlappung und Wechselwirkung spielen auch eine wesentliche Rolle in der Sozialisation[299] der Kinder in den islamischen Ländern, vor allem in unserem Untersuchungsgebiet im Sudan.

> The general principles of *qawama* and *al-hijab* operate at the public as well as the private levels. Public law discrimination against women emphasizes their inferiority at home. The inferior status and rights of women in private law justify discrimination against them in public life. These overlapping and interacting principles and rules play an extremely significant role in the socialization of both women and men. Notions of women inferiority are deeply embedded in the character and attitudes of both women and men from early childhood.“[300]

Islamische Feministinnen[301] suchen nach Wegen, die Situation der Frau in der *sharia* dadurch zu verbessern, daß sie zu zeigen versuchen, wie sehr die einschlägigen Koranstellen innerhalb des *Sharia Framework* lediglich damalige gesellschaftliche Zustände beschreiben, also als historische Situationsanalysen gelesen werden sollten. Dieses hätte dann die Konsequenz, daß diese Textstellen mit der Änderung der gesellschaftlichen Situation auch ihre Bedeutung verloren hätten. Außerdem legen sie dar, wo der Koran im Laufe der Geschichte durch die Entwicklung von Traditionen Auslegungen erfahren hat, die nicht notwendigerweise beibehalten werden müssen. Diese Gedanken reichen jedoch für unsere Überlegungen nicht aus, da die *Sharia*-Rechtsgelehrten „have developed specific jurisprudential techniques which control and limit the prospect of reform within the framework of Shari'a.“[302] Sie treffen auch nicht den Kern des Problems.

---

[298] Klare Beispiel ist das Familien- und Erbschaftsrecht. Dazu siehe Abschnitt 3.1.4 im Teil II.

[299] Siehe Abschnitt 4.1.2 im Teil IV.

[300] An-Na'im, A.A.: Human Rights in the Muslim World. Socio-Political; a. a. O.; S. 39.

[301] Diesen Wegen geht die marokkanische Soziologin Fatema Marnissi, indem sie wissenschaftliche Arbeiten aus der Frühzeit des Islam auswertet. Vgl. dazu Mernissi, F.: Der politische Harem. Mohammed und die Frauen. Aus dem französischen von Kabis-Alamba, V.; 1. Aufl.; Dagyeli; Frankfurt a. M. 1989.

[302] An-Na'im, A.A.: Human Rights in the Muslim World. Socio-Political; a. a. O.; S. 41.

2 Auf der Suche nach einer adäquaten Reformmethode

Auf der Suche nach einer überzeugenden islamischen Reformmethode, die unser strategisches Ziel der Verbesserung des sozialen Status der Frau und der Erweiterung ihrer Beteiligung in der Öffentlichkeit sowie in der Entwicklungsprozeß fördert, werden wir in diesem Abschnitt verschiedene islamische Richtungen und Gedanken darstellen. Ausgehend von unseren theoretischen Erwägungen über die Ambivalenz und Flexibilität der kulturellen Normen[303] meinen wir, daß – wenn wir den Islam genau studieren – es neben den dominierenden Interpretationsmustern der *sharia* auch andere geben könnte, die den Sichtweisen der *sharia* widersprechen und damit Alternativen darstellen, die zur Verbesserung des Status der Frau beitragen können. Um die islamische Legitimität unseres Vorgehens aufrechtzuerhalten, brauchen wir andere Interpretationen für die Hauptquellen des Islam (Koran und Sunna), die unsere Überlegungen stützen. Unsere Aufgabe in den kommenden Abschnitten ist die Suche nach einer adäquaten Interpretationsmöglichkeit oder Reform für die*sharia* insbesondere in den Bereichen, die einen direkten Einfluß auf den Status der Frau haben. Diese Debatte wird in zwei Hauptabschnitte unterteilt:

a) historische und gegenwärtige Reformversuche und

b) die evolutionären Reformversuche von Ustadh Mahmoud Mohammed Taha.

2.1.1 Historischer Überblick und heutige Versuche, das islamische Recht zu reformieren

Mit dem nachfolgenden kurzen historischen Überblick ist nicht beabsichtigt, alle Reformer und Reformbewegungen der gesamten islamischen Welt detailliert darzustellen. Es wird ausreichen, wenn wir anhand verschiedener Beispiele die Hauptgedanken, Überlegungen und Methoden der verschiedenen Reformer, die sich auf die Bereiche des gesellschaftlichen Status der Frauen und ihrer Rechte bezogen haben, darstellen. Allerdings müssen wir auch das politische Konzept und das öffentliche Recht im Auge behalten, da sie im weiteren Sinne Gegenstand unserer Betrachtungen sein werden.

Wie schon erwähnt, geht das islamische Recht, *sharia*, nur zu einem Bruchteil direkt auf den Koran zurück. Der größte Teil davon wurde zwischen dem neunten und zehnten Jahrhundert von Rechtsgelehrten unter religiösen Gesichtspunkten erarbeitet. Da der Islam keinen Kodex der koranischen Gebote besitzt, dienen die Handbücher der islamischen Pflichtenlehre (*fiqh*) zur Erklärung des Koran. D. h. diese Bücher von Rechtsgelehrten, die im neunten und zehnten

[303] Siehe Abschnitt 2 im Teil I.

Jahrhundert gelebt haben sind, werden zur Interpretation des Korans und der Sunna herangezogen.[304] Mit anderen Worten:

> „... the Shari'a reflects a historical-conditioned interpretation of islamic scriptures in the sense that the founding jurists had to understand those sources in accordance with their own social, economic, and political circumstances."[305]

Allerdings haben sich während des Verlaufs der Geschichte der islamischen Gesellschaften bis zur heutigen Zeit viele politische und sozioökonomische Veränderungen in diesen Gesellschaften vollzogen, die viele islamische Rechtgelehrte gezwungen haben, sich neue Gedanken zu machen und Reformen des islamischen Rechts vorzunehmen. War insbesondere das 19. Jahrhundert das der nationalen Bewegungen in Europa und der Erweiterung der westlichen Macht durch die Kolonialisierung der islamischen Länder, so war es dort auch das der religiös-sozialen und nationalen Reformbewegungen des Wahabismus, des Sannusimus und des Mehdismus; alle diese Bewegungen waren islamisch orientiert.[306] Die Suche nach Identität impliziert gleichzeitig eine Forschung nach der Authentizität und deren angemessenen Ausdrucksformen. Damit ist die Spannung umrissen, die die islamischen Reformbewegungen im 19. Jahrhundert auf ihrem Wege zwischen dem Rückblick auf die islamische Tradition und dem nach vorn gerichteten Blick auf den modernen Fortschritt des Westens begleitet. In diesem Kontext haben die damaligen und heutigen Befürworter einer Reform des islamischen Rechts verschiedene Modelle für die Ausgestaltung des Rechts eines modernen islamische Staates propagiert.[307]

Ibn Taymiyya, ein im 13. Jahrhundert lebender islamischer Rechtgelehrter, wird in der Literatur als einer der wichtigsten Reformpioniere dargestellt und als der erste, der mit der Reformbewegung angefangen hat. Die meisten Reformer berufen sich auf ihn als Beweis für die Reformierbarkeit des Islam und die Rechtfertigung ihrer eigenen Versuche, weil er den Willen und Bereitschaft besaß, die Aussage, daß das „Tor des selbständigen Bemühens" (*bab al ijtihad*) geschlossen sei, zu bezweifeln und bemüht war, dieses Tor noch einmal zu öffnen.[308]

> „He is credited with having mounted an early and eventually significant challenge to the rigidity and futility of *taqlid*, blind imitation and following of the masters of the respective school of islamic jurisprudence ... The primary attraction of Ibn Taymiyya to the proponents of Shari'a is his willingness to challenge the established order and

[304] Vgl. Dilger, K.: Das Rechtsverhältnis im Islam und seine politische Dimension; a. a. O.; S. 56f.

[305] An-Na'im, A.A.: Human Rights in the Muslim World; a. a. O.; S. 46.

[306] Vgl. Meier, A.: Der politische Auftrag des Islam. Programme und Kritik zwischen Fundamentalismus und Reformen Originalstimmen aus der islamischen Welt; Wuppertal 1994; S. 39f.

[307] Vgl. Irabi, A.: Arabische Soziologie; a. a.O.; S. 66f.

[308] Vgl. An-Na'im, A.A.: Toward an Islamic Reformation; a. a. O.; S. 36f.

> reassert the right to exercise *ijtihad* notwithstanding the common belief that the gates of *ijtihad* have been closed since the tenth century A.D. He believed to have undertaken the task of 'a restatement of the Shari'a and vindication of religious values'. Another aspect of his role as a model for Islamic resurgence is his uncompromising demand for the total application of Shari'a in public as well as private life ... The object of his main work was to bring about a reform of the community and the state by restoring the Shari'a to its proper place and influence and to lessen the gap between theory and practice. He maintained that the state and religion should be inseparable."[309]

Weitere bekannte Gelehrte des 19. Jahrhundert, die von den Gedanken des Ibn Taymiyya sehr beeinflußt waren und seine Reformansätze weiter entwickelt haben, sind z. B. Mohammed ibn Abul al-wahab, der Begründer der Konzeption des heutigen Königreichs und des islamischen Systems in Saudi Arabien, und Shah Wali Allah in Indien.[310] Bei diesen Reformern allerdings erlangten die Frauen nicht nur keine Verbesserung in ihre rechtlichen Situation, sondern mußten im Gegenteil Verschlechterungen in manchen Bereichen hinnehmen. Beweis dafür ist die gegenwärtige Situation der Frauen in Saudi Arabien.

Jamal ad-Din al-Afghani (afghanischer Herkunft), Rifaa Rafi at-Tahtawi und Mohammed Abdu (aus Ägypten) sind sehr bekannte soziale und politische Reformer, die sich – tief überzeugt von der Lebenskraft des Islam im 19. Jahrhundert – der Lösung der Probleme der islamischen Gesellschaften durch Reformen widmeten.[311] Auf diese Weise ist Mohammed Abdu zu einer führenden Gestalt des islamischen Modernismus geworden. Seine Wirkung reicht weit über Ägypten und seine Lebenszeit hinaus. Ihm ging es um die Frage nach den Ursachen der Stagnation der islamischen Gemeinschaften, und er suchte diese zu überwinden. Der fortschreitende Akkulturationsprozess, die mangelnde gesellschaftliche Kohäsion und die ökonomische Stagnation bildeten die Schwerpunkte seines Interesses. Die Reform der islamischen Gemeinschaften sollte nach seiner Vorstellung durch eine Reform des Bildungs- und Rechtssystems herbeigeführt werden.[312] Hinsichtlich der Frauen und ihres sozialen Status fand er, daß die Gleichberechtigung, Frauenbildung und Frauenarbeit in der Öffentlichkeit sehr wichtige Elemente der gesellschaftlichen Entwicklung sind. Allerdings stieß er immer wieder mit zwei wichtigen islamischen Rechtsgrundsätzen zusammen, die mit eindeutigen Koranversen oder Aussagen des Propheten belegt wurden. Diese bekräftigen die Ungleichheit zwischen Männern und Frauen und verwerfen die Arbeit von Frauen in der Öffentlichkeit. Es sind dies das Prinzip der *qawama* und das Prinzip der *al-hijab* (siehe Abschnitt 1.2). Ihretwegen hat er sich manchmal widersprochen, wenn er nach der Vormundschaft der

---

309 Ebenda; S. 36.

310 Vgl. ebenda; S. 37.

311 Vgl. Elgarray, O.: al-Fikr al-islami wa Gaddiat al-Maraa, Lonestar Inc. Ft. Worth, USA 1997; S. 84f.

312 Vgl. Irabi, A.: Arabische Soziologie; a. a. O.; S. 71f.

Männer gegenüber den Frauen gefragt wurde, die klar im Koran vorgeschrieben wird. Er sagte dann, zu diesem Bereich könne er sich nicht äußern, oder er bestätigte manchmal diese Vormundschaft, aber mit Eingrenzung, z. B. auf den Bereich innerhalb der Familie, weil ein ganz klarer Vers ihm dies gebietet.[313]

Unsere Einschätzung aller Reformversuche bis zum Ende des 19. Jahrhunderts und Anfang des 20. Jahrhunderts ist: Es gab keine Änderungen oder Reformen im Bereich des Status der Frauen und ihrer Rechte. Meistens lauten die Meinungen: „... exclude women from public life altogether“[314]. Allerdings haben einige Reformer wie z. B. Mawdudi in Pakistan den Frauen erlaubt, am öffentlichen Leben zu partizipieren, aber das Konzept der Geschlechtertrennung grundsätzlich bekräftigt.[315] Im Bereich des Familien- und des Erbrechts gab es in sämtlichen Reformversuchen keine Änderungen. Immer wird die Vormundschaft der Männer über die Frauen bestätigt. Die Scheidung, das Sorgerecht für die Kinder wurden weiterhin als ausschließliche Männerrechte betrachtet. Die Frauen haben keine entsprechenden Möglichkeiten. Die Reformkonzepte betrafen vielmehr lediglich das öffentliche Recht, wie z. B. die Gestaltung der Regierungsorgane, die Rechte und den Status von Nichtmuslimen in einem islamischen Land und das Steuersystem.

Im 20. Jahrhundert gab es weitere Reformversuche insbesondere in Ägypten und einigen Ländern, in denen die *sharia* die einzige oder die Hauptquelle für Verfassung und Recht im Land ist, wie z. B. im Iran, in Pakistan und im Sudan. Einer der bekanntesten Machtbesitzenden Reformer im 20. Jahrhundert ist Hassan al-Bana, der Gründer der islamischen Bruderschaftsbewegungen. Diese Bewegung ist sehr weit verbreitet in fast allen islamischen Ländern, insbesondere in Ägypten, Algerien, Pakistan und Sudan, aber auch unter den Machthabern auf den Philippinen und in Malaysia. Sie ist sehr radikal und benutzt Gewalt als Mittel der Konfliktlösung und für die Durchsetzung des islamischen Rechts (*sharia*) als einziger Rechtsquelle im Land.[316] In diesen Bewegungen wurde und wird immer noch klar Position bezogen gegen eine eigenständige soziale Stellung der Frau und ihr Recht, sich in der Öffentlichkeit zu beteiligen. Hassan al-Banna vertrat die Meinung, daß den Frauen sehr begrenzte Möglichkeiten zugestanden werden sollten, sich in der Öffentlichkeit zu beteiligen. Allerdings sollten sie kein Wahlrecht haben, und auf keinen Fall dürften sie in Führungs- und Kontrollpositionen gelangen, wo unter ihrer Weisungsbefugnis Männer arbeiten würden.[317] Da die Bewegung aber auch auf die Zustimmung und den

[313] Vgl. Elgarray, O.: al-Fikr al-islami wa Gaddiat al-Maraa; a. a. O.; 93f.
[314] An-Na'im, A.A.: Toward an Islamic Reformation; a. a. O.; S. 38.
[315] Vgl. ebenda.
[316] Vgl. Elgarray, O.: al-Fikr al-islami wa Gaddiat al-Maraa; a. a. O.; 60f.
[317] Vgl. Elgarray, O.: al-Fikr al-islami wa Gaddiat al-Maraa; a. a. O.; 63.

Einfluss von Frauen angewiesen war, um ihren Einfluss und ihre Herrschaft in der Gesellschaft zu auszudehnen, kamen nach dem Tod von Hassan al-Banna verschiedene Gegenmeinungen in denselben Bewegungen zum Tragen. Gute Beispiele dafür sind die Ansichten von SheikhMohammed al-Gasali und Sheikh al-gwardawi, die das Wahlrecht für Frauen zugestanden haben, aber Führungs- und Kontrollpositionen für Frauen ausschließen. Ihrer Meinung nach sollte die Vormundschaft innerhalb der Familie beibehalten werden, d. h. das dem Mann vorbehaltene Sorgerecht für die Kinder, das einseitige Scheidungsrecht und das Recht des Mannes, vier Frauen zu heiraten etc.[318]

Im Sudan ist einer der berühmten Reformer Hassan al-Turabi, der Führer der islamischen nationalen Front, d. h. der gegenwärtigen Inhaberin der Regierung im Sudan, zu erwähnen, der nicht nur dort, sondern auch überall in der islamischen Welt, von Bedeutung ist. Seine Hauptarbeiten *Tajdid ulum al-fiqh al-Islami* (*Renewal of the sources of Islamic fiqh*) – 1980 veröffentlicht – und*Tagdid al Fikr al-Islami* (*Renewal of Islamic thought*) – im Jahr 1993 veröffentlicht – enthalten seine Ideen über die Möglichkeit einer Reform des islamischen Rechts. *Tagdid* im Sinne von Turabi hat zwei komplementäre Bedeutungen.„The immediate meaning is ‚revival', and the ultimate is ‚evolution'"[319]. Bei ihm ist die zweite Bedeutung wichtiger, da sie auf die nötige psychologische und geistliche Kraft deutet, um die historische *sharia* in einer neue Epoche zu interpretieren. Hierzu schreibt er, daß

> „Evolution takes three forms. First, it can take the form of reinterpretating the meaning of rules in the complex construction of the *shari'a*. This will enable Muslims to apply, yutabbig, or cease to apply, yu' attil, certain time bound rules as they see fit to their situation. Second, it can take the form of completing *shari'a*'s general intentions and applying them to certain situations which did not occur to the early Muslims. Third, it can take the form of cancelling that part of classical *figh* which is either proved to be wrong or no longer relevant."[320]

Turabi's Hauptinteresse gilt wie bei den anderen Reformern auch der Reform der öffentlichen Verhältnisse (*public affairs*), insbesondere im Bereich Regierung und Politik, da es nach seiner Meinung wenig Studien von islamischen Rechtsgelehrten in diesem Bereich gibt.

> „... The bulk of *furu* ist about the ibadat, marriage and divorce, sale and purchase etc. But as to the public issues of *shari'a*, such as politics and Shar (consultation, economy and government, production and distribution, there is little *figh* on them. The achieve-

[318] Vgl. ebenda; S.64.

[319] Vgl. Albagir, A.M.: Human Rights and Islamic Law. The Development of the Rights of Slaves, Women and Aliens in two Cultures. Manchester University, Department of Middle Eastern Studies 1996; S. 320.

[320] Ebenda; S. 20f.

> ment in this latter type of figh is poor in both the *furu* and their corresponding *ulum*."[321]

Turabi sieht, daß die wichtigsten Bereiche für Reformen Wirtschaft und Politik sind, insbesondere im Verhältnis zu Nichtmuslimen. Den Status der Frau und ihre Rechte in der historischen *sharia* findet er in Ordnung. Einige kleine Änderungen könnte man daran vornehmen, aber Grundsätzliches nicht. Die möglichen Änderungen betreffen die Berufstätigkeit der Frau außer Haus und ihre Rechte im Bildungsbereich, die Wahlbeteiligung, und die Chance, Parlamentssitze und einige Führungsstellen zu besetzen.[322] Allerdings vertrat er die Meinung daß:

> „There may be limited need to build on tradition, especially to reform the rules of marriage and divorce in the light of modern social science, but even if that does not happen, and people stick to the traditional figh, Muslim's family life will still be fine."[323]

Am Familienrecht im Sudan, das innerhalb der Regierungsgewalt Turabis 1992 reformiert wurde (in der vorliegenden Arbeit Abschnitt 3.1.4 im Teil II), sieht man deutlich, inwieweit die Frauen benachteiligt sind. Das zeigt uns, daß wir keine Hoffnung in die Reformversuche Turabis hinsichtlich einer Änderung oder Verbesserung des Status der Frauen und ihrer Rechte setzen dürfen. Diese Reformen bleiben bisher in den Grenzen der historischen *sharia.*

2.1.2 Befürworter eines säkularen Reformmodells

Im Gegensatz zu jenen, die verlangen, daß die *sharia* das ausschließliche und umfassende Recht des Landes sein soll, wollen viele Muslime die Einrichtung eines säkularen Staates. Es liegt nahe, daß – weil die islamische religiöse Doktrin traditionellerweise die volle Rechtsprechung über sozialmoralische Fragen beansprucht, ohne allerdings in jedem Fall die praktikable Antwort auf sie bereitzuhalten – sich moderne muslimische Denker letztlich mit zwei möglichen Alternativen auseinandersetzen müssen. Entweder hauchen sie überlieferten Dogmen neues Leben ein und passen sie den gegenwärtigen Bedürfnissen an, oder sie suchen anderswo neue Anregungen. Zunehmend befolgt man die letztere Möglichkeit. Die Anstrengungen einiger der führenden islamischen Reformer aus dem 19. Jahrhundert haben die Tendenz zur Säkularisierung in der islamischen Welt verstärkt.[324] Wie Albert Hourani gezeigt hat, hat zum Beispiel das Bemühen Muhammad Abduhs zu zeigen, daß der Islam mit modernem Denken vereinbar ist, unbeabsichtigt die Schleuse dafür geöffnet, die islamische Dogma-

---

[321] Ebenda; S. 323.

[322] Vgl. ebenda; S. 329ff.

[323] Ebenda; S. 323.

[324] Vgl. Kerr, M.H.: Islamic Reform. The Political and Legal Theories of Muhammad Abduh and Rashid Rida; Perkeley, Los Angeles 1966; S. 1.

tik und das islamische Recht mit Neuerung der modernen Welt zu überschwemmen: Er wollte einen Damm gegen die Säkularisierung errichten, aber tatsächlich hat er eine Brücke gebaut, über die die Verweltlichung eine Bastion nach der anderen erobern konnte. Es ist kein Zufall, daß später eine Gruppe seiner Anhänger seine Lehre in Richtung einer umfassenden Säkularisierung weiterentwickelten.[325]

Ein entscheidender Impuls in Richtung Säkularisierung war 1925 die Veröffentlichung des Buches von Ali Abd al-Raziq*Al-Islam wa Usul al-Hukm*. In diesem Buch legt Ali Abd al-Raziq dar, daß es keine islamische Begründung für den Begriff des Kalifates im klassischen und historischen Sinn gab. Er ging noch weiter und argumentierte, daß der Islam keine politischen Implikationen hat und daß der Prophet ausschließliche religiöse und spirituelle, aber keine politische Autorität besitze. Insofern konnte es für den Propheten – nach Abd al-Raziq – keinen Nachfolger als religiöse Autorität geben, da diese mit seinem Tod erloschen war. Was dann folgte bei der Herausbildung des islamischen Staates, das erste Kalifat nämlich, war nach Abd al Raziq eine andere und rein politische Führung und Autorität. Auf diese Weise stritt Abd al-Raziq nicht nur für die Einrichtung eines säkularen Staates, sondern bestand auch darauf, daß der „islamische“ Staat von Anfang an eine weltliche und keine religiöse Institution war. Offensichtlicher Bestandteil dieser Argumentation war, daß moderne muslimische Gesellschaften völlig frei wären, die Regierungsform zu wählen, die ihren Vorstellungen und Lebensbedingungen entspräche.[326]

Es ist beachtlich, wie kraftvoll und widerspruchsfrei Ali Abd al-Raziq im Stile klassischer islamischer Gelehrtheit argumentierte. Sein überzeugender Bezug auf die islamische Geschichte und die islamischen Quellen hat moderne islamische Denker angeregt, in seiner Richtung weiter zu gehen. An-Nai'im sieht gleichwohl, daß dieser Vorschlag jedoch nicht die Probleme löst, die durch deutliche und eindeutige Textstellen aus Koran und Sunna hinsichtlich der Stellung und des Status von Frauen und Nichtmuslimen aufgeworfen werden. Ungeachtet der Frage, ob der Staat als islamisch oder säkular definiert ist, bleibt die Frage bestehen, ob Muslime die von Koran und Sunna ausdrücklich aufgestellten Regeln für Frauen und Nichtmuslime anwenden müssen. Einige dieser Vorschriften haben sehr ernste Konsequenzen für die Verfassung, für die Menschenrechte und die internationalen Beziehungen. Bislang erklärt der Ansatz von Abd

---

[325] Vgl. Hourani, A.: Arabic Thought in the Liberal Age, 1798-1939. Cambridge University Press Cambridge 1983; S. 144f. Vgl. Auch An-Na'im, A.A.: Toward an Islamic Reformation; a. a. O.; S. 43.

[326] Abd al-Raziq, A.: Al Islam wa Usul al Hukm; Dar Maktabat al-Haya; Beirut 1966; S 39ff.

al-Raziq nicht, wie in einem angeblich „säkularen Staat“ die Anwendung dieser *sharia*-Regeln umgangen werden kann.[327]

Die anerkennenswerten Ziele von Abd al-Raziq und anderer islamischer Intellektueller dieser Tradition können wahrscheinlich durch diesen Weg zu denken nicht erreicht werden. Es ist eine Tatsache, daß das öffentliche Recht der *sharia*, gemessen an modernen Standards, einige ernsthafte Unzulänglichkeiten aufweist. An denselben Standards gemessen, ist die muslimische historische Erfahrung unbefriedigend. Von diesem Gesichtspunkt aus liegt es nahe zu versuchen, diese historischen Prinzipien und Erfahrungen vom Islam als Religion zu trennen. Doch auch dies wird wohl nicht gelingen. Wie Fazlur Rahmann richtig feststellte, bleibt für den Säkularisten in der muslimischen Welt die Schwierigkeit bestehen, das Unmögliche nachzuweisen, daß Mohammed, dort, wo er sich als Gesetzgeber und politischer Führer betätigte, extra-religiös und säkular gehandelt habe.[328]

Abgesehen von den praktischen Schwierigkeiten, einen solchen Nachweis zu erbringen, betont An-Na'im, daß ein solcher Versuch gleichbedeutend wäre mit einer Leugnung der außerordentlich wertvollen kulturellen Schätze der Muslime, die sie für ihre Selbstidentifikation brauchen. Es sei unwahrscheinlich, daß die Mehrzahl der Muslime die dauerhafte Säkularisierung ihres öffentlichen Lebens akzeptieren könnten. Er meint einen besseren, Ansatz vorschlagen zu können: nämlich das öffentliche Recht der *sharia* und die Erfahrung der Muslime anhand der Standards zu beurteilen, die zur Zeit der Entwicklung und Etablierung der *sharia* vorherrschten, und zum anderen nach alternativen islamischen Prinzipien zu suchen, die in der Moderne angewandt werden können.[329]

Aus verschiedenen Gründen war die Säkularisierung in den meisten muslimischen Ländern eine Zeitlang vorherrschend und verbannte die *sharia* seit dem ersten Weltkrieg vielfach in die Privatsphäre. Der in der Gegenwart anhaltende und anschwellende Ruf nach einer Anwendung der *sharia* im öffentlichen Leben, insbesondere in Ländern, die als durch und durch säkularisiert galten, zeigt, daß die Realisierungsmöglichkeiten für die Säkularisation wieder schwinden. In jedem Fall müssten auch bei einer Anwendung der *sharia* allein im Privatrecht für Muslime die Folgen für die Verfassung und die Menschenrechte bedacht werden.

Wie wir im weiteren sehen werden, verletzen einige familienrechtliche und erbrechtliche Regeln der *sharia* grundsätzliche und wesentliche Rechte von Frauen entsprechend den Maßstäben der Menschenrechte. Es mag aus diesem Grund

[327] An-Na'im, A.A.: Toward an Islamic Reformation; a. a. O.; S. 43.
[328] Vgl Rahman, F. Islam. University of Chicago; Chicago 1979; S. 229.
[329] An-Na'im, A.A.: Toward an Islamic Reformation; a. a. O.; S. 44.

sinnvoll sein, die Methoden und Ergebnisse offizieller Reformen des *sharia*-Privatrechts, die kürzlich in vielen muslimischen Ländern eingeführt worden sind, daraufhin zu überprüfen, inwieweit sie dem Gesichtspunkt der Menschenrechte gerecht werden. Selbst säkularisierte Muslime müssten sich der Frage nach den Konsequenzen der *sharia* für die wesentlichen Menschenrechte stellen. Gewiss wird die *sharia* weiterhin Haltungen und Benehmen von Muslimen prägen, sogar dann, wenn sie nicht offizielles Recht des betreffenden Landes ist. Solange die muslimische Bevölkerung ihren religiösen Glauben im psychologischen und privaten Bereich mit der historischen *sharia* verknüpft, wird diese einen starken Einfluss auf den Charakter und die Politik des Staates haben.

Die Regierungen der meisten muslimischen Länder haben seit der Mitte des 19. Jahrhunderts zwei Typen von Reformen unternommen. Die einen ersetzten die *sharia* durch eine weltliche Gesetzgebung im Bereich des Handels, des bürgerlichen und privaten Rechts, des Verfassungs- und Strafrechts. In den meisten Ländern der muslimischen Welt blieben der *sharia* nur noch das Familien- und das Erbrecht überlassen. Die zweite Reform bezog sich auf die *sharia*-Grundsätze, soweit sie das Familien- und Erbrecht für Muslime betrafen.

Bei der „Reform" des Familien- und Erbrechtes der *sharia* gingen die Obrigkeiten in vielen muslimischen Ländern in folgender Weise vor.

a) *Takhsis al-quada* (das Recht der Regierenden, die Rechtsprechung der Gerichtshöfe zu definieren und einzugrenzen) wurde angewandt als verfahrensmäßiges Mittel, die Anwendung der *sharia* auf das Privatrecht von Muslimen einzuschränken. Dasselbe Instrument wurde benutzt, um die Gerichte davon abzuhalten, die *sharia* in bestimmten Fällen anzuwenden, ohne sie in der Substanz zu ändern. Um zum Beispiel Kinderehen zu unterbinden, verweigerte ein ägyptisches Gesetz von 1931 die gerichtliche Festlegung von Wohlfahrtszahlungen an Kinderehepaare, indem es den Gerichten untersagte, während des Rechtsstreits Ehen anzuerkennen, in denen der Ehemann jünger als 18 und die Ehefrau jünger als 16 Jahre alt ist.

b) *Takhayyur* (die Auswahl oder Zulassung einer jeden Rechtsauffassung innerhalb einer bestimmten Schule der islamischen Rechtsprechung und nicht nur der vorherrschenden Rechtsmeinung innerhalb der betreffenden Schule) wurde erweitert, um die Anwendung von Meinung anderer Sunni-Schulen zuzulassen. Dieses Instrument wurde im Sudan eingesetzt, indem juristische Direktiven ergingen, die den Gerichten erlaubten, von den Regeln der Hanafi-Schule abzuweichen, welche eigentlich als maßgeblich für privatrechtliche Angelegenheiten der Muslime anerkannt waren. Diese Technik, auch *talfiq* (flicken) genannt, wurde benutzt, um einen Teil der Grundsätze einer Rechtsschule mit

Teilen einer anderen Rechtsschule zu verknüpfen. Auf diese Weise erarbeiteten die Behörden eine rechtliche Bestimmung, die als solche von keiner der traditionellen juristischen Schulen gänzlich abgedeckt war, obwohl jedes einzelne ihrer Teile eine tadellose juristische Herleitung beanspruchen konnte. Ein Beispiel für diese Praxis ist ein ägyptisches Gesetz von 1925, das die Willkür des Ehemannes bei der Scheidung von der Ehefrau einschränkte, indem die Scheidungsformel genauer gefaßt wurde. Einen noch weitergehenden Gebrauch dieses Rechtsinstrumentes stellt der Artikel 37 des ägyptischen Gesetzes über die Errichtung von Testamenten aus dem Jahr 1946 dar, in dem ein Prinzip zur Anwendung kam, das aus der Shif'i-Schule stammt, ohne daß dies so deutlich gesagt wurde.

c) Eine bestimmte Art der Neuinterpretation des Rechts wurde angewandt, um die Freiheit des Mannes im Bezug auf Scheidung und Polygamie einzuschränken. So regelt das tunesische Personenstandsrecht von 1956, daß eine Scheidung erst dann wirksam ist, wenn sie vom Gericht bestätigt wird. Es ermächtigt das Gericht, dem Mann die Zahlung einer Entschädigung aufzuerlegen, wenn es zu der Auffassung gelangt, daß der Mann seine Frau ungerechtfertigter Weise verstößt oder ihr durch die Scheidung eine unbillige Härte zumutet. In Ländern wie Syrien oder Irak wurde die Neuinterpretation angewandt, um die Anerkennung jeder Mehrehe durch ein Gericht zur Pflicht zu machen, um die Erfüllung des koranischen Gebotes der Gerechtigkeit gegenüber den einzelnen Ehefrauen zu sichern. Sie wurde auch in einem sehr weitgehenden tunesischen Gesetz von 1956 angewandt, das die Polygamie gänzlich verbot mit der Begründung, sie sei nicht mehr hinnehmbar. Das koranische Gebot der Gerechtigkeit gegenüber mehreren Ehefrauen habe ausschließlich vom Propheten selbst in der Praxis erfüllt werden können.

d) *Syasa sharia* (das Ermessen der Regierenden, Regeln zu erlassen, die dem allgemeinen Wohl dienen und der *sharia* nicht widersprechen) wurde ebenfalls angewandt, um einige Reformen durchzuführen. Um zum Beispiel die allgemeine Forderung der *sharia*, daß eine Ehefrau ihrem Ehemann gehorchen muß, zu bekräftigen, erlaubt die*sharia* dem Ehemann, entsprechende Maßnahmen zu ergreifen. Gleichzeitig definiert die *sharia* sehr genau die Bedingungen, unter denen das Sorgerecht für die Kinder auf die Frau oder den Mann übergeht. Um Züchtigungen einerseits zu beenden und zugleich die Interessen des Ehemannes in Sachen Sorgerecht zu sichern, bestimmt der Artikel 145 des Syrischen Personenstandsrechts von 1953, daß, wenn die Ehefrau ungehorsam ist und die Kinder älter als fünf Jahre alt sind, das Gericht sie nach eigenem Ermessen diesem oder jenem Ehepartner zusprechen kann, unter umfassender Berücksichtigung des Kindeswohls und der näheren Umstände des Falles.

e) In Indien und anderen ehemaligen britischen Kolonien wurden Reformen mittels Gerichtsentscheidungen unternommen, ganz entsprechend der Tradition des Common Law. Allerdings darf eine Reform per Gerichtsentscheidung keine Herausforderung oder Veränderung der prinzipiellen Grundsätze der *sharia*, die auf klaren und eindeutigen Textstellen des Koran und/oder der Sunna beruhen, bedeuten. Das Hohe Gericht von Lahore bekräftigte diese Einschränkung im Fall *Khursid Ian v. Fazal Dad*: Wenn es keine klare Regel im Text des Koran oder der Tradition (*sunna*) gibt, kann ein Gerichtshof eigene Überlegungen anstellen und wird dabei zweifellos von den Grundsätzen der Gerechtigkeit, Billigkeit und des guten Gewissens geleitet. Das Gericht macht nur das Recht geltend, von den Standpunkten etablierter Juristen abzuweichen, nicht aber das Recht, die Anwendung von Regeln der *sharia* zu verweigern, die auf klaren und eindeutigen Texten von Koran und Sunna basieren.[330]

Obwohl diese Rechtstechniken eine Veränderung der Interpretation und Anwendung des Personenstandsrechts der *sharia* bedeuten, gehen wir davon aus, daß diese Veränderungen lediglich vorübergehende und unzulängliches Veränderungen mit sich bringen. Wie wir weiter unten sehen werden, blieben etliche nach unserer Ansicht ernsthaft zurückzuweisende Auswirkungen des Personenstandsrechts der *sharia* trotz dieser Reformen bestehen. Noch wichtiger ist, daß – solange die diesen Engpässen zugrundeliegenden Grundsätze der *sharia* unberührt bleiben, die Öffnung des Rechts für Frauenfragen, die durch solche Rechtstechniken erreicht wurde, bedroht ist, sobald es wieder zu einer einflußreichen Bekräftigung der *sharia* kommt. Im Licht des jüngsten Wiederauflebens eines orthodoxen Islamismus ist diese Bedrohung sehr real. In keinem Fall – so muß zudem vermerkt werden – gehen die beschriebenen Reformtechniken so weit, daß sie auf die grundsätzlichen Angelegenheiten des öffentlichen Rechts, die in dieser Arbeit besprochen werden, angewandt wurden.

---

[330] Für die folgende Punkte vgl. ebenda; 44-46.

2.1.3 Die Kernpunkte der Erneuerung und der Reformbewegung in einer kritischen Analyse

John Voll hat drei Kernpunkte der *taidid-islah* (der Erneuerung und Reform) während des größten Teil der prämodernen und modernen islamischen Geschichte unterschieden. Diese sind: *Erstens* der Ruf nach einer Rückkehr zu, oder strengen Anwendung von Koran und Sunna; *zweitens* die Behauptung des Rechts eher *ijtihad* (eigenständige juristische Überlegungen) zu praktizieren als *taqfid* (fragloses Nachahmen und Befolgen der Praxis etablierter Juristen bzw. ihrer jeweiligen Rechtsschulen); und *drittens* die Bekräftigung der Authentizität und Einmaligkeit (*uniqueness*) der koranischen Botschaft.

Strenge Anwendung von Koran und Sunna war die Antwort der verschiedenen Reformer auf die wahrgenommenen Krisen und Probleme. Sie halten daran fest, daß Muslime, sowohl als Einzelne als auch als Teil einer Gemeinschaft, streng und ziemlich buchstabengetreu am Koran und der Sunna des Propheten festhalten müssen. Alles, was diesem Festhalten entgegensteht oder es verwässert, muß ausgemerzt werden mittels *taidid* und *islah*.[331]

Unter besonderer Hervorhebung dieses letzten Punktes akzeptiert An-Na'im Volls Einschätzung der Hauptthemen der islamischen Reform- und Erneuerungsbewegung. Sie sei sehr hilfreich für die Beurteilung der Ziele und Methoden der gegenwärtigen Erneuerer, die in dieser Tradition stehen. Diese Tradition sei von Bedeutung, weil sie die Hauptkraft hinter den gegenwärtigen Versuchen ist, die *sharia* auf öffentliche Angelegenheiten in den muslimischen Ländern anzuwenden. Mit Blick auf ihren politischen Aktivismus und ihre jüngsten Erfolge (namentlich im Iran, in Pakistan und im Sudan), seines Erachtens stellen die unkritischen Befürworter der *sharia* die deutlichste und größte Gefahr dar, die Probleme zu verursachen, die Frauen zu diskriminieren und ihre Menschenrechte zu verletzen.[332]

Unsere kritische Analyse dieser Kernpunkte berücksichtigt mit Absicht nicht den säkularen Ansatz im muslimischen Kontext der Erneuerung-Reform-Tradition. Unseres Erachtens ist der Säkularismus keine islamische Antwort auf die Herausforderungen, vor denen islamischen Gesellschaften stehen. Es ist zutreffend: die säkularistische Richtung entstand aus der muslimischen Verzweiflung angesichts der vergeblichen Versuche, die *sharia* mit den Erfordernissen der modernen muslimischen Gesellschaft zu versöhnen. Dennoch, schon per definitionem

---

[331] Vgl. Voll, J.O.: Renewal and Reform in Islamic History: Tajdid and Islah: in: Esposito, J.L (Hrsg.): Voice of Resurgent Islam; Oxford University Press; New York 1983; S. 35ff.

[332] Solche Probleme werden in verschiedenen Arbeiten von An-Na'im behandelt. Vgl. Beispielsweise An-Na'im, A.A.: Islam and Human Rights in Sahelian Africa; in: Rosander, E.E./Westerlund, D. (Hrsg.): African Islam and Islam in Africa. Encounters between sufi and Islamists; Zed Books; London 1997; S. 68-88

ist der Säkularismus keine islamische Antwort. In voller Anerkennung der Tatsache, daß die *sharia* in mancherlei Hinsicht heute unhaltbar und nicht praktikabel ist, glaube ich dennoch nicht, daß der Säkularismus die Antwort darstellt.

Es trifft zu, daß ein islamischer Ansatz etwas widerspiegeln müsste von den drei Gesichtspunkten, die Voll aufgezeigt hat: strenge Anwendung von Koran und Sunna, Praxis des *ijtihad*, und die Wiederanerkennung der Authentizität des Islam. Zur Debatte stehen hier jedenfalls die Bedeutung und die Implikationen dieser Kriterien hinsichtlich eines islamischen Ansatzes im Kontext der Moderne. In meinen Augen, sollten diese Kriterien im Licht der folgenden Überlegungen verstanden werden.

Um von der Anwendung von Koran und Sunna reden zu können, muß über deren Auslegung und Anwendung durch *menschliches* Handeln gesprochen werden. In Vers 29,49 beschreibt sich der Koran als eindeutig in der Übermittlung von Zeichen oder Meinungen in den Herzen und Köpfen jener (menschlichen Wesen), denen das Wissen geschenkt wurde. Ali, der vierte Kalif, soll – dem gesunden Menschenverstand folgend – angemerkt haben, daß nicht der Koran spricht, sondern daß Männer (und heute auch Frauen) für den Koran sprechen. Genau dasselbe gilt zweifellos für die Sunna. Demnach heißt, von strikter Anwendung von Koran und Sunna zu sprechen, eine anwendbare Interpretation der Grundquellen des Islam zu liefern, die die sozialen, wirtschaftlichen und politischen Realitäten der Muslime von heute berücksichtigt.[333]

Mehr noch, die Authentizität des Islam und das Verwerfen fremder Ideen sind auch eine Frage der Auslegung. Um einen rein islamischen Ansatz zu leisten und Fremdes abzuweisen, muß eine klare Definition vorausgesetzt werden, dessen nämlich, was islamisch ist und mindesten implizit auch dessen, was fremd und un-islamisch ist. Das ist offensichtlich eine ziemlich komplexe Angelegenheit, in die sich schon viele islamische Modernisten und ihre Kritiker haben verwickeln lassen.

Ein mögliches Kriterium, um das Islamische eines jeden Vorschlags zu beurteilen, könnte die Forderung sein, daß dieser mit der Gesamtheit der Botschaft von Koran und Sunna vereinbar sein muß. Das Problem bei diesem Kriterium ist jedoch, daß einige Verse von Koran und Sunna unübersehbar im Widerspruch zu anderen Versen stehen. Zum Beispiel: Während der frühere Offenbarung von Koran aus der Mekka-Zeit den Propheten und seine Anhänger auffordert, friedliche Überzeugungsarbeit zu leisten und andern die Freiheit zu lassen, den Islam anzunehmen oder zurückzuweisen, erlauben der Koran und die Sunna aus der Medina-Zeit nicht nur ganz klar, sondern fordern unter bestimmten Umständen, Gewalt anzuwenden, um die Ungläubigen zu zwingen, entweder den Islam an-

[333] Vgl. ebenda.

zunehmen oder eben eine der Konsequenzen zu erleiden, die die *sharia* für solche Fälle vorsieht, eingeschlossen Tod, Sklaverei oder einige andere unangenehme Folgen. Ein Abtrünniger, also einer, der seinen Glauben an den Islam aufgibt, ist der *sharia* entsprechend mit dem Tode zu bestrafen.[334]

Um diese offensichtlichten Widersprüche zu versöhnen, haben die Rechtsbegründer die Anstrengung des *naskh* (Abschaffung oder Aufhebung) gewisser Texte des Koran und der Sunna unternommen mit dem Ziel, ein in sich stimmiges und umfassendes System der *sharia* zu errichten, das mit der Gesamtheit der Botschaft des Koran und der Sunna vereinbar wäre. Um auf diese Weise den Zwang zu rechtfertigen, der doch im Widerspruch zur religiösen Wahlfreiheit steht, und um den Versen Gesetzeskraft zu verleihen, die die Gewaltanwendung gegenüber Nichtmuslimen oder Abtrünnigen gebieten, behaupteten die Rechtsbegründer, daß die Verse, welche religiöse Wahlfreiheit zusicherten und friedliche Mission geboten, von jenen Versen abgeschafft oder widerrufen worden seien, die Zwang und Gewaltanwendung erlaubten. Wir stellen hingegen die These auf, daß nachdem die Technik des *naskh* in der Vergangenheit angewandt wurde, um die *sharia* zu entwickeln, die daraufhin als authentisches und überzeugendes islamisches Modell angenommen wurde, es auch möglich sein muß, dieselbe Technik heute zu benutzen, um ein authentisches und überzeugendes modernes islamisches Recht zu entwickeln.[335]

Dies führt uns zum zweiten Element in Volls Untersuchung, der Praxis des *ijtihad,* die hier sinnvollerweise im Licht der Tatsache behandelt wird, daß die Anwendung des Koran und der Sunna ebenso wie die Aufrechterhaltung der islamischen Authentizität notwendigerweise mit ihrer Auslegung durch Menschen einhergeht. Nach Voll, war *ijtihad* die logische Schlussfolgerung aus der Vorstellung von der strengen Anwendung von Koran und Sunna. Wenn Koran und Sunna die wesentlichen und vollkommenen Quellen der Urteilsfähigkeit und der Wegweisung sind, dann mögen andere Quellen hilfreich sein, aber auf keinen Fall bindend. Zusätzlich zum Ruf nach einer Rückkehr zu Koran und Sunna beanspruchen die Erneuerer/Reformer das Recht auf *ijtihad*, mit der Möglichkeit bestehende Institutionen und Traditionen abzulehnen.[336] In der Tat sprechen die Befürworter der *sharia* oft von *ijtihad* als der Antwort auf all die Probleme, die mit einer zeitgemäßen Anwendung der *sharia* verbunden sind. Ausgehend von der grundlegenden Natur und den Grenzen des *ijtihad*, wie sie im Teil II erklärt wurden, ist es nicht wahrscheinlich, von diesem Ansatz aus zu einer tragfähigen Reform als Antwort auf die besonderen Probleme des

---

[334] Vgl. ebenda; S. 49.
[335] Vgl. ebenda.
[336] Vgl. Voll, J.O.: Renewal and Reform in Islamic History. A. a. O.; S. 40.

modernen öffentlichen Rechtes zu gelangen, wie z. B. die Menschenrechte der Frauen.

Innerhalb des Regelwerks der *sharia* ist *ijtihad* ungeeignet, weil die meisten der problematischen Prinzipien und Regeln der *sharia* in den Bereichen des Verfassungsrechts, der Strafjustiz, des internationalen Rechts und der Menschenrechte auf klaren und eindeutigen Koran- und Sunnatexten fußen. Wie bereits ausgeführt, hielten die Rechtsbegründer daran fest, daß *ijtihad* niemals anzuwenden ist auf Gebieten, die von klaren und eindeutigen Koran- und Sunnatexten geregelt sind. Die Verse des Koran und der Sunna, die den Zwang und die Gewaltanwendung erlauben, wurden von der Rechtsbegründern als rechtlich bindend eingeschätzt, weil sie während des Aufenthaltes in Medina geoffenbart wurden und vom Propheten zum Zeitpunkt seines Todes 632 u. Z. als rechtswirksam hinterlassen wurden. Demzufolge können diese Grundsätze und Regeln auch nicht durch die Praxis des *ijtihad*, wie die *sharia* sie ursprünglich definiert, ergänzt oder verändert werden.[337]

Obwohl wir absolut nicht einverstanden sind mit den Befürwortern der *sharia*, die auf ihrer Anwendung ungeachtet der damit für Frauen einhergehenden Probleme bestehen, achten wir deren Konsequenz und Ehrlichkeit. Jene Befürworter der *sharia*, die meinen, solche Probleme könnten durch *ijtihad* innerhalb des Regelwerks der *sharia* gelöst werden, sind – im besten Fall – in Wunschträumen befangen. Geht man vom grundsätzlichen Weltbild der *sharia* und seinen Einzelheiten aus, so ist klar, daß deren in unseren Augen nicht annehmbare Aspekte nicht durch *ijtihad*, wie ihn die historische *sharia* definiert, verändert werden können, aus dem einfachen Grund, weil die *sharia ijtihad* genau bezüglich dieser Aspekte Abweichungen nicht erlaubt, weil sie eben durch klare und eindeutige Texte aus Koran und Sunna geregelt sind.

Die Bestätigung der Einmaligkeit (uniqueness) und Authentizität der Botschaft des Koran ist nach Voll das dritte Thema der Erneuerung- und Reformbewegung gewesen. Die Bedeutung dieses dritten Themas für die Reformdiskussion besteht in folgender Botschaft: Obwohl der Erneuerer/Reformer das Recht in Anspruch nehmen kann, *ijtihad* zu praktizieren, um die richtige Anwendung der koranischen Botschaft unter sich verändernden Umständen festzulegen, braucht er nicht, und darf er auch nicht nichtislamische Traditionen dazu zu Rate ziehen, um die islamischen Grundsätze zu ergänzen. Diesbezüglich grenzte Voll die Erneuerungs- und Reformbewegung von anderen bedeutsamen Entwicklungsrichtungen des Islam deutlich ab, die bereit waren, bewusst kulturelle Synthesen hinzunehmen oder sich auch selbst daran zu beteiligen.[338]

---

[337] Vgl. An-Na'im, A.A.: Toward an Islamic Reformation; a. a. O.; S.49f.

[338] Vgl. ebenda; S. 41.

Eine spezielle Möglichkeit, die Eigenständigkeit islamischen Diskurs zu bewahren, gleichwohl Reformpotentiale zu erschließen sieht Voll in der Mystik. Voll beschreibt den mystischen Weg als kontemplativ, verbunden mit einer größeren bewussten Bereitschaft, die Universalität wirklicher religiöser Erfahrung anzuerkennen. Auf diese Weise neigt die Mystik eher dazu, Synthesen hervorzubringen anstatt zu unterbinden.[339] Dieser Beschreibung des mystischen Weges können wir uns anschließen. Ustadh Mahmoud Mohammed Taha, dessen Reformvorschläge weiter unter erklärt werden, hatte eine starke mystische Tendenz (siehe Abschnitt 1.3.5). Wie wir sehen werden, teilte der moderne Mystiker Ustadh Mahmoud den Glauben der Erneuerer/Reformer, daß der gerechtfertigte *ijtihad* einzig und allein ein Bemühen um Interpretation sein darf und nicht etwa ein Versuch, das bereits vollständige Regelwerk von Koran und Sunna zu ergänzen. An-Nai'im sieht, daß Mystiker wie Ustadh Mahmoud in ihrem Anspruch darauf aus sind, für die Schaffung einer Gesellschaft zu arbeiten, die auf der strengen Umsetzung dessen beruht, was sie für das unverzichtbare Zentrum des Islam halten, mindestens so konsequent wie die Erneuerer/Reformer. Sie sehen ihre Anstrengungen nicht als im Widerspruch zu der muslimischen Überzeugung stehend, daß Koran und Sunna vollständige Wegweiser für die Menschheit sind und zu jeder Zeit und an allen Orten anwendbar bleiben.[340]

Zusammenfassend stellen wir fest, daß eine wirklich islamische Antwort auf die Herausforderungen, die sich modernen muslimischen Gesellschaften stellen, auf Koran und Sunna fußen muß, was notwendigerweise eine Auslegung dieser Grundquellen des Islam erfordert, die in Einklang steht mit der Gesamtheit ihres Inhaltes und ihrer Botschaft. Das bestehende System des islamischen Rechts, also der *sharia* wirft ernsthafte Probleme für das moderne Verfassungs-, Straf- und Völkerrecht und die üblichen Standard der Menschenrechte auf, insbesondere im Bezug auf den Status von Frauen. Darüber hinaus belehrt ein Blick auf die konkreten Ergebnisse – und nicht nur auf die Rhetorik zeitgenössischer muslimischer Autoren – darüber, daß die inneren Mechanismen der Anpassung und Reform innerhalb des Regelwerks der *sharia*, einschließlich des *ijtihad* nicht geeignet sind, die Probleme zu lösen, die mit der Anwendung der *sharia* in der Gegenwart verbunden sind. Nichtsdestotrotz, muß ein islamischer Weg aus dieser Sackgasse heraus gefunden werden.

2.1.4 Vom Wesen und den Implikaten des Außerkraftsetzens von Regeln (*naskh*)

Naskh ist ein umfassender und sehr komplexer Gegenstand der islamischen Theologie und Rechtsprechung. Mindestens zwei Arten von *naskh* sind von der

[339] Vgl. ebenda.
[340] Vgl. An-Na'im, A.A.: Toward an Islamic Reformation; a. a. O.; S. 48.

Mehrheit islamischer Rechtsgelehrter anerkannt: *Inaskh al-hukm wa al-tilawa* (Außerkraftsetzung sowohl der Entscheidung als auch des Wortlautes des Textes) und *naskh al-hukm duna al-tilawa* (Außerkraftsetzung der Entscheidung, aber nicht des Wortlautes des Textes). Die erste Art des *naskh* betrifft einige wenige Verse, die vom Propheten zum Bestandteil des Koran erklärt worden waren, obwohl der Prophet selbst später sagte, sie gehörten nicht dazu. Wir müssen diesem Phänomen hier nicht nachgehen, denn es betrifft keine Rechtsfragen im strengen Sinne. Die in Frage stehenden Verse gelten unter Muslimen keinerlei Zweck. Wir haben es vielmehr mit dem zweiten Typus des *naskh* zu tun, wo der Text zwar Teil des Koran bleibt, aber als für rechtliche Zwecke ungültig eingeschätzt wird.[341]

Das Prinzip dieses Typus des *naskh* ist von der überwiegenden Mehrheit der muslimischen Rechtsgelehrten akzeptiert worden, deren Meinungen zwar darüber auseinandergehen, ob ein bestimmter Vers durch andere Verse außer Kraft gesetzt worden ist oder nicht oder ob die Sunna die Entscheidungskraft des Koran abgelöst hat oder umgekehrt – über das Prinzip des *naskh* stritten sie jedoch nie. Ohne diese Hilfskonstruktion, einander offensichtlich widersprechende Koranverse in Einklang zu bringen, wäre es unmöglich gewesen, die *sharia* als ein zusammenhängendes und innerlich einheitliches Rechtssystem zu entwikkeln.[342] So betonen zum Beispiel frühe Verse des Koran die Wahlfreiheit und Gewaltlosigkeit. Spätere Verse hingegen und Texte der Sunna erlauben ganz klar den Gebrauch von Zwang gegenüber Nichtmuslimen, um sie zur Annahme des Islam zu zwingen. Die Rechtsbegründer fanden nur einen Weg, diese offensichtlich einander widersprechenden Quellen in Einklang zu bringen. Sie zogen die Schlussfolgerung, daß die älteren Verse hinsichtlich ihrer gesetzlichen Gültigkeit durch die jüngeren Verse und durch die Sunna außer Kraft gesetzt worden waren. Dieses Verfahren ist ein weitverbreitetes Rechtsinstrument und wird bis heute von den Juristen vieler Rechtssysteme benutzt. Die gesetzgeberische Absicht wird als in der jüngsten Quelle ausgedrückt betrachtet, und frühere Ausdrucksformen, die offensichtlich in sich widersprüchlich sind, werden durch spätere Manifestationen der gesetzgeberischen Absicht als so weit abgelöst betrachtet, wie es nötig ist, um die Widersprüchlichkeit aufzuheben.[343]

Es muß allerdings unterstrichen werden, daß – obschon das Prinzip des *naskh* in dem hier in Frage stehenden Sinn bereits gegen Ende des ersten islamischen Jahrhunderts bekannt war – seine Form und seine Bedeutung in der frühesten Periode des Islam noch nicht geklärt sind. Es scheint zum Beispiel so zu sein,

[341] Vgl. Hasan, A.:Early Development of Islamic Jurisprudence; Islamic Research Institute; Islamabad 1970; S. 60.
[342] Vgl. ebenda; S. 63.
[343] Vgl. An-Na'im, A.A.: Toward an Islamic Reformation; a. a. O.; S. 57.

daß es für einige der Begleiter des Propheten einen eingeschränkten Sinn besaß, den nämlich, den jeweils späteren Koranvers eher für die Benennung einer Ausnahme, die Präzisierung des Inhalts oder eine weitere Erklärung des jeweils früheren Verses zu halten denn als dessen völlige Außerkraftsetzung. Offensichtlicher noch ist es, daß die Theorie des *naskh* als ausgearbeitet und von Rechtsgelehrten angewandt nicht auf den Propheten selbst zurückgehen kann, weil wir keinerlei Information vom Propheten besitzen hinsichtlich der Existenz der in diesem Sinne außer Kraft gesetzten Verse im Koran (Abschaffung der Entscheidungsmacht eines Verses, der zugleich Teil des Korans bleibt). Vielleicht ist das der Grund, warum wir so weit voneinander abweichende Meinungen unter den Gefährten darüber finden, welcher Vers außer Kraft gesetzt ist und welcher bindend und wirksam bleibt.[344]

Trotz seiner Zweideutigkeit wurde das Prinzip des *naskh* von den Juristen anerkannt und bildete den Eckstein ihrer Vorstellung von der *sharia*. Die entscheidende Frage für unsere Zwecke ist, ob die Außerkraftsetzung der frühen Texte des Koran durch nachfolgende endgültig und zwingend ist oder ob sie einer Neubetrachtung unterzogen werden kann. Bei weltlichen Gesetzen würde man das Problem lösen, indem man sie der Legislative wieder vorlegt, damit die gesetzgeberische Absicht klarer herausgearbeitet wird. Das ist im Zusammenhang mit dem islamischen Recht nicht möglich, denn die Legislative ist Gott, der bereits, wie die Muslime glauben, seine direkte Kommunikation mit der Menschheit beendete, nachdem er den letzten Propheten gesandt hat und alle Offenbarung im Koran vollendet hat. Daher muß sich jede Entscheidung der Legislative im islamischen Kontext vom Koran und der Sunna des Propheten herleiten.[345]

Es soll hier noch einmal in Erinnerung gerufen werden, daß jede innere Reform innerhalb des Regelwerks der *sharia* für öffentliche Angelegenheiten ungeeignet ist. Da *ijtihad* unter der *sharia* nicht auf Bereiche angewandt werden kann, die durch klare und eindeutige Texte des Koran und der Sunna geregelt sind, kann keines der Prinzipien, die mit dem Status der Frauen zusammenhängen und in den nachfolgenden Kapiteln dieser Studie beschrieben sind, durch eine moderne Anwendung des *ijtihad* in historischen Sinn des Wortes verändert werden. Wenn nicht ein neues Prinzip für die Auslegung eingeführt wird, das den modernen Muslimen erlaubt, diese Aspekte des öffentlichen Rechts der *sharia* anders zu gestalten, gibt es nur zwei weitere Möglichkeiten – entweder die *sharia* für den öffentlichen Bereich weiterhin zu missachten wie dies bisher in den meisten modernen muslimischen Staates der Fall war, oder die Prinzipien der *sharia* ungeachtet der Probleme für Frauen anzuwenden.

---

[344] Vgl. Hasan, A.:Early Development of Islamic Jurisprudence; a. a. O.; S. 67.
[345] Vgl. An-Na'im, A.A.: Toward an Islamic Reformation; a. a. O.; S. 58.

An-An'im hält die erste Möglichkeit aus prinzipiellen Gründen für nicht hinnehmbar und auch in der Praxis wohl nicht mehr allzu lange haltbar. Es sei prinzipiell nicht akzeptabel, weil es die religiöse Pflicht von Muslimen verletzt, alle Bereiche ihres öffentlichen und privaten Lebens mit den Vorschriften des Islam in Einklang zu bringen. Auch angesichts der weiter um sich greifenden Re-Islamisierung steht diese Möglichkeit wohl nicht mehr lange zur Verfügung. wir finden allerdings auch die zweite Möglichkeit moralisch verwerflich und politisch unhaltbar. Es ist in unseren Augen moralisch verwerflich, Frauen heute den – wie es bei An-Nai'im heißt – Entwürdigungen und Erniedrigungen der Anwendung der *sharia* auszusetzen.[346] wir glauben zwar, daß die *sharia* völlig gerechtfertig und in sich widerspruchfrei in ihrem eigenen historischen Zusammenhang gewesen ist. Aber dadurch wird sie noch nicht gerechtfertigt und vereinbar mit dem gegenwärtigen Kontext. Angesichts der Existenz der modernen Nationalstaaten und der gegenwärtigen internationalen Ordnung sind diese Aspekte des öffentlichen Rechts der *sharia* politisch nicht mehr länger haltbar.[347]

Im Licht dieses grundlegenden Dilemmas erhebt An-Anai'im sich die Frage: Was macht den Vorgang des frühen *naskh* so endgültig und schlüssig? Warum sollte modernen Muslimen die Möglichkeit genommen werden, die logische Grundlage und die Anwendung des *naskh* zu überdenken, so daß sie die Koranverse wiedereinführen können, die früher als außer Kraft gesetzt eingeschätzt wurden?, warum sollte darauf verzichtet werden, auf diese Weise neue Möglichkeiten aufzutun, alternative Prinzipien für das islamische öffentliche Recht zu entwickeln.

Verschiedene moderne islamische Autoren haben sich diese Frage gestellt. Einige haben versucht, einander offensichtlich widersprechende Verse miteinander in Einklang zu bringen; andere haben die Theorie des *naskh* insgesamt verworfen. Die entscheidende Frage hinsichtlich beider Ansätze ist, was soll mit dem folgenden klaren und eindeutlichen Text geschehen, wenn der frühere Text als bindend und in Kraft befindlich eingestuft wird? Für den Ansatz der Versöhnung ist die Versöhnung unmöglich, solange beide einander widersprechende Versreihen rechtskräftig und bindend sind. Für jene, die den *naskh* insgesamt verwerfen, erhebt sich die Frage, welche Versreihen sollten hinfort nun als das in einem bestimmten Fall geltende islamische Recht angesehen?[348]

Ustadh Mahmoud argumentierte, es sei möglich, ja sogar geboten, die logischen Grundlagen und die Anwendung von *naskh* zu überdenken, um die erforderliche Reform des islamischen Rechts möglich zu machen. Es sagte:

---

[346] Vgl. An-Na'im, A.A.: Toward an Islamic Reformation; a. a. O.; S. 58.
[347] In diesem Sinne siehe ebenda.
[348] Vgl. ebenda; S. 59.

> "The evolution of Shari'a, as mentioned above, is simply its evolution by moving from one text [of the Qur'an] to the other, from a text that is suitable to govern in the seventh century, and was implemented, to a text which was, at the time, too advanced and therefore had to be abrogated. God said: "Whenever We abrogate any verse *(ayah)* or postpone it *(nunsi'ha),* We bring a better verse, or a similar one. Do you not know that God *is* capable of everything" (the Qur'an *2:106).* The phrase, "When we abrogate any verse" means cancel or repeal it, and the phrase „or postpone it" means to delay its action or implementation. The phrase „We bring a better verse" means bringing one that is closer to the understanding of the people and more relevant to their time than the postponed verse; „or a similar one" means reinstating the same verse when the time comes for its implementation. It is as if the abrogated verses were abrogated in accordance with the needs of the time, and postponed until their appropriate time comes. When it does, they become the suitable and operative verses and are implemented, while those that were implemented in the seventh century become abrogated … This is the rationale of abrogation. … [In other words, it was not intended to be] final and conclusive abrogation, but merely postponement until the appropriate time.
>
> In this evolution we consider the rationale beyond the text. If a subsidiary verse, which used to overrule the primary verse in the seventh century, has served its purpose completely and become irrelevant for the new era, the twentieth century, then the time has come for it to be abrogated and for the primary verse to be enacted. In this way, the primary verse has its turn as the operative text in the twentieth century and becomes the basis of the new legislation. This is what the evolution of Shari'a means. It is shifting from one text that served its purpose and was exhausted to another text that was postponed until its time came. Evolution is therefore neither unrealistic or premature, nor expressing a naive and immature opinion. It is merely shifting from one text to the other."[349]

Diese umfassende Stellungnahme von Ustadh Mahmoud ist hier vollständig wiedergegeben nicht nur, weil sie die Anwendung seines evolutionären Ansatzes als eines Prinzips erklärt, das die Authentizität des islamischen Rechtes nicht verletzt, sondern auch, weil sie die Kriterien erklärt, die er anwenden würde, um die Verse herauszufinden, die heute in Kraft gesetzt werden sollten, und warum sie in Kraft gesetzt werden sollten. Umar, der zweite Kalif, hat in der Tat*ijtihad* praktiziert, als er sich weigerte, klare und eindeutige Texte aus Koran und Sunna in Kraft zu setzen, als er den Eindruck gewann, daß die Regelungen dieser Texte ihren Zweck erfüllt hatten. Dieser frühe und nicht zu leugnende Präzedenzfall sollte es zu mindest denkbar machen, daß es möglich ist, die Anwendung klarer und eindeutiger Verse des Koran unter geeigneten Umständen zu suspendieren. Die Leistung von Ustadh Mahmoud besteht darin, ein umfassendes Raster dafür bereitzustellen, solche Verse herauszufinden die im modernen Kontext in Kraft zu setzen oder aufzuheben sind.

---

[349] Taha, M.M.: Second Message of Islam; Translated by An-Na'im, A.A. Syracuse University Press; Syracuse 1987; S. 40f.

2.1.5 Der evolutionäre Ansatz von Ustadh Mahmoud Mohammed Taha

2.1.5.1 Allgemeine Darstellung

Wie bereits ausgeführt, waren alle bisherigen islamischen Reformversuche in hinblick auf die theologische Problematik des Status der Frauen und ihrer Rechte innerhalb der *sharia* in eine Sackgasse geraten. Deshalb suchen wir weiter einen evolutionären Ansatz für unseren islamischen Diskurs innerhalb der Gesellschaft des Unteren Atbara, der uns die Vorstellung von einer „besseren" islamische Reform ermöglicht, einer Reform, aufgrund derer die Frauen alle die sozialen, ökonomischen und politischen Rechte erhalten, die die grundsächliche Voraussetzung für ihre Beteiligung am Entwicklungsprozeß in diesem Gebiet darstellen. Ein gute Möglichkeit dazu bieten für uns wäre die Reformkonzepte des sudanesischen Reformers Ustadh[350] Mahmoud Mohammed Taha. Ustadh Mahmoud hat seit Anfang der 50er Jahre eine Reformmethode vorgeschlagen, die er als „the evolution of islamic legislation" beschrieb, wobei er neue Prinzipien für die Interpretation von Koran und Sunna begründet.

Die zentrale These Ustadh Mahmouds, auf der seine Forderung nach einer neuen Interpretation und Reform des islamischen Recht basiert, besagt, eine tiefreichende Betrachtung der zwei Hauptquellen des Islam (der Koran und Sunna) zeige, daß zwei Niveaus oder Ebenen der Botschaft des Islam von Prophet Mohammed übermittelt worden sind. Die eine wurde während der ersten Periode des Islam in Mekka geoffenbart, und die andere wurde während der zweiten Phase der Entstehung des Islam in Medina verkündet.[351] Weiterhin legte er fest, daß die frühere Botschaft von Mekka tatsächlich die ewige und grundlegende Botschaft des Islam sei, wobei er die allen Menschen innewohnende Menschenwürde ungeachtet des Geschlechts, des religiösen Glaubens, der Rasse usw. betonte. Diese Botschaft sei gekennzeichnet durch die Gleichheit zwischen Mann und Frau und die für beide der vollständige Wahlfreiheit hinsichtlich der Religion und des Glaubens. Sowohl der Kern der Botschaft des Islam als auch die Art und Weise ihrer Verbreitung in der Mekka-Phase werden beschrieben als gekennzeichnet von *ismah*, der Freiheit der Wahl ohne jede Spur von Zwang oder Gewalt.[352]

Als aber diese höhere Ebene der Botschaft gewaltsam und unvernünftig zurückgewiesen wurde und es sich in der Praxis erwies, daß die Gesellschaft noch nicht

---

[350] Die arabische Wort Ustadh bedeutet verehrter Lehrer. Dieser Titel wird weithin im Sudan mit Bezug auf Mahmoud Mohammed Taha benutzt.

[351] Vgl. Taha, M.M.: 'min Dagaig Hagaig al-Din'; 7. Auflage; Omdurman 1979; S. 27.

[352] Vgl. Taha, M.M.: 'ar-Risala at-taniya min al-Islam'; 6. Auflage; Omdurman 1986; S. 118. Vgl. auch An-Na'im; A.: Toward an Islamic Reformation. Civil Leberties, Human rights, and International Law; forward by John voll; the American University in Cairo Press; Cairo 1992; S. 52.

reif für die Einführung dieser Botschaft war, wurde die in unseres Erachtens realitätsnähere Botschaft der Medina-Phase entwickelt und durchgesetzt. Auf diese Weise wurden Aspekte der Botschaft aus der Mekka-Zeit, die für die praktische Einführung im historischen Kontext des siebten Jahrhunderts nicht geeignet waren, ausgesetzt und ersetzt durch mutmaßlich geeignetere Prinzipien, die während der Medina-Zeit geoffenbart und eingeführt wurden. Ustadh Mahmoud hält nun daran fest, daß die damals zurückgestellten Aspekte der Botschaft von Mekka nicht für immer als Quelle des Rechts verloren sind. Sie seien vielmehr vertagt worden, um zukünftig unter geeigneten Umständen verwirklicht zu werden. Andernfalls, so argumentiert er, mußte man die obersten und ewiggültigen Grundsätze des Islam für immer verloren geben.[353]

Entscheidend ist für die These von Ustadh Mahmoud, daß der Ebenenwechsel den damaligen Umständen geschuldet war. Wenn nämlich die frühere und auf höherer Ebene angesiedelte Botschaft sich für die Praxis unter den Umständen des siebten Jahrhunderts als ungeeignet erwies, muß er gleichwohl fragen, warum Gott sie offenbarte und den Propheten anwies, sie an dem ersten Ort zu verbreiten? War sich Gott nicht im klaren über die Erfordernisse der Zeit als er die erste Botschaft dem Propheten offenbarte und ihn anwies, sie zu verbreiten? In seiner Antwort auf diese logische Frage verwarf Ustadh Mahmoud entschieden jede Idee von einem eingeschränkten Wissen Gottes and erklärte, es habe zwei Gründe für die Offenbarung der Botschaft von Mekka gegeben: Erstens und in Übereinstimmung mit dem muslimischen Glauben ist der Koran die letztgültige Offenbarung und der Prophet Mohammed der letztgültige Prophet. Insofern mußte der Koran alles enthalten und der Prophet alles verkündigen, was Gott künftigen Generation anvertrauen wollte, – das, was direkt zur Anwendung kommen sollte, ebenso wie das, was unter geeigneten künftigen Umständen verwirklicht werden sollte. – Der zweite Grund hat zu tun mit der Würde und der Freiheit, die Gott allen Menschenwesen verliehen hat. Dieser Würde und dieser Freiheit entsprechend sollten Gott, alle Menschen –gemäß das Willens ihres Gottes – durch ihre eigene praktische Erfahrung lernen, daß die erste Botschaft von Mekka damals nicht umsetzbar war und deshalb ausgesetzt und ersetzt werden mußte durch die geeignetere Botschaft von Medina. Auf diese Weise würden die Menschen eine tiefere und aufrichtigere Überzeugung von der Praktizierbarkeit derjenigen Botschaft erlangen, die in Medina verkündet und zeitbezogen umgesetzt wurde.[354]

---

353 Vgl. Taha, M.M.: 'ar-Risala at-taniya min al-Islam'; 6. Auflage; Omdurman 1986; S. 112ff. Vgl. auch An-Na'im; A.: Toward an Islamic Reformation; a. a. O.; S. 52.

354 Vgl. Taha, M.M.:‚ar-Risala at-taniya min al-Islam'; a. a. O.; S. 7ff. und S. 53. Vgl. auch An-Na'im; A.: Toward an Islamic Reformation; a. a. O.; S. 53

Um die Logik von Ustadh Mahmouds Argumentationsgang zu würdigen, sollten wir die wichtigsten historischen Ereignisse aus der Frühzeit des Islam in Erinnerung rufen. Wir sollten einige Zitate anführen, um diese These und ihre Implikationen für das moderne islamische öffentliche Recht mit Bezug auf die Stellung und die Rechte der Frauen zu verstehen. Dies soll genauer in den nächsten Abschnitten dargelegt werden.

Der für unsere Studien wichtigste Kern von Ustadh Mahmouds Argumentation ist, daß das öffentliche Recht der *sharia* zwar auf den Koran gründete und eher mit der Sunna von Medina als mit dem Koran und Sunna von Mekka verknüpft war. Wie wir noch darlegen werden, vollzog sich dies durch den Vorgang des *naskh*, indem die begründenden Rechtsgelehrten zugunsten des positiven Rechts der *sharia* von den nachgeordneten Texte des Koran und der Sunna von Medina meinten, diese hätten die zuvor geoffenbarten widersprüchlichen Texte aus der Mekka-Zeit abgelöst.[355]. Die Frage tauchte auf, ob so ein *naskh* sich beständig vollzieht und auf diese Weise den älteren Text von Mekka für die Nachwelt dauerhaft außer Kraft setzt. Das aber kann nach Ustadh Mahmoud nicht so sein, denn in diesem Fall wäre die Offenbarung des frühen Textes sinnlos gewesen. Weiter argumentierte er, den naskh für ständig zu halten, würde die Muslime des kostbaren Teils ihrer Religion berauben. Mit anderen Wort, er hielt daran fest, daß es die logische und notwendige Funktion des naskh war, die geeigneten Texte einzuführen und die Einführung weiterer Texte zu vertagen, bis geeignete Umstände für deren Übernahme gegeben sein würden.[356]

Hinsichtlich des öffentlichen Rechts schlug Ustadh Mahmoud die Weiterentwicklung des islamischen Rechts von den Texten der Medinazeit hin zu den Texten der früheren Mekkazeit. Mit anderen Worten: das Entwicklungsprinzip der Interpretation ist nichts weiteres als die Revision des *naskh*-Vorganges oder dessen Außerkraftsetzung. Die Folge wäre, daß diejenigen Texte, die in der Vergangenheit außer Kraft gesetzt worden waren, jetzt in Recht umgesetzt werden können, verbunden mit der konsequenten Außerkraftsetzung derjenigen Texte, die als *sharia* angewandt worden sind. Verse, die als *sharia* benutzt wurden, sollten aufgehoben werden, und Verse, die bislang aufgehoben waren, sollten als modernes islamisches Recht in Kraft gesetzt werden. Da dieser Vorschlag die Aufnahme moderne Prinzipien für das öffentliche Recht auf einer bestimmten Art von Koran- und Sunnatexten gründen würde –entgegengesetzt zu einer anderen Gruppe solcher Texte –, wäre das dann entstehende Gesetzeswerk ebenso islamisch, wie es die *sharia* war.[357]

---

355 Vgl. Oevermann, A.; Die „Republikanischern Brüder; a. a. O.; S. 125ff.
356 Vgl. An-Na'im; A.: Toward an Islamic Reformation; a. a. O.; S. 56.
357 Vgl. ebenda.

2.1.5.2 Das Evolutionskonzept von Gesellschaft, Recht und Religion bei Ustadh Mahmoud

Die universelle Geltung der historischen islamischen Rechtsgrundsätze *sharia* wurde von Ustadh Mahmoud deutlich relativiert. Er betonte allerdings ausdrücklich die überzeitliche Vollkommenheit der historischen *sharia*. Ihre Perfektion liegt für ihn aber nicht darin, daß sie einen fixen, ein für allemal gültigen Normenkodex enthält – der Grund für ihre Vollkommenheit liegt vielmehr im genauen Gegenteil, nämlich in ihrer inhärenten Entwicklungsfähigkeit.[358]

> „Die Muslime behaupten, die islamische Shari'a sei vollkommen. Das ist richtig! Ihre Vollkommenheit besteht jedoch einzig in ihrer Fähigkeit zur Entwicklung, zur Aufnahme der (sich verändernden) Kapazitäten ‚taqat' individuellen und gesellschaftlichen Lebens auf den Stufen kontinuierlicher Aufwärtsentwicklung, indem sie selbst stets mithält mit dem, was das gesellschaftliche oder individuelle Leben an Aktivität, Vitalität und Erneuerung erreicht hat"[359]

Dabei integrierte Ustadh Mahmoud die Entwicklung der *sharia* in eine die gesamte Menschheits- und Gesellschaftsentwicklung umfassende Evolutionstheorie, innerhalb derer das Recht von Anbeginn die Funktion hatte, je nach Entwicklungsstand die Freiheitsbedürfnisse der Gesellschaftsmitglieder in Einklang zu bringen. In diesem Zusammenhang ist die Form des Rechts für Ustadh Mahmoud abhängig vom Entwicklungsstand des Menschen, insbesondere vom Grad seiner Verantwortlichkeit.

Den stetigen Progreß der Menschheit bis zu diesem heutigen Stadium beschreibt Ustadh Mahmoud mit Begriffen der menschlichen Individualentwicklung als ein Erwachsenwerden, das er inhaltlich durch eine sukzessive Zunahme von Vernunft und Eigenverantwortlichkeit charakterisiert sieht.[360] So müsse auch die Religion diesem Rechnung tragen:

> „Die Religion hat die Menschheit seit ihrer Kindheit in längst vergangener Zeit begleitet, ... bis die Menschheit die Epoche der Kindheit hinter sich gelassen hat und heute in der Phase der Pubertät steht, nach Erwachsensein strebend. Damit ist der Religion eine neue Rolle erwachsen ... Sie darf von jetzt an nicht mehr (strikten) Gehorsam auferlegen, wie sie es in den Kindheitstagen der menschlichen Vernunft getan hat. Sie muß vielmehr einen umfassenden Lebensplan anbieten, der die Vernunft anspricht, sie respektiert und sie vom Vorteil der Umsetzung dieses Lebensplanes im täglichen Leben an all seinen Tummelplätze zu überzeugen sucht."[361]

---

[358] Vgl. Taha, M.M.: ar-Risala at-taniya min al-Islam; a. a. O.; S. 8f.

[359] Ebenda; S. 8. Zitiert nach und Übersetzt von Oevermann, A.: die „Republikanischen Brüder; a. a. O.; S. 113.

[360] Vgl. Ebenda; S. 28f.

[361] Taha, M.M.: 'al-Islam bi risalatihi al ula la yaslah li-insaniat al-qarn al ishrin' Omdurman 1969; S. 12. Zitiert nach und Übersetzt von Oevermann, A.: die „Republikanischen Brüder"; a. a. O.; S. 122.

Um dies zu leisten muß von der ersten Botschaft des Islam zur zeitgemäßen zweiten Botschaft des Islam übergegangen werden, müssen statt der historischen *sharia* die zeitlos gültigen ethischen Normen des Islam Verbindlichkeit erlangen.

> „Das bedeutet Weiterentwicklung der Gesetzgebung; sie ist nichts anderes als überzugehen von einem koranischen Text (*nass*), der seinen Zweck erschöpfend erfüllt hat, zu einem Text, der damals aufgespart worden ist bis zum Eintreten des rechten Zeitpunkts.“[362]

Das historische islamische Recht der *sharia* sei perfekt, solange es nicht aus ihrem historischen Zusammenhang herausgerissen werde. Vielmehr gelte auch für sie das Gotteswort: „Er offenbart sich jeden Tag in einer anderen Beschaffenheit.“[363] Insofern seien die islamischen Rechtsgrundsätze der *sharia* den Menschen des 7. Jahrhunderts gerecht geworden, d. h. die *sharia* der ersten Botschaft habe in jeder Hinsicht dem „Gebot der Zeit“ entsprochen und Gerechtigkeit hergestellt; jedoch habe sie lediglich Übergangscharakter und werde im weiteren Verlauf der Geschichte abrogiert. Diese Tatsache aber werde von jenen islamischen Gelehrten hartnäckig geleugnet,

> „... denen es gefällt, im Namen Gottes zu sprechen, obwohl sie nicht das geringste Verständnis von ihm haben. Sie reden über Dinge, von denen sie keine Ahnung haben, wenn sie denn Leute glauben machen wollen, daß das letzte Wort des Islam betreffs der Gesetzgebung im siebten Jahrhundert gesprochen wurde ... dem 20. Jahrhundert ist ein ‘Gebot der Zeit’ zu eigen, welche das Konzept von Gerechtigkeit aus dem 7. Jahrhundert zu unrecht werden läßt – woran Gott keine Schuld trägt. Vielmehr muß das Konzept der Gerechtigkeit auf die neue Ebene gehoben werden, die in der Religion Gottes enthalten ist. (Das muß heute geschehen), zu einer Zeit, der die Shari’a Gottes aus dem 7. Jahrhundert nicht (mehr) gerecht wird. (Dies soll geschehen) durch Ableitung, gemäß dem weisen Ratschluss, nach dem Gott das ‘Gebot der Zeit’ aufgestellt hat.“[364]

Die Entwicklung der islamische Rechte auf der Anwendungsebene müsse im Einklang mit diesem göttlichen Prinzip erfolgen. Das „Gebot der Zeit“ leitet sich für Ustadh Mahmoud vor allem aus dem Entwicklungsstand der Individuen ab, wobei zentrales Kriterium hierfür deren Verantwortlichkeit sei. Verantwortlichkeit mache den Unterschied aus zwischen dem Unmündigen und dem Mündigen. Der erstere sei mit vielen Mängeln behaftet und benötige deshalb einen Vormund über sich, während letzterer volle Rechte und Pflichten habe und deshalb

---

[362] Taha, M.M.: ‘ar-Risala at-taniya min al-Islam’; a. a. O.; S. 10. Zitiert nach und Übersetzt von Oevermann, A.: die „Republikanischen Brüder“; a. a. O.; S. 123.

[363] Koran 55/29 und vgl. auch ebenda; S. 9.

[364] Taha, M.M.: ‘Tatwir shariat al ahwal al shakhzia’; 3. Auflage; Omdurman 1979; S. 5 und 4. Zitiert nach und übersetzt von Rogalski. J.: Die Republikanische Brüderschaft. Ein Beitrag zur Ideologiegeschichte des Islam in der Gegenwart; Freie wissenschaftliche Arbeit zur Erlangung des Gerades eines Magister Artium im Fach Islamwissenschaft am Fachbereich Philosophie und Sozialwissenschaften II der Freien Universität Berlin; Berlin 1990; S. 76.

ohne Vormund allein vor dem Gesetz stehen kann. Ihn zu bevormunden sei ebenso ungerecht wie umgekehrt den Unmündigen selbst zu Rechenschaft zu ziehen.[365]

> „Gerechtigkeit ist, daß man den Dingen den ihnen gemäßen Platz zuweist und jedem, der bestimmte Rechte und Pflichten hat, diese aufgibt."[366]

Die islamischen Rechte der ersten Botschaft, die auf die Verhältnisse den Menschen im 7. Jahrhundert zugeschnitten war, heutzutage anzuwenden, bedeutet für Ustadh Mahmoud eine ungerechte Bevormundung des heutigen Menschen, denn dieser habe inzwischen eine Entwicklung durchgemacht und sei den reformierten islamischen Rechten der zweiten Botschaft, in der das Prinzip der Eigenverantwortung stärker enthalten ist, gewachsen. In diesem Sinne erforderten die Zeitumstände und das begrenzte menschliche Vermögen im 7. Jahrhundert *jihad*– im Sinne von Zwangsbekehrung und bewaffnetem Kampf gegen Ungläubige –, mangelnde Gleichberechtigung von Männern und Frauen (mit den Nebenaspekten Vormundschaft, Ausschluß aus der Öffentlichkeit, Polygamie und Geschlechtertrennung), Sklaverei und Kapitalismus als Bestandteile der islamischen Rechts- und Gesellschaftsordnung, obwohl sie den islamischen Grundprinzipien von Freiheit und Gleichheit letztlich nicht entsprechen.

> „Das grundlegende Prinzip im Islam ist, daß jeder Mensch frei ist ..., denn die Freiheit ist ein natürliches Recht, dem die Pflicht zum verantwortlichen Umgang mit der Freiheit entspricht."[367]

> „Das grundlegende Prinzip im Islam ist Gemeinschaftlichkeit des Besitzes zwischen allen Menschen."[368]

> „Das grundlegende Prinzip im Islam ist vollkommene Gleichberechtigung zwischen Männern und Frauen."[369]

Es habe daher bis zur Umsetzung des prinzipiellen islamischen Gleichheitsgrundsatzes einer Übergangsphase bedurft, während derer die Gesellschaft sich habe entwickeln können. In dieser Übergangsphase, die heute überwunden sein sollte, erschöpft sich nach und nach die Gültigkeit der *sharia* des 7. Jahrhundert.

> „Es ist ein schrecklicher Fehler anzunehmen, daß die islamische Shari'a des siebten Jahrhunderts sich mit all ihren Detailbestimmungen eigne, im zwanzigsten Jahrhundert angewendet zu werden. Denn der Niveauunterschied zwischen der Gesellschaft des

---

[365] Vgl. Taha, M.M.: ‚Tatwir shariat al ahwal al shakhzia'; a. a. O.; S. 3ff.

[366] Ebenda; S. 3. Zitiert nach und übersetzt von Rogalski. J.: Die Republikanische Brüderschaft; a. a. O.; S. 77.

[367] Taha, M.M.: ar-Risala at-taniya min al-Islam; a. a. O.; S. 118. Zitiert nach und übersetzt von Oevermann, A.: die „Republikanischen Brüder; a. a. O.; S. 110.

[368] Ebenda; S. 125. Zitiert nach und Übersetzt von Oevermann, A.: die „Republikanischen Brüder"; a. a. O.; S. 110.

[369] Ebenda; S. 126. Zitiert nach und übersetzt von Oevermann, A.: die „Republikanischen Brüder"; a. a. O.; S. 111.

siebten Jahrhunderts und des zwanzigsten Jahrhunderts ist ein Faktum, das keinen Vergleich zulässt und keiner detaillierten Darlegung bedarf, es spricht für sich selbst"[370]

Der heute gebotene Übergang ist für Ustadh Mahmoud jedoch keine völlige Abkehr von der historischen *sharia*, denn es gebe einen Bereich der Überlappung zwischen den beiden Phasen des Islam. D. h. es gibt bestimmte Elemente der „ersten Botschaft", die nicht abrogiert würden und weiterhin rechtsverbindlich blieben. Diesem Bereich der Überlappung gehören in erste Linie die rituellen Pflichten *ibadat* an. Eine Ausnahme bildet dabei die Pflicht zum Almosengeben (Zakat), die allerdings nicht außer kraft gesetzt werde, sondern sich in transformierter Form auf der Ebene der zweiten Phase der Botschaft wiederfinde. Es kann jedoch bei bestimmten rituellen Pflichten, wie z. B. beim Pflichtgebet (*salat*) eine weitere Entwicklung geben. Dabei handelt sich ausdrücklich um die Einführung zusätzlicher Praktiken, die sich am Beispiel des Propheten orientieren und deren Befolgung eine freiwillige Angelegenheit des Individuums in der ersten Phase der Botschaft war. In der zweiten Phase sollte das als Pflicht betrachtet werden:

> „(Die ibadat) unterliegen keiner Entwicklung, es sei denn, sie öffnen sich nach oben hin zum Gipfel (der Perfektion, d. V.), in den Bereich derjenigen Rechtsbestimmungen, die individueller Natur sind. Jedes Individuum kann durch die Gnade Gottes und durch die Gnade vollendeter Nachahmung (des Propheten, d. V.) emporsteigen zur Verwirklichung seiner Individualität, durch die es sich von der Masse unterscheidet. Denn das die Gemeinschaft betreffende Gottesgesetz ist nicht ursprünglich; ursprünglich ist allein das Gottesgesetz, das das Individuum betrifft, ebenso wie nicht die Gemeinschaft, sondern das Individuum das ursprüngliche Prinzip darstellt."[371]

Hauptgegenstand der mit der zweiten Phase der Islam verbundenen Reform des islamischen Rechts sind diejenigen Bereiche, die das Sozialverhalten der Menschen und die Organisation der Gesellschaft betreffen (*al-muamalat*). Dabei unterliegen bestimmte Rechtsbestimmungen einer Weiterentwicklung, die ihre praktische Bedeutung verändert; andere fallen durch Abrogation völlig fort. Dazu gehören neben dem Status der Frauen und dem Personenstandsrecht vor allem einige Bestimmungen, die das politische System und das Wirtschaftssystem betreffen. Da der Status der Frau und ihre Rechte das Thema unserer Arbeit ist, werden wir diese Debatte hier weiter vertiefen. Danach werden wir ganz

---

[370] Ebenda; S. 8. Zitiert nach und übersetzt von Oevermann, A.: die „Republikanischen Brüder"; a. a. O.; S. 121f.

[371] Ebenda; S. 164. Zitiert nach und übersetzt von Rogalski. J.: Die Republikanische Brüderschaft; a. a. O.; S. 78.

kurz die anderen Bereiche diskutieren, damit wir eine ausreichende Kenntnis des Werks Ustadh Mahmouds erhalten. [372]

2.1.5.3 Die Gleichberechtigung der Geschlechter in der zweiten Phase des Islam

Nach Ansicht Usatadh Mahmouds sollten Frauen das Ziel der Verwirklichung der Frauenmenschenrechte und der vollen gesellschaftlichen Gleichberechtigung nicht unter Berufung auf westliche Normen und Rechtbestimmungen verfolgen, denn diese böten, wie sich in der Realität der westlichen Gesellschaften zeige, keine optimale und grundsätzliche Lösung – weder für die Probleme der Frauen noch für die der Männer.[373] Die modernen westlichen feministischen Bewegungen und Sozialphilosophien, die von den Frauenbewegungen und Intellektuellen in der islamischen Welt begeistert aufgenommen würden, seien dem Islam in seinen Grundprinzipien in vielerlei Hinsicht unterlegen. Dies werde vor allem deutlich, wenn es darum gehe, den Frauen nicht nur materiale und formale Gleichberechtigung, sondern auch Glück und Würde zu garantieren, indem man sie aus ihrer gesellschaftlichen Rolle als Sexualobjekt befreit. Daher sollten die Frauen ihre Rechte auf der Grundlage der Grundprinzipien des Islam, d. h. der islamischen *sharia* in ihrer entwickelten Form, vertreten, da diese in dieser Hinsicht weit über personenstandsrechtliche Fragen hinaus gehe und ein Ganzes, Vollkommenes sei. [374]

Nach Ansicht von Usatdh Mahmoud hatte die noch von den islamischen Rechtsgelehrten als überzeitlich gültig angesehene *sharia* der ersten Phase des Islam die historische Aufgabe, eine durch den Gegensatz der Geschlechter entzweite Gesellschaft auf den Weg der Weiterentwicklung zu bringen. Die *sharia* des 7. Jahrhunderts befand sich seinerzeit im Stadium der Vormundschaft: sie setzte die Männer als Vormünder über die Frauen ein, die aufgrund jahrtausendlanger Unterdrückung weniger als die Männer zu eigenverantwortlichem Handeln fähig waren. Zur Zeit der Offenbarung des Koran, als man noch Mädchen bei lebendigem Leib begrub, seien weder die Gesellschaft noch die Frauen aufgrund ihrer dem Manne gegenüber vergleichsweise rückständigen Entwicklung bereit gewesen für eine völlige gesetzlich abgesicherte Gleichberechtigung.[375] Es habe daher bis zur Umsetzung des prinzipiellen islamischen Gleichheitsgrundsatzes einer Übergangsphase bedurft. Obwohl die Vorschriften der damals gültigen *sharia* zwar noch keine Gleichberechtigung gebracht hätten, hätten sie jedoch erhebliche Fortschritte gegenüber den Zuständen in vorislamischer Zeit gebracht. Für

---

[372] Vgl. Ebenda; S. 164. Und Vgl. Taha, M.M.: ‚Tatwir shariat al ahwal al shakhzia'; a. a. O.; S. 72.

[373] Vgl. Ebenda; S. 5.

[374] Vgl. Ebenda; S. 10f.

[375] Vgl. Taha, M.M.: ar-Risala at-taniya min al-Islam; a. a. O.; S. 126.

das Prinzip der vollständigen Gleichberechtigung seien in der damaligen Zeit weder die Frauen noch die Männer reif gewesen. Nichtsdestoweniger entspreche dieses Prinzip völliger Gleichberechtigung der primären und ursprünglichen Intention des Islam und damit der *sharia* der zweiten Phase des Islam; denn die mekkanische Offenbarung betone immer wieder die gleiche Verantwortlichkeit aller Menschen vor Gott, was auch auf die Notwendigkeit von Gleichberechtigung im irdischen Leben hindeute.[376] Die Entwicklung hin zu gleicher Freiheit und gleicher Verantwortlichkeit beider Geschlechter sieht Ustadh Mahmoud im mekkanischen Koran angesprochen:

> „Die Frauen haben (gegenüber der Männern) die gleichen Rechte wie Pflichten, wobei nach der jeweiligen gesellschaftlichen Praxis zu verfahren ist (bi-l-maruf). Und die Männern stehen eine Stufe über ihnen“[377]

In der Erklärung dieses Verses differenziert Ustadh Mahmoud zwischen zwei Bereichen, die dort angesprochen würden: Auf der einen Seite stehe das Gesetz. Darauf bezieht sich der erste Satz „Die Frauen haben (gegenüber den Männern) die gleichen Rechte wie Pflichten, wobei nach der jeweiligen gesellschaftlichen Praxis zu verfahren ist“. In diesem Bereich werde einerseits die grundsätzliche Gleichberechtigung deutlich festgeschrieben, wobei die Frauen dem Gesetz gegenüber in gleicher Weise verantwortlich seien wie die Männer. Auf der anderen Seite steht die Entwicklung der Ethik und damit auch die Entwicklung der gesellschaftlichen Praxis. Diese wird mit dem letzten Satz: „Und die Männer stehen eine Stufe über ihnen“ beschrieben. Die Männer haben bereits ein höheres ethisches Entwicklungsstadium erreicht als die Frauen, allerdings findet man auch Unterschiede zwischen Männern selber und auch zwischen Frauen. D. h. nicht alle Männer stehen eine Stufe über den Frauen, es gibt eine Konkurrenz unter Männern und unter Frauen sowie zwischen Männern und Frauen. Allerdings liegt dieser Bereich außerhalb die Macht der Menschen und der Organisation der Gesellschaft. Er liegt allein in der Hand Gottes und zielt auf die Vervollkommnung beider Geschlechter und die dadurch möglich werdende Gleichberechtigung. Anders gesagt, die ethischen Unterschiede sollten sich auf keinen Fall im Bereich Gesetz und Gesellschaft auswirken. In diesem Bereich sind Männer und Frauen vollkommen gleichberechtigt. Mit *bi-l-ma'ruf* werde angedeutet, daß sich der gesellschaftliche Konsens hinsichtlich bestimmter Fragen im Laufe der Zeit parallel zu einer Höherentwicklung der Ethik und des Verstandes der Menschen verändert.[378]

Insofern und aufgrund des unterschiedlichen Rechtsstatus von Männern und Frauen im 7. Jahrhundert sei die Ehe in der *sharia* zunächst eine ungleiche Part-

---

[376] Vgl. Ebenda.
[377] Koran 2/228.
[378] Vgl Taha, M.M.: ‚Tatwir shariat al ahwal al shakhzia'; a. a. O.; S. 56.

nerschaft gewesen. Vorrangiges Ziel sei es gewesen, den Sexualtrieb zum Wohle der Individuen und der Gesellschaft unter Kontrolle zu bringen.[379] In der zweiten Phase des Islam und entsprechend der Entwicklung der Gesetzgebung im 20. Jahrhundert muß die Frau jedoch als Partnerin ihres Ehegatten in einer auf völliger Gleichheit beruhenden Beziehung betrachtet werden. In diesem Zusammenhang und bei der Schließung des Ehevertrages tritt die Braut genauso wie der Bräutigam in eigener Person unter der Vormundschaft des Gesetzes, d. h. ohne männlichen Vormund, als vertragschließende Partei auf.[380] Das Brautgeld *mahr* in der herkömmlichen Form des Ehevertrages, d. h. als ehevertraglich vereinbarte Zahlung des Bräutigams, die in den Besitz der Ehefrau übergeht, fällt im Rahmen der Entwicklung der Gesetzgebung der zweiten Phase der Islam völlig fort, da die Frau keinen Preis mehr hat. Sie ist Partnerin ihres Ehegatten.[381] In der zweiten Phase des Islam sind die Frauen bezüglich der Scheidung gleichberechtigt. Da in dieser Phase die Ehe auf der freien Willensentscheidung beider Partner beruhe, könne sie aufgrund freier Willensentscheidung auch wieder geschieden werden. Das Recht, sich gegebenenfalls scheiden zu lassen, steht beiden Ehepartnern gleichermaßen zu. Das ungleiche Scheidungsrecht in der historischen Schari'a beruhe auf der dort verankerten Vormundschaft des Mannes über die Frau und werde mit dem Wegfall dieses Vormundschaftsverhältnisses in der zweiten Phase des Islam ebenfalls hinfällig.[382]

Dieses maßgebliche Prinzip der völligen Ebenbürtigkeit und Gleichberechtigung beider Geschlechter schließt per se jegliche Form von Polygamie aus. Die Polygamiebestimmung der erste Phase der Islam, wonach ein Mann bis zu vier Frauen heiraten darf, habe den Zeitumständen des 7. Jahrhundert entsprochen und sei ein gewaltiger Fortschritt gegenüber der vorislamischen Zeit gewesen. Innerhalb des Konzeptes der Entwicklung der Gesellschaft sei sie als Rechtsbestimmung für eine Übergangphase anzusehen, bis die vollständige Gleichstellung der Geschlechter erreicht sein werde.[383]

Andererseits sieht Ustadh Mahmoud auch die „Verhüllung" der Frauen bzw. ihre Abschließung von der Öffentlichkeit (*al-hijab*) ebenso wenig wie die Rechtungleichheit beider Geschlechter als authentisch islamisch an. *Al-hijab* ist für Ustadh Mahmoud nur eine Folge davon gewesen, daß der Mensch mit dem Sündenfall seine natürliche Keuschheit (*iffa*) verloren habe und fortan nicht mehr in der Lage gewesen sei, gegenüber dem anderen Geschlecht moderat und zurückhaltend aufzutreten. Gestützt auf einen koranischen Vers[384] beschreibt

---

[379] Vgl. ebenda; S. 69.
[380] Vgl. ebenda; S. 67.
[381] Vgl. ebenda; S. 73f.
[382] Vgl. ebenda; S. 67/75f.
[383] Vgl. ebenda; S. 77f.
[384] Vgl. Koran 7,19-26.

Ustadh Mahmoud ausführlich in seinem Hauptwerk (*The Second Message, al-rissala al-thania*) die Geschichte des Sündenfalls, in deren Verlauf Adam und Eva ihre Schamteile und damit auch „ihre Schlechtigkeit" (*sawatuhma*) entdekken und daraufhin Kleidung herabgesandt bekommen. Jedoch habe Gott schon damals angedeutet, daß dies nicht sein letztes Wort sei:

> „Aber die Kleidung der Gottesfurcht (*libas at-taqwa*) die ist besser (als die Kleidung, die nur äußerlich die Scham verhüllt). Das ist ein Zeichen Gottes. Vielleicht würden sie sich mahnen lassen."[385]

Deshalb und für eine Zeit des Übergang habe es eines äußerlichen Hilfsmittell bedurft, eben des *hijab*. Jedoch sei das Grundprinzip im Islam, das man in der zweiten Phase verwirklichen soll, daß die Frauen unverschleiert bleiben und nicht aus der Öffentlichkeit ausgeschlossen werden. Allerdings sollten die Frauen sich nicht erniedrigen lassen und Kleider, die sie nur als Sexualobjekt zeigen, tragen, sondern eine leicht zu tragende oder praktische Kleidung, die eine Frau als vernünftigen Menschen zeigten. Die Anwendung dieser Prinzipien setze jedoch die Fähigkeit beider Geschlechter zu einem verantwortlichen Umgang mit der damit verbundenen Freiheit voraus – eine Bedingung, die von den moralisch erzogenen Menschen erfüllt werden sollte.[386]

Ebenso würden bei moralisch erzogenen und verantwortlichen Menschen die Maßnahmen zur Trennung der Geschlechter, die im historischen *sharia* festgelegt waren und in der traditionellen islamischen Gesellschaften getroffen wurden, hinfällig werden. Ursprüngliches Prinzip des Islam sei die gemischte Gesellschaft. Diese sei aufgrund der höheren Vollkommenheit des moralisch erzogenen Menschen frei von den Mängeln der heutigen zeitgenössischen gemischten Gesellschaften.[387]

2.1.5.4 Die soziale und wirtschaftliche Rolle der Frau in der zweiten Phase des Islam

In Übereinstimung mit den Forschungsergebnissen der Familieökonomie[388] sieht Ustadh Mahmoud, daß die Forderungen, die die moderne gut entwickelte Gesellschaft an das Wissen, an die Verlässlichkeit, an die Effizienz und Kreativität des Handelns ihrer Menschen stellt, in erster Linie Ansprüche an die Qualität der Bildung des Individuums in der Familie sind. Nach Ustadh Mahmoud ist dabei die Rolle der Frau in der Familie am wichtigsten ist. Dort sei sie aufgrund ihrer natürlichen Fähigkeit als Mutter unverzichtbar. Zweifellos übernimmt die Frau,

---

[385] Koran 7,26.

[386] Vgl. Taha, M.M.: ar-Risala at-taniya min al-Islam; a. a. O.; S. 131-133.

[387] Vgl. Ebenda, S. 133.

[388] Siehe dazu Krüsselberg, H.G.: Humanvermögen in der sozialen Marktwirtschaft; a. a. O.

insbesondere als Mutter, mit ihrer Rolle in der Familie in vielfältigen Formen zentrale Aufgaben der privaten und gesellschaftlichen Daseinsfürsorge.[389]

Damit sieht Ustadh Mahmoud, daß der Mittelpunkt der sozialen Rolle der Frau im Haus und in der Familie ist. Dies bedeutet jedoch weder eine untergeordnete Rolle der Frau in der Gesellschaft als reproduktiver Mensch noch eine ausschließliche Beschränkung auf ihre Privatsphäre. Vielmehr, fordert Ustadh Mahmoud, müsste Hausarbeit und Kindererziehung als sozioökonomisch produktiv bewertet werden und auch von dem Staat genauso oder sogar besser honoriert werden, als irgendeine Berufstätigkeit. Dabei sollte ihre Bereitschaft zur Übernahme von Familienpflichten, die Bereitschaft zur Übernahme von Verantwortung für die Sicherung der Versorgung, der Pflege, Sozialisation und Erziehung von Kindern ins Zentrum der volkswirtschaftlichen Bewertung ihrer Leistung rücken.[390]

Außerdem sei die Berufstätigkeit von Frauen – so Ustadh Mahmoud – nicht nur möglich, sondern sogar äußerst wünschenswert, sofern der Familie dadurch keine großen Nachteile entstünden, da die öffentliche Arbeit zur Entwicklung der Persönlichkeit der Frau, zur Vergrößerung ihrer Lebenserfahrung, ihrer Innovationsfähigkeit und Kreativität beitragen, wobei diese Erfahrungen wiederum der Erziehung von Kindern und Entwicklung von der Gesellschaft dienen. Insbesondere sind Frauen in bestimmten Bereichen, wie z. B. Lehramt, Rechtswesen, Medizin und Krankenversorgung, gut geeignet. Dort könnten sie ihre Fähigkeiten für die Gesellschaft fruchtbar entfalten.[391]

Unabhängig davon, ob eine Frau Berufstätigkeit anstrebt oder ihre Rolle im Haushalt und in der Familie sieht, ist es bei Ustadh Mahmoud sowohl für sie als auch für die Gesellschaft von größter Bedeutung, daß sie eine gute Bildung und Berufsausbildung bekommt, da sie für ihre Rolle, insbesondere als Mutter und Erzieherin für die Kinder viel an wissenschaftlichen Erkenntnissen und Kreativität braucht. Nur so schaffe man Intakte Welt mit tragfähigem Unterbau an humanen und geistigen Potentialen. Gerade in den gut gebildeten Frauen sieht Usatadh Mahmoud eine gesellschaftliche Avantgarde für die Durchsetzung einer fortschrittlichen Entwicklung (Zivilisation), im Sinne von materialer und seelischer Entwicklung, denn diese Frauen hätten als Repräsentantinnen der langen Unterdrückung und traditionellen Entrechtung einen guten Blick für die Probleme der Gesellschaft und zudem als gebildete auch die Mittel zu deren Bewältigung in der Hand.[392]

---

[389] Vgl Taha, M.M.: 'Tatwir shariat al ahwal al shakhzia'; a. a. O.; S. 56.
[390] Vgl. ebenda.
[391] Vgl ebenda; S. 57.
[392] Vgl. ebenda; S. 58 und 78f.

2.1.5.5 Weitere wichtige Merkmale der Lehre von Ustadh Mahmoud

In den Gedanken Ustadh Mahmouds lassen sich weitere wesentliche strukturelle und inhaltliche Elemente finden:

a)Die These: Die Vermittlung von Wissen und Erziehung dienen der Verwirklichung gesellschaftlicher Gleichberechtigung:

Soziale Gleichberechtigung kommt bei Ustadh Mahmoud nicht automatisch im Entwicklungsprozess zum Durchbruch, sondern muß planmäßig vorangetrieben werden. In dieser Hinsicht bedarf die Gesellschaft sowohl der Wissensvermittlung, die dem Erwerb spezifischer Qualifikationen dient, als auch einer allgemeinen Erziehung. Die Wissensvermittlung dient als Vorbereitung für die Menschen auf bestimmte Tätigkeiten und damit auch auf bestimmte Rollen in der Gesellschaft. Da die Fähigkeiten und Neigungen der Menschen in diesem Bereich unterschiedlich sind, könnte es dabei sowohl zu Differenzierungen zwischen den Geschlechtern als auch innerhalb der Geschlechter kommen. Allerdings darf diese Differenzierungen keinerlei gesellschaftliche Privilegien für bestimmte Gruppen nach sich ziehen. Beispielsweise möge der Wert, den die Frauen für die Gesellschaft als Mütter haben ein anderer sein als der der Männer und umgekehrt; dennoch resultiert daraus keine unterschiedliche Wertigkeit für die Gesellschaft. Jeder Mensch stelle die Vorzüge, die er in bestimmten Bereichen besitzt, in den Dienst der Gesellschaft und hat deshalb unabhängig von seiner Rolle Anspruch auf Gleichberechtigung.[393]

Andererseits darf es dagegen in bezug auf die allgemeine Erziehung keinerlei spezifische Unterschiede gegeben. Zweck dieser Erziehung ist, alle Mitglieder der Gesellschaft, ob Männer, Frauen oder Kinder, zu verantwortlichem Handeln anzuleiten, d. h. vor allem, daß jeder in dem Bewusstsein handelt, andere nicht zu verletzen oder in irgendeiner Weise zu unterdrücken oder zu diskriminieren.[394]

> „Zweck der Erziehung ist es, die natürlichen Gaben (der Menschen), Herz und Verstand, aus der Gefangenschaft von Illusion und Nichtigkeiten zu befreien; denn durch die Freiheit des Herzens von Furcht und die Reinheit des Denkens von falschen Vorstellungen vervollkommnet sich das Geistes- wie das Gefühlsleben. Das ist das Ziel jedes Lebenswesens und die Hauptaufgabe der Erziehung. Die Erziehung hat viele Einzelaufgaben, die von sich entfremdeter Ungeselligkeit (istihash) zu vertrauter Geselligkeit (istinas) geführt werden, so daß all seine Sitten und Gewohnheiten wahrhaft menschlich und geschliffen (muhaddaba) werden“[395]

---

[393] Vgl. Taha, M.M.: ar-Risala at-taniya min al-Islam; a. a. O.; S. 58f.

[394] Vgl. ebenda; S. 159.

[395] Ebenda. Zitiert nach und übersetzt von Rogalski. J.: Die Republikanischer Brüderschat; a. a. O.; S. 90.

Erziehung umfasst alle Verhaltensweisen die die Gesellschaft betreffen, sei es in der öffentlichen oder in der privaten Sphäre. Es fängt beispielweise bei den Eß- und Trinkgewohnheiten und der Reinhaltung öffentlicher Einrichtungen an. An dieser Erziehung wesentlich mitzuwirken sollte eine öffentliche Aufgabe sein. Hier sollte der Staat eine große Rolle spielen. Alle in der Schule, bei der Medien wie Radio, Fernsehen, Kino, Theater Presse, Bücher und Kassetten, Vorträge und Klubveranstaltungen Tätigen müssten in diese Richtung wirken.[396]

Die grundlegenden Voraussetzungen für die Realisierung gesellschaftlicher Gleichheit sind die Reife und Verantwortlichkeit des Individuums: nur wenn jeder jedem das gleiche Recht zugesteht wie sich selbst und er die Rechte anderer respektiert, kann eine gut entwickelte Gesellschaft verwirklicht werden. Hier sieht Ustadh Mahmoud im Verhältnis der beiden Geschlechter zueinander, in gesellschaftlicher wie rechtlicher Hinsicht, ein ganz zentrales Problemfeld.

b) Die technische Modernisierung und die moralische Krise der heutigen Welt:

Die heutigen Zivilisationen in der Welt, insbesondere in den westlichen Ländern, so konstatiert Ustadh Mahmoud, seien entgegen dem äußeren Anschein, der aus ihrem gewaltigen Entwicklungsvorsprung gegenüber den Entwicklungsländern herrührt, in Wahrheit gescheitert, da ihren materiellen Fortschritten keine entsprechende Entwicklung der gesellschaftlichen und individuellen Moral gegenüber steht. Zu erkennen sei nur eine Modernisierung im Sinne materieller Annehmlichkeiten, nicht aber eine echte Zivilisation im umfassenden Sinne, welche neben der technische Modernisierung eine hochentwickelte Ethik einschließt. Dies gelte gleichzeitig sowohl für die kapitalistische Ländern als auch für die kommunistischen Ländern, da sie sich hinsichtlich ihrer materialistischen Grundlage ohnehin nicht qualitativ unterschieden.

> „Die gegenwärtige technische Zivilisation des Westens ist eine Münze mit zwei Seiten: einer wunderschön glänzenden und einer hässlichen Seite. Was ihre schöne Seite anbetrifft, so sind das ihre Fähigkeiten auf dem Gebiet wissenschaftlicher Forschung. Damit hat sie sich die materiellen Kräfte untertan gemacht zwecks Verbesserung des menschlichen Lebens; (sie hat) die Technik zu nutze gemacht, um dem Menschen zu helfen. Was ihre häßliche Seite angeht, so ist das ihre Unfähigkeit, in rechtgeleitetem Streben Frieden herzustellen. Diese Unfähigkeit hat (die westliche Zivilisation) dazu gebracht, für sich Kriege zu nützen und für Zerstörungsmittel ein Mehrfaches dessen auszugeben, was sie für Frieden und Entwicklung aufbringt …
>
> Zur häßlichen Seite der … westlichen Zivilisation gehört ihr Gesellschaftskonzept (fikratuha al-igtimaiyya) und dessen Unzulänglichkeit, das Bedürfnis des Individuums mit dem der Gemeinschaft zu versöhnen: das Bedürfnis des Individuums absoluter

[396] Vgl. ebenda.

> individueller Freiheit mit der Gemeinschaft nach vollkommener sozialer Gerechtigkeit. … Diese Versöhnung ist bis zum heutigen Tage der Gipfelpunkt, an dem gemessen die völlige Unzulänglichkeit offen zutage tritt, welche alle Philosophien und Theorien … kennzeichnet."[397]

Auch die Ergebnisse moderner Wissenschaft, wie z. B. die Naturwissenschaft, bestätigen uns, so betont Ustadh Mahmoud, daß sich die Probleme der Menschheit nicht auf der rein materiellen Ebene lösen lassen, und führen uns zu dem hinter der materiellen Welt liegenden Mysterium, und damit zu Gott. Eine Wiederkehr der Religion muß damit zum zentralen Anliegen der gesamten Menschheit werden. Damit sei sicherlich nicht die Rückkehr zum herkömmlichen Verständnis der Religion gemeint, vor allem nicht der traditionelle Islam und seine Verkehrung zu versteinerten rechtlichen Fragen, die den Verstand in Ketten legen. Gemeint sei eine Religion, die das Problem der heutigen Menschen kennt und den Individuen beibringt, ihre Individualität zu entdecken. Zu suchen sei das notwendige Wissen, das das Individuum befähigt sich selbst und seine Umwelt zu kennen. Überragende Bedeutung habe dabei vor allem die Eignung und Fähigkeit, inneren Frieden zu finden und über den bloßen Glauben hinaus Verhaltensgewissheit zu erzeugen.

Die moralische Krise, in der der moderne Mensch steckt, so betont Ustadh Mahmoud, müsse durch die Rückkehr zur Religion in einem wissenschaftlichen Sinne gelöst werden. Aufgrund der universalen Lebenszusammenhänge unserer heutigen Welt, die kaum noch Grenzen von Raum und Zeit kennt, könne die Lösung letztlich nur im Weltmaßstab erfolgen. Der Islam mit seiner zweiten Botschaft sei diejenige Religion, welche eine geeignete Grundlage dafür bietet, diese ganzheitliche Lösung darzustellen. Sie sei der dem technisch-wissenschaftlichen Zeitalter angemessene Teil der Offenbarung, denn sie verkörpere die wissenschaftlichen Aspekte des Koran.[398] Sie gebe jedem Individuum die

---

[397] Taha, M.M.: ‚Risalat as-salat'; 4. Auflage; Omdurman 1979; S. 55. Zitiert nach und übersetzt von Rogalski. J.: Die Republikanischer Brüderschat; a. a. O.; S. 61f.

[398] Ustadh Mahmoud sieht, dass der Koran in seiner Gesamtheit zwei Bedeutungsebenen umfaßt, worauf in der Offenbarungsschrift selbst u. a. wie in Vers 39,23 mit dem *mathani* angespielt wird. Allerdings sei diese, durch eine feinsinnige Lesung des Korans ergründbare Differenzierung den Rechtsgelehrten nicht zugänglich, denn sie betrachteten viele Ausdrücke, die diese beiden Ebenen markieren, als synonym, obwohl dies in Wahrheit nicht zutrifft. Die zwei Bedeutungsebenen des Koran bezogen sie sich auf das Verhältnis Gott – Mensch, jeweils als einen unterschiedlichen Status. Die untere Ebene trägt die am Wortlaut äußerlich erkennbare Bedeutung des Korans und sei deshalb die dem vorläufigen Niveau der Menschen entsprechende Bedeutungsebene. Die höhere Ebene hingegen trägt die innere, nach Gott hin offene Bedeutung, die zwar den Menschen zunächst fern, Gott – und damit der wahren Religion – aber umso näher steht. Eine Erklärung für diese Differenz sieht Ustadh Mahmoud in dem gewaltigen Niveauunterschied zwischen Gott und Menschen zur Zeit der koranischen Offenbarung – ein Niveauunterschied, den kontinuierlich zu verringern der göttliche Plan vorsieht. Vgl. dazu Taha, M.M.: 'ar-Risala at-taniya min al-Islam'; a. a. O.; S. 135ff.

Möglichkeit, die Botschaften der vorherrschenden materialistischen Wissenschaften in einer seelischen Entwicklung auszugleichen. Damit werde der Hauptantriebskraft des Individuums entsprochen, nämlich dem Streben nach Selbstfindung, die dem Menschen Frieden mit sich und seinesgleichen bringt. Damit löse sich der existierende Konflikt zwischen Individuum und Gemeinschaft, da niemand mehr seine Freiheit zu Lasten anderer wahrnimmt. Deshalb sei der Islam diejenige Religion, die – stellvertretend für alle anderen – der Herausforderung der materialistischen Zivilisation begegnen kann, indem sie diese mit einem neuen Geist befruchtet – dem Geist des Islam, d. h. dem Geist des Friedens[399]. Dabei handele es sich aber um einen Geist, der sowohl der westlichen Zivilisation als auch der zeitgenössischen islamischen Welt fremd ist.[400]

c) *Wirtschaftliche Gleichheit, politische Gleichheit und gesellschaftliche Gleichheit als entscheidende Faktoren zivilisierten Gesellschaft:*

Das grundlegende wirtschaftliche Prinzip einer zivilisierten Gesellschaft im Sinne der zweiten Phase der Islam ist die Verteilung der Güter unter den Menschen entsprechend den individuellen Bedürfnissen. Dies entspricht aus der Sicht Ustadh Mahmouds insofern dem modernen Begriff „Sozialismus“. Der Islam der ersten Phase war kapitalistisch, jedoch ist dieses Prinzip kein ursprüngliches Prinzip des Islam. Allerdings seien die Menschen zu Lebzeiten des Propheten nicht daran gewöhnt gewesen, ihren Besitz zu teilen oder vieles davon an den Staat abzugeben. Deswegen und als Übergangszeit habe sich Gott in der ersten Phase des Islam auf die Almosensteuer beschränkt, jedoch bereits darauf angespielt, daß dies nicht sein letztes Wort sei.[401]

Ebenso sieht Ustadh Mamoud dem Kapitalismus in der heutigen Welt, in den islamischen oder den westlichen Ländern als Ausbeutung des Menschen. Der Kapitalismus war in seiner primitiven Form, aber ist auch heute weitgehend, so Ustadh Mahmoud, die Grundlage, auf der sich die menschliche Gesellschaft entwickelt hat als „Gesetz des Dschungels“, nach dem das Recht auf der Seite des Stärkeren war. Die Entwicklung zur zivilisierten Gesellschaft im Sinne der zweiten Botschaft beinhaltet für Ustadh Mahmoud einen Übergang vom Kapitalismus zum Sozialismus.[402] Doch hier wäre zu fragen, wie konkretisiert sich dieser Sozialismus, in welchem Verhältnis sieht Ustadh Mahmoud ihn zum bisherigen Erfahrungen des Sozialismus, vor allem des europäischen Sozialismus und des Marxismus?

---

[399] Die Bedeutung des Wortes „Islam“ in der arabische Sprache ist „Frieden“. Somit wird gemeint, daß das Individuum mit sich selbst und der Gemeinschaft in Frieden lebt.

[400] Vgl. Taha, M.M.: ‘ar-Risala at-taniya min al-Islam’; a. a. O.; S 105f.

[401] Vgl. ebenda; S. 125f.

[402] Vgl. ebenda; S. 143.

In einer kritischen Diskussion hatte Ustadh Mahmoud schon die bisherigen Erfahrungen des Sozialismus in Europa in vielen Bücher und Veranstaltungen dargestellt.[403] Dabei begründete er seine Position, daß der Marxismus aus der Sicht der zweiten Phase des Islam, weder völlige Zustimmung noch totale Ablehnung verdiene. Als positiv bewertete er vor allem das „Entwicklungskonzept“ des Marxismus. Das marxistische Entwicklungsdenken beruhe allerdings auf rein materialistischer Grundlage und lasse den Faktor einer ethischen Höherentwicklung des Menschen außer acht – ein Fehler, der alle Vorzüge überwiege. Vor allem lehnt Ustadh Mahmoud die Konzepte der revolutionären Gewalt und der Diktatur des Proletariats grundsätzlich ab. Während die früheren Sozialisten, insbesondere Robert Owen, den Übergang zum Gemeineigentum mit friedlichen Mitteln voranzutreiben versuchten, habe Karl Marx später die Notwendigkeit gewaltsamer Veränderung postuliert, was aus Sicht Ustadh Mahmouds grundsätzlich abzulehnen sei. Vielmehr solle der Sozialismus durch eine moralische Entwicklung der Individuen und der Gesellschaft mit friedlichen Mitteln erreicht werden.[404] Das Konzept des Sozialismus im zweiten Phase des Islam beruht auf zwei Hauptprinzipien:

1. eine sinnvollere Nutzung der natürlichen Ressourcen durch verbesserte technisch-wissenschaftliche Methoden und eine perfektere Verwaltung, und
2. eine gerechtere Verteilung der produzierten Güter durch die Festlegung von Höchst- und Mindesteinkommen, die sich mit der Zeit immer mehr annähern sollen.

Um die Produktion zu steigern und eine gerechte Verteilung zu gewährleisten, sollten weder die Rohstoffe und die Produktionsmitteln noch der Handel mit den Produkten in den Händen Einzelner oder Weniger als Privateigentum liegen. Privateigentum sollte auf bestimmte Sachen, wie z. B. ein Haus, einen Garten drumherum, die Inneneinrichtung und ein Auto, beschränkt bleiben. Kein Mensch dürfe die Mittel zur Ausbeutung seiner Mitbürger besitzen. Grundsätzlich besteht kein Eigentum an den Sachen selbst, sondern nur am Nutzen. der daraus fließt. Das der echte Eigentum an allen Sachen sollte in erster Linie als Eigentum Gottes und erst in zweiter Linie als Eigentum der Gemeinschaft betrachtet werden.[405]

Ganz ähnliches wie für den Sozialismus gilt auch für Ustadh Mahmoud für die politische Gleichheit, die heute Demokratie genannt wurde. Demokratie bedeutet für ihn gleichberechtigte Teilhabe der Menschen an der politischen Macht. Sie sei das Pendant zum Sozialismus. Genau wie ein Vogel, der zwei Flügel zum

[403] Vgl. Z. B. Taha, M.M.: ‘al-Markisyya fi-l-mizan’; Omdurman 1973.
[404] Vgl. Ebenda; S. 21-29.
[405] Vgl. Taha, M.M.: ‘ar-Risala at-taniya min al-Islam’; a. a. O.; S. 147.

Fliegen braucht, brauche auch eine zivilisierten Gesellschaft zwei Flügel, um sich zu entwickeln, und zwar Sozialismus und Demokratie. Demokratie habe vor Sozialismus in der Geschichte eine Rolle gespielt, denn Sozialismus bedürfe zu seiner Realisierung eines kollektiven Bewusstseins, während die Demokratie sich von einer kleinen elitären Basis aus weiterentwickeln konnte. Demokratie ist in Ustadh Mahmouds Augen nicht nur eine bestimmte Herrschaftsform, vielmehr verkörpert sie für ihn eine bestimmte Art der Lebensführung, die die Würde des Menschen anerkennt.[406]

Im Mittelpunkt der Demokratievorstellung Ustadh Mahmouds steht das Individuum und ihr Hauptziel, dem alles andere sich unterzuordnen habe, sei die Realisierung der Menschenwürde. Deren Anerkennung gebe dem Menschen die Freiheit, Fehler zu machen, aus diesen Fehler zu lernen und sich so immer weiter zu vervollkommnen. Die Verantwortlichkeit des Individuums werde unter den Bedingungen von Rede-, Handlungs- und Gedankenfreiheit innerhalb des verfassungsmäßigen Rahmens geschult und weiterentwickelt. So sei Demokratie das Recht, Fehler zu machen. Sie entspreiche damit der hohen Stufe der Prophetenaussage:

> „Wenn ihr keine Fehler macht und (dann anschließend) um Vergebung bittet, wird Gott ein (anderes) Volk hervorbringen, welches Fehler macht und um Vergebung bittet. Dann wird er ihm vergeben."[407]

Im 7. Jahrhundert war der Prophet Mohammed der Vormund der noch unzulänglichen medinischen Gemeinde. Ihm oblag die Aufgabe, sie schrittweise zu größerer Verantwortlichkeit und damit zu Freiheit und Demokratie zu erziehen. Dabei hatte er nach den Prinzipien von Vergebung und „Konsultation" der Gläubigen zu verfahren; die Entscheidungen aber fällte er selbst in völligem Gottvertrauen. Dieser Prozeß sollte als Vorstufe zur Demokratie führen. Auf der Stufe individueller Freiheit in der heutigen Weltsituation, sei der einzelne Mensch hingegen keinem Vormund mehr unterworfen und handele in eigener Verantwortung, „denn es gibt keinen Menschen, der so vollkommen wäre, daß ihm die Freiheiten der anderen anvertraut werden könnten"[408]. Die Bestätigung des Konzepts der Demokratie im Koran liege in den mekkanischen Versen:

> „Warne nun! Du bist nur ein Warner (mudakkir) und du hast keine Gewalt über sie (die anderen Menschen) (lasta alayhim bi musaytir)."[409]

---

[406] Vgl. Ebenda; S. 152.

[407] Vgl. Ebenda; S. 153. Zitiert nach und übersetzt von Rogalski. J.: Die Republikanischer Brüderschaft; a. a. O.; S. 85.

[408] Taha, M.M.: ar-Risala at-taniya min al-Islam; a. a. O.; S 154. Zitiert nach und übersetzt von Rogalski. J.: Die Republikanischer Brüderschaft; a. a. O.; S. 86.

[409] Koran 88,21-22. Vgl. ebenda.

Der Prophet war seinerzeit nicht weltlicher Herrscher, sondern ein Diener Gottes. Gerade dieser Status der Gottesdienerschaft und der uneingeschränkten Demut Gott gegenüber zeigt die höchste Freiheit, die ein Mensch besitzen könnte:

> „Für mich liegt der stärkste Beweis für die Vollkommenheit seiner (d. h. Muhammeds) inneren Freiheit in seiner Abneigung gegen die Ausübung von Macht über die anderen (Menschen); denn es ist über ihn bekannt, daß er es verabscheute, von seinen Gefährten unterschieden zu werden und daß er wie einer von ihnen sein wollte und es ihnen untersagte, ihn zu verherrlichen."[410]

Der Islam, die koranische Offenbarung und die Sunna, impliziert somit für Ustadh Mahmoud eine Entwicklung, die die Gesellschaft hinführt zu einer politischen Organisationsform, die der modernen Demokratie entspricht. Wichtig ist dabei, daß mit dieser Entwicklung die Menschen schrittweise zu der Fähigkeit gebracht werden, ihre absolute individuelle Freiheit verantwortlich wahrzunehmen. Auf diesem Feld der Individualethik sieht Ustadh Mahmoud die Überlegenheit des Islam gegenüber der modernen Zivilisation.

---

[410] Taha, M.M.: Tarig Mohammed; 8. Auflage; Omdurman 1975; S. 36. Zitiert nach und übersetzt von Rogalski. J.: Die Republikanischer Brüderschaft; a. a. O.; S. 87.

IV. Teil: Zentrale Gesellschafts- und Wirtschaftsbereiche der ethnischen Gruppen im Unteren Atbara

1 Die natürlichen und wirtschaftlichen Grundlagen im Nildistrikt

Die nördliche Region, im unteren Bereich des Atbara-Flusses, ist die zweite größere Region im Sudan. Sie beherbergt auf einer Fläche von rund 477 074 km² rund 2 Mill. Einwohner. Diese Zahl kann aber während der Regenzeit durch den Besuch von externen ethnischen Gruppen (die Nomaden aus dem oberen Butana in der Ostregion) und durch die zurückkehrenden Arbeitsemigranten ansteigen. Die Region wird in zwei Distrikten verwaltet: der Nildistrikt, der von Berbar verwaltet wird, und der Norddistrikt, der von Dongola verwaltet wird. Die Hauptverwaltung der Region ist in Al-Damar. (Siehe Abb. 5)

In der nördlichen Region herrscht Wüsten- und Halbwüstenklima mit drei Landwirtschaftszonen: die Vollwüste nördlich des Region, die Halbwüste und das angeschwemmte Land entlang des Nils und des Atbara-Flusses. Die Niederschläge variieren sehr stark von rund 250 mm/Jahr im Süden der Region bis zu weniger als 50 mm/Jahr im Norden. [411]

Charakteristischerweise ist die Bevölkerungsentwicklung in der gesamten Region unterpropotional. Das durchschnitliche jährliche Bevölkerungswachstum wird bis Anfang der 90er Jahre mit 0,8 % angegeben. Dies wird als Folge der zunehmenden Migration aus der Region betrachtet. Als Hauptgründe für diese *outward*-Migration werden die Umweltdegration und *depressed economic opportunities* gennant.[412]

> "However, in the recent years, there have been a significant outward migration due to the effect of the droughts and depressed agricultural conditions."[413]

Noch drastischer war die Auswanderung aus der Region nach dem Bau des Khashim el-Girba-Damms, vor allem unter den Siedlern des unteren Teils des Atbara-Flusses. Wegen der geringen Überschwemmungen des Atbara-Flusses haben viele Bauern und Viehzüchter ihre landwirtschaftliche Arbeit aufgegeben und sind aus der Region ausgewandert.

> "Agricultural and Livestock production in lower Atbara...is dependent upon the availability of water for crop and fodder production ...After the construction of

---

[411] Vgl. Ministry of Finance and National Economy. United Nations Development Programme (UNDP). National Execution Management Support Unit (NEX-MSU): Area Development Scheme Programme (lower Atbara). Project Document. 1990; S. 2.

[412] Vgl. ebenda; S. 3.

[413] Ebenda.

Khashim el Girba dam in 1964, the levels and duration of the floods were very significantly reduced with a drastic reduction in croped area."[414]

Aufgrund der Attraktivität der großen Städte hinsichtlich Arbeitsmöglichkeiten, Ausbildung, Siedlungs- und Handlungsmöglichkeit wandern ständig viele Bewohner aus der Region in die größeren Städte, wie z. B. Khartoum, aus. Die Erwartung, außerhalb des Dorfes und der landwirtschaftlichen Arbeit einen gesicherten und besseren bezahlten Arbeitsplatz zu finden, ist eines der wichtigsten Motive der Migration. Andererseits gibt es saisonale Arbeitsbewegungen und Arbeitsmigration in die landwirtschaftlichen Bewässerungsgebiete (z. B. New Halfa, Gezira Scheme, Rahad), wobei die Bauern, insbesondere die armen Bauern, auch als Lohnarbeiter besser verdienen. Erwähnenswert ist bei dieser Aufzählung die Auswanderung von Facharbeitern und Menschen mit höherem Bildungsgrad in Richtung der ölfördernden arabischen Staaten. Diese Art von Migration betrifft das ganze Land, wobei die Mehrheit dieser *out-migrants* allerdings Regierungsbeamte sind, die den niedrig entohnten öffentlichen Sektor in Richtung besser bezahlter Arbeitsplätze in den arabischen Staaten verlassen. So werden migrierende „physically, technically and professionally productive elements" der Gesellschaft ersetzt durch *low skilled* Zuwanderer, mit entsprechend negativen Folgen für die Produktivität, die Verteilung und die Funktion des Regierungsapparates.[415] Die Ansprüche haben sich darüberhinaus in den mittleren sozialen Schichten stark gewandelt. Das gestiegene Bedürfnis nach industriell gefertigten Konsumgütern erfordert ein höheres Einkommen und damit müssen verheiratete Männern mit dem Ziel, den Lebenunterhalt der Familie zu sichern und die neuen Bedürfnisse zu befriedigen, emigrieren.[416]

Die Bevölkerungsverteilung in der nördlichen Region ist folgende: 74 % im ländlichen Teil, 21 % in den Städten und 5 % Nomaden. Sie unterliegt aber aufgrund der oben beschriebenen (Arbeits-)Migration einem ständigen Wechsel. Charakteristisch für die räumliche Verteilung der Bevölkerung in der Region ist die Ansiedlung entlang des Nils und Atbara-Flusses, sowie entlang von Straßen und Eisenbahnlinien.[417] Die Bevölkerung setzt sich in dieser Region aus

---

[414] Ebenda.

[415] Vgl. UNDP: Human development Report; New York 1992; S. 140.

[416] Vgl. Klein-Hessling, R/El-Sammani, B.: „Die Mädchen wollen keinen Bauern heiraten. Ein Migrant ist besser." Ein sudanesisches Dorf am Tropf der Golfstaaten: ‚Anbeled'; in: Grawart, E. (Hrsg.):Wandern oder bleiben?. Veränderungen der Lebenssituation von Frauen im Sahel durch die Arbeitsmigration der Männer; Bremer Afrika-Studien. Informationszentrum Afrika (IZA); Bd. 8; Bremen 1994; S. 27f.

[417] Vgl. Ministry of Finance and National Economy. United Nations Development Programme (UNDP). Area Development Scheme Programme (lower Atbara). Northern State (Sudan). Baseline Survey Report 1992; April 1993. S. 1.

vielfältig ethnischen Gruppen zusammen, in denen zwei ethnische Grundkomponenten zu erkennen sind:

1. Nubier, die als eine der originalen Bevölkerungsgruppen im Sudan bezeichnet werden können. Sie lebten in diesem Gebiet vor der Einwanderung von verschiedenen anderen Gruppen (am meisten Araber). Sie sind Muslime und haben ihre eigene Sprache. Ihre Siedlungsgebiete sind nördlich des Niltals und Südägypten.

2. Die Araber und die Arabermischlinge, die sich im Niltal und entlang des Atbara-Flusses konzentrieren. Im Lauf der Geschichte des Nordsudans gab es Einwanderung von Arabern (meistens Wanderhändlern), die sich mit den ursprünglichen Ethnien mischten und ihre ganzen Lebensvorstellungen beeinflußten. Die ersten Einwanderungen muslimischer Araber in den Sudan fanden in der ersten Hälfte des 7. Jahrhunderts statt – zuerst von Ägypten aus, den Nil aufwärts, dann auch über das Rote Meer. Damit begann die Arabisierung und Islamisierung des Nordsudans, die bis heute andauert. Die heutigen ethnische Gruppen, die sich auf eine arabische Abstammung berufen, leiten sich von den Juhayna (Guhayna) und den Ja´aliyn (Ga´aliin) her.[418]

Auch wenn die Nordsudanesen ihre Herkunft ca. 300 Stammvätern ableiten, gehören doch so gut wie alle – mit wenigen Ausnahmen – zu einer der drei umfassenden Stämme: Der Juhayna, einer hauptsächlich nomadischen oder seminomadischen Gruppe und den arabischen Nubiern am Nil, den Barabra (zwischen 3. Katarakt und Assuan) und der Ja´ali-Gruppe (zwischen 6. Katarakt und Atbara).

In der ganzen Region herrscht die arabische-muslimische Kultur[419] vor als einfacher Ausdruck einer Identifikation mit der Religion, d. h. dem Islam und mit der arabischen Sprache und Kultur des Prophetes Mohammed. Deshalb sind die Nubier, die vor den Arabern im Gebiet waren und mit ihrer eigenen Sprache

---

[418] Vgl. Holter, U.: Ethnische Struktur und Stammesgeschichte; in: Mensching, H. G./Seifert, H.S.N.: Tierhaltung im Sahel. Rezente Entwicklung und Perspektiven in der Republik Sudan. Forschungsprojekt-Endbericht. Göttinger Beiträge zur Land- und Forstwirtschaft in den Tropen und Subtropen. Göttingen 1994, S. 112. Vgl auch Ministry of Finance and National Economy. United Nations Development Programme (UNDP). National Execution Management Support Unit (NEX-MSU): Area Development Scheme Programme (lower Atbara). Baseline Survey of lower Atbara. Area Development Scheme Expansion Phase III. 1998. S. 17.

[419] Über diese Kultur und die Lebensvorstellungen der dargestellten ethnischen Gruppen sollen in den nächsten Abschnitten ausführlicher beschrieben werden.

lebten und leben, sehr stark von dieser Kultur beeinflußt. Ihre eigene Kultur wird von der arabisch-muslimischen Kultur überlagert und verdrängt.[420]

Entlang des Nils und Atbara-Flusses bildet der Reichtum an Flußwasser die Lebensgrundlage der Mehrheit der Bevölkerung und der sozioökonomischen Struktur in der nördlichen Region. Die Landwirtschaft dominiert die wirtschaftliche Struktur. Bedingt durch die geringen durchschnittlichen Niederschlagsmengen sind in der Region die nutzbaren landwirtschaftlichen Böden entlang des Nils und Atbara-Flusses sowie in den wenigen Wadis (saisonale Flüsse) gelegen. Daneben gibt es Viehhaltung, vor allem im Butana-Gebiet, das zwischen der Ostregion und der Nordregion liegt.[421]

Abbildung 6: Betriebssysteme der Landwirtschaft im Unteren Atbara

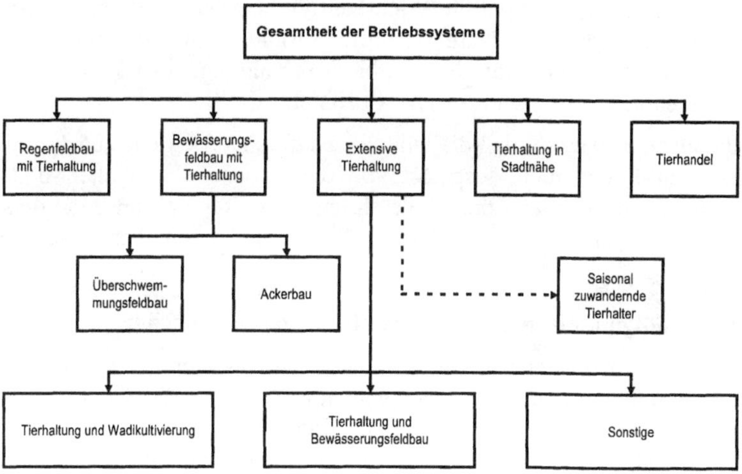

Quelle: Anlehnung von Forschungsgruppe Tierhaltung im Sahel. Rahmann, G.: Betriebssystem mit Tierhaltung; in: Mensching, H. G./Seifert, H.S.N.: Tierhaltung im Sahel. Rezente Entwicklung und Perspektiven in der Republik Sudan; a. a. O.; S. 143.

In der Region existieren eine Reihe von landwirtschaftlichen Betriebsformen (siehe Abbildung 6). Sie reichen dabei von semi-nomadischer Tierhaltung bis zum Bewässerungsfeldbau. Beim Bewässerungsfeldbau muß in der Nordregion

[420] Für ausführliche Diskussion siehe Siehe Shuggier, N.: the History of Sudan; Byrut 1981. S. 59ff.

[421] Vgl. Ministry of Finance and National Economy. United Nations Development Programme (UNDP). National Execution Management Support Unit (NEX-MSU): Area Development Scheme Programme (lower Atbara). Project Document. 1990; S. 2ff.

zwischen dem Überschwemmungsfeldbau am Flußufer (Gerf-Kultivierung), verbreitet im Niltal und Unteren Atbara, und dem Ackerbau in kleinen Bewässerungsgebieten unterschieden werden. Bei beiden Formen ist eine permanente Produktion auch in regenarmen Jahren möglich. Hier werden Weizen, Mais, Früchte und Gemüse wie Zwiebeln, Gurken, Mangos, Guavas, Datteln, Zitronen, Melonen angebaut. Im Unteren Atbara, in Wadis in Gebieten der Butana gibt es vorwiegend die Produktionsform der extensiven Tierhaltung und der Wadi-Kultivierung. Da nur in der Regenzeit genug Wasser für eine erfolgreiche Kultivierung von Sorghum, Zwiebeln und *broad bean* vorhanden ist, ist ausschließlich in Wadis der Butana ein erfolgversprechender Ackerbau möglich. Allerdings ist eine Kultivierung in vielen Wadis nur in regenreichen Jahren möglich. Dabei erfolgt der Anbau dann mit dem hohen Risiko einer eventuellen Mißernte. So dient die Wadi-Kultivierung nur zur Eigenversorgung der Haushalte mit dem Grundnahrungsmittel Sorghum. Trotz des zunehmenden Einsatzes von Maschinen für die Saatbettbereitung und den Drusch in den letzten Jahrzehnten, ist diese Form sehr arbeitsintensiv.[422]

Es sei darauf hingewiesen, daß die landwirtschaftlichen Betriebe auf der mikroökonomischen Ebene nicht losgelöst von den privaten Haushalten und den Familien betrachtet werden können, da sie in dieser Region und besonders am Unteren Atbara durch vielfältige Wechselbeziehungen mit diesen verbunden sind.

2 Die sozioökonomischen Strukturen im Unteren Atbara

Um die sozioökonomischen Strukturen und das institutionelle Umfeld der Bevölkerung im Unteren Atbara zu verstehen, ist die Darstellung der ethnischen Strukturen und der Stammesgeschichte von grundlegender Bedeutung. Nur dies kann Aufschluß geben über das Selbstverständnis und die Identitätsvorstellungen der untersuchten Gruppen. Das wird letztendlich eine wichtige Rolle spielen, wenn Vorschläge zur Entwicklung und Verbesserung der Situation der ethischen Gruppen gemacht und deren Akzeptanz und Durchsetzbarkeit abgeschätzt werden sollen. Deshalb ist es erforderlich, mit der Darstellung der ethnischen Struktur und Stammesgeschichte zu beginnen.

---

[422] Vgl. ebenda. Für ausführlichen Darstellung für Butana vgl. Rahmann, G.:Betriebssystem mit Tierhaltung; in: Mensching, H. G./Seifert, H.S.N.: Tierhaltung im Sahel. Rezente Entwicklung und Perspektiven in der Republik Sudan; a. a. O.; S. 141ff; Vgl auch: Ministry of Finance and National Economy. United Nations Development Programme (UNDP). National Execution Management Support Unit (NEX-MSU): Area Development Scheme Programme (lower Atbara). Baseline Survey of lower Atbara. Area Development Scheme Expansion Phase III. 1998. S. 33f.

2.1 Ethnische Struktur und Stammesgeschichte

2.1.1 Einflußfaktoren in der Sozialorganisation der ethnischen Gruppen

Für die Darstellung der Geschichte der ethnischen Gruppen in Nordsudan, vor allem im Unteren Atbara, sind wir weitgehend auf mündliche Überlieferungen angewiesen. Aus der Zeit vor der Funj-Dynastie im 16. Jahrhundert[423] gibt es ganz wenige historische Quellen. Aufzeichnungen aus der Zeit danach wurden während der Mahadiya-Herrschaft im 19. Jahrhundert aus politischen Gründen vernichtet. Entsprechend sind die historischen Darstellungen nicht immer einheitlich.

Die Gründe für die unterschiedlichen Darstellungen sind aber nicht nur in der mündlichen Überlieferungen zu suchen. Es gab und gibt wichtige Ursachen dafür, daß jede Gruppe sich auf bestimmte Weise, sogar in einem besonders günstigen Licht, darzustellen versucht. Dies geschieht insbesondere durch Hinweise auf die Herkunft (Deszendenz). So zählen sich beispielsweise kleine ethnische Gruppen manchmal zu bestimmten größeren und bedeutenderen arabischen Gruppen und versuchen, dies durch Genealogie nachzuweisen. Seit der Einwanderung der Araber in Nubien ist die arabische Abstammung „a source of pride and distinction: hence it is not surprising that stress is laid on a common ancestor".[424] Deshalb versuchen viele ethnische Gruppen, deren arabische Abstammung nicht eindeutig belegbar ist, ihre Herkunft aus Arabien anhand von großen Namen nachzuweisen.

> „Dabei macht es besonderen Eindruck, wenn man seine Abstammung auf einen möglichst angesehenen Vorfahren – z. B. aus der nahen Verwandtschaft des Propheten – zurückführen kann. Die Kenntnisse der eigenen Herkunft und des eigenen Stammbaumes (Genealogie, arab.: nisba) war früher ein wichtiger Bestandteil des kulturellen Wissens und förderte das Prestige"[425]

Um die ethnische Struktur im Unteren Atbara besser darzustellen, werden wir hier kurz einige Bereiche der Sozialorganisation, d. h. Deszendenz, Verwandtschaft- und Heiratsverbindungen sowie den Komplex der „Ehre und

---

[423] zu der äußerst Kontroversen und bisher unabgeschlossenen wissenschaftlichen Diskussion über Ursprung und Wesen der Funj sei hier verwiesen auf Holt, P.M./Daly, M.W.: A History of the Sudan; From the Coming of Islam to the Present Day; London, New York 1988; S. 28ff. Die Funj-Dynastie herrschte und eroberte viele kleine Königreich im alten Nordsudan. Dazu gehörten alle arabischen Gruppen mit ihren kleinen Königreichen von dem 4. Katarakt bis shandi wie z. B. das Königreich der Ja'aliyn, wo das Untersuchungsgebiet liegt. Vgl. Shuggier, N.: Tarikh Al-Sudan; Beirut 1981; S. 100ff.

[424] Holt, P.M.: A Modern History of the Sudan; London; 1967; S. 6.

[425] Holter, U.: Ethnische Struktur und Stammesgeschichte; in: Mensching, H. G./Seifert, H.S.N.: Tierhaltung im Sahel. Rezente Entwicklung und Perspektiven in der Republik Sudan; a. a. O.; S. 112.

Schande“ als Ausgangspunkt tiefgehender behandeln.[426] Diese Bereiche sind auch für das Verständnis von den Verhaltensweisen der Ethnien (im privaten aber auch in politischen Bereiche) sowie der Status von Frauen im Unteren Atbara wichtig.[427]

Im Nordsudan sind die ethnischen Gruppen oder Stämme (*gabila*, Plural: *gaba'il*) Abstammungsgruppen. Sie leiten ihre Deszendenz von einem gemeinsamen Stammesvater ab und zwar aufgrund der Patrilinearität im Sudan, vor allem im Nordsudan. In der väterlichen Linie gibt der Stammvater in der Regel dem Stamm seinen Namen, und die Kinder gehören zur Gruppe des Vaters. Eine ethnische Gruppe untergliedert sich in Segmente[428], für die die Einheimischen eigene Bezeichnungen haben, z. B. *ferig* oder *hilla* in der Untersuchungsgruppen. So begründen und erklären Gesellschaften mit solchen Deszendenzgruppen ihren Zusammenhalt und eventuell auch Ansprüche auf natürliche Ressourcen. So wird in solchen Fällen von „segmentären Gesellschaften“ gesprochen, ein Konzept, welches auch von Radcliffe Brown, Evans, Pritchard und Fortes zur Analyse der sozialen Struktur afrikanischer Stammesgesellschaften ausgearbeitet wurde. Einen zentralen Stellenwert nimmt in diesem System das Prinzip der unilinearen Deszendenz ein. Es bestimmt in eindeutiger Weise die Mitgliedschaft zu einer korporativen Deszendenzgruppe (*lineage, clan*) und definiert dessen segmentäre Struktur.[429] Die Segmente der gleichen Segmentationsebene stehen, was die politische Organisation betrifft, im Prinzip gleichrangig nebeneinander. Die Interpretation der Deszendenzgruppe soll ausdrücklich bedeuten, daß aufgrund der Gruppenzugehörigkeit für die einzelnen Personen bestimmte Rechte und Pflichten (Normen) definiert sind, welche das Verhalten der Gruppenmitglieder untereinander und zu anderen Gruppen regeln. Über die gemeinsame Abstammung identifizieren sich die Mitglieder als zusammengehörig. Sie ist wesentlicher Bestandteil ihrer Identität. Zugleich grenzen sich die verschiedenen ethnischen Gruppen auf diese Weise voneinander ab.[430]

---

[426] In diese Richtung hat auch Uta Holter die ethnische Struktur in Butana analysiert. Vgl. dazu ebenda.

[427] Siehe dazu Holter, U in ihre Studie über die arabischen Stämme in Butan in Ostsudan behandelt. Siehe dazu ebenda.

[428] Je nach Autor werden diese Segmente in der Literatur mit den ethnologisch-abstrakten Begriffen als Unterstämme oder Klane und Subklane oder Lineages/Linie bezeichnt.

[429] Für ausführliche Diskussion in diesem Bereich siehe Keesing, R. M.: Kin groups and social Structure. Holt, Rinehart and Winston, Newyork, 1975. Auch im Zusammenhang mit der Gruppen des Unteren Atbaras siehe Holter, U.: Ethnische Struktur und Stammesgeschichte; a. a. O.; S. 111ff.

[430] Görlich, J.: Austauschorientierte Netzwerkanalyse als Alternative zum strukturfunktionalen Deszendenzgruppen-Modell im Hochland von Papua-Neuguinea; in: Schweizer, T. (Hrsg.): Netzwerkanalyse. Ethnologische Perspektiven; Berlin 1989; S. 133.

Die Basis der segmentären Struktur in unseren Untersuchungsgruppen bildet die Familie, das *beet*, d. h. die unter einem Dach lebenden Familienmitglieder, also eine Residenzeinheit, was zugleich als eine Definition von „Haushalt“ gelten kann, zumeist leben drei Generationen zusammen, manchmal sogar vier. Eine Familie bildet die grundlegende Einheit des sozialen und wirtschaftlichen Lebens und der Residenz mit einem festen System der Organisation von Arbeit und Zuständigkeit. Im Prozess der Sozialisation[431] werden dem Mitglied einer Familie von Kindheit an auf alle festgelegten sozialen Normen und Werten in die Gesellschaft übertragen. Das Familienoberhaupt (normalerweise der Vater oder der älteste Bruder) besitzt große Autorität. Diese Charakteristika treten bei allen Gruppen in Unteren Atbara deutlich zutage. Viele Entscheidung werden weitgehend auf dieser Ebene oder auf der nächst höheren geregelt: Mehrere Familienhaushalten, die von einem vielleicht drei bis vier Generationen zurückliegenden Vorfahren abstammen und sich nach ihm benennen, leben in der Regel in einem Dorf (z. B. Albasli). So werden beispielsweise Streitfälle zuerst in der Familie ausgetragen und da, wenn möglich, geschlichtet. Wenn der Fall nicht gelöst werden kann, geht man zur nächsthöheren Instanz und erst ganz zuletzt zum *Omdaa*, d. h. der Häuptling der Gruppe. Somit spielt das Subsidiaritätsprinzip in Gesellschaften der Unteren Atbara eine wichtige Rolle. Wichtig auch in dem Sinne, daß soziale Netzwerk neben der Übermittlung von Information die Kooperation und Koordination von Arbeit bedeuten. Andererseits werden über den Zugang zu Land bzw. seine Verteilung, weite Bereiche der Bewirtschaftung und des Umgangs mit Ressourcen (natürlichen, ökonomischen und sozialen) über Verwandtschaft und Lineagezugehörigkeit geregelt.

Wie in vielen afrikanischen Gesellschaften waren und sind die Verwandtschaft und Heiratsverbindungen in Unteren Atbara weitgehend Grundlage für gesellschaftliche, wirtschaftliche und politische Netzwerke. Deshalb ist die Kenntnis der Beziehungen von Blutsverwandten und durch Heirat verbundenen Verwandten für die einzelnen Mitglieder der Deszendenzgruppen von großer Bedeutung. Insbesondere wegen der damit verbundenen gegenseitigen Rechte und Pflichten. Je nach Verwandtschaftsgrad und Geburtenfolge sind allen, ob Mann oder Frau, für jeden Lebensbereich Pflichten und Rechte zugeteilt. So spielen die verwandtschaftliche Beziehungen bis in die Gegenwart eine wesentliche Rolle für den Zusammenhalt der Gruppe.

[431] Unter Sozialisation wird die Übertragung von Verhaltensweisen, Normen und Werten auf eine Person, so daß die Erwartungen anderer zu Erwartungen der Person an sich selbst werden, verstanden. So ist den Begriff der Sozialisation weiter als der Erziehung. Ausführlicher siehe Weede, E. Mensch und Gesellschaft. Soziologie aus der Perspektive des methodologischen Individualismus; Tübingen 1992; S. 73.

In den ethnischen Gruppen im Unteren Atbara sind Heiratsverbindungen von besonderer Bedeutung. Bevorzugter Heiratspartner in diesen patrilinearen arabischen Gruppen ist die *bint amm* (Vaters Bruders Tochter) oder eine andere Verwandte innerhalb des eigenen Stammes. Bei manchen Gruppen gibt es auch Schwesterntausch als Form der Heirat. Der Hintergrund für diese Form der Heirat ist, den Zusammenhalt der Gruppe zu festigen. Heirat ist hier als ein Form der Allianz zwischen Gruppen zu verstehen. Solche Heiratssysteme haben eine zyklische Form, die Bestandteile eines Austauschsystems sind. Die Organisation, Finanzierung und Koordination einzelner Transaktionen in solche Zyklen ist einer der Hauptwege zum Erhalt und Erwerb von Einfluß, Macht und Autorität.[432] In diesem Sinne kann das Heiraten als eine politische Strategie verstanden werden.

Alle soziale Ordnungen haben Normen und Werte, die die sozialen Umgangsformen bestimmen. Da sie per Bestimmungsleistung die Offenheit oder die Komplexität von Situationen reduzieren, tragen sie zur Handlungsfähigkeit des Menschen bei. Im Wertesystem der islamischen, vor allem arabisch-islamischen Gesellschaften nehmen Ehre und Schande eine sehr zentrale Rolle ein. Im Moralkodex bei den ethnischen Gruppen im Unteren Atbara nimmt die Ehre eine hervorgehobenen Position ein. Dabei sind Ehre und Schande nicht nur allein eine Angelegenheit eines Individuums. So kann eine Befleckung der Ehre eines Individuums seine ganze Familie und Verwandten, manchmal sogar je nach Situation die ganze Gruppe betreffen. In diesem Sinne ist der einzelne in seinem Verhalten zu anderen Gruppen immer auch zugleich Repräsentant seiner eigenen Gruppe.[433]

Es gibt bestimmte soziale Werte, die in Zusammenhang mit Ehre und Schande in unsere Untersuchungsgruppen stehen. Sie drehen sich um die zentralen Bereiche: Schutz des Innenraum der Familie, Genealogie und Verwandtschaft sowie Landbesitz bei Bauern und Tierbesitz bei der Tierhaltern. Beim Besitz von Land sind die Flächengröße, Ort und Qualität des Bodens von großer Bedeutung. Beim Besitz von Tieren sind ihre Anzahl, Art und Qualität (besondere Rasse) für das Ansehen eines Tierhalters von Bedeutung. Gastfreundschaft und Großzügigkeit sind weitere bedeutsame Werte, die mit der Ehre des Mannes verbunden sind. Die Zugehörigkeit zu einer Familie, aber auch zu der Gruppe, legt ihren Mitgliedern Verpflichtungen und Verantwortung auf. Besonderes

---

[432] Vgl. Stagel, J.: Politikethnologie; in: Fischer, H. (Hrsg.): Ethnologie. Einführung und Überblicke; 3. Auflage; Berlin 1992; S.232.

[433] siehe dazu Holter, U.: Ethnische Struktur und Stammesgeschichte; in: Mensching, H. G./Seifert, H.S.N.: Tierhaltung im Sahel. Rezente Entwicklung und Perspektiven in der Republik Sudan; a. a. O.; S. 115.

Männer müssen ihren Verwandten immer helfen, vor allem in Zeiten sozialer, wirtschaftlicher und politischer Krisen.

In diesem Zusammenhang versucht jede Familie die Ehre, die sie geerbt hat und mit ihrem Name verkörpert, bei jeder Gelegenheit zu beweisen und zu verteidigen. Deshalb ist eine Familie gezwungen, zur Wiederherstellung ihrer Ehre nicht-konformes Verhalten von Einzelpersonen zu sanktionieren. Das kann so weit gehen, daß die betreffende Person fallen gelassen oder sogar in seltenen Fällen getötet wird. Es wird aber auch versucht, bestimmte Vergehen von Einzelpersonen nach außen hin zu kaschieren, damit die Familie – bzw. Gruppenehre erhalten werden kann. Wer soziale Ideale im alltäglichen Leben verwirklicht, trägt neben der Erhöhung seines eigenen individuellen Prestiges auch zur Erhöhung des Ansehens der Familie bzw. der Gruppe bei.[434]

Bezogen auf die aktuelle Situation in vielen ethnischen Gruppen ist der Stolz auf die Kenntnis der eigenen Deszendenz und des eigenen Stammbaumes sowie das Festhalten an sozialen Werte zurückgegangen. Das war früher ein sehr wichtiger Bestandteil des kulturellen Ordnung. Aber wegen verschiedene Einflussfaktoren, wie z. B. Ein- und Auswanderung, verlieren solche Werte an Wichtigkeit. In diesem Sinne kann man sagen: je größer die Außenbeziehung und Auswanderung (permanent oder saisonal) in einer ethischen Gruppe ist, desto größer ist der Außeneinfluss und desto weniger stabil sind die traditionellen Werte der ethnischen Gruppe. Beobachtungen zeigen, daß bei der Ja'aliyn (dem größten Stamm im Gebiet) das genealogische Wissen heute im allgemeinen nur noch zwei bis drei Generationen zurückreicht und daß nur ältere Leute noch ihre Stammbaum kennen.

2.1.2 Herkunft und Stammeseinteilung der ethnischen Gruppen im Unteren Atbara

Über die Herkunft der ethnischen Gruppen im Unteren Atbara gibt es in der Literatur, wegen der oben diskutierten Probleme der mündlichen Überlieferung, keine übereinstimmenden Erklärungen.[435] Das Gebiet des Unteren Atbaras, d. h. mehr als 50 kleinere Dörfer bzw. Lager (manchmal ca. 150 Einwohner in einem

---

[434] Im Zusammenhang mit der Bedeutung der Ehre und Schande in arabischen Gruppen im Sudan siehe Holter, U: Ethnische Struktur und Stammesgeschichte; in: Mensching, H. G./Seifert, H.S.N.: Tierhaltung im Sahel. Rezente Entwicklung und Perspektiven in der Republik Sudan; a. a. O.; S. 115f.

[435] In der vielfältigen Literatur, auf die umfassend einzugehen hier nicht der Ort ist, gibt es manchmal unterschiedliche Erklärungen und Vermutungen über die Herkunft von vielen Gruppen, insbesondere Nomaden und Semi-Nomaden, wie z. B. der Zebaydiya. Siehe dazu Mac Michael, H. A.: A History of the Arabs in the Sudan, Bd. I und II, London 1967/1922, S. 304. Siehe auch Shuggier, N.: the History of Sudan; Der Funj-Dynastie Byrut 1981; S. 100ff.

Dorf), wird bewohnt von vielfältigen ethnischen Gruppen, die letztlich – mit einigen Ausnahmen – als arabische-islamische Gruppen bezeichnet werden können. Je nach der ursprünglichen arabischen Abstammung, d. h. abhängig vom jeweiligen Ort auf der arabischen Halbinsel, vom jeweiligen arabischen „Stammvater“ und vom Migrationsweg (von Ägypten aus, Nil aufwärts oder direkt über das Rote Meer) lassen sich die ethnischen Gruppen im Unteren Atbara in zwei Hauptgruppen aufteilen: die Ja'aliyn, die die Mehrheit im Gebiet stellen, und die Juhayna[436]. Jede dieser beiden Hauptgruppen gliedert sich weiter in verschiedene Segmente oder Unterstämme auf, die sie sich noch weiter in verschiedene Lineages untergliedert, bis hin zu den heutigen ethnischen Gruppen.

Für unsere Untersuchung ist die Hauptgruppe der Ja'aliyn wichtiger. Sie bilden die Mehrheit der Bevölkerung im Unteren Atbara sowie in der ganzen Nordregion. Mit Stolz führen die Ja'aliyn ihre Abstammung auf Ibrahim Ja'al zurück. Der Grund dafür ist, daß er als ein Kenner des Koran und der arabischen Kultur und Geschichte – und des Schriftarabischen mächtig – vom *al-'Abbas* (Onkel des Propheten) abstammt: „thus the epithets Ja'ali and 'Abbasi have become virtually synonyms in the genealogies of the eastern*Bilad al-Sudan*“[437]. Obwohl die nubischen Herkunft für diese Gruppe wahrscheinlicher ist, versuchen die Ja'aliyn, um sich als die besseren oder reineren Menschen ansehen zu können, diese naheliegende Vermutung zu ignorieren.

Diese Hauptgruppe hat sich wie erwähnt in verschiedene Segmente aufgeteilt: Die Ja'aliyn (dieses Segment hat den Namen der Hauptgruppe behalten), die Mirafab, die Rubatab und die Manasir. Jedes Segment hat weitere Klans oder Lineages, die untereinander verbunden sind. Festzuhalten ist, daß diese Untergruppen hinsichtlich der Sprache, der Religion und der gemeinsamen arabischen Herkunft viele Ähnlichkeiten in ihren sozialkulturellen Ordnungen aufweisen. Andererseits beeinflussen der jeweilige Siedlungsort, die jeweiligen ökologischen, ökonomischen und politisch-administrativen Bedingungen diese Strukturen.[438] Es gibt auch kleinere Gruppen, wie z. B. Husania und andere Niltalbewohner, deren Herkunft nicht eindeutig nachweisbar ist. Sie haben kein eigenes Land und wandern zwischen den Regionen.[439]

---

[436] Die Juhayna sind hauptsächlich Nomaden und Semi-Nomaden. Sie wandern mit ihren Tieren zwischen der Ost- und Nordregion.

[437] Holt, P.M.: A Modern History of the Sudan; a. a. O.; S. 6.

[438] Vgl. ebenda; S. 6f.

[439] Sie werden als „Niltalzigeuner“ bezeichnet. Sie sind nirgendwo willkommen und werden von der lokalen Bevölkerung ausgegrenzt. Vgl. dazu Streck, B.: Heben eines geheimen Wortschatzes. Soziolinguistische Probleme der Forschung unter Nitalzigeunern; in: Streck, B. (Hrsg): Tradition, Migration, Notstand. Themen heutiger Sudanethnographie; Göttingen 1990; S. 46f.

Die direkt untersuchten Gruppen in den untersuchten Dörfer und Lagern gehören zu der Ja'aliyn, Rubatab und Masalamie. Weil es viele Ähnlichkeiten zwischen den drei Gruppen gibt, werden wir hier die Mehrheitsgruppe der Ja'aliyn weiter ausführlicher beschreiben.

Die Ja'aliyn. sind der grösste und mächtigste Stamm im Nildistrikt. Außer in dem Gebiet zwischen dem 6. Katarakt und Atbara, das die Ja'aliyn als ihr Land bezeichnen, finden sich die Ja'aliyn in verschiedenen Regionen des Sudan. Neben der landwirtschaftlichen Arbeit, treiben viele Ja'aliyn Wanderhandel. Sie wandern manchmal nach Südsudan bis zur Grenze von Uganda und nach Westsudan bis zu Grenze zum Tschad und zu Libyen. Die Ja'aliyn können sowohl auf ihre Herkunft als auch auf eine über Jahrhunderte währende Tradition als erfolgreiche Kaufleute und Händler verweisen. Einflußreiche Positionen in der Wirtschaft und der Politik werden von Ja'aliyn auch im heutigen Sudan beansprucht und bekleidet. Die Mehrheit jedoch gehört auch heute noch zur Schicht der Händler und Kaufleute.

Nach der mündlichen Überlieferung der Ja'aliyn handelte es sich bei ihnen um eine entlang dem Nil angesiedelte Gruppe, die ihre Abstammung aus der nahen Verwandtschaft des Propheten nachweisen kann. Sie behaupten, daß sie vom Onkel des Propheten Mohammed abstammen. Seit dem 16. Jahrhundert spielen sie in dem Gebiet eine dominierende Rolle. Genealogie und Geschichte bilden bis heute Hintergrund für soziales und politisches Verhalten und Stammesidentität, was sich besonderes auch bei Stammeskonflikten immer wieder zeigt. Nur wer seine Herkunft nachweisen kann, darf sich zur obersten sozialen Schicht im Dorf zählen, d. h. zu der seit Generationen im Dorf ansässigen Stammesgemeinschaft, oder gar zu den Gründern des Dorfes. Diese soziale Gruppe verfügt über das kultivierbare Land. Die Ja'aliyn sehen in dem mächtigen Mann Saad abu Dabus, der aus einem Klan des großen Stammes Saadab abstammt, ihren berühmten Ahnherrn. Sie nennen ihn als Ausgangspunkt für die Tradition des Stammes (arab.: *gabila*); ihm verdankt der Stamm letztlich seine Größe. Der Grund dafür ist, daß er im 16. Jahrhundert ein mächtiges Königreich gegründet hat. Dessen Hauptstadt war Shendi. Sie war in der Zeit jenes Königreiches das Zentrum des Handels im Sudan.[440] Die Ja'aliyn machten sich vor allem im 18. Jahrhundert während der Herrschaft des Königs Nimmer (des 14. Enkelkindes von Saad abu Dabus) und zur Zeit des Niederganges des Fung-Königtums von Sennar und zu Beginn der türkisch-ägyptischen Fremdherrschaft einen Namen. In dieser Zeit hat der König Nimmer seine Armee vergrößert und Waffen gekauft, um sein Königreich zu vergrößern Er hat auch die Hauptstadt Shendi ausgebaut, wo 7000 Einwohner lebten. Seine Herrschaft ging im 1821

[440] Vgl. Shuggier, N.: Tarikh Al-Sudan; Byrut 1981; S. 136ff.

unter, als er in einem sehr blutigen Krieg mit der türkisch-ägyptischen Armee unterlag. Bis zum Tod des letzten seiner Soldaten hatte er sein Reich verteidigt.

Ihrer soziales Prestige unterstreichen die Ja'aliyn auch in ihrer äußeren Erscheinung. In der Regel kleiden sich die Männer mit der traditionellen *Jellabiya,* einem knöchellangen Baumwollhemd mit langem Arm. Charakteristisch für jeden Ja'aliyn war ein Stock aus schwarzem Ebenholz, sowie das Messer, das er unter dem Ärmel seiner Jellabiya trägt.[441] Die Frauen verhüllen ihren Körper mit der *tob*, die auch aus Baumwolle ist. Die Farbe, Material und die Qualität einer Tob geben Aufschluß über den Status und das Alter der jeweiligen Trägerin.[442]

Die Würde der Stammeszugehörigkeit zu den Ja'aliyn läßt sich bei Frauen und Männern darüber hinaus an den charakteristischen Gesichtstätowierungen, den *shilukh* auf beiden Wangen ablesen. Diese findet man heute allerdings ausschließlich bei älteren Leuten.

Die Frauen der Ja'aliyn sind in das patrilineare und patrilokale System der arabisch-muslimischen Gruppen im Nordsudan integriert, in dem nur der Vater gesellschaftliche Identität vermittelt und die Kinder einer Frau ausschließlich zur Patrilineage ihres Mannes rechnen. Nur diese patrilineare Abstammung verleiht Status und den Söhnen Anspruch auf Erbschaft. Söhnen gelten daher als Sicherheit für den Fortbestand und die Vergrößerung der Patrilineage, im Gegensatz zu den Töchtern, die ihrerseits zeitlebens ihrer Patrilineage verbunden bleiben. Die Ja'aliyn bevorzugen endogame Ehen, insbesondere zwischen der Tochter des Vaterbruders, der *bint'amm*, und dem Sohn des Vaterbruders, dem *wad'amm*, sowie zwischen anderen Verwandten innerhalb des eigenen Stammes.[443]

Die sozialen Werte sind für die Ja'aliyn vom Geschlecht abhängig. Es gibt keine äquivalenten Tugenden von Mann und Frau. So werden Großzügigkeit, Gastfreundlichkeit, Familienehre, Würde und Tapferkeit ausschließlich dem Mann abverlangt. Andererseits hat die Frau hingegen ihre Keuschheit zu wahren, und auch hierin wird sie von den Männern ihrer Patrilineage geschützt, deren Ansehen von der Schamhaftigkeit ihrer Frauen abhängig ist.

---

[441] Das kam früher häufiger vor als heutzutage und wurde benutzt, um Bereitschaft zum Kampf zu signalisieren.

[442] In diesem Zusammenhang siehe Boeheringer-Abdalla, G.: Frauenkultur im Sudan; Frankfurt a. M. 1987; S. 18. in diese Studie wird die Kultur des selben Stammes aber eine andere Lineage dargestellt.

[443] Siehe dazu ebenda.

2.2 Die Struktur der untersuchten Dörfer

Direkt und intensiv wurde eine Gruppe von Siedlern in dem Dorf Albasli untersucht. Sie gehört zum Stamm der Ja'aliyn.[444] Dabei wurden zwei benachbarte Dörfer viele Male besucht und in die Untersuchung im weiteren Sinne aufgenommen. Es handelt sich um das Dorf Goz el Halag, das 15 km hinter dem Dorf Albasli liegt, in dem auch eine Lineage der ethnischen Gruppe der Ja'aliyn lebt, und den Ort Girsi, der von zwei ethnische Gruppen bewohnt wird, den Rubatab und den Musalamie. Das Dorf liegt noch 13 km hinter dem Goz el Halag. Alle drei Dörfer liegen flußabwärts entlang des Atbara-Flusses auf seiner Ostseite.

Das Dorf Albasli liegt ca. 30 km von dem Hauptstadt des Nildistrikts Ed Damer. Die Dorfbevölkerung setzte sich zum Zeitpunkt der Besuche aus 2615 Einwohnern und 516 Familien zusammen. Direkt am Flußufer beginnt das fruchtbare Schwemmland, auf dem sich große Felde erstrecken. Hierbei werden vornehmlich Früchte wie Melonen oder Datteln, Gemüse wie Gurken und Spinat sowie Sorghum für den Markt angebaut. So sind die meisten Einwohner in der Landwirtschaft beschäftigt. Es handelt sich hierbei grundsätzlich um kleinbäuerliche Landwirtschaft auf der Grundlage des Betriebssystems des Bewässerungsfeldbaus mit oder ohne Tierhaltung. In den Bewässerungsgebieten gibt es sowohl Überschwemmungsfeldbau als auch Ackerbau. Der Überschwemmungsfeldbau wird direkt in den Tälern der Fremdlingsflüsse, die saisonal überflutet sind, betrieben. Hier werden Gemüse und Früchte wie z. B. Kirschen angebaut. In dieser Produktionsweise sind vorwiegend die Frauen beschäftigt, d. h. Frauen arbeiten eher zeitweise in der Landwirtschaft. Beim Ackerbau gibt es zwei Arten von Felderbestellung. So werden die Felder entweder direkt vom Fluß aus , wenn sie nahe genug daran liegen, über Pumpen bewässert. Oder sie werden, wenn sie weit weg von dem Fluß liegen, über eine spezielle Art von Pumpen (*matara*) mit Grundwasser bewässert. In diesem Betriebssystem werden Weizen, Sorghum und Zwiebel angebaut. Hierbei arbeiten nur Männer. Auf nahezu jedem Feld oder in fast jedem Haushalt gibt es Tierhaltung. Wir haben es also in Albasli mit Bewässerungsfeldbau mit Tierhaltung zu tun. Im Vergleich mit Gersi, wo die extensive Tierhaltung und der Bewässerungsfeldbau vorherrschen, haben die Bauern in Albasli im Durchschnitt weniger Tiere. Sie halten eher Kühe und Ziegen, während in Girsi Kamele, Kühe und Ziegen von der Bauern aufgezogen werden. Es gibt in Albasli auch viele Haushalte, die Hühner züchten. Letzteres wird aber als Arbeit für Frauen angesehen.

Im Dorf gibt es eine Grundschule, eine Klinik, einen Markt, eine Moschee und die traditionelle Koranschule. Es gibt in Albasli auch eine eingetragene Mehr-

---

[444] Befragung der älteren Leute im Dorf zeigt, daß eine Lingeage vom Stamm der Jali'aliyn Anfang des 19. Jahrhunderts zum Atbara gewandert ist und das jetzige Dorf Albasli und die anderen Dörfer wie z. B. Goz Al Halag gegründet hat.

zweckgenossenschaft, wobei aber die landwirtschaftlichen Zwecke dominieren (siehe dazu Abschnitt 2.7.2 im diesem Teil).

Es gibt aber auch fünf private Autobesitzer und einen privaten Transportwagen, der von den Bauern gemietet wird, um ihre Produkte zum Markt (meistens in Ed Damer) zu transportieren. Es gibt auch reiche Bauern, die mit Unterstützung ihrer Söhne eigene Traktoren und Pumpen gekauft haben. In solchem Privatbesitz gibt es 33 Pumpen und drei Traktoren. Einer von diesen Bauern versucht auch, seinen Traktor an andere Bauern zu vermieten, auch in den Nachbardörfern.

In Albasli befindet sich eine Art sehr interessanter Kleinstrukturen oder eine Art von traditionellen Gruppen, die als autochthone Selbsthilfeorganisationen bezeichnet werden können.[445] Sie entstanden spontan auf dem Boden sozialer Normen, z. B. dem Gebot gegenseitiger Hilfe (*nafir*). Diese Organisationen haben eine erstaunliche Funktionsfähigkeit und Dynamik bewiesen. Sie sind der sozialen Realität angepaßt und dienen der Überlebenssicherung unter schwierigen ökologischen Rahmenbedingungen. Sie nahmen und nehmen verschiedene soziale und wirtschaftliche Aufgaben wahr. Bis jetzt wurden von ihnen im Dorf eine Grundschule und ein Wassertank gebaut und sie versuchen zur Zeit, den Ort zu elektrifizieren. Insbesondere stehen die dynamischen Frauengruppen bei dieser Arbeit im Vordergrund und werden deshalb in den folgenden Abschnitten ausführlicher dargestellt (siehe dazu Abschnitt 1.4 im Teil V).

Neben der Landwirtschaft als Haupteinkommensquelle gibt es viele Leute, die als Handwerker arbeiten. Insbesondere für Frauen ist handwerkliche Arbeit die Einkommensquelle. Es gibt auch Frauen, die neben ihrer Arbeit in der Landwirtschaft als Händlerinnen arbeiten. Arbeitsmigration spielt im Albasli Dorf schon seit Anfang der 70er Jahre eine wichtige Rolle. Seit dem Bau des Kashim el Girba-Damms 1964 und wegen der geringen Überschwemmung am Atbara haben viele Bauern ihre landwirtschaftliche Arbeit aufgegeben und sind aus dem Dorf ausgewandert. Die Bauern, die zuerst mit der Migration angefangen haben, kamen aus verarmten Haushalten, d. h. solchen, die nur kleine unfruchtbare Feld haben. Meistens emigrieren nur die Männer, lassen ihre Familien im Dorf und besuchen sie nur im Urlaub. Auf der Suche nach Arbeit sind viele Bauern in die Großstädte oder in die große Bewässerungsgebiete ausgewandert. Die beste Möglichkeit für solche Kleinbauern, die kaum Bildung haben, ist es, in die

---

[445] Solche Art von Organisationen entwickeln sich aus dem Organisationspotential der Bevölkerung selbst. Sie orientieren sich an tatsächlichen Bedürfnissen und Gegebenheiten der Gruppenmitglieder der autochthonen Selbsthilfe Organisationen. Siehe dazu Münkner, H.H.: Autochthone Formen der Selbsthilfe und moderne Entwicklung in Afrika; in: Internationales Afrikaforum; Vol. 25; 1989; S. 171-182.

Golfstaaten auszuwandern und dort als Hirten zu arbeiten, oder andere Arbeit zu verrichten, die keine Ausbildung erfordert.

In Zusammenhang mit der Arbeitsmigration vollzogen sich sowohl in Albasli und dem ganzen Unteren Atbara als auch in fast allen ländlichen Gebieten im Sudan viele soziale Änderungen. So bestand in vielen Häusern ein Teil der Einrichtung aus industriell gefertigten Konsumgütern, die Arbeitsmigranten aus den Golfstaaten mitgebracht hatten.[446]

In der folgenden Tabelle wird die natürlichen und die wirtschaftlichen Gegebenheiten zusammenfassend dargestellt:

Tabelle 4: Natur- und Humanressourcen in Albsli

Ressourcen	Angabe
Humanressourcen • Bevölkerung • Familienzahl	 2516 516
Wasserressourcen	Atbara-Fluß Oberflächenwasser 45 „shallow wells" 1 Wassertank, der ca. 200 Häuser durch Leitungen mit Wasser versorgt 45 Häuser mit Wasserpumpen
Landwirtschaftliche Ressourcen	Landwirtschaftliche Fläche: 1200 ha 33 Privatpumpen 6 Pumpen der Genossenschaft Produkte: Gemüse, Früchte, Sorghum, Weizen, Henna und Kirschen
Beschäftigungsmöglichkeit	Männer: Bauern, Händler und Regierungsbeamte Frauen: landwirtschaftlichen Arbeit, Handwerkerinnen und Händlerinnen

Quelle: Erhebung der Autorin.

[446] über die Arbeitsmigration von der ethnischen Gruppe der Rashaida im Ostsudan beispielweise siehe Mensching, H. G./Seifert, H.S.N.: Tierhaltung im Sahel. Rezente Entwicklung und Perspektiven in der Republik Sudan; a. a. O.; S. 134 und die dort angegebene Literatur.

2.3 Familien- und Haushaltsstruktur

2.3.1 Einführung: Familie, Haushalt und Verwandtschaft als elementare Institutionen der bäuerlichen Gesellschaften

Ökonomisch betrachtet, schaffen Institutionen „relative stabile Verhaltenserwartungen“ und reduzieren damit die „Unsicherheit und Komplexität von Entscheidungssituationen“. Da der Menschen weder in seiner Kindheit noch im Alter in der Lage ist, aus eigener Kraft sein Überleben zu sichern, können diese beiden Zeiträume, die jeweils in einem sozialen Kontext und nicht nur aufgrund biologischer Faktoren definiert sind, als Zeiten größter individueller Unsicherheit angesehen werden. Diese treten zwar zwangsläufig ein, werden aber wegen ihrer Langfristigkeit nicht durch vorhersehbare Umstände zusätzlich erschwert. Krankheiten, die das Arbeitsvermögen des Menschen einschränken, bilden ein zusätzliches, nicht planbares Risiko. Zur Überwindung dieser einzelnen prekären Lebenslagen mit ihrem lang- und kurzfristigem Charakter bedarf es einer sozialen Institutionen, deren Reproduktion, also deren regelmäßige Erneuerung, davon abhängt, inwieweit sie noch mit einer gewissen Wahrscheinlichkeit zur Bewältigung dieser prekären Lebenslagen beitragen kann. Prinzipiell geht es bei der sozialen Sicherung um einen Konsumverzicht in der Erwerbsperiode zugunsten einer Vermögensbildung, um mit Hilfe des Vermögens oder der daraus erzielbaren Rente „prekäre Lebenslagen“ zu meistern.[447]

Solange keine formellen Institutionen der sozialen Sicherung für die traditionellen Gesellschaften bestehen, die zu einer individuellen Bewältigung von Lebensrisiken beitragen, indem sie den Risikoausgleich auf eine gesellschaftliche, makroökonomische Ebene heben, sind es mikroökonomischen Organisationsformen, eben vorwiegend die Familie und Verwandtschaft, die diese Aufgabe eines langfristigen Risikoausgleiches übernehmen. So sind mikroökonomische Organisationsformen wie die Familie innerhalb des Dorfes als Institutionen sozusagen die Eckpfeiler der bäuerlichen Lebenswelt. Wegen des begrenzten Umfangs dieser Organisationen erfordert die langfristige Risikobewältigung ebenso langfristig sichere, reziproke Verhaltensweisen, die keinen kurzfristig instrumentellen Charakter annehmen können. Diese Verhaltensweisen setzen insofern die Anerkennung „moralischer“ Rechte und Pflichten voraus, als der Kosten-Nutzen-Ausgleich oder der langfristige Ausgleich von Verpflichtungen und empfangenen Leistungen sich einer kurz- oder mittelfristigen Aufrechnung entzieht. Die Sozialanthropologie hat sich ausführlich mit dieser „moralischen“

---

447 Vgl. dazu Freiberg-Strauß, J.: Mikroökonomische entscheidungsstrukturen von Kleinbauernfamilien in der Kartoffelwirtschaft Boyacás, Kolumbien; Spektrum. Berliner Reihe zu Gesellschaft, Wirtschaft und Politik in Entwicklungsländern; Bd. 29; 1991; Saarbrücken, Fort Lauderdale; S. 120.

Ökonomie beschäftigt und dabei den Verwandtschaftsbeziehungen eine besondere Rolle zugesprochen.[448]

Prinzipiell handelt es sich bei der „moralischen" Ökonomie um eine gemeinsam anerkannte Identität, deren Bestand durch symbolische Handlungen gesichert wird. In seiner ethnologischen Untersuchung der Kabylischen Gesellschaft erwähnt Boudieu zahlreiche Beispiele symbolischer Handlungen, die dem Fortbestand langfristiger sozialer Beziehungen dienen. In Anlehnung an den Gedanken von Mauss über den langfristigen „Tausch" von Geschenken entwickelt Boudieu den Begriff des „symbolischen" Kapitals, das – wie beispielsweise Prestige oder guter Ruf, die an die Familie gebunden sind – sich kaum in ökonomisches Kapital zurückverwandeln läßt. Die Bildung und Aufrechterhaltung von „symbolischem Kapital" verlangt symbolische wie materielle Investitionen, d. h. ideellen Beistand und Solidarität ebenso wie zuweilen auch sehr kostspielige wirtschaftliche Unterstützung.[449] Die „moralische" Ökonomie entfaltet eine ebenso reiche Dynamik wie die individuellen Reproduktionsstrategien und wird wohl erst dann an ökonomischer Bedeutung verlieren und in die kulturelle Sphäre abgedrängt werden, wenn die soziale Sicherung des Individuums so gut wie vollständig durch gesellschaftliche Organisation übernommen wird. Wenn also die „moralische Ökonomie" des intergenerationellen Ausgleichs durch den gesellschaftlichen Ausgleich der Lebenslagen innerhalb einer Generation, d. h. durch die „Ökonomie der großen Zahl", ersetzt werden wird.[450]

Anhand diese theoretischen Grundlage werden die empirische Analyse der Familie und Haushaltsstruktur sowie die Verwandtschaftsbeziehungen weiter beschrieben. Dabei und besonders im Bezug auf den Status der Frau im Unteren Atbara erhebt sich die Frage, warum Menschen sich unter die Herrschaft der „moralischen" Ökonomie begeben „with sufficient force to make people do things, to legitimate inequalities, to accept being the underdog".[451]

---

[448] Vgl. ebenda. Siehe ausführlicher Bourdieu, P.: Ökonomisches Kapital, kulturelles Kapital, soziales Kapital, in: Reinhard, K.: Soziale Ungleichheiten; Göttingen 1979; S. 183-198. Siehe auch Meillassoux, C.: The Economic Bases of Demographic Reproduction; in: The Journal of Peasant Studies 11; 1983; S.50-61.

[449] Bourdieu, P.: Entwurf einer Theorie der Praxis auf der ethnologischen Grundlage der Kabylischen Gesellschaft; Suhrkamp, Frankfurt a.M. 1979; S. 349f.

[450] Vgl. Freiberg-Strauß, J.: Mikroökonomische Entscheidungsstrukturen von Kleinbauernfamilien; a. a. O.; S. 122ff.

[451] Bouquet, M./De Haan, H.: Kinship as an Analytical Category in Rural Sociology: An Introduction. In: Sociologia Ruralis 27, 1987; S. 243-262.

2.3.2 Die Familien- und Haushaltsstruktur

In den bäuerlichen Gesellschaften im Unteren Atbara und vor allem in Albasli sind die Familienhaushalte dynamische Einheiten. Der Haushalt nimmt die zentrale Rolle als Produktions- und Konsumeinheit ein. Neben den ökonomischen Zwecken erfüllt der private Haushalt eine Reihe von weiteren Aufgaben wie die der sozialen Sicherung und des Schutzes für Schwächere, der Sozialisation, d. h. eine Vermittlungsfunktion gegenüber der jungen Generation wie Partnerwahl etc.

Legt man den formalen Haushaltsbegriff[452] der Verwaltung zugrunde – ausgehend von Fragen bezüglich der Entscheidungen über die Ressourcenverwendung, zu Handlungsmustern und zu zur Einkommensentstehung und –verwendung, die innerhalb der Haushaltsstrukturen zu beantworten sind – so gründen sich die Haushalte in den kleinbäuerlichen Gruppen im Unteren Atbara und insbesondere in Albasli in der Regel auf Familienverbände, vorrangig auf erweiterte Familien, in denen auch weitläufig Verwandte oder permanente Angestellte, einbezogen werden können. Diese Familien können auch bloße Kernfamilien, also verheirateter Mann, seine Ehefrau/en und die Kinder sein. Tatsächlich sind die Haushalte größer und komplexer strukturiert. Zumeist leben drei bis vier Generationen zusammen, wenn nämlich erwachsene, junge verheiratete Söhne mit ihren Kleinkindern noch eine wirtschaftliche Einheit mit dem väterlichen Haushalt bilden. Viel öfter versorgt der Haushalt im Rahmen der verwandtschaftlicher Verpflichtungen und traditionellen sozialen Sicherungen alte, abhängige Familienmitglieder mit, und zwar nicht nur allein Elternteile, sondern auch unverheiratete, verwitwete Tanten, Cousinen oder Geschiedene. Insbesondere findet man diese engen Bindungen, wenn die bäuerliche Wirtschaft noch Grundlage der Einkommenserzielung für den Haushalt ist. Die Auswanderung und der vielfältige Wandel der Lebensbedingungen und des wirtschaftlichen Potentials im Unteren Atbara seit der Ende der 70er Jahren haben deut-

[452] Die Vielschichtigkeit der Funktionen des Haushalts im Unteren Atbara und vor allem in Albasli macht eine allgemein gültige, und zugleich allen Dimensionen gerecht werdende Haushaltsdefinition äußert schwierig, ja unmöglich. Definitionsversuche, bei denen Haushalte als Gruppen von Individuen definiert werden, die unter einem gemeinsamen Dach leben, eine gemeinsame Küche nutzen und von einem gemeinsamen Haushalt-Budget leben, erfassen zwar mehrere Kriterien aber längst nicht alle Funktionen, die der Haushalt erfüllt. Deshalb werden wir in unserer Analyse mit einem weitgefaßten Begriff des Haushaltes arbeiten. Zur Problematik der Definition des Haushalts siehe weiter Kirk, M.: Struktur der Untersuchungsgruppen; in: Mensching, H. G./Seifert, H.S.N.: Tierhaltung im Sahel. Rezente Entwicklung und Perspektiven in der Republik Sudan; a. a. O.; S. 149ff. und die dort angegebene Literatur.

liche Auflösungstendenzen in den Familien- und Haushaltsstrukturen zur Folge:[453]

- Durch den Einfluß von zahlreichen Außenfaktoren haben sich einige soziale Werte verflüchtigt und demzufolge ging die einstmals große Bedeutung der erweiterten Familie zurück. Die junge Generation entwikkelte die Tendenz, ihre eigene Kernfamilien zu bilden.
- Viele arbeitsfähige Söhne sind mit ihren Familien in die großen Städte abgewandert, zurück geblieben sind die ältere Generation der Väter mit ihren Frauen.
- Infolge der Arbeitsmigration in die Golfstaaten leben verheiratete Töchter mit ihren Kinder bei den Eltern, solange der Ehemann im Ausland ist.

Zur Alters- und Geschlechtsstruktur der Haushalte in Albasli und in den zwei weiteren untersuchten Dörfern gibt es keine direkten Erhebungen, jedoch lassen sich diese Angabe der Grunderhebung eines UNDP Projektes, das im selben Gebiet läuft, entnehmen. Die folgende Tabelle enthält die diesbezüglichen Zahlen:

Tabelle 5: Struktur der Haushalte in der ausgewählten Untersuchungsdörfer

Variablen	Albasli	Goz el Halag	Girsi
Einwohnerzahl			
Anteil männlich (in %)	51,7	50,1	50,8
Anteil weiblich (in %)	48,3	49,9	49,2
Haushaltsvorstand			
männlich (in %)	90,6	92,4	93,3
weiblich (in %)	9,4	7,6	6,7
Haushaltsgröße	6,7	5,6	5,7

Quelle: Ministry of Finance and National Economy. United Nations Development Programme (UNDP). Area Development Scheme Programme (lower Atbara). Northern State (Sudan). Baseline Survey Report 1992; April 1993; S. 29.

Tabelle 6: Altersstufen in der ausgewählten Untersuchungsdörfer (in Prozent)

Variablen	Albasli	Goz el Halag	Girsi
0 – 15 Jahre	41,0	40,5	40,7
16 – 45 Jahre	45,0	46,0	45,6
46 – 60 Jahre	9,7	8,9	9,3
älter als 60 Jahre	4,2	4,6	4,4

Quelle: Ministry of Finance and National Economy. United Nations Development Programme (UNDP). Area Development Scheme Programme (lower Atbara). Northern State (Sudan). Baseline Survey Report 1992; April 1993; S. 29.

[453] Für ähnliche Beschreibung siehe ebenda; S. 152f.

Aufgrund der Ergebnisse der Grunduntersuchung vom UNDP und aufgrund der eigenen Untersuchungsergebnisse können die folgende Punkte festgehalten werden:

- Die für die drei untersuchten Dörfer in der offiziellen Statistiken angegebene geringe Haushaltsgröße erklärt sich durch die relative Mobilität der Bevölkerung im Unteren Atbara. Wegen der vielfältigen Veränderungen der Lebensbedingungen sind nicht alle Familienmitglieder das ganze Jahr über im Haushalt anwesend. Durch die saisonale und andere Arten von Abwanderung (wie z. B. Migration eines Teils der erweiterten Familie, z. B. eines Sohnes mit einer seiner Frauen und den Kindern, oder der Aufenthalts eines Teils der Kinder oder der erwachsenen Söhne im Internat oder bei Verwandten in den Städten) werden die Statistiken ungenau. Durch eigene Beobachtung und durch viele Interviews mit Frauen und anderen Familienmitgliedern während der Feldforschung konnte bestätigt werden, daß in Albasli die durchschnittliche Haushaltsgröße zehn Personen umfaßt. Diese Komplexität bestätigt nochmals, daß es keine allgemein gültige Haushaltsdefinition für die von uns untersuchten Gruppen geben kann.

- Der Haushaltsvorstand in allen drei untersuchten Dörfern ist zu mehr als 90 % der Fälle männlich. Der niedrige Prozentanteil weiblicher Haushaltsvorstände (weniger als 9 %) erklärt sich durch „cultural and social norms of the conservative society of Northern Sudan which does not favour a situation in which women are autonomous“.[454] Es gibt z. B. viele Witwen, die wegen dieser sozialen und kulturellen Kontrolle zu ihren Herkunftsfamilien zurückkehren und eine Wirtschaftseinheit mit den Eltern bilden. Dies zeigt deutlich, wie der Status der Frauen in einer typischen patriarchalischen Gesellschaftsstruktur wie die der Gruppe der Ja´aliyn sein kann. Nach eigenen Beobachtungen und bestätigt durch die UNDP-Berichte über das Untere Atbara sind die Haushalte, die von Frauen als Haushaltsvorstand geleitet werden, die ärmsten Familien in den Dörfern.

- 46 % der Bewohner der drei Dörfer gehören den produktiveren Altersstufen an (zwischen 16 und 45 Jahren). D. h. es gibt einen hohen Anteil an potentiellen Arbeitskräften. Dabei ist der durchschnittliche Anteil der Kinder und Jugendlichen 40,5 %. Das wird von der UNDP als eine außer-

[454] Ministry of Finance and National Economy. United Nations Development Programme (UNDP). Area Development Scheme Programme (lower Atbara). Northern State (Sudan). Baseline Survey Report 1992; April 1993; S. 30.

gewöhnlichen Alterspyramide im Vergleich mit der anderen Gebieten im Sudan und Entwicklungsgesellschaften im allgemeinen betrachtet.

- In der Altersgruppe von 16 bis 45 Jahren fällt ein starkes Übergewicht der weiblichen Familienmitglieder auf. Dieses erklärt sich durch das höhere Heiratsalter der Männer, den Anteil geschiedener Frauen und von Frauen, deren Männer saisonal abgewandert sind. Zum anderen ist dies eine Folge der mehrjährigen Abwesenheit junger, arbeitsfähiger Männer, die in den Großstädten oder in den Golfstaaten arbeiten.

In der bäuerlichen Gesellschaft im Unteren Atbara heiraten die Frauen viel früher als die Männer. Insbesondere in Albasli und Goz el Halag heiraten Frauen (Mädchen) ab dem Alter von 12 Jahren[455]. Für sie fängt die Phase der selbständigen Familie und manchmal der Gründung eines eigenen Haushalts früher an als bei den Männern. Die Männer müssen dafür erst in der Lage sein, zu arbeiten und Geld zu verdienen. Normalerweise gelten die Männer ab dem Alter von 25 Jahren als heiratsfähig. Zumeist zieht die Ehefrau zu der Familien des Mannes. Insbesondere zu Beginn der Ehe, wenn es noch keine Kinder gibt oder die Kinder klein sind, bleibt die Frau in der Familie ihres Mannes und vermehrt damit die Größe des schwiegerelterlichen Haushalts. Aber auch dann, wenn die junge Familie auszieht, bleibt der Sohn mit sein Elternfamilie in so enger Verbindung, sind die Lebensumstände und das ökonomische Handeln der Elternfamilie und der Sohnfamilie so eng miteinander verknüpft, daß man hier von *einem* Familienhaushalt sprechen muß. Diese Struktur zeigt noch einmal, wie die Frauen in Albasli und Goz el Halag in das patrilineare und patrilokale System der nordsudanesischen, vor allem der Ja'aliyn integriert sind, in dem nur der Vater gesellschaftliche Identität vermittelt.

2.4 Die Institution des Hauses: Produktion und Arbeitsteilung auf der Haushaltsebene

Wie schon mehrfach erwähnt arbeiten die kleinbäuerlichen Gruppe in Albasli im Rahmen einer Hauswirtschaft[456]. Es handelt sich dabei nicht um einen reinen

[455] Bezüglich der frühen Heirat von Frauen werden wir den folgenden Abschnitten weitere Ausführungen machen, vor allem hinsichtlich der kulturellen Hintergründe des Status der Frau in diesen Gesellschaften.

[456] Der Ausdruck „Hauswirtschaft" bezeichnet in der vorliegenden Arbeit die Wirtschaft einer Bauerfamilien, die keine Lohnarbeiter beschäftigt, sondern ausschließlich die Arbeitskraft ihrer eigenen Mitglieder einsetzt. Obwohl Tschajanow in seiner bedeutenden Buch „Die Lehre von der bäuerlichen Wirtschaft" den Begriff „Familienwirtschaft" im Rahmen seiner Theorie der Familienwirtschaft im Landbau benutzt, hat aber der Begriff „Hauswirtschaft" im internationalen Sprachgebrauch eine breitere Bedeutung, die auch die Familienwirtschaft von Tschajanow umfaßt. So spricht beispielsweise Sahlins von „Household" und „Domestic Mode of Production" (1972), Meillassoux von der „Hausgemeinschaft" (1976). Von daher bietet

Produktionsbetrieb, sondern um eine Lebenseinheit, bei der die Mitglieder gemeinsam wohnen, essen und arbeiten. Das Haus ist eine autonome wirtschaftliche Einheit.[457] Angenommen, daß die lebendigen arbeitenden Menschen das organisierende schöpferische Element einer jeden Wirtschaft sind, so müssen die Mitglieder einer Familie und ihre Verwandten das einzige organisierende Element der lohnarbeiterlosen Hauswirtschaft sein. In einer solchen Wirtschaft sind die Arbeitskräfte ausschließlich die vorhandenen arbeitsfähigen Familienmitglieder. Art und Umfang der in einem Haushalt anfallenden Arbeiten und ihre Ausführung, sowie der Konsumbedarf, sind von der Größe und Zusammensetzung des Familienhaushaltes und vom Geschlecht und Alter seiner Mitglieder abhängig. Die Aufteilung der Arbeit hängt wesentlich vom Familienzyklus ab. In seiner Größe ist ein Haushalt nicht statisch. Er durchläuft während seines Bestehendes verschiedene Phasen, in denen sich durch Geburt, Heirat und Tod der Familienmitglieder zyklische Veränderung ergeben. Demzufolge ändern sich auch die Art und der Umfang der anfallenden Arbeiten, die Verteilung der verschiedenen Aufgaben sowie die Konsumtion.[458]

Gerade bei der kleinbäuerlichen Gesellschaft im Unteren Atbara ist die geschlechts- und altersspezifische Arbeitsteilung von besonderer Bedeutung. Im folgenden Abschnitt soll die Organisation der Arbeit in der bäuerlichen Gesellschaft in Albasli dargestellt werden, und zwar eingebettet in den Lebenszyklus, wobei man zwischen dem Familienzyklus (*domestic cycle*) und den individuellen Lebenszyklus (*development cycle*) von Frau und Mann unterscheiden kann. Zur Illustration wird der idealtypische Verlauf eines Familienzyklus dargestellt.[459] In der Wirklichkeit entwickeln sich manche Familien nicht in dieser Weise. Deswegen werden wir einige typische Variationen während der Diskussion beschreiben. Wir werden zuerst die Frauen und ihre Lebenszyklus betrachten.

---

sich „Hauswirtschaft" als Oberbegriff an. Siehe dazu Spittler, G.: Tschajanow und die Theorie der Familienwirtschaft;in: Tschajanow, A.: Die Lehre von der bäuerlichen Wirtschaft; Frankfurt a. M., New York 1987; S. XIII.

[457] Beck, K./Spittler, G.: Einleitung. Plädoyer für eine ethnologische Arbeitsforschung; in: Beck, K./Spittler,G: Arbeit in Afrika. Beiträge zur Afrikaforschung; Universität Bayreuth; Bd. 12; Hamburg 1996; S. 2.

[458] In diesem Zusammenhang vgl. Tschajanow, A.: Die Lehre von der bäuerlichen Wirtschaft; a. a. O.; S. 9.

[459] In diesem Zusammenhang vgl. vgl. Holter, U.: Tierhaltung auf Haushaltsebene; in: Mensching, H. G./Seifert, H.S.N.: Tierhaltung im Sahel. Rezente Entwicklung und Perspektiven in der Republik Sudan; a. a. O., S. 170.

2.4.1 Lebenszyklus und Aufgabenkatalog von Frauen

In den traditionellen Gesellschaften unterteilt sich der Lebenszyklus gemäß selbstdefinierter Kriterien in bestimmte Phasen, deren Übergänge häufig mit Initiationsriten markiert sind und z. T. mit Festen begangen werden. Mit jeder Phase werden kulturelle Erwartungen verknüpft. Dazu gehören die altersspezifischen Arbeiten und Fähigkeiten, Verantwortungen, Normen, Werte und Tabus, Verhaltensvorstellungen, Rollenverständnis und Status. Diese können sich markant von einer Lebenszyklusphase zur nächsten verändern.[460] In Anlehnung an die Beschreibung des Lebenszyklus von Mann und Frau der Miheidat und Barasa in Butana in Ostsudan von Uta Holter werden wir den Lebenszyklus für Frau und Mann in Albasli beschreiben.[461]

In der ersten Phase, d. h. von der Geburt des Mädchens bis zum Alter von vier Jahre kann die Mutter nicht auf die Hilfe ihrer Töchter rechnen. Die Mädchen und auch die Jungen werden in dieser Phase getragen und zwei Jahre lang gestillt. Sie sind noch nicht in den Arbeitsprozeß einbezogen. Besonderes zum Zeitpunkt der Geburt des ersten Kindes gehören die jungen Eltern noch eng zu der Großfamilie. So kooperiert die Frau bei ihrer Arbeit mit Schwiegermüttern und Schwägerinnen, und sie bekommt auch von ihrer Mutter und ihren Schwestern Hilfe.

In der zweiten Lebenszyklusphase (von 4 bis 10 Jahren) lernen die Mädchen innerhalb des Sozialisationsprozesses, bestimmte Tätigkeiten auszuführen – zunächst spielerisch und imitierend. Etwa ab dem siebten Lebensjahr beginnt die Hauptlernphase und die Kinder übernehmen erste Arbeiten: Etwa ab vier bis fünf Jahre helfen kleine Mädchen ihren Müttern vom frühen Morgen an, sie bringen Holz zum Feuermachen für das Teekochen, helfen beim der Vorbereitung des Frühstücks, beim Kochen für das Nachmittagessen und führen Handreichungen im Haushalt aus. Sie sammeln auch kleine Mengen von Holz mit ihren älteren Schwestern, tragen bestimmte Gegenstände und Nahrungsmittel zwischen den Nachbarhäuser hin und her. Ab sieben Jahre gehen sie regelmäßig, um Wasser von Brunnen zu holen,[462] sie spülen Geschirr und betreuen kleinere Geschwister. Sie sammeln Brennholz und helfen, Ziegen und Schafe auf näher gelegenen Weiden zu hüten.

---

[460] Vgl. ebenda; S. 171.

[461] Vgl. ebenda; S. 172ff.

[462] Die Situation hat sich in vielen Haushalten geändert. Es gibt seit Ende der 80er Jahren viele Familien, die das Wasser durch Pumpen oder durch Leitungen ins Haus bekommen. Das wird durch die authochtonen Selbsthilfegruppen bewerkstelligt, jedoch mit Hilfe vom UNDP-Projekt. Deshalb sind die Aufgaben von Mädchen in diesem Bereich leichter geworden. Vgl. dazu: Second Round Animation Reports from the Village Albasli 1995.

Heutzutage gehen zumeist die Mädchen mit sechs Jahren zur Grundschule, die im Sudan acht Klasse umfaßt.[463] Obwohl sie in die Schule gehen, müssen sie weitgehend ihre Arbeiten im Haushalt machen. Ihre Arbeitszeit hat sich geändert. Die Schulzeit von 8 Uhr bis 13 Uhr muß arbeitsfrei sein. Deshalb müssen die Mädchen einige Haushaltsarbeiten morgens früh erledigen, wie beispielsweise Wasser holen, Feuermachen zum Teekochen, Ziege melken und Helfen beim Herrichten des Haushalts vor der Schulzeit. Den Rest ihrer Arbeiten müssen sie dann nach Schulschluß erledigen.

In den dritten Phase vom zehnten bis zum zwölften Lebensjahr, d. h. bis zur Heiratsfähigkeit, lernen die Mädchen all die Arbeiten, die sie im Hinblick auf die Gründung einer Familie beherrschen müssen. So kennt jedes Mädchen im Alter von zehn Jahren weitgehend alle Arbeiten im Haushalt, wenn es sie auch noch nicht vollständig beherrscht. Ab dem sechsten Jahre bis zur Menarche, der ersten Menstruation, trägt das Mädchen ein Kopftuch. Mit Eintritt der ersten Menstruation muß es den traditionellen Schleier (*tobe*) tragen und darf nicht mehr allein, d. h. ohne Begleitung von mindestens zwei anderen Mädchen, die ihrer Familie bekannt sind, weit weg von Zuhause, auch nicht um Wasser oder Brennholz zu holen.[464] Mit zehn Jahren fängt auch das Mädchen an, in der Landwirtschaft zu helfen und handwerkliche Arbeit auszuführen, insbesondere Teppiche, Körbe und Taschen zu flechten. Ab dem zwölften Lebensjahr, wenn die Mädchen als heiratsfähig gelten, perfektionieren sie alle ihre Arbeiten im Haushalt, d. h. Kleider waschen, Kochen, Kaffee/Tee zubereiten, spülen bzw. den Haushalt aufräumen, kleine Geschwister versorgen sowie landwirtschaftliche und handwerkliche Tätigkeiten.

So ist ein Mädchen heiratsfähig, wenn es die Haushaltsaufgaben mit voller Verantwortung für Ehemann, Kinder und Gäste übernehmen kann, d. h. wenn die Lernphase als abgeschlossen betrachtet werden kann. Das ist in Albasli und Goz el Halag im Alter von 12 bis 15 Jahren der Fall. Ausnahmsweise heiraten manche heutzutage erst ab 18 Jahre, weil sie in die Schule gehen. In Girsi gelten die Mädchen ab 16 Jahren als heiratsfähig. Im allgemeinen wird eine Frau im Unteren Atbara, die mehr als 25 Jahre alt ist, nicht mehr heiraten, oder bestenfalls einen alten Mann, der schon eine oder mehrere Frauen hat.

---

[463] Über die Bildung von Mädchen und Frauen vgl. Abschnitt 4.2.1 in diesem Teil.

[464] Heutzutage und wegen der forcierten Umwandlung des Sudan in einen islamische Staat wird den Mädchen mehr Beschränkung auferlegt. Eine Frau teilt mir mit, daß als sie Kind mit ihren Kameradinnen zum Holz holen weit weg gehen durfte – bis sie die Häuser nicht mehr sehen konnten. Aber jetzt, sagte sie, erlaube ihr Mann nicht, daß ihre Tochter so weit fortgeht. Sie meinte, daß der Imam in der Moschee und die jungen Fundamentalisten ihrem und den anderen Männern das eingeredet haben. Zu ähnlichen Veränderungen vgl. Holter, U.: Tierhaltung auf Haushaltsebene; in: Mensching; a. a. O.; S. 173.

In der Phase nach der Heirat verändert sich der Status der Frau tiefgreifend. Zumeist zieht sie zu der Familie ihres Mannes, in seltenen Fällen bleibt sie jedoch in den ersten Jahren bei ihren Eltern. Es kann auch vorkommen, daß sie in einem separaten Haus lebt, insbesondere wenn sie Kinder bekommt, aber die Lebensumstände und das ökonomische Handeln sind mit dem Haushalt der Familie ihres Mannes auf das Engste verknüpft.[465] Falls sie zu den Eltern ihres Mannes zieht, bedeutet dies, daß der Familienhaushalt ihres Mannes eine zusätzliche Arbeitskraft gewonnen hat.

Die erste Phase einer Ehe kann als die Hauptphase für die Reproduktion bezeichnet werden. Allgemein gilt, daß nach der Heirat die Geburt des ersten Kindes das wichtigste Ereignis im Leben einer Frau darstellt. Das gesellschaftliche Prestige, das die Frau in ihrer Rolle als geschlechtsreife Frau gewinnt, bemißt sich nach ihrer Fruchtbarkeit, die ebenfalls einen gesellschaftlichen Wert darstellt.[466] Das bedeutet aber nicht, daß ihre anderen Tätigkeiten wegfielen. Sie wird aber Hilfe von ihren Verwandten verschiedenen Grades bekommen, um ihre eigene Arbeit auszuführen, insbesondere da sie noch keine Töchter hat, von denen eine wirkliche Entlastung bei den anfallenden Arbeiten erwartet werden kann. Wenn die Kindern zu voll arbeitsfähigen Erwachsenen herangewachsen sind, verteilt sich die Arbeit auf mehrere Personen, solange sie noch zum Haushalt gehören. Eine deutliche Entlastung und dauerhafte Veränderung der Arbeitssituation ergibt sich auch mit der Einheirat einer Schwiegertochter in das Haus. Von diesem Zeitpunkt an wird die Arbeit der Schwiegermutter sehr erleichtert.

So umfassen die Tätigkeiten einer verheirateten Frau erstens die Haushaltsarbeit, zweitens die landwirtschaftliche Arbeit und drittens die handwerkliche Arbeit. Im Haushalt ist die Frau zuständig für Aufbereitung von Nahrungsmitteln, d. h. sie bringen Gemüse vom Feld, sie trocknen Fleisch, mahlen Sorghum, melken die Ziegen. In Familienhaushalten, die viele Tiere haben, besorgt die Frau die Herstellung von Butter und Butterschmalz. Da es im Dorf heutzutage eine Mühle gibt, entfällt das Mahlen von Sorghum. Weitere Aufgaben im Haushalt sind die Zubereitung von Mahlzeiten, das Aufräumen und die Reinigung der Häuser, Herstellung von Kleidung und Einrichtung, die Bewirtung von Gästen und von weiblichen Besuchern. Eine wesentliche Arbeit einer verheirateten Frau ist die Erziehung und Betreuung der Kinder. Insgesamt ist die Frau für die Organisation und das Funktionieren des Lebens im Haus verantwortlich. Da auch das Geflügel

---

[465] Hier sollte nochmals erwähnt werden, daß die Haushaltsstruktur sehr schwierig zu beschreiben ist. Siehe Abschnitt 3.2.4.

[466] Viele der von mir befragten Frauen betonten, daß die Frauen, die keine Kinder haben, keine Frauen sind. Eine richtig gute Frau hat mindestens sieben Kinder, sagte mir eine der Frauen, und die keine Kinder bekommen kann, ist keine Frau. Sie wird von ihrem Mann geschieden und dann aus der Gesellschaft ausgegrenzt.

und Kleintiere, wie Ziegen und Schafe, räumlich eng an das Haus gebunden sind, gehören sie zum weiblichen Arbeitsbereich. Dadurch sind Frauen für das Futter und die Sauberkeit der Räume solcher Tier verantwortlich. Das wird auch als eine Aufgabe für verheiratete Frauen gesehen. Kleine Mädchen lernen auch, solche Aufgaben zu übernehmen.

Für das Großvieh sind die Männer verantwortlich. Die landwirtschaftliche Arbeit ist ebenfalls eine Männerarbeit. Die Frauen arbeiten als Hilfskräfte bei der Ernte und jäten Unkraut. Sie können aber auch auf ganz bestimmten Böden bestimmte landwirtschaftliche Produkte anbauen und zwar in den Tälern der Fremdlingsflüsse, wobei man saisonal Gemüse und Obst wie z. B. Kirschen anbaut. Das machen die älteren – noch arbeitsfähigen – Frauen ab 35 Jahren, auch dann wenn sie schon viele Kinder haben. Dann bekommen die Frauen allerdings Arbeitserleichterung im Haushalt, insbesondere wenn sie Töchter haben. In der Regel betreiben die Frauen des Gemüse- und Obstanbau für ihre eigene Existenzsicherheit.

Die handwerkliche Arbeit ist eine sehr wichtige Einkommensquelle für den Haushalt, besonders für Frauen, die aus armen Familienhaushalten kommen. So flechten Frauen eine traditionelle Art von Teppich, Taschen und Körben. Diese werden von ihren Männern in Ed Damer verkauft.

Durch die Migration, die sich durch die verschlechternden Lebensbedingungen im Unteren Atbara notwendig geworden ist, hat sich Arbeitspensum von Frauen, vor allem in der Landwirtschaft erhöht. Bei mehrjähriger Abwesenheit des Ehemannes wird häufig die Hilfe von Verwandten nachlassen, insbesondere, wenn die Geldsendungen des Abgewanderten nicht den hohen Erwartungen der Daheimgebliebenen entsprechen, oder sie auch überhaupt kein Geld schicken, da sie keine Arbeit finden. Demzufolge stehen die Migrantenfrauen allein für die Grundbedürfnisbefriedigung ihrer Familie. So zwingt die große Armut dieser alleinstehenden Frauen, daß sie mit Hilfe ihrer Kinder ohne weitere Unterstützung die Feldern roden, bestellen und zu Jät- und Erntezeiten bis zur Erschöpfung auf den Feldern bleiben.[467]

Grawart machte die gleichen Beobachtungen über die Wirkung der Migration der Männer auf die Arbeiten der Frauen und stellt am Beispiel von Kutum im Westsudan fest, daß Frauen immer mehr Flexibilität für die Lebenserhaltung benötigen, um ihre Arbeiten zu schaffen.

> „So kann z. B. eine Frau neben Haushalt und Kinderversorgung, Holz- und Wasserholen und Nahrungszubereitung noch einige Stunden den Garten bewässern und jäten,

---

[467] Im diesem Zusammenhang vgl. Grawert, E.: Alltag und soziale Stellung der Frauen im Westsudan; in: Laudowicz, E. (Hrsg.): Fatimas Töchter. Frauen im Islam; Köln 1992; S. 122. und Klein-Hessling, R/El-Sammani, B.: „Die Mädchen wollen keinen Bauern heiraten.“; S. 43.

abgeerntetes Gemüsse auf dem Markt verkaufen, oder Wildfrüchte sammeln und diese, auch zum Verkauf, verarbeiten, oder – je nach Sasion – Feldarbeiten leisten, Matten flechten, das Haus ausbessern, Wasser holen und an andere Haushalte liefern, etc."[468]

Ab dem Alter von 50 Jahren, von wo an die Frau in dieser Gesellschaft als alt gilt, kommt die Frau langsam in ihren Ruhestand. Die Kinder haben ihre eigene Familien gegründet und vielleicht auch den Haushalt verlassen. Es wird von ihr keine Arbeit mehr verlangt, aber sie kann einige Tätigkeiten – besonderes handwerkliche und landwirtschaftliche Arbeit – übernehmen. In Prinzip heißt das, daß gesunde Menschen solange Arbeiten übernehmen können, wie sie physisch dazu in der Lage sind. Für die finanzielle Versorgung der alten Menschen sowie die Übernahme von deren Aufgaben und Arbeiten sind die Kinder zuständig. Normalerweise ziehen die alten Paare zu ihrem Sohn oder ihren Töchtern, falls diese einen eigenen Haushalt haben. Häufig wird auch in Albasli, aber auch in ganzen Unteren Atbara, ein Leihkind als eine Art von sozialer Sicherung zu den Großeltern gegeben, in der Regel von der Tochter und meistens ein Mädchen.[469] So lebt es bei der Großeltern, leistet ihnen Gesellschaft und übernimmt zunehmend Arbeit im Haushalt. Wichtig ist außerdem, daß die Großeltern und insbesondere die Großmütter eine große Rolle bei der Sozialisation der Kinder spielen.

2.4.2 Lebenszyklus und Aufgabenkatalog von Männern

Die Aufgabenkatalog sieht bei die Männer anderes aus (Tabelle 7, S. 196). Im Alter unter sieben Jahren werden nicht viele Tätigkeiten von den Jungen verlangt. Da alle Arbeiten im Haushalt Frauenarbeiten sind, lernen die Jungen von Anfang an, daß sie mit den Aufgaben im Haushalt wie kochen, spülen, aufräumen, Kleider waschen und kleinere Kinder betreuen, nichts zu tun haben. Sie werden höchstens im Alter zwischen vier und sechs kleine Gegenstände oder Lebensmittel vom Laden oder vom Nachbarn holen.

Auch bei Jungen fängt die Hauptlernphase für ihre späteren Aufgaben mit sieben Jahren an. Wie schon erwähnt wurde, sind die meisten landwirtschaftlichen Arbeiten Männersache und die Männer bauen für den Markt Weizen, Sorghum, Zwiebeln, Früchte und Gemüse an. Frauen sind bei diesen Arbeiten zumeist Hilfskräfte, bauen aber auch saisonal bestimmte Pflanzen in Eigenverantwortung an. Zu Beginn gehen die Jungen mit ihren Vätern auf die Felder, um kleinere

[468] Grawert, E.: „Einer soll fortziehen...". Wie Frauen in Kutum (Westsudan) durch Flexibilität und Mehrheit die Migrationfolgen auffangen; in: Grawart, E. (Hrsg.):Wandern oder bleiben?. Veränderungen der Lebenssituation von Frauen im Sahel durch die Arbeitsmigration der Männer; Bremer Afrika-Studien; Informationszentrum Afrika (IZA); Bd. 8; Bremen 1994; S. 109.

[469] In diesem Zusammenhang vgl. Holter, U.: Tierhaltung auf Haushaltsebene; in: Mensching; a. a. O.; S. 177.

Aufgaben zu übernehmen. Besonders zur Erntezeit helfen sie beim Einbringen der Getreide, Gemüse und Früchte. Bei den Bauern, die viele Tiere haben, werden die Jungen ab sieben Jahren auch die Ziegen und Schafe auf den näher gelegenen Weiden hüten. In Albasli lassen die Bauern in der Regel, wenn sie umfangreiche Tierhaltung betreiben, ihre Tiere von Lohnhirten hüten oder von Verwandten, die neben vielen Tieren auch Kamele haben, und mit diesen nach Butana wandern, versorgen.[470] Sie behalten nur wenige Kühe, Ziegen und Schafe für ihre eigene Nutzung, für Milch und Milchprodukte. Diese Kühe werden von Männern versorgt. So fangen die Jungen ab dem 10. Lebensjahr langsam an zu lernen, die Kühe zu füttern und zu melken, denn das Melken von Kühen gilt als Männerarbeit. Frauen dürfen nur Ziegen melken.

Voll arbeitsfähig ist ein Junge zwischen 15 und 17 Jahren. Er soll in diesem Alter die meisten Arbeiten eines Landwirts beherrschen. So kann er zum Beispiel allein die Felder roden und Dünge- und Pflanzenschutzmittel anwenden, d. h. von der Vorbereitung des Bodens, über das Sähen und Pflanzen bis zu Ernte sollte er weitgehend alle Arbeiten beherrschen.[471] Wenn er in der Lage ist, ein Feld ganz und gar selbständig zu bewirtschaften, wird er „Mann" genannt und gilt als heiratsfähig. Das erfolgt etwa zwischen dem 20. und dem 25. Lebensjahr. Für einen Junge dauert die Lernphase länger als bei einem Mädchen, solange, bis er wirklich fähig ist, die volle Verantwortung als guter Bauer und damit auch für eine Familie zu übernehmen. Hierzu gehört bei den Jungen im Unteren Atbara, daß sie reisen und im Handel ihre Produkte verkaufen können. Da die Frauen ihre handwerklichen Produkte nicht allein auf dem Markt in den Städten verkaufen dürfen, auch nicht in den nahegelegenen Städten wie Atbara und Ed Damer, erledigen die Männer dies für die Frauen.

Durch den zunehmenden Schulbesuch, insbesondere der Jungen, außerhalb von Albsli, da es in Albasli kein Gymnasium gibt, ist die Anwesenheit dieser Jungen ab dem Alter von 13 Jahren im Dorf nur in den Schulferien oder am Wochenende möglich. Die Jungen besuchen in der Regel ein Internat.[472] Demzufolge stehen diese Jungen nur während der Ferien als Arbeitskraft zu Verfügung. Dadurch ist ihre Lehrzeit im Bereich der Landwirtschaft verkürzt. Aber es findet auch eine Ausrichtung auf andere Berufe statt. Heutzutage wird es unter den Jungen immer beliebter, nach Schulabschluß andere Arbeit in den Städten zu

---

[470] Über die Tierhalter in Butana und ihre Lebensformen siehe Holter, U.: Tierhaltung auf Haushaltsebene und Kirk, M.: Struktur der Untersuchungsgruppen; in: Mensching; a. a. O.; S. 149-170 und 171-207.

[471] Die traditionelle Tätigkeiten der Bauern wie Roden oder Urbarmachung ist heutzutage weggefallen. Durch die Mechanisierung der Feldvorbereitung und -bestellung mit Zugtieren oder Traktoren wird die landwirtschaftliche Arbeit für die Männer sehr erleichtert.

[472] Detailliert siehe auch Abschnitt 4.2.1 im Teil IV.

suchen. In der Landwirtschaft werden immer weniger Leute arbeiten, vor allem die alten Männer.

Der Aufgabenbereich eines verheirateten Mannes ergibt sich aus seiner Verantwortung für die zu seinem Haushalt gehörenden Personen und daraus, deren wirtschaftliche Existenz zu sichern. Dies umfaßt die folgenden Tätigkeiten: den überwiegenden Teil der landwirtschaftlichen Arbeit, so ist der Mann für die Planung und Organisation der Produktion zuständig (Frauen und Kinder stehen als Hilfskräfte zur Verfügung), sowie den Verkauf der landwirtschaftlichen Produkte. Der Mann erledigt auch alle Marktgänge auf die Großmärkte in den näheren Städten, wie den Kauf von bestimmten Konsumgütern, z. B. Zucker.[473] Mit der finanziellen Verantwortung für seine Kernfamilie aber auch für seine Großfamilie lastet auf dem Mann in Albasli, vor allem auf dem ältesten Sohn im Familienhaushalt, der größte Druck. Es wird seitens der Eltern immer erwartet, daß er seine finanziellen Verpflichtungen für den gesamten Familienhaushalt übernimmt. Der älteste Sohn ist der direkte Nachfolger des Vaters und wird nach dessen Tod dessen Rolle übernehmen. Er wird sich um alle jüngeren Geschwister und seine Mutter und die anderen Frauen seines Vaters kümmern, sie mit Ratschlägen und materiell unterstützen.

Der Umfang der landwirtschaftlichen Arbeit ist entsprechend den Jahreszeiten sehr unterschiedlich. Er ist auch von der Situation eines jeden individuellen Haushalts und von der Lebenszklusphase des betroffenen Mannes abhängig. So wird für einen Bauern aus einem Haushalt, in dem es viele Kinder gibt, insbesondere arbeitsfähige Jungen, der Umfang der Arbeit kleiner sein als einem anderen, der einem jungen Haushalt vorsteht ohne Hilfe von Brüdern und Verwandten und seine Aufgaben nicht allein bewältigen kann.

Seit Ende der 70er Jahre, Anfang der 80er Jahre ist die landwirtschaftliche Arbeit für einen verheirateten Mann, der Kinder hat und finanzielle Verantwortung für seine Großfamilie übernimmt, nicht mehr die alleinige Lebensgrundlage. Ein solcher Bauer versucht entweder, die landwirtschaftliche Arbeit aufzugeben und für sich in Atbara oder Ed Damer Arbeit zu finden. Er wird weiter im Dorf mit seiner Familie wohnen, oder er wird in den Großstädten wie Khartoum alleine leben und Arbeit suchen, seine Familie wird im Dorf weiterleben und er kommt sie nur im Urlaub zu besuchen. In der Stadt wird er als Fahrer in einem LKW-Transportunternehmen oder in Minibussen, als Mechaniker oder als Händler und Kaufmann arbeiten. Diese Art von saisonaler Migration ist unter den Männern in Albasli weitverbreitet. Es ist sehr selten, daß die ganze Familie, und sei es nur die Kernfamilie (seine Frau/en und die Kindern) mit dem Mann

[473] Siehe dazu Re-Animation Reports from the Village Albasli 1993 sowie Abschnitt 3 in diesem Teil.

auswandert.[474] Oder der Bauer wird sich neben der landwirtschaftlichen Arbeit einen Nebenjob suchen. Meistens wird er als Händler oder Kaufmann arbeiten.

Die Wanderarbeit in den Golfstaaten ist eine zentrale Möglichkeit zur Diversifizierung der Einkommensquellen. Die Mehrheit von den Arbeitsimmigranten arbeiten in Saudi-Arabien. Dies wird mit Hilfe von Verwandten in die Wege geleitet, die bereits in diesen Ländern arbeiten und Bürgen vermitteln können sowie ausreichende finanzielle Mittel, um das Flugticket und andere Kosten bezahlen zu können.[475]

Ein Mann wird im Alter bestimmte Arbeiten übernehmen. Die meisten Aufgaben wird er an seine Söhne delegieren. Bei den Entscheidungen über das, was angebaut wird und den Verkauf der Produkte ist er zuständig. Bei allen Entscheidungen im Haushalt sind die alten Leute die wichtigsten Personen. Sie werden immer Gehorsam von ihren Kindern erwarten, auch wenn diese verheiratet sind und eigene Kinder haben. Auch die alten Frauen werden von ihren Söhnen bei Entscheidungen zu Rate gezogen, wie z. B. bei der Wahl von Heiratspartnern für die Enkelkinder.

2.4.3 Ein Vergleich zwischen dem Aufgabenkatalog und dem Zuständigkeitsbereich von Frauen und Männern

Aus den ausführlichen Beschreibungen der Aufgaben des Mannes und der Frau in Albasli wird deutlich ersichtlich, daß Mann und Frau meistens jeweils für getrennte und genau festgelegte Bereiche verantwortlich sind und daß sie sich so organisieren, daß sie dieser Verantwortung nachkommen können (sieheTabelle 7). Die Frauen sind tatsächlich bei dieser Arbeitsteilung sehr benachteiligt, weil die Tätigkeiten von Frauen extrem arbeitsintensiv sind. Die folgenden Punkte zeigen das deutlich:

- Die Arbeiten, die die Frauen im Hof und außerhalb verrichten, umfassen den Haushalt, die Kindererziehung und Kinderversorgung, aber auch Handwerk und saisonale Mithilfe in der Landwirtschaft. Die Frauen sind für die Befriedigung der Grundbedürfnisse aller Familienmitglieder zuständig.
- Damit sind die Frauen zunächst für die Subsistenzproduktion verantwortlich. Mit ihren handwerklichen Produkten und mit der zeitweisen Übernahme der Verantwortung für den Anbau bestimmter Produkte wie Kirschen oder auch ihre Hilfe bei der Ernte und beim Unkrautjäten sind

[474] Über die Ursachen und Motivation der Abwanderung in ähnlichen Gesellschaften wie im Unteren Atbara siehe Grawart, E.: Auswirkungen interner Migration auf die Lebenssituation von Frauen; in: Nord-Süd aktuell. Themen; 2. Quartal 1995.

[475] Für die weitere Diskussion zur Einkommensentstehung, vgl. auch Abschnitt 3.3.

sie für die Marktproduktion mitverantwortlich. Die Vermarktung selbst übernehmen ausschließlich die Männer.

- Da die Frauen in der Subsistenzproduktion das ganze Jahr über die gleiche Arbeitleistung erbringen müssen und zugleich in der Produktion für den Markt mitarbeiten müssen, ist ihre Arbeitsbelastung, die bis an die Grenzen ihrer Belastbarkeit reicht, viel schwerer als die der Männer.
- Die Mechanisierung der Feldvorbereitung und -bestellung mit Zugtieren und Traktoren hat die Arbeitsbelastung der Männer deutlich verringert, während die Arbeitsbelastung der Frauen dieselbe geblieben, wenn nicht sogar aus anderen Gründen mehr geworden ist. Die technische Ausstattung im Haushalt hat sich nicht nur wenig verbessert.
- Von den Frauen erbrachte Leistungen im Haushalt und in der Kindererziehung, aber auch ihre handwerkliche und saisonale landwirtschaftliche Arbeit, deren Produkte auf dem Markt verkauft werden (die sogenannte Schattenwirtschaft), finden in keiner volkswirtschaftlichen Statistik im Sudan Niederschlag.
- Der Wegfall der männlichen Arbeitskraft wegen der Arbeitsmigration hat die Steigerung der Arbeitsbelastung zurückbleibenden Frauen zur Folge. Sie sind allein, wenn keine näheren Verwandte da sind, für die Beschaffung aller Nahrungsmittel und Konsumgüter zuständig und erledigen nun auch alle Marktgänge.

2.5 Die Verwandtschaft: Grundlage der sozialen Beziehungen und Netzwerke

Den Kern des sozialen Netzwerkes im Unteren Atbara, das durch ein Normen- und Wertsystem mit festen Verhaltensvorschriften geregelt und gemäß den verschiedenen Segmenten bzw. Ebenen des Deszendenzsystems genau definiert ist, bildet grundsätzlich die Verwandtschaft. Die soziale und wirtschaftliche Gleichkeit ihrer Bewohner und ein hohes Maß der Durchdringung aller Lebensbereiche sind durch Verwandtschaft bestimmt. In Abhängigkeit vom Verwandtschaftsgrad sind bestimmte Rechte und Pflichten definiert. Sie reduzieren damit die Unsicherheit und die Komplexität der Umwelt und sichern die Versorgung von Hilfsbedürftigen, also der Kranken, Alten, Witwen und Armen.

Tabelle 7: Alters- und geschlechtsspezifischen Aufgaben in Albasli

Alter	Frauen	Männer
ab 4/5 Jahren	kleine Handreichungen bei der Hausarbeit, Bringen und Holen von Gegenstände und Nahrungsmitteln in das und aus dem Nachbarhaus	Bringen und Holen von Gegenständen und Lebensmittel in den und aus dem Laden
7-12 Jahre	Wasser holen, Brennholz sammeln, Feuer machen, Ziegen und Geflügel füttern und Ziegen melken, Aufräumen, Kleider waschen und kleine Geschwister betreuen, Beginn der Ausbildung in handwerklichen Arbeiten	Anfang der Ausbildung in der landwirtschaftlichen Arbeit, Ziegen und Schafe hüten
12-35 Jahre	Kochen, Aufräumen, Spülen, Waschen, Geschwister betreuen, handwerkliche Arbeiten wenn verheiratet: eigenes Haushaltsmanagement, Aufbereitung von Nahrungsmittel und Vorbereitung von Mahlzeiten, Kindererziehung und -betreuung, Bewirtung von Gästen und handwerkliche Arbeiten	12-17 Jahre: weitere Ausbildung und Mithilfe bei der landwirtschaftlichen Arbeit: Roden, Dünge- und Pflanzenschutzmittel anwenden, Großvieh wie Kühe versorgen ab 17 Jahren: Beherrschung aller landwirtschaftlichen Arbeiten, Umgang mit Maschinen, z. B. Traktor fahren, Handel und Verkauf von landwirtschaftlichen Produkten ab 25 Jahren: Handel und Verkauf von landwirtschaftlichen Produkten, mehr finanzielle Verantwortung für die gesamte Familie, Marktgänge (Kauf und Transport großer Mengen von Nahrungsmitteln und Konsumgütern)
35-60 Jahre	weiter wie unter 35 Jahren, Mithilfe in der Landwirtschaft: Jäten, Ernte einbringen und eigene saisonale Produkte anbauen	weiter wie mit 25-35 Jahren
ab ca. 50 Jahren	zunehmende Abgabe der Tätigkeiten und Verantwortungen an die Kinder und Enkelkinder	zunehmende Abgabe der Tätigkeiten und Verantwortungen an die Kinder und Enkelkinder

Quelle: Erhebungen der Autorin in Anlehnung an Holter, U.: Tierhaltung auf Haushaltsebene; in: Mensching, a. a. O.; S. 149-170 und 171-207.

Imfeld nennt das Geben, Schenken und Tauschen die wichtigsten Merkmale des sozialen Netzes im Unteren Atbara. Hier herrscht immer noch die „Kultur des Teilens mit allen“, die das Verhalten zwischen den Menschen regelt.[476] Der Mensch strebt nicht nur nach dem Erhalt seiner individuellen Existenz als ewiger Gabe Gottes, sondern nach der Weitergabe des Lebens, das Gott durch ihn den künftigen Generationen verleihen will. Somit ist*Sharing* ihr Schlüsselwort. Auf dieser Grundlage beruht das Vertrauen. Sie gibt Sicherheit. Jeder steht stets zu Diensten, da er gleichzeitig auch in Schuld steht. So stellt beispielsweise ein einflußreicher Verwandter – Brüder, Onkel oder Cousin –, der über guten Verdienst, Macht oder Autorität verfügt, insbesondere als Arbeitsimmigrant in den Golfstaaten, das Startkapital für ein Kleinhandelsunternehmen zur Verfügung, das ein im Dorf verbliebenes Familienmitglied als zweites Standbein neben der Landwirtschaft aufmachen will. Oder er bezahlt das Schulgeld für einen Jungen oder für andere Verwandte die Kosten für Medikamente. Andererseits aber erwartet er, daß diese Leute wiederum seiner Familie, insbesondere seiner Frau und seinen Kinder, die im Dorf verblieben sind, bei der Bewältigung ihrer Alltagsprobleme helfen. Dieses Geflecht gegenseitiger Verpflichtung gilt auch zwischen entfernteren Verwandten. Jeder, der in diesem Dorf lebt, fühlt sich verpflichtet, anderen Leuten in verschiedener Art und Weise zu helfen.[477]

Kleine Geldbeiträge und Eßwaren – Gekochtes von Frauen, aber auch landwirtschaftliche Produkte von Männern – werden als Zeichen der Aufmerksamkeit fortwährend gegeben und empfangen. Ein junger Mann erhält beispielsweise Geld von seiner Großmutter; auf dem Rückweg zum Hof seiner Eltern begegnet er einem alten Mann, der zur Stadt Ed Damer fahren will und ihn um Geld bittet. Er gibt ihm das Geld, das er von seiner Großmutter bekommen hat, auch wenn dieser Mann nicht direkt mit ihm verwandt ist. Eine Frau, die wegen Schwangerschaft, Wochenbett oder Krankheit ihre Aufgaben im Haushalt nicht erfüllen kann, erhält umfangreiche Hilfe beim Kochen. An manchen Tagen stehen bis zu vier verschiedene Gerichte zum Essen bereit, gekocht von der Schwiegermutter, der Schwester, der Schwägerin etc.

Die auf diese Art gepflegten Beziehungen als gezielt kalkulierte zu interpretieren, wäre nicht angemessen. „Ich gebe dir, damit du mir später geben wirst“, ist nicht das Leitmotiv in diesem Beziehungsnetz, sondern die Bekräftigung der Gemeinschaft, die als solche nicht nur wirtschaftlich, sondern auch sozial und psychisch wichtig ist, was in der alltäglichen Kultur des Teilens zum Ausdruck kommt: in Anwesenheit anderer wird keine Frucht allein gegessen, jedes Stück läßt sich gut in zehn Schnitze teilen, jedes Brot in mehrere Stück brechen. Eine

---

[476] Vgl. Imfeld, A.: Ein Blicke in die afrikanische Agrargeschichte. Trickster, afrikanische Ernte, 15; S. 132-150.

[477] In diesem Zusammenhang Vgl. Cheal, D.: The Gift Economy; London 1988; S. 7ff.

Bitte darf nie mit einem Nein abgeschlagen werden, das wäre eine schwere Beleidigung.[478]

Die tragfähigsten sozialen Beziehungen in Albasli sind nach meinen Beobachtungen die verwandtschaftlich engeren Grades, d. h die Kernfamilie bestehend aus einem Mann und seiner Frau (seinen Frauen), den Kindern und den direkten Blutsverwandten, dazu die Großfamilie, die Eltern des Mannes und der Frau/en, die Geschwister des Mannes und der Frau/en, Onkel und Tanten des Mannes und der Frau/en sowie die Cousins und Cousinen des Mannes und der Frau/en. Danach kommen die entfernteren Blutsverwandte, d. h. die Angehörige einer Lineage, hier alle Bewohner in Albasli. Die gegenseitigen Verpflichtungen und Hilfeleistungen sind von diesem Verwandtschaftsgrad abhängig.

Die Mitglieder einer Großfamilie erwarten voneinander Hilfe, insbesondere materielle, bei alle Gelegenheiten. Dies zeigt sich besonderes im Umgang mit dem Landbesitz, der Arbeitskraft und der finanziellen Versorgung. Obwohl es individuelles Eigentum an Land gibt, insbesondere wenn man das Land allein kauft, wird das Land eines Mannes und seiner Söhne oder das Land im Besitz von Brüdern in der Regel gemeinsam bewirtschaftet, werden Arbeit und Verantwortung geteilt. Selbstverständlich werden bei Hochzeiten oder beim Tod eines Mitglied einer Familie alle Kosten für Hochzeitsfeier und Trauerbräuche von allen Mitgliedern der Familie gemeinsam getragen. Insbesondere bei Trauerfällen übernehmen auch entfernte Verwandte einen Teil der Kosten.[479]

In Albasli sind Frauen zur gegenseitigen Aushilfe bei Haushaltsarbeiten verpflichtet. Wenn eine Frau ihre Arbeit wegen Schwangerschaft, Geburt oder Krankheit nicht erledigen kann, dann sind ihre Mutter, Schwiegermutter, Schwestern und Schwägerinnen verpflichtet, ihre Aufgaben mit zu übernehmen. Auch wenn bei Festen und beim Besuch von Gästen geschlachtet wird und Fleisch und Festmahlzeiten zubereitet werden, müssen alle Frauen im Familienhaushalt zusammenarbeiten. Frauen schenken sich Gegenstände und Nahrungsmittel. Der Einsatz von Frauen bei der Betreuung von Kranken und bei Geburtshilfe gilt als selbstverständlich. Auch entfernter verwandte Frauen helfen bei familiären Ereignissen, bei Festen und Festmahlzeiten. Rat und Hilfe im problematischen Situationen – Scheidung, Streit in der Familie o. a. – wird ausschließlich von Verwandten erbeten.

---

[478] Für ähnliche Beschreibung solcher reziproken Beziehungen vgl. Schultz, U.: Nomadenfrauen in der Stadt. Die Überlebensökonomie der Turkanafrauen in Lodwar/Nordkenia; Berlin 1996; S. 104ff.

[479] für Verpflichtung und Hilfsleistungen in der Familien in Butana siehe Holter, U.: Tierhaltung auf Haushaltsebene; in: Mensching, H.G./Seifert, H.S.N.: Tierhaltung im Sahel. Rezente Entwicklung und Perspektiven in der Republik Sudan; a. a. O.; S. 194.

Es besteht auch zwischen den Verwandten (sowohl unter Männern als auch unter Frauen), die sich sehr gut miteinander verstehen, eine sehr enge freundschaftliche Beziehung. Die Art und Weise, wie die Frauen in Interviews ihre Freundschaften schildern, zeigt, daß diese intensiv und dauerhaft sind. Sie drücken sich in einem intensiven Austausch von Geschenken und alltäglichen Gebrauchsgegenständen aus. Freundschaften sind wie die verwandtschaftlichen Beziehungen von gegenseitiger Toleranz und Geduld geprägt. Strikte Gleichwertigkeit des gegenseitig Gegebenen, wie beim Tauch, gilt nicht als gut und nicht als großzügig und ist sogar einer tiefen sozialen Beziehung abträglich.

Die Versorgung von alten Menschen, Waisen, Witwen, geschiedenen Frauen und Kranken ist selbstverständliche Pflicht eines jeden Mitglieds einer Familie. Das wird in folgender Weise geregelt: Für die ökonomische Versorgung der Eltern sind zunächst die Söhne zuständig, Schwiegersöhne und Neffen stehen in der Pflicht, falls sie keine Söhne haben. Die Betreuung der Eltern im Alltag übernehmen Tochter und Schwiegertochter. Das Überlassen von Enkelkindern an die Großeltern im Alter – wodurch auch die Versorgung von Waisenkindern geregelt werden kann – wurde bereits dargestellt. Junge Frauen, die mit ihren Kindern alleine sind, weil ihre Männer gestorben sind, sie geschieden sind oder der Mann als Arbeitsemigrant unterwegs ist, kehren zu ihren Eltern oder Schwiegereltern zurück. Sie werden von ihre Eltern, Brüdern und Schwägern bei allen Gelegenheiten, insbesondere materiell, unterstützt. Auch von entfernten Verwandten bekommen sie umfassende Hilfe. Die Versorgung eines verwitweten Ehepartners wird für den Witwer durch die Heirat mit der Schwester der gestorbenen Frau und für die Witwe durch die Heirat mit dem Bruder des gestorbenen Mannes geregelt. Die Eltern einer verstorbenen Frau sorgen dafür, daß der Witwer eine ganz nahe Verwandte der Toten heiratet, damit die Kinder gut versorgt und betreut aufwachsen.

Die sozialen Beziehungen zwischen entfernten Verwandten werden durch Besuche, Geschenke und gegenseitige Hilfe gepflegt. Es bestehen auch gewisse Verpflichtungen gegenüber Nichtverwandten, zu denen man guten Kontakt hat, z. B. gegenüber den Bewohnern der Nachbardörfer, oder gegenüber Leuten, mit denen man in Geschäftsbeziehungen steht, oder die man Freunde nennt. Diese Verpflichtungen werden erfüllt durch Transaktionen konkreter Güter (landwirtschaftliche Produkte, Vieh etc.), aber auch durch Information und politische Unterstützung. Man besucht und hilft sich gelegentlich, jedoch nicht in dem Maß wie unter Verwandten. Auch Fremden soll man helfen, wenn um Hilfe gebeten wird. Dies gilt als großzügig und anständig. Wenn ein Fremder abends in Albasli eintrifft und keinen Platz zum Schafen hat, wird er mit Großzügigkeit im jedem Haus aufgenommen und beköstigt. Die Autorin selbst wurde in Albasli während ihres Aufenthaltes mit großer Gastfreundschaft und Großzügigkeit in einem Haus aufgenommen.[480]

Für das Funktionieren sozialer Beziehungen und Kontakte ist ein regelmäßiger Austausch von Informationen erforderlich. Möglichkeiten dafür sind die abendlichen Klubs der Männer, wobei sie Informationen über die Märkte und die Preise landwirtschaftlicher Produkte austauschen, oder auch die Generalversammlung der Genossenschaft. Eine gute Möglichkeit für den Informationsaustausch sind die Übergänge im Lebenszyklus, d. h. die entsprechenden Feste und auch ihre Vorbereitung. Besonders zur Hochzeit und bei Todesfällen kommen Verwandte von weit her oder reisen auch die Bewohner des Dorfes zu ihren Verwandten, die in andere Gebiete im Sudan emigriert sind. So bekommt man Informationen und auch Zugang zu Berufsbereichen außerhalb der Landwirtschaft.[481]

Die Frauen haben ihre eigene Art und Weise des Informationsaustausches. Sie treffen sich am Nachmittag oder abends bei einer Frau und unterhalten sich. Manchmal setzen sie sich zusammen, erledigen ihre handwerklichen Arbeiten und tauschen dabei Neuigkeiten aus. Der Austausch von Informationen verläuft nicht nur geschlechtsspezifisch. Frauen finden durchaus auch Möglichkeiten, sich von den Kompetenzbereichen der Männer ein Bild zu machen. Wichtige Vertrauenspersonen einer Frau sind ihre engen Verwandten wie ihre Brüder, vor allem aber ihre Töchter. Aber ihre Möglichkeiten, Informationen zu sammeln bzw. zu verbreiten, sind weitgehend auf die kleinen und größeren Ereignisse im Alltag beschränkt, da ihre Bewegungsfreiheit eingeschränkt ist, und damit weder Märkte noch die übrige Außenwelt eine Rolle spielen, obwohl die Frauen auch für den Markt produzieren.

Es gibt bestimmte Strategien zur Erhaltung der Netzwerkbeziehungen bzw. zum Befestigen oder Aufbauen von neuen Netzwerken. Insbesondere gehören dazu die Heiratsallianzen. Durch Heiratsverbindungen mit anderen Lineages oder manchmal – aber sehr selten – mit Nicht-Stammesmitgliedern werden neue Netzwerke geschaffen bzw. gefestigt, die beispielsweise als Statusgewinn verbucht werden können oder politischen Zielen dienen.

2.6 Entscheidungsbereiche und Kompetenzen

Innerhalb der patriarchalen bäuerlichen Familienstruktur der Ja´aliyn ist der Mann das Oberhaupt der Familie (seiner Frau/en und seiner Kinder) – eine Autorität. Er trifft alle wesentlichen Entscheidungen, vor allem über die wirtschaft-

---

[480] Dazu siehe auch Holter, U.: Tierhaltung auf Haushaltsebene; in: Mensching, H. G./Seifert, H.S.N.: Tierhaltung im Sahel. Rezente Entwicklung und Perspektiven in der Republik Sudan; a. a. O.; S. 198.

[481] Siehe auch ebenda; S. 199.

lichen Angelegenheiten. Er hat in allen Familiengelegenheiten das letzte Wort. Er spricht mit seiner Frau oder seinen Frauen und den Kindern in Befehlsform, gibt ihnen Aufträge. Sie müssen ihm gehorchen. Spricht er, darf ihm niemand unterbrechen; hat er unrecht, so darf ihm niemand widersprechen. Ihm gebührt absoluter Gehorsam.[482]

Das „autonome" Wirkungsfeld der Frau liegt innerhalb des Hauses. Hier ist sie zu vielen – ihren Bereich betreffende – Entscheidungen autorisiert, hier erzieht sie die Kinder und ist für die Lösung der Alltagsprobleme im Haushalt verantwortlich. Aber in bestimmten Bereichen trifft der Mann auch innerhalb des Hauses allein die Entscheidung. So entscheidet er z. B., ob seine Tochter die Schule besuchen darf oder nicht, wann und wen sie heiraten wird, etc. In einer patrilinear organisierten Gesellschaft wie in Albasli hat die Frau keinen Anspruch auf Entscheidungen. Die Kinder wachsen zwar in der Welt der Mutter auf, sie gehören aber zur Linie des Vaters. Aber durch vorausschauende und vielfältige Sorge und Pflege bindet die Mutter die Kinder so stark an sich, daß nicht nur die Töchter, sondern auch die Söhne als Erwachsene sich ihr näher fühlen als dem Vater. So ist auch die Beziehung zu der Mutter respektvoll, gleichzeitig aber nah und vertraut. Ihre Meinung ist für ihre Söhne wertvoll, auch wenn sie ihre eigene Familie gründen. Während die Frauen gesellschaftlich kein Recht auf eine Meinung haben, d. h. kein Recht, etwas zu entscheiden, und den Frauen die Fähigkeit, Worte richtig zu gebrauchen, abgesprochen wird, gelten die Worte einer Mutter viel.[483]

Die Männer ihrerseits müssen gegenüber älteren Leute, wie ihren Vätern, gehorsam sein. In Prinzip müssen Entscheidungen in einem autoritären System, das Gehorsam verlangt, stets befolgt werden: Die Hierarchie richtet sich in der Regel in jeder Familie nach dem Alter. Die Kinder – insbesondere die ab zehn Jahre, die schon verstehen, was „gehorchen" bedeutet – müssen jeweils den älteren Geschwistern gehorchen. Ein Mädchen muß den älteren Brüdern gehorchen, ein jüngerer Bruder ebenso. Das Mädchen lernt bereits mit sechs oder sieben Jahren, daß sie sich an diese Regeln halten muß; selbst geringfügige Verstöße ahnden ältere Brüdern mit Repressionen, und sogar Schläge gelten als durchaus angemessen. So schulden Frauen stets den Männern Gehorsam. Beispielsweise muß eine junge verheiratete Frau erstens ihrem Mann gehorchen, zweitens ihren Eltern, drittens den Brüdern des Vaters, viertens den Brüdern der Mutter, sowie Großeltern und deren Brüdern. Zur Lösung eigener Probleme können verheiratete Frauen nur zu ihren Ehemännern bzw. ihren Brüdern gehen. Ein verheirateter Mann muß erstens seinen Eltern gehorchen, zweitens seinen älteren

[482] für ähnliche Beschreibung des Autonomie des Mannes in einer patriarchalen Gesellschaft siehe Roth, C.: Und sie sind stolz; a. a. O.; S. 62f.
[483] Zur näheren Beschreibung der Bereiche der Frauen siehe Abschnitt 1.1 im Teil V.

Brüdern. Er muß sich immer respektvoll gegenüber seinen Onkeln und den älteren Leuten verhalten. Auch das Verhältnis zwischen Brüdern ist hierarchisch geregelt und fordert genau festgelegte Verhaltensmuster zwischen den Altersgruppen. So ist dem jeweils jüngeren Bruder nicht erlaubt, in Gegenwart des Vaters, der Onkel und des ältesten Bruders zu rauchen.[484]

In dieser Gesellschaftsstruktur gibt es sehr strenge Sanktionen für den Ungehorsam: Ein Mann darf z. B. seine Kinder schlagen, nicht jedoch seine Frau, denn das gilt als nicht gut. In Interviews deuten die Frauen jedoch an, daß sie bei Ungehorsam viel Ärger bekommen. Eine Mutter darf auch ihre Kinder schlagen. Normalerweise darf die Tochter geschlagen werden bis sie heiratet, d. h. bis zum Alter von zwölf Jahren. Nach ihrer Heirat bekommt sie einen neuen Status und wird von ihren Eltern und Brüdern sehr respektiert. Jetzt dürfen auch ihre Brüder sie nie mehr schlagen. Die Mutter darf auch ihren Sohn bis zum Alter von zehn Jahren schlagen. Der Vater darf die Söhne schlagen bis sie heiratsfähig sind. Aber es ist sehr selten, daß Söhne, die älter als siebzehn sind, geschlagen werden, eigentlich nur bei ganz schlimmen Verstößen oder wenn sie eine große Schande über die Familie gebracht haben. In diesem System können Aufgaben auch delegiert und damit von Betrauten dann auch verantwortlich durchgeführt werden.[485]

Im Bezug auf die Produktion beraten Söhne mit ihren Vätern und Brüder miteinander. Sie planen zusammen, welche landwirtschaftlichen Produkte angebaut werden und wann sie verkauft werden sollen, was ja vor allem bei Produkten, die lange Zeit gelagert werden können wie z. B. Sorghum und Weizen, flexibel gehandhabt werden kann. Die Väter haben aber immer das letzte Wort, da sie auch zumeist die Eigentümer des Bodens sind. Heutzutage zeigen erwachsene jüngere Männer, daß sie nicht immer glücklich mit dem Gebot sind, sich immer den Entscheidungen ihrer Väter zu fügen. Viele versuchen, andere Lebenswege als die ihrer Eltern und Großeltern einzuschlagen. Eine Möglichkeit hierzu ist es, einen eigenen landwirtschaftlichen Betrieb zu gründen oder einen Arbeitsplatz außerhalb der Landwirtschaft zu suchen. Es konnten einige Fälle in Albasli beobachtet werden, wo heranwachsende junge Männer Entscheidungen trafen, die von den Vätern zwar nicht gebilligt wurden, diese jedoch nicht fähig zu sein schienen, sich durchsetzen und den Ungehorsam zu bestrafen.[486]

---

[484] Dazu siehe auch Holter, U.: Tierhaltung auf Haushaltsebene; in: Mensching, H. G./Seifert, H.S.N.: Tierhaltung im Sahel. Rezente Entwicklung und Perspektiven in der Republik Sudan; a. a. O.; S. 201.

[485] Vgl. In diesem Zusammenhang Boehringer-Abdalla, G.: Frauenkultur im Sudan; a. a. O.; S. 34.

[486] Für solche Änderungen in den traditionellen Entscheidungskompetenzen in Butana Siehe Holter, U.: Tierhaltung auf Haushaltsebene; in: Mensching, H. G./Seifert, H.S.N.: Tierhaltung im Sahel. Rezente Entwicklung und Perspektiven in der Republik Sudan; a. a. O.; S. 202.

Zu den Belangen des Dorfes gehören insbesondere die politischen Entscheidungen und die Verbindung mit der Distriktsregierung in Ed Damer, aber auch alles, was die gemeinsamen Interessen im Dorf betrifft. Sie liegen in der Kompetenz des *Scheikh* (dem Vorsitzenden des *Village Council*). Dieser trifft die Entscheidungen nicht allein, sondern gemeinsam mit den Männern im Dorf, vor allem mit den älteren Männern. Es wird z. B. über den Bau der Schule, der Wassertanks, der Moschee und der Klinik entschieden. Der *Scheikh* ist auch für die Beilegung kleinerer Streitigkeiten im Dorf, sowohl zwischen Individuen als auch zwischen Gruppen zuständig.

Entscheidungen treffen und vor allem durchsetzen zu können, setzt im allgemeinen besondere Eigenschaften und einen besonderen Status voraus. So erklären viele Leute in Albasli, daß man die Entscheidungen von älteren Leuten eher akzeptiert, die besondere Erfahrungen, einen guten Ruf haben, als weise gelten, sowie über besondere Kenntnisse, z. B. der Rechte des Stammes, verfügen. Besonderes angesehen sei z. B. ein Mann, der besondere Tugenden aufweist wie Edelmut, Großzügigkeit und Hilfsbereitschaft, wodurch er nicht nur seiner eigenen Familie zu höherem Status verhilft, sondern zusätzlich auch dem Dorf und manchmal auch den Nachbardörfern. Größte Macht und Einfluß hat jemand, dessen Status von seiner Herkunft herrührt, weil er eine ganze Familie hinter sich weiß, z. B. „al Umda Mohammed wad Haj Ali". Dieser Mann hat viele Ehre und Macht durch seine Familie geerbt. Sein Vater war der *Scheikh* und sehr bekannt wegen seiner Großzügigkeit und Tapferkeit, wegen seines Edelmuts und seiner Gastfreundschaft. Er war im ganzen Unteren Atbara bekannt und genoß viel Respekt. Der Sohn „Umda Mohammed" ist auch der heutige *Scheikh*. Er ist gut ausgebildet und als Dichter auch in anderen Gegenden des Sudan bekannt. Deshalb besitzt er einen sehr guten Ruf, einen hohen Status und genießt großen Respekt. Er hat die Kompetenz und Fähigkeit, mit Menschen zu reden. Damit besitzt er die nötige Macht und Autorität, sich um die Belange des Dorfes zu kümmern und seine Entscheidungen durchzusetzen.[487]

Inwieweit Frauen Entscheidungen treffen oder beeinflussen bzw. von Männer daran beteiligt werden, hängt von verschiedenen Faktoren ab, z. B. von ihrem Wissen und ihrem Status. Eine Frau im Alter hat einen besonderen Status, insbesondere dann, wenn sie Mutter von erwachsenen und vor allem erfolgreichen Söhnen ist. Dadurch bekommt sie eine gewisse Autorität, aber auch sie muß auf ihren Mann hören. Häufig sind solche Frauen auch gut informiert und manche Männer hören die Meinung ihrer Frauen zu entscheidenden, die Familie betreffenden Angelegenheiten, wie den Einkauf von Nahrungsmitteln, manchmal aber auch beim Verkauf von landwirtschaftlichen Produkten. Aber es kommt genauso vor, daß Männer ihre Frauen nicht nach ihrer Meinungen fragen und über ihre

[487] Siehe auch ebenda; S 203.

Frauen hinweg entscheiden. So ist es nicht ungewöhnlich, daß Männer über den Landbesitz ihrer Frauen oder anderer naher weiblicher Verwandte verfügen und darüber entscheiden, ohne vorher deren Zustimmung einzuholen bzw. sogar gegen ihren Willen. Frauen haben keinen Einfluß auf Entscheidungen, wenn es um gemeinsame Belange des Dorfes geht.[488]

2.7 Die Selbsthilfeorganisationen

Der Wert, der dem Solidaritätsprinzip innerhalb einzelner begrenzter Gruppen zugemessen wird, ist ein wesentliches Merkmal der Kultur einer Gesellschaft. Das wird in den gesellschaftspolitischen Institutionen deutlich, vor allem den traditionellen Institutionen. Das ist eng verknüpft mit der Höhe der Bereitschaft des einzelnen, sich mit seiner Gruppe zu identifizieren. Solidarität zielt stets auf die Verbesserung der Lage der Armen und Notleidenden und steht somit in einem Entwicklungsland in engem Zusammenhang mit Basisentwicklung. Deshalb ist es erforderlich, in dieser Arbeit die gesellschaftspolitische Organisationen im Unteren Atbara zu untersuchen. Wir werden uns hauptsächlich auf die traditionellen Institutionen konzentrieren, da sie spontan entstandene Institutionen sind und den Lebensvorstellungen der Bewohner des Unteren Atbara entsprechen.

2.7.1 Die traditionellen Selbsthilfeorganisationen

In vergangenen Zeiten, vor allem in der Zeit vor der britischen Kolonialherrschaft, gab es in den Gesellschaften des Sudan keine allgemeine zentrale Verwaltung. Öffentliche Dienstleistungen wie z. B. Wasserversorgung und Brunnenbau, Einrichtung von Märkten etc. waren Aufgabe der verschiedenen kleinen Gemeindegruppen oder der Dorfgemeinschaften. Aufgrund der fehlenden Zentralverwaltungsorgane gab es in jenen Zeiten auch kein Regierungsbudget und daher auch keine Institutionen, wie heute die Dorfverwaltungsbehörden und Distriktsverwaltungsbehörden, die für die öffentlichen Aufgaben zuständig gewesen wären. Und wenn es sie gab, dann waren sie nicht effektiv genug, um solche Arbeiten zu erledigen. Geld war – wenn überhaupt vorhanden -, sehr knapp, und die Gemeinden konnten deshalb nicht über ständig angestellte und bezahlte öffentliche Arbeiter verfügen.

Daher erledigte die Bevölkerung im unteren Arbara ihre öffentlichen Arbeiten gemeinsam. Noch heute werden viele öffentlichen Arbeiten gemeinsam von den Bewohnern eines Dorfes durchgeführt. Dies auch wegen der Ineffektivität der Regierungsbehörden in den ländlichen Gebieten des Sudan, wie sie auch im Unteren Atbara zu beobachten ist. Alle solche Arbeiten, die dem Gemeinwohl

---

[488] Siehe ebenda; S. 202. Für ausführliche Beschreibung des Frauenbildes im Unteren Atbara siehe Teil V, Abschnitt 1.

dienen, werden im Unteren Atbara kooperativ erledigt. Diese Art von Gruppenarbeitsleistung hat den Zweck, das gemeinsame Leben der Menschen in diesem Gebiet zu erleichtern. Da es nicht möglich war und ist, daß jeder für sich allein z. B. einen eigenen Brunnen baut, beteiligen sich alle daran. Diese konkrete Arbeitsleistung aller Erwachsenen für Gemeindeaufgaben hat sich als sehr effektiv erwiesen. Sie ist einer der wichtigsten Eckpfeiler der traditionellen Gesellschaftsordnung des Unteren Atbara.[489]

Für diese Art von Gruppenarbeitsleistungen gibt es in der entwicklungspolitischen Literatur den Terminus „autochthone Selbsthilfeorganisationen". Autochthon bedeutet nach Münkner „eigenbürtig". Dementsprechend sind autochthone Selbsthilfeorganisationen:

> „... historisch gewachsene oder auch auf dem Boden traditioneller Normen spontan entstandene Strukturen, die sich ohne unmittelbaren kulturfremden Einfluß an den tatsächlichen Gegebenheiten und Bedürfnissen orientierten und aus dem Organisationspotential der Bevölkerung selbst entwickeln."[490]

In vielen afrikanischen Staaten findet man solche autochthonen Selbsthilfeorganisationen, deren Existenz in der Literatur auf prä-europäische und prä-koloniale Zeiten in Afrika zurückgeführt wird, so daß sie sich grundsätzlich von westlichen Modellen der Selbsthilfeorganisationen einerseits und von sozialistischen Genossenschaftsmodellen[491] unterscheiden. Autochthone Selbsthilfeorganisationen werden oft anthropologisch bestimmt. Sie werden als weniger komplex, traditionell oder Vorgenossenschaften bezeichnet.[492] Während der Kolonialzeiten in Afrika sprachen sich einige Ethnologen für eine weitere Entwicklung der afrikanischen Selbsthilfeorganisationen auf der Grundlage der autochthoner Organisationen aus. Solche Vorschläge wurden von den Kolonial-

[489] Bei Seibel wird offenkundig, dass das Entwicklungspotential solcher Gruppenarbeitsleistungen in Afrika in enger Beziehung zu der in dem jeweiligen System zugrundegelegten und dominanten Handlungsorientierung und folglich zu der Bereitschaft und Fähigkeit zum organisatorischen Wandel steht. Vgl. dazu Seibel, H. D.: Das Entwicklungspotential autochthoner Kooperationsformen in Afrika; in: Archiv für öffentliche und freigemeinnützige Unternehmen; Bd. 13; 1981; S. 326.

[490] Münkner, H. H.: Traditionelle Kooperationsformen und moderne Genossenschaftsstrukturen im Vergleich, Erfahrung im frankophonen Afrika; in: Kuhn, J. (Hrsg.): Die Genossenschaften – eine anpassungsfähige Form der Selbstorganisation ländlicher Gruppen. Institut für Kooperation in Entwicklungsländern. Philipps-Universität, 3550 Marburg, Am Plan 2. Studien und Berichte; Marburg 1981; S. 49.

[491] Über die Bedeutung des Begriffs „Genossenschaft" herrscht eine gewisse Konfusion. Einigen Autoren haben die autochthonen Selbsthilfeorganisationen als traditionelle Genossenschaften bezeichnet, während andere mit der Bezeichnung Genossenschaft ein bestimmtes Organisationsmodell westlicher Prägung, wie z. B Raiffeisen-Genossenschaften, verstehen. Vgl. ebenda.

[492] Vgl. Trappe, D.: Autochthonous Co-operatives; in: Dülfer, E./Laurenkari, J (Hrsg.): International Handbook of Cooperative Organisations; Göttingen; 1994; S. 46f.

behörden nicht nur ignoriert, statt dessen wurde die Zerstörung der alten Formen der Zusammenarbeit als Voraussetzung für den Aufbau moderner, nach europäischen Vorbildern ausgerichteter Genossenschaftsformen betrachtet, da autochthone Selbsthilfeorganisationen als primitiv und fortschrittshemmend galten und als auf Erhaltung des Status quo orientierte Organisationen angesehen wurden, die nicht in der Lage sind, sich an verändertde Umstände anzupassen.[493]

In vielen wissenschaftlichen Arbeiten wie z. B. von Trappe wurde – im Gefolge der These von Max Weber und Alfred Vierkandt über eine genossenschaftliche Sozialstruktur der traditionellen Gesellschaften – die Auffassung vertreten, daß

> „... Genossenschaften wenigstens in einigen afrikanischen Ländern als Weiterentwicklung der gegebenen Sozial- und Wirtschaftsstrukturen verstanden werden können, weil in diesen Strukturen das Prinzip der Genossenschaftlichkeit in Formen unterschiedlicher Intensität und praktischer Verwirklichung bereits vorhanden ist."[494]

Solchen Annahmen liegt die Klassifizierung unserer untersuchten Gruppen und vieler anderer afrikanischer Gesellschaften als kooperativ oder segmentär zugrunde, in denen die Macht, wie bereits in den oberen Abschnitten ausführlich dargestellt, zwischen verschiedenen Individuen und Subgruppen, wie z. B. einer Großfamilie, Lineage, im wesentlichen gleich verteilt ist, im Gegensatz zu hierarchischen Gesellschaften. Klassen existieren nicht und anstelle des Staates existiert eine schwache politische Organisation.[495]

In diesem Zusammenhang wird erkennbar, daß die Besonderheiten der Verhältnisse in Gesellschaften des Unteren Atbara von erheblicher Bedeutung sind. Auf die Produktionsweise bezogen sind diese Besonderheiten: Subsistenzwirtschaften, Existenzsicherungsmechanismen und Überlebensstrategien sowie „Economy of Affection" oder Sippenwirtschaft.[496]

Die Gruppenarbeitsleistung auf der Gemeindeebene wird in folgender Weise organisiert und durchgeführt: An dem vereinbarten Tag müssen alle Erwachsenen an einem Versammlungsplatz, wie der Moschee oder dem Abendclub, anwesend sein. Da Hilfsbereitschaft und Solidarität eine sehr große Bedeutung innerhalb des Wertsystems der Gesellschaften des Unteren Atbara haben und sehr wichtig für das Ansehen eines Angehörigen des Stammes der Ja´aliyn sind,

[493] Münkner, H.H.: Autochthone Formen der Selbsthilfe und moderne Entwicklung in Afrika; in: Internationales Afrikaform; Vol. 25; 1989; S. 175.

[494] Zitiert nach Bakhit, I. S.: der Einfluss der Kultur auf die Entwicklung von Genossenschaften. Unter besondere Berücksichtigung der Verhältnisse Afrikas; Stuttgart 1996; S. 139f.

[495] Hierzu vgl. auch Trappe, P. Autochthnous Co-operatives; a. a. O.; S. 46f.

[496] in diesem Zusammenhang und im Vergleich mit anderen autochthonen Selbsthilfeorganisationen in Afrika siehe Seibel, H.D.: Ländliche Selbsthilfeorganisationen in der Volksrepublik Kongo. Kölner Beiträge zur Entwicklungsländerforschung Bd. 5; Saarbrücken, Fort Launderdale 1987.

versucht jeder anwesend zu sein. Es wird versucht, die öffentlichen Arbeiten in Jahreszeiten, wo wenig Arbeit auf den Feldern zu tun ist, oder den Schulferien, wenn die Mithilfe vieler Jungen möglich ist, durchzuführen. Im Sommer des Jahre 1998 wurden z. B. ein Wassertank und Wasserleitungen für bestimmte Orte wie die Schule, die Klinik und die Moschee gemeinsam von allen Bewohnern von Albasli gebaut. In dieser Zeit ist die Schule geschlossen, und gleichzeitig ist keine Anbausaison für landwirtschaftliche Produkte. Die Arbeit beginnt sehr früh am Tag, da man nach 12 Uhr wegen der Hitze nicht draußen arbeiten kann. Derartige gemeinsame Arbeitsstunden sind Männersache. Die Frauen haben aber auch ihre verschiedenen Arten von Gemeinschaftsarbeit. Wir werden das im Teil V, Abschnitt 1.4 detailliert beschreiben. Aber an der Gemeinschaftsarbeit der Männer sind die Frauen auf ihre Art und Weise beteiligt. Sie kochen nämlich für die ganze Arbeitsgruppe, weil auch gemeinsam gegessen wird. Entweder bringt jeder Mann etwas Gekochtes von Zuhause mit, oder es wird jedes mal von einem Haushalt für die ganze Gruppe gekocht.

In solcher Gemeinschaftsarbeit wurden in Albasli die Grundschule, die Moschee, zwei Brunnen, ein Wassertank und ein Männerclub errichtet. Während der Feldforschung der Autorin wurde mit Hilfe der Distriktverwaltung Elektrizität ins Dorf gelegt. Von besonderer Wichtigkeit ist die gemeinsame Arbeit zum Schutz gegen Naturkatastrophen, wie z. B. die Überschwemmung des Atbara-Flusses.

Es gibt noch andere Formen von Gruppenarbeitsleistungen im Unteren Atbara. Sie basieren auf gegenseitiger Hilfe der Gesellschaftsmitglieder untereinander bei der Bestellung von Feldern oder anderen körperlichen Arbeiten, die dem individuellen Interesse dienen, z. B. wenn ein neues Haus gebaut werden soll. Diese Zusammenarbeit wird zwischen nahen Verwandten oder unter engen Freunden praktiziert. Anders als bei der gemeinsamen Arbeit für öffentliche Zweck versorgt der Gastgeber bzw. seine Frau/en die Mitarbeiter mit Essen und Getränken, während bei öffentlichen Gruppenarbeitsleistungen das Essen und die Getränke auch kooperativ besorgt werden.

Es ist das wirtschaftliche Ziel dieses Systems, die nötigen gemeinschaftlichen und individuellen Arbeiten wegen des mangelnden Geldkapitals in gemeinschaftlicher Selbsthilfe zu leisten. Daneben spielen allerdings eine Reihe von sozialen Gesichtspunkten eine bedeutsame Rolle: Gruppenarbeit festigt soziale Bindungen und gibt Sicherheit für einen Notfall.

Als Folge der Arbeitsmigration und Abwanderung der jungen Männer ist es heute schwierig, geeignete Teilnehmer für diese Gemeinschaftsarbeit zu finden. Inzwischen nehmen überdurchschnittlich viele Kinder und ältere Leute daran teil. Damit wird für die gleiche Arbeitsleistung mehr Zeit gebraucht und demzufolge erhöht sich auch der Aufwand. Dadurch wird der Nutzen der Gruppenarbeitsleistungen fragwürdiger.

2.7.2 Die modernen Selbsthilfeorganisationen

Mit „modernen“ Organisationen sind hier die gesetzlich registrierten Organisationen gemeint. Erst durch die Kolonialisierung ab der zweiten Hälfte des 19. Jahrhunderts und durch die Erschließung des Landesinneren kam es zu einem sich immer weiter verstärkenden Export der europäischen Kultur nach Afrika und auch in den Sudan. So wurden im Rahmen der Kolonialpolitik die sogenannten „modernen“ westlichen Institutionen wie Staatsapparat und -verwaltung, Schulen, Gerichte, wirtschaftliche Unternehmen etc. auf den Sudan übertragen.[497] Die Kolonialmächte in Afrika interessierte die Ausbeutung von Rohstoffen, wie z. B. Baumwolle, Kupfer und Gummi, in den Kolonien für die Fabriken in Europa. Ein gutes Beispiel ist das „Gezira-Scheme“ im Sudan, das als größtes Bewässerungsprojekt in Afrika bezeichnet wird, für die Baumwollproduktion, das durch die britische Kolonialmacht geplant, durchgeführt und verwaltet wurde, um die Textilfabriken in England mit Rohstoff zu beliefern. Durch diese Exportbranche der Wirtschaft in Verbindung mit den Zentren ihrer Verwaltung und den entsprechenden Institutionen wuchs der sogenannte moderne Sektor. Er ist im Vergleich zu dem traditionellen Sektor, dem sich die Mehrheit der Bevölkerung mit ihren unterschiedlichen Lebensformen angehört, als klein, aber einflußreich zu betrachten.[498]

Damit entstanden die modernen Genossenschaftsinstitutionen[499] im Sudan. Im Gegensatz zu den autochthonen Organisationen sind die modernen Organisationen nicht spontan entstanden, sondern sie wurden von der britischen Kolonialmacht eingeführt, um die autochthonen Strukturen zu ersetzen, die Bauern zu organisieren und den Umwandlungsprozeß von den Subsistenz- zur Geldwirt-

---

[497] Vgl. Hyden, G.: Modern Cooperatives and the Economy of Affection in Sub-saharan Africa; Beitrag zu dem Thema: „ Traditional Cooperation and Social Organizations in Relation to Modern Cooperative Organization and Enterprise”; Intercongress 1981, Amsterdam; 23-25. April 1981; S. 1f.

[498] Vgl. ebenda.

[499] „Moderne Genossenschaften werden als reines Organisationsmodell, ohne die in unterschiedlicher Umwelt entstandenen praktischen Verhaltensregeln verstanden, d. h. als Gruppe von Personen, die mit eigenen Mitteln zur Lösung eigener Probleme eine auf Dauer gerichtete wirtschaftliche Tätigkeit unternimmt und dazu einen eigenen Betrieb errichtet, dessen Ziel die Förderung der Interessen der Gruppenmitglieder ist. D. h. Genossenschaft ist eine Sonderform der SHO, die durch die Errichtung eines Organbetriebes und durch einen bestimmten Grad der Formalisierung charakterisiert ist. Der Formalisierungsgrad äußert sich in Form der Eintragung in ein öffentliches Register, der Verleihung der Rechtsfähigkeit und durch das Vorhandensein einer geschriebenen Satzung.“ Münkner, H. H.: Traditionelle Kooperationsformen und moderne Genossenschaftsstrukturen im Vergleich; a. a. O.; S. 49f.

schaft (Cash Crop Production) zu fördern. Im Jahre 1921 gründete die britische Kolonialmacht eine Kreditgenossenschaft im Tokar Delta (Ostsudan), die die erste genossenschaftliche Organisation im Sudan war. Im Jahr 1948 wurde die noch bis 1973 gültige *Cooperative Societies Ordinance* von der Kolonialmacht erlassen. Von diesem Zeitpunkt an mußte eine Genossenschaft registriert werden, um als eine genossenschaftliche Selbsthilfeorganisation anerkannt zu werden. Die Mehrheit dieser Organisationen hatten Landwirte zu Mitgliedern.

Wie in anderen Gebieten des Sudan sollten die modernen Genossenschaften[500] den Dörfern des Niltals und des Atbara-Flusses nach dem Willen der Kolonialmacht eine fest umrissene wirtschaftliche Basis geben. Die Genossenschaften werden häufig als Instrument zur Schaffung landwirtschaftlicher Überschüsse bezeichnet, um eine ausreichende Nahrungsmittelversorgung für die Bevölkerung zu gewährleisten. Die Funktion moderner Genossenschaften war zu Kolonialzeiten im Sudan der Einkauf von Produkten der Mitgliederwirtschaften und der Verkauf auf den staatlich kontrollierten Märkten.

Seit 1971 existiert in Albasli eine Mehrzweckgenossenschaft, die als eingetragene Genossenschaft registriert wurde. Sie wird im UNDP-Berichte als sehr erfolgreiche Organisation bezeichnet.[501] Die Genossenschaft hat 220 Mitglieder[502] und besitzt neun Pumpen für Irrigation sowie zwei Traktoren und verkauft Düngemittel für Bauern. Die Genossenschaft besitzt auch einen Bus, der als Linienbus zwischen dem Dorf und Ed Damer verkehrt. Sie hat einen Laden, wo Lebensmittel verkauft werden. Außerdem besitzt sie auch eine Getreidemühle. Der Laden und die Mühle werden auch von Nichtmitgliedern benutzt.

3 Einkommensentstehung und Einkommensverwendung

Die Analyse der Einkommensentstehung und -verwendung wurde auf der Basis einer standardisierten Grunderhebung des laufenden UNDP-Projektes „Area Development Scheme" im Unteren Atbara durchgeführt. Für die Autorin gab es keine Möglichkeiten, selber solche Daten zu bekommen, da eine Befragung der Männer über das Hauhaltseinkommen für sie als Frau in dieser extrem konservativen Gesellschaft unmöglich war. So lagen der Analyse Durchschnittszahlen zur Einkommensentstehung und Einkommensverwendung für das Gebiet des

[500] Die erste landwirtschaftliche Genossenschaftscompany wurde im Jahr 1937 am nördlichen Nil von der Kolonialmacht gegründet, d. h. auch vor dem Entwurf des ersten Genossenschaftsgesetzes im Sudan. Für eine ausführliche Darstellung des Genossenschaftssystems im Sudan siehe Bardeleben, M.: The Cooperative System in the Sudan; Weltforum Verlag, München 1973.

[501] Vgl. UNDP-Report on the second round animation, Albasli, 1995; S. 17.

[502] Alle Mitglieder sind Männer. Wegen sozio-kultureller Faktoren dürfen Frauen nicht eintreten. Sie haben stattdessen ihre eigenen traditionellen Gruppen.

Unteren Atbara zugrunde. Durchschnittszahlen gibt es auch einzeln für die Orte Albasli, Goz Al Halag und Girsi.

Tabelle 8 zeigt das durchschnittliche jährliche Einkommen pro Haushaltsfamilie im Unteren Atbara im Allgemeinen und einzeln für Albasli, Goz Al Halag und Girsi. Das gesamte durchschnittliche jährliche Einkommen eines Haushaltes im Unteren Atbara ist Ls. 1 103 193.[503] Ungefähr 39,1 % der Dörfer des Unteren Atbara haben weniger durchschnittliches jährliches Haushaltseinkommen als der Gesamtdurchschnitt beträgt und 60.9 % haben entweder den selben oder einen höheren Durchschnitt als das gesamte Gebiet des Unteren Atbara. Das höchste Einkommen pro Haushalt beträgt Ls. 2 087 286, und das niedrigste Ls. 659,056. Das jährliche Pro-Kopf-Einkommen in dem Gebiet beträgt Ls. 185 258. Zugleich wird die „Poverty line" vom UNDP für den Nil-Distrikt für das Jahr 1997 auf ca. Ls. 203 818,34 geschätzt.[504]

> „This implies that all population in the target area are under the poverty line even with the 1996 poverty estimates. This is consistent with the Results of the UNDP (1997) poverty study of El-Nil State which indicate that 92 percent of the State population were under the poverty line in 1996."[505]

Tabelle 8 zeigt die prozentualen Anteile der wichtigsten Einkommensquellen in den drei untersuchten Dörfern, sowie auch die durchschnittlichen Anteile in dem gesamten Gebiet des Unteren Atbara. Es ist deutlich zu sehen, daß ein wesentlicher Anteil mit dem Verkauf landwirtschaftlicher Produkte erzielt wird. Wenn wir den gesamten landwirtschaftlichen Anteil, d. h. Ackerbau *und* Viehhaltung berücksichtigen, dann steigt der Anteil in Albasli bis zu 37,3 %, in Goz Al Halag bis zu 41,8 % und in Girsi sogar auf mehr als die Hälfte, nämlich 51,6 % des Einkommens werden in der Landwirtschaft erzielt. Im gesamten Unteren Atbara beträgt der Anteil der Landwirtschaft an der Einkommenserzielung 27,5 %.

Für die meisten Familienhaushalte im Unteren Atbara ist der Verkauf von landwirtschaftlichen Produkten von großer Bedeutung. Fast jede Familie hat ihre eigenen Felder entlang des Atbara-Flusses. Somit spielt der Ackerbau und insbesondere der Überschwemmungsfeldbau für die Einkommensentstehung in diesem Gebiet eine bedeutsame Rolle, obwohl man in vielen Dörfern mehr für

---

503 Zur Zeit entspricht 1 DM = 1000 Ls.

504 Vgl. Ministry of Finance and National Economy. United Nations Development Programme (UNDP). National Execution Management Support Unit (NEX-MSU): Area Development Scheme Programme (lower Atbara). Baseline Survey of lower Atbara. Area Development Scheme Expansion Phase III. 1998. S. 38. Vgl. dazu auch Third Re-Animation Reports from the Villages Albasli, Goz Al Halag and Girsi 1998.

505 Ministry of Finance and National Economy. United Nations Development Programme (UNDP). National Execution Management Support Unit (NEX-MSU): Area Development Scheme Programme (lower Atbara). Baseline Survey of lower Atbara. Area Development Scheme Expansion Phase III. 1998; S. 38.

die Selbstversorgung als für den Markt anbaut. Das wird am gesamten prozentualen Anteil im Unteren Atbara von 16,5 % deutlich ablesbar. Man baut nur bestimmte Produkte für den Markt an, z. B. bestimmte Früchte und Gemüse, wie Wassermelonen und Okra, Weizen und Hirse. Die Viehhaltung wird schon eher für den Markt betrieben. Es lohnt sich für die Leute mehr, ihr Vieh, insbesondere Schafe und Kühe, zu verkaufen und kleine Mengen an Fleisch für den täglichen Gebrauch zu kaufen. Die Ziegen braucht man mehr für die Milchgewinnung.[506]

Tabelle 8: Average annual household income in Albasli, Goz Al Halag, Gersi and the overall average in Lower Atbara

Source of income	Average Albasli	Average Goz Al Halg	Average Girsi	Average lower Atbara
% of income from crops	28.0	30.3	18.3	16.5
% of income from livestock	9.3	11.5	33.3	11.0
% of income from forestry products	0.4	1.5	2.0	0.5
% of income from hired family labour	19.1	16.3	6.3	40.8
% of income from other sources	43.2	40.4	40.1	31.2
Average household income (Ls.)	2,031,286	1,872,722	659,056	1,103,193

Others includes selling Handicraft products (i.e. date and dome leaves (saaf, ropes, mats, etc.)), trade activities and income from immigrants.
Income from forestry products is believed to be under estimated.
US$ 1 = Ls. 1760

Quelle: Baseline Survey of lower Atbara. Area Development Scheme Expansion Phase III. 1998. S. 38 & Third Re-Animation Reports from the Villages Albasli, Goz Al Halag and Girsi 1998.

Neben dem Ackerbau und der Tierhaltung gehen die Mitglieder dieser Bauerngesellschaften der Lohnarbeit nach oder betreiben Handel und/oder bieten Dienstleistungen an. Heutzutage versuchen viele Leute, insbesondere die junge Männer, wenigstens die Schule abzuschließen, um bei der Regierung und im öffentlichen Dienst in den nahegelegenen Städten zu arbeiten, gleichzeitig bearbeiten sie weiter ihre Felder. Oder es arbeitet der Vater beispielsweise in der Landwirtschaft und die Söhne oder einer der Söhne arbeitet in der Stadt. Der Tradition entsprechend wird das gesamte Einkommen in ein Topf eingebracht und dann geteilt. Die meiste Leute arbeiten als Kaufleute (siehe Tabelle 8). Dabei spielt auch die Arbeitsmigration eine sehr wichtige Rolle. Auch bei den

[506] Vgl. ebenda.

Nomaden, die mehr als Tierhalter leben und zwischen dem unteren und dem oberen Atbara wandern, spielt die Arbeitsmigration eine wichtige Rolle.[507]

Die Rolle der Frauen bei der Einkommensentstehung ist bei der handwerklichen Arbeit deutlicher zu sehen. Der Anteil des Verkaufes von handwerklichen Produkten bei der Einkommensentstehung erreicht in manchen Dörfern bis zu 33,8 %,[508] wobei noch einmal darauf hingewiesen sei, daß die handwerkliche Arbeit ausschließlich Frauenarbeit ist. D. h. der Beitrag der Frauen zur Einkommensentstehung ist in vielen Dörfern relativ sehr hoch. Und dies, obwohl zur Zeit die Nachfrage nach bestimmten Produkten, wie z. B. dem traditionellen Teppich zurückgegangen ist.

Zweck der Einkommensbeschaffung ist die Befriedigung von Konsumbedürfnissen und die Sicherung einer nachhaltigen Existenzgrundlage für die Familie. Um die Einkommensverwendung, die Aufschlüsse über das Konsum-, Investitions-, und Sparverhalten der Bevölkerung im Unteren Atbara gibt, mit der Einkommensentstehung vergleichen zu können, erfolgt auch hier die in Tabelle 9 wiedergegebene Analyse anhand der monetären und prozentualen Untersuchung der verschiedenen Konsumbereiche. Die Analyse bezieht sich zum Teil auch jeweils auf die drei untersuchten Dörfer und auf die durchschnittlichen Werte im gesamten Unteren Atbara.

Obwohl hier zwischen den „guten“ und „schlechten“ Jahren unterschieden werden muß, umfaßt insgesamt der Warenkorb nur relativ wenige Güter. Die Nahrungsmittel sind bei der monetären Betrachtung mit Abstand die wichtigsten Konsumgüter. Nichtnahrungsmittel wie Kleidung, Waschmittel, Haushaltsgegenstände sowie Luxusgüter haben wertmäßig eine wesentlich geringere Bedeutung. So werden andere Güter nur sporadisch und in geringen Mengen gekauft. Auch wohlhabende Leute zeigen im Vergleich zu ärmeren keine großen Unterschiede in der Zusammensetzung ihres Warenkorbes, wenn auch Unterschiede im Umfang und damit im Wert feststellbar sind.

Um die Konsumaufwendung, vor allem für Nahrungsmittel, besser zu verstehen und zu analysieren, ist eine Beschreibung der Eß- und Trinkgewohnheiten der untersuchten Tierhalter hilfreich. Das wichtigste Grundnahrungsmittel fast aller

---

[507] Für detaillierte Informationen über die Einkommensentstehung bei den Nomaden in Butana vgl. Rahmann, G. Ökonomie typischer Betriebssysteme mit Tierhaltung; in: Tierhaltung im Sahel. Rezente Entwicklung und Perspektiven in der Republik Sudan; a. a. O.; S. 429f.

[508] Vgl. Ministry of Finance and National Economy. United Nations Development Programme (UNDP). Area Development Scheme Programme (lower Atbara). Northern State (Sudan). Baseline Survey Report 1992; April 1993; S. 97.

Leute im Unteren Atbara ist Hirse (Sorghum)[509]. Sie wird das ganze Jahr über und verstärkt in Krisenzeiten konsumiert. In einer Studie von Rahman über nomadische Tierhalter in Butana (im unteren und im oberen Atbara) wird gezeigt, daß der Konsum von Sorghum und Sorghumsubstituten (Weizen, Reis) bei rund 200 kg pro erwachsene Person und Jahr liegt.[510] Dies zeigt deutlich dessen Bedeutung als Grundnahrungsmittel. Die Hirse wird von den meisten Bauern selber produziert und über den Markt zugekauft, da das selbst angebaute Getreide nicht für das ganze Jahr reicht. Zu den Hirsegerichten gehört normalerweise eine sehr nahrhafte Soße aus Butterfett, Zwiebeln, Tomaten, Okra, Fleisch und Gewürzen (alle getrocknet), oder Milch und ausgelassener Butter, wenn genügend Milch vorhanden ist. In den armen Haushalten besteht eine Soße heute nur noch aus Wasser, Zwiebeln, kleinen Mengen getrocknetem Okra, Dill, rotem Pfeffer und Salz, manchmal nur aus Wasser, rotem Pfeffer, Salz, und eventuell etwas Öl. Milch steht reichlich zur Verfügung, wenn laktierende Tiere im Haus sind. In manchen Jahreszeiten steht Milch nur für den Tee am frühen Morgen zur Verfügung. So können die täglichen Gerichte nicht mehr mit Milch zubereitet werden. In einzelnen wohlhabenden Haushalten, die viele Kühe haben, steht Milch zwei mal am Tag zur Verfügung. Die Kühe werden morgens und abends gemolken, die Milch gekocht und zum größten Teil getrunken, morgens im Tee und abends als Abendmahlzeit.

Neben Hirse wird auch Weizen konsumiert. Er ist aber nicht so beliebt, da er weniger verankert ist in der Eßkultur der Bevölkerung im Unteren Atbara. Wenn genügend Milch vorhanden ist, wird sehr viel davon konsumiert. Ansonsten sind Tee und Kaffee mit sehr viel Zucker die wichtigsten Getränke, die mehrmals am Tag getrunken werden.

Die Konsumaufwendungen sind abhängig von dem Erfolg der jährlichen Ernte; der wiederum ist von der Überschwemmung des Atbara-Flusses und von den jährlichen Niederschlägen abhängig. Die Regenmengen sind jedoch nur einer der Faktoren, durch die letztendlich die Konsumaufwendungen beeinflußt werden. In regenreichen Jahren konnten die meisten Familienhaushalte im Unteren Atbara ganzjährig ihren Sorghumbedarf durch die eigene Ernte ohne Zukauf decken, während in extrem trockenen Jahren viele den größten Teil ihres Bedarfes zukaufen mußten.

---

[509] In der Wirtschaft wird dies als ein inferiores Gut bezeichnet. Vgl. dazu Rahmann, G. Ökonomie typischer Betriebssysteme mit Tierhaltung; in: Tierhaltung im Sahel. Rezente Entwicklung und Perspektiven in der Republik Sudan; a. a. O.; S. 431.

[510] Vgl. ebenda.

Tabelle 9: Average annual household expenditure in Albasli, Goz Al Halag, Gersi and the overall average in Lower Atbara

Expenditure item	Average Albasli	Average Goz Al Halg	Average Girsi	Average lower Atbara
% from total expenditure for food	74.8	74.7	74.9	74.1
% from total expenditure for energy and water	3.2	3.3	3.5	3.0
% from total expenditure for clothes	6.4	6.5	6.8	6.9
% from total expenditure for health care	3.9	4.1	4.3	3.8
% from total expenditure for education	3.2	2.4	1.9	2.7
% from total expenditure for soap	2.5	2.1	2.4	2.5
% from total expenditure for taxes	2.6	2.6	2.6	2.5
% from total expenditure for others	3.4	4.3	4.1	4.5
Average household expenditure (Ls.)	1,969,761	2,577,811	984,611	1,614,937

Quelle: Baseline Survey of lower Atbara. Area Development Scheme Expansion Phase III. 1998; S.43 & Third Re-Animation Reports from the Villages Albasli, Goz Al Halag and Girsi 1998.

Der monetäre Grad der Subsistenzversorgung mit Nahrungsmitteln ist nicht nur von den schwankenden saisonalen und annualen Mengen, sondern auch von ihrem Wert abhängig (*Terms of trade*-Effekte).[511] Wenn sich die Preisrelation der Konsumgüter ändert, so ändert sich auch ihr Anteil an den gesamten Konsumaufwendungen, obwohl dabei nicht alle zugekauften Güter durch den Verkauf von landwirtschaftlichen Produkten finanziert werden.

Für eine Bevölkerung wie die im Unteren Atbara kommt es nicht in Frage, Ersparnisse anzusammeln.

Tabelle 10 zeigt, daß es eigentlich im Unteren Atbara ständig Defizite in den Haushaltsbudgets gibt. Wegen der geringen Einkommen und aufgrund der steigenden Preise für Konsumgüter, die auf dem Markt gekauft werden müssen, müssen viele der nicht wohlhabenden Familienhaushalte Konsumverzicht

[511] Wenn die Ernte sehr gut ist, sinken die Preise der landwirtschaftlichen Produkte, dann erzielen die Bauern keine guten Preise und demzufolge sinkt das Einkommen der Bauern. Andererseits müssen sie bestimmte Konsumgüter zukaufen, wie z. B. Zucker, Kaffee, Tee, Öl. Vgl. dazu ebenda; S. 435.

betreiben. Dieses spiegelt sich unter anderem darin wider, daß bei in fast allen Familienhaushalten im Unteren Atbara über das kärgliche Essen geklagt wird.

Tabelle 10: The Household Budget

Village Cluster	Household Average Income	Household Average Expenditure	Balance
Albasli	2,031,286	1,969,761	+ 61,525
Goz Al Halag	1,872,722	2,177,811	– 305,089
Girsi	659,056	984,611	– 325,556
Average lower Atbara	1,103,193	1,614,937	– 386,683

Quelle: Baseline Survey of lower Atbara. Area Development Scheme Expansion Phase III. 1998; S. 43 & Third Re-Animation Reports from the Villages Albasli, Goz Al Halag and Girsi 1998.

4 Sozialisation, Erziehung und Bildungssystem

4.1 Die Sozialisation und die soziokulturellen Grundlagen des Erziehungssystems

4.1.1 Grundlagen des Sozialisationsprozesses und des Erziehungssystems in Unteren Atbara

In den ethnischen Gruppen im Unteren Atbara, bei denen die patriarchal islamisch-arabische Kultur herrscht, vollzieht sich die Sozialisation vorwiegend hinsichtlich folgender Fragen:

Wie kann sich das Individuum

- an die streng hierarchisch und patriarchal gegliederte Gesellschaftsstruktur anpassen, sich respektvoll, gehorsam und sozial harmonisch verhalten?
- sich geschlechtspezifisch korrekt verhalten?
- sich als wahrer Anhänger des Islam erweisen und sich religiös korrekt verhalten?

Jedes Kind im Unteren Atbara muß lernen, Respekt, Achtung und Gehorsam gegenüber anderen zu empfinden und zu beweisen: gegenüber seinen Eltern, den älteren Geschwistern, Onkeln, Tanten, Lehrern usw., das gilt für Mädchen in zusätzlichem Maße gegenüber sämtlichen Männern. So hat jeder seinen Platz zu kennen und so zu handeln, wie es die ihm jeweils übergeordneten Menschen entscheiden. Das Einüben von respektvollem und gehorsamem Verhalten gegenüber anderen soll dem einzelnen erlauben, sich in der komplex hierarchisierten

Positionsordnung des Unteren Atbara Gesellschaften kognitiv und interaktiv zurechtzufinden.[512]

Normen der sozialen Harmonie sollen das Verhalten des Individuum so regeln, daß es nicht zu offenem Ausdruck nonkonformer Meinungen und Gefühle und zum Ausbruch von Konflikten zwischen Mitgliedern einer Familie bzw. einer Gruppe kommt. Die soziale Harmonie sind insbesondere hinsichtlich der Verteilung von materiellen Gütern und der gegenseitigen Hilfe von Bedeutung. Durch Verwandtschaftsbeziehung werden Erzeugung und Verteilung des Güterstroms geordnet bzw. in die Struktur der Familienverwandtschaftsbeziehungen eingebettet. So werden Produktions- und Konsumpläne durch die sozialen Verbindungen der Familienmitglieder bestimmt. Wettbewerb zwischen den Kindern wird kaum zugelassen. Sie werden angehalten, den Wünschen der anderen Geschwister nachzugeben und mit ihnen zu teilen. Die Sozialisation zielt nicht so sehr auf die Formung eines individuellen Charakters, sondern auf die Erziehung zum sozialkonformen Menschen. So lernen die Kinder, ihre eigenen Wünsche zu verdrängen, um Konflikte mit den Wünschen anderer und Enttäuschungen zu vermeiden.[513] Damit die Handlungserfolge des Individuums das Überleben der Gemeinschaft nicht gefährden, zwingt die soziale Ordnung den einzelnen einerseits, die Ergebnisse seines Handelns mit den anderen zu teilen, andererseits berechtigt sie ihn, eine an den Handlungserfolgen der anderen teilzuhaben.[514] Einheit und Harmonie werden durch den Wert autoritärer hierarchischer menschlicher Beziehung bestärkt. Alle sozialen Beziehungen sind in feinen Nuancen nach unterschiedlichen Positionen hierarchisch geordnet. Die gesellschaftliche Ordnung wird aufrechterhalten und respektiert, indem jeder entsprechend seinem Status und seiner Position in harmonischer Kooperation soziale Solidarität praktiziert. Die Einübung in diese Normen wie ihre Befolgung im Alltagsleben erfordert die Fähigkeit, das eigene Verhalten auf das genaueste zu kontrollieren. Damit wird die spontanes und gefühlsbedingtes Verhalten weitgehend ausgeschlossen. Eine passive Einstellung zum Leben erleichtert die

---

[512] Vgl. Abschnitt 2.6 in diesem Teil sowie Holter, U. Tierhaltung auf Haushaltebene; a. a. O.; S. 201.

[513] Beobachtungen während der Feldforschung sowie eigene Erlebnisse der Autorin, die aus einem ähnlichen Gebiet im Sudan stammt.

[514] In diesem Zusammenhang siehe Büscher, M.: Afrikanische Weltanschauung und ökonomische Rationalität. Geistesgeschichtliche Hintergründe des Spannungsverhältnisses zwischen Kultur und wirtschaftlichen Entwicklung; Schriftenreihe des Instituts für Allgemeine Wirtschaftsordnung der Albert-Ludwig-Universität Freiburg; Freiburg i. Br. 1988; S. 34ff.

Einhaltung dieser Normen. Daher versucht die Mutter, spontane Initiativen ihrer Kindern möglichst im Keim zu ersticken.[515]

Die primäre Sozialisation innerhalb jeder Familie in Albasli und im ganzen Atbara, d. h. in einer typischen patrilinearen islamisch-arabischen Gesellschaften, bereitet die Jungen und Mädchen quasi schon bei der Geburt auf eine bestimmte Ordnung der Gemeinschaft vor, in der jedes Geschlecht eine fest definierte Rolle hat. Die geschlechtsspezifische Ideologie wird durch Kultur und Sozialisation reproduziert und ist für das soziale Handeln bestimmend. So orientiert sich das Mädchen an der Mutter, der Junge an dem Vater. Das Mädchen wird auf das Leben im Haus und die Hausarbeiten, der Junge auf das öffentliche Leben vorbereitet. So lernt der Junge seine Rollen als Haushaltvorstand, d. h. die Rolle dessen, der kontrolliert. Er bestimmt über die Verwendung des Einkommens und ist zuständig für die finanzielle Versorgung der Familie sowie für die Erledigung von allen mit der Außenwelt abzuwickelnden Angelegenheiten, wie Kauf und Verkauf von Produkten und Konsumgütern auf den Markt. (siehe auch Abschnitt 2.4.2 dieses Teiles). Der junge Mann lernt, wie er seine von Gesetz und Religion her legitimierte (vgl. Teil II, Abschnitt 3.1.4) Autorität gegenüber seiner Schwester und seiner zukünftige Frau (den zukünftigen Frauen) gegenüber zum Ausdruck bringen kann. Er bestimmt in der Familie und in der Gesellschaft. Er ist auch derjenige, bei dem die Initiative bei der Brautsuche liegt, der die Gestaltung seiner Familie bestimmt, einschließlich der eventuellen Entlassung seiner Frau bzw. einer seiner Frauen. Er ist der Beschützer, aber auch der Bewacher seiner Schwester und seiner Frau/en. Er kann sie einsperren. Ohne seine Zustimmung kann sie das Haus nicht verlassen.[516]

Der Sozialisationsprozeß der Mädchen besteht hauptsächlich darin, daß sie ihre Mutter nachahmen, Hausarbeiten ausführen, ihre Rolle als Ehefrau lernen (siehe auch Abschnitt 2.4.1 dieses Teiles). Ihre ganze Kindheit ist eine Vorbereitung auf die Ehe. Ihre Mitgift sind ihre Fertigkeiten, ihre Ehre und Schande. Dem Mädchen wird sehr streng beigebracht, wie es sich gehorsam, respektvoll und demütig zu verhalten hat gegenüber dem Vater, den Brüdern und dem zukünftigen Ehemann. So ist die Erziehung junger Mädchen darauf ausgerichtet, alle Männer in der Familie zu Diensten und insbesondere dem Ehemann eine untertänige Gattin zu sein. Sie muß ihn stets respektieren und darf ihm nicht widersprechen. Mit diesem Verhalten kann sie ihren Platz in der Gesellschaft finden.

---

[515] Zur Beschränkung der Spontaneität des Verhalten von Kindern in einer afrikanischen Kultur siehe Riedel, J.: Sozio-kulturelle Herausforderungen für die Entwicklungspolitik; a. a. O.; S. 268f.

[516] Im Bezug auf die patrilineare islamisch-arabischen Gesellschaften vgl. Irabi, A.: Die blockierte Gesellschaft. Die arabische Gesellschaft zwischen Tradition und Moderne. Baier, H./Klages, H./Schäfers, B.: Soziologische Gegenwartsfragen; Stuttgart 1996; S. 29f.

Zur Sozialisation der Mädchen in der patriarchalen islamisch-arabischen Gesellschaft schreibt Richter-Dridi:

> „Als erstes wurde dem kleinen Mädchen von den Frauen beigebracht, daß allen Männern mit Respekt zu begegnen sei, also auch den Brüdern, seien sie ältere oder jünger, daß alle ein Recht darauf hatten, bedient zu werden und daß auch gelegentliche Kniffe, Ohrfeigen oder andere Tätlichkeit zu deren männlichen Privilegien gehörten, die ein Mädchen nicht in Frage zu stellen hätte"[517]

Eine wichtige Vorstellung in der Sozialisation der Jungen und der Mädchen ist die Bewahrung der Ehre. Ausgehend von einer klaren Trennung zwischen innen und außen (siehe Teil V, Abschnitt 1.1) wird darauf geachtet, daß diese Grenze – insbesondere die der Familie – nicht verletzt wird. Die Ehre des Mannes ist daran gebunden, daß er den Innenraum seiner Familie und seiner Gruppe schützen kann. Die Ehre der Frau ist an Keuschheit bzw. eheliche Treue geknüpft. Gastfreundschaft und Großzügigkeit sind weitere Begriffe, die mit der Ehre des Mannes verbunden sind.

4.1.2 Die islamische Sozialisation im Unteren Atbara

Ein grundlegendes Element im Sozialisationsprozeß im Unteren Atbara ist die Religion, der Islam und die *sharia.*

> „Shari'a, as a religious and moral body of principles and directives, has had and continues to have a significant impact on the thinking and behaviour of Muslims. Its forms an integral part of the socialisation of every Muslim child and is one of the primary forces behind the institutions and customs of the vast majority of Muslim societies"[518]

Da alle Äußerungen des menschlichen Lebens im Unteren Atbara vom Islam beeinflußt sind, werden die Gebote und Verbote des Islam von Geburt an von jedem Kind verinnerlicht. Insbesondere die Struktur der Familie, die Autorität des Mannes, das Verhalten der Frau, ihre Stellung in Familie und Gesellschaft sowie ihre Rechte, Heirat und Scheidung etc. werden durch *sharia* reglementiert[519] (siehe Teil III, Abschnitt 1.1).

An erster Stelle sind die Familie, die Formal- und Koranschule und die Gemeinschaft als Sozialisationsinstanzen zu nennen. Im Alter zwischen sechs und achtzehn Jahren wird in der Schule der Islam unterrichtet. Aber schon früher – im Alter von vier Jahren – werden die Kinder in der Familie mit dem Koran und den Geboten des Islam vertraut gemacht. Sie besuchen zumeist auch Koranschule oder Kindergruppen, in den Koran unterrichtet wird. Sobald genügend Verständnis für die Religion bei den heranwachenden Kinder geweckt worden

---

[517] Zitiert nach Irabi, A.: Die blockierte Gesellschaf; a. a. O.; S. 30.

[518] An-Na'im, A.A.: Human Rights in the Muslim World; a. a. O.; S. 20.

[519] Über den Einfluß der *sharia* auf die Sozialisation der Kinder in der islamischen Ländern, vgl. ebenda.

ist, werden sie zum Erlernen und zur Verrichtung der kanonischen Gebete und zum Besuch der Moschee und der Koranschule angehalten. Wenn das Kind sieben Jahre alt ist, sind die Eltern zudem verpflichtet, das Kind seine individuelle Gebete verrichten und an den Gemeinschaftsgebeten teilnehmen zu lassen. Mit der Erreichung des Pubertätsalter ist das Kind verpflichtet, während des Ramadan zu fasten. Gewöhnlich wird aber mit der Vorbereitung auf diese Pflicht im Alter von zehn Jahren begonnen: zuerst wird an einem Tag gefastet, dann an mehreren, bis schließlich der volle Monat hindurch gefastet werden kann.

Im Religionsunterricht in der Schule sowie in der Koranschule wird der Koran zunächst laut vortragend auswendig gelernt und rezitiert, dann wird er auch gelesen. Diese laut vorgetragene Rezitation, das Sich-innerlich-zu-eigen-Machen aller Texte war und ist Bedingung und Garantie der gelungenen Hingabe zu Gott. Denn das „Heilige Buch" ist die unbestrittene Lebensanleitung für die Gottesfürchtigen. Zur personalen Identität gehört es im Islam, sich selbst als Diener Gottes zu sehen, sich seinem Willen bedingungslos zu unterwerfen. Eine zentrale Aussage im Islam lautet: Gottes Wesen ist einzig und unteilbar. Es ist dies das „Wissen" von der göttlichen Einheit*tauhid*. Hinzu kommt das „Wissen" von der Allmacht Gottes. Dies ist der Rahmen, in dem religiöse Sozialisation im Islam gesehen wird. Der Anspruch der Religion ist ein Totalitätsanspruch: „Der Moslem steht in radikaler Weise persönlich-verantwortlich vor Gott".[520]

Im Bezug auf die theoretische Einführung und den Einfluß der Sozialisation auf die Innovationsfähigkeit stellt sich die Frage, inwiefern die islamische Bildung durch sie sozialisierten Individuen dazu befähigt, die Entwicklung kulturell zu bewältigen. Es ist deutlich zu sehen, daß durch die orthodoxe islamische Sozialisation der individuelle Freiraum zur Kreativität und Innovation sehr begrenzt ist.

> „Stets gibt es vorgegebene Texte, die nicht in Frage gestellt und nicht hintergefragt werden dürfen. Es geht lediglich darum, sie zu interpretieren. Gott ist der Schöpfer (Khalig), und der Mensch ist nur ein Geschöpf (Makhlug), das nicht erschaffen darf. Der Mensch hat das von Gott Geschaffene hinzunehmen und kann nur versuchen, durch die Deutung des Wort Gottes (Kalamu'l Allah) die geschöpfte Welt besser zu verstehen"[521]

Somit stehen die Text-Autorität, der absolute Gehorsam, die bedingungslose Hingabe, die Erinnerung an ideale Vergangenheit, Ermahnung, Tadel, Strafe, Mechanismen der Angst und Einschüchterung im Mittelpunkt islamischen Lernens. Sind dies nicht evolutions- und innovationshemmende Faktoren? Solcher-

---

[520] Köster, F.: Religiöse Erziehung in den Weltreligionen. Hinduismus, Buddhismus, Islam; Darmstadt 1986; S. 167.

[521] Tibi, B.: Der Islam und das Problem der kulturellen Bewältigung sozialen Wandels; 3. Auflage; Frankfurt a. M. 1991; S. 137

maßen sozialisiert kann man nicht lernen, problemorientiert und kreativ zu denken und zu hinterfragen. Innovatives Denken mit einem *Spirit of inquiry* wird zweifellos behindert.[522]

Darüber hinaus – und trotz der auch vorhandenen positiven Faktoren für die wirtschaftliche Entwicklung, wie problemlose Konfliktregelung, gegenseitige Hilfe und Solidarität, Kooperation und Streben nach harmonischen Beziehungen (siehe auch Abschnitt 2.7.1 in diesem Teil) – bringt der Sozialisationsstil der ethnischen Gruppen im Unteren Atbara wesentliche Probleme, die hier beschrieben werden sollen. Ausgehend von der Definition von Form und Inhalt der wirtschaftlichen Entwicklung von Joseph Schumpeter als der Durchsetzung neuer Kombinationen[523], sieht man deutlich, daß die streng hierarchisch gegliederte Struktur der Gesellschaften im Unteren Atbara die Innovationsinitiative der jüngeren Leute lähmt, da ohne Befehl von oben, d. h. von älteren Leuten, nichts neues ausprobiert werden darf. Das unabhängige Handeln des Individuums und der Wettbewerb und die Spontaneität werden kontrolliert, und damit wird innovatives unternehmerisches Handel einbeschränkt. Durch die Abwertung der Neugier, des Fragenstellens und des schöpferischen Denkens, durch die antrainierte Passivität und die Einschränkung des Experimentierfreiraums und der Umwelterforschung wird die Entwicklung der kognitiven und motivationalen Fähigkeiten und damit die unternehmerische Kompetenz des Individuums eingeschränkt.

4.2 Struktur des Bildungssystem

Einschulungs- und Alphabetisierungsquoten zählen zu den wichtigsten Indikatoren des Entwicklungsstandes eines Landes. Das selbstverständliche Ziel eines Schulsystems ist es, durch die Ausbildung der heranwachsenden Generation für die zukünftige Entwicklung des Landes zu sorgen.[524] In der Tat sehen heutzutage viele Leute im Unteren Atbara die Schulbildung für die junge Generation als eine zentrale Vorbedingung an, um eine Familie in Zukunft ernähren zu können. Denn das traditionelle, berufsbezogene Wissen über Landwirtschaft, das zwischen den Generation weitervererbt wird, sichert alleine nicht mehr das

[522] in diesem Hinsicht vgl. Köster, F.: Religiöse Erziehung in den Weltreligionen; a. a. O.; S. 196.

[523] Die Durchsetzung von neuen Kombinationen im Sinne des Übergangs zu Technologien höherer Produktivität, Schaffung und Ausbreitung neuer Märkte, Organisationsstrukturen und neuer Fertigkeiten sowie der Durchsetzung neuen Wissens. Siehe dazu Schumpeter , J.A.: Theorie der wirtschaftlichen Entwicklung; 7. Auflage; Berlin 1987; S. 121ff.

[524] Vgl. Ministry of Finance and National Economy. United Nations Development Programme (UNDP). National Execution Management Support Unit (NEX-MSU): Area Development Scheme Programme (lower Atbara). Baseline Survey of lower Atbara. Area Development Scheme Expansion Phase III. 1998. S. 8.

Überleben im Unteren Atbara und allein damit gibt es in Zukunft keine Garantie für ein „gutes Leben“. Um die Beschäftigungsmöglichkeiten außerhalb der Landwirtschaft zu verbessern, ist ein Mindestmaß an formaler Bildung erstrebenswert. Sie beinhaltet gegenwärtig den Abschluß der Grundschule mit einem Schulbesuch von acht Jahren. Im folgenden werden wir ausführlicher die Bildungssituation im Unteren Atbara untersuchen. Wir werden dies in zwei Schritten bearbeiten. Die formale oder staatliche Bildung und die islamische Bildung.

4.2.1 Staatliche Bildung

Die Zugangsmöglichkeiten zur staatliche Bildung sind in vielen Dörfern im Unteren Atbara, insbesondere in denen, die in die Nähe von Ed Damer liegen, wie z. B. Albasli und Goz Al Halag, als überdurchschnittlich gut einzuschätzen, die in Girsi jedoch als relativ schlecht. Je weiter man zum Oberen Atbara geht, desto schlechter sind sie. In Gersi gab es bis 1993 keine Möglichkeit zum Schulbesuch. So mußten die Schüler einen langen Schulweg bis zum nächsten Dorf, das eine Grundschule hat, hinter sich bringen, d. h. ungefähr 13 km. Dies demotivierte die meisten Familien, ihre Kindern in die Schule zu schicken. Mit der Gründung der Grundschule 1993 wurde eine minimale Schulbildung sichergestellt. Der Bau einer Grundschule in vielen Dörfern und die Anstellung eines Lehrers ermöglichen nunmehr eine Grundbeschulung vor Ort für Jungen und Mädchen, gegenwärtig allerdings liegt dabei der Schulbesuch der Jungen deutlich über dem der Mädchen. Albasli besitzt eine der ältesten Grundschulen im Unteren Atbara.[525] Jedoch sind die Planstellen für Lehrkräfte angesichts der organisatorischen Probleme und der Finanznot des Staates nur zum Teil besetzt. Ortsfremde Lehrer empfinden die Arbeit in vielen Dörfern, insbesondere jenen, die weit weg von den Städten sind, als eine Strafversetzung und versuchen, die Arbeit nicht anzutreten oder ihre Präsenz vor Ort zu minimieren. Deshalb ist die Schulbildungssituation in den meisten Dörfern sehr schlecht. Besser sieht es dort aus, wo die Lehrer aus dem Dorf selbst kommen, ein gutes Beispiel dafür ist Albasli, wo fünf von sechs Lehrern in der Grundschule aus Albasli selber kommen. Meist haben sie eine enge emotionale Bindung zu ihrem Dorf, da sie hier großgeworden sind und mit ihrer Familie im Dorf bleiben wollen. Dementsprechend sehen sie in ihrer Arbeit auch einen wichtigen Bildungsauftrag für „ihrer eigenen Leute“.[526]

---

[525] Die Gründung geht noch auf die britische Kolonialmacht aus den 40er Jahren zurück. Eigene Befragung der Autorin von älteren Leuten.

[526] Siehe in diesem Zusammenhang Kirk, M.: Struktur der Untersuchungsgruppen; in in: Tierhaltung im Sahel. Rezente Entwicklung und Perspektiven in der Republik Sudan; a. a. O.; S. 157.

Tabelle 11: Schulbildung bei Männern und Frauen in Albasli, Girsi und im Unteren Atbara im Durchschnitt

Variable	**El Damar RC**			**Seidon RC**			**Average lower Atbara**		
	male	female	all	male	female	all	male	female	all
Illiterate	20.5	44.9	32.7	47.3	67.6	57.4	35.3	57.9	46.4
Primary School	47.8	33.1	40.7	21.9	10.3	16.0	33.4	20.1	26.9
Secondary School	9.6	1.8	5.8	3.2	0.6	1.9	6.1	1.1	3.6
University	1.6	0.2	0.9	0.1	0.0	0.05	0.8	0.1	0.4
Adults Education only	0.2	0.7	0.5	0.1	0.0	0.05	0.1	0.3	0.2
Khalwa only	3.1	2.1	2.7	6.0	0.7	3.3	4.7	1.3	3.0
Pre-School	17.1	17.1	17.1	21.6	20.9	21.2	19.6	19.3	19.4

RC = Rural Council

Quelle: Ministry of Finance and National Economy. United Nations Development Programme (UNDP). Area Development Scheme Programme (lower Atbara). Northern State (Sudan). Baseline Survey Report 1992; April 1993; S. 38.

Obwohl es in vielen Dörfern heutzutage Grundschulen[527] sowohl für Jungen als auch für Mädchen gibt, gibt es für den ganzen Unteren Atbara (mehr als 51 Dörfer und Lager) nur ein Internatsgymnasium sowie eine Realschule in Ed Damer und ein anderes Gymnasium in einer anderen kleinen Stadt (Seidon), die im Zentrum des Unteren Atbara liegt (Siehe die Landkarte). Dies macht es für die meiste Kinder schwierig, das Gymnasium oder die Realschule zu besuchen, da sich die meisten Familien die Kosten für das Internat nicht leisten können. Nur die wohlhabenden Haushalte schicken ihre Söhne[528] zur Schule nach Ed Damer, wo sie im Internat leben. In Tabelle 11 wird das Bildungsniveau in den Dörfern, die in der Nähe von Ed Damar liegen (Ed Damar RC) wie z. B. Albasli, und in den Dörfer die weiter von Ed Damer, d. h. mehr als 60 km entfernt sind, verglichen. Daneben werden die Zahlen für Dörfer in der Nähe von Seidon

[527] Zumeist werden die Schulen von den Dorfbewohnern selber gebaut. Wie schon in Abschnitt 2.7.1 beschrieben, werden durch die traditionellen Selbsthilfeorganisationen (Al Nafir) viele öffentliche Dienstleistungsgebäude gebaut, darunter auch die Grundschulen.

[528] Die Mädchen werden sowieso fast nie ins Internat geschickt. Es gibt viele Faktoren, die dahinter stehen. Vgl. Teil V, Abschnitt 1.4.

(Seidon RC) wie z. B. Girsi gestellt und der Durchschnitt für das gesamte Untere Atbara genannt.

Es ist festzuhalten, daß es in den Orten nahe Seidon RC sehr schlechte Raten für den Schulbesuch gibt, vor allem bezogen auf die Universitäten und das Gymnasium. Lediglich einige Jungen besuchten das Internat in Ed Damar. Bezogen auf die Gesamtzahl hat mehr als die Hälfte in Seidon RC (57,4 %) niemals eine Schule besucht, denn bis Anfang der 90er Jahre gab es in vielen Dörfern in diesem Bezirk keine Grundschule, so daß es für die Kinder schwierig war, die Schule zu besuchen. Verglichen dazu liegt die Rate in Ed Damar RC deutlich unter (32,3 %). Der Anteil von Frauen ohne Schulbildung liegt erheblich über dem der Männer.

Die Mehrheit der gebildeten Leute sind nur zu Grundschule gegangen, auch in Ed Damar RC ist die Rate der Leute, die das Gymnasium besucht haben, sehr niedrig, erst recht diejenige derer, die die Universität besucht haben. In Seidon RC gibt es fast keine Frauen, die das Gymnasium oder die Universitäten besucht haben. Das hängt mit verschiedenen sozialkulturellen Faktoren zusammen, die weiter in Abschnitt 1.3 im Teil V diskutiert werden.

Die Rate der Schulabbrecher ist sehr hoch, vor allem bei den Mädchen. Als Hauptgründe werden die Kosten des Schulbesuch (Unterhalt, Bücher, Kleider) genannt. Diese Kosten sollten nicht unterschätzt werden in einer Gesellschaft, wo sich die allgemeinen Lebensbedingungen verschlechtern und im Durchschnitt jede Familie fünf schulfähige Kinder hat. Dazu kommen mangelndes Interesse und Unlust. Für die Mädchen kommt weiter hinzu, daß sie die Schule abbrechen müssen – auch gegen ihren Willen – weil sie heiraten müssen oder im Haushalt als Arbeitskraft gebraucht werden. Es wird auch von vielen Familienoberhäuptern der Bildungsweg, insbesondere in Seidon RC, als sehr lang empfunden. Es dauert ihnen zu lange, bis die Söhne in der Lage sind, zur finanziellen Unterstützung ihrer Familie beitragen zu können. Dies mag zutreffen, zumal gerade ältere Leute, die eine große Rolle bei den Entscheidungen spielen, vor dem Hintergrund ihrer eigenen Biographie den Wert des Schulbesuchs geringer einschätzen als die jüngeren Generationen. Andererseits sehen viele Leute, daß für die Zukunftsplanung eine berufsqualifizierende formale Bildung für die Söhne unabdingbar ist. Sie erhöht die Möglichkeit, eine Arbeit außerhalb der Landwirtschaft in den Großstädten des Sudan oder im Ausland, d. h. in den arabischen Ländern am Golf zu finden.

Im Vergleich zum Girsi ist Albasli das Bestreben deutlich erkennbar, zumindest den Abschluß der Grundschule für alle Söhne und für die Mädchen zumindest den Besuch der ersten vier Klassen der Grundschule, zu ermöglichen. Eigeninitiativen wie Schulbau, Bezahlung von Lehrkräften auf Initiative des *Village Council* und die Senkung der Schulkosten sind deutliche Indikatoren hierfür.

Dennoch liegt der Anteil junger Leute ohne Gymnasiums- oder Realbildung immer noch bei mehr als 50 %[529], was deren Zugang zu „modernen“ Berufsfeldern im Prozeß de ökonomischen und sozialen Entwicklung erschweren wird.

4.2.2 Islamische Bildung

Die islamische Bildung entspricht dem in der gesamten Bevölkerung im Unteren Atbara tiefverwurzelten Einfluß der Religion, der das grundlegende Element der Kultur und Sozialisation im Unteren Atbara ist. Fast alle Dörfer im Unteren Atbara haben wenigstens eine *khalwa* (Koranschule)[530], in der der örtliche *Sheikh* Leuten in verschiedenem Alter die Lehren des Islam und die wichtigsten Gebete und das arabische Alphabet beibringt. Früher wurden die Kinder ab vier Jahre in diese Schule geschickt und mit strenger Zucht wurden ihnen die Gebete und das arabischen Alphabet beigebracht, damit sie den Koran lesen und auswendig lernen können. Die Koranschulen sorgen dadurch für die religiöse Erziehung der Kinder. Für die fortgeschrittenen Schüler beinhaltet das Abschlußritual eine öffentliche Rezitation des ganzen heiligen Buches. Die Ausbildung wurde und wird von den Gesellschaften im Unteren Atbara wegen ihres moralischen und religiösen Charakters geschätzt: eine Grundkenntnis des Koran bringt Prestige und Ehre und die Möglichkeit, selbst ein *Sheikh* zu werden.

Heutzutage gibt es wenige Kinder, die ausschließlich die *khalwa* besuchen. Tabelle 11 zeigt daß nur ca. 3 % der Bevölkerung im Unteren Atbara lediglich die *khalwa* besucht hatten. Allerdings werden die *khalwas* in vielen Dörfern heutzutage als Abendschule für den Koranunterricht benutzt und gehören zur Moschee. Hier kommen viele Leute verschiedenen Alters zusammen, auch die Kinder, die die formale Schule besuchen, oder die Erwachsenen, die ihre Schulzeit abgeschlossen haben. Sie besuchen diese Schule jeden Tag abends nach dem vierten Gebet und nach dem Sonnenuntergang, um ihre Kenntnisse des Koran und der Lehren des Islam zu verbessern.

In Albasli befinden sich zwei sehr aktive *khalwa*: eine für Frauen und eine für Männer. Offenbar versuchen alle, an deren Unterricht teilzunehmen, weil Korankenntnisse eine Frage der Ehre sind. Andererseits tragen diese Schulen in

---

[529] Vgl. Third Re-Animation Report from the Villages Albasli, 1998, S. 7.

[530] Diese Art von Schulen war sehr bekannt und verbreitet im ganzen Nordsudan. Bis in die 60er Jahre war dies in den meisten ländlichen Gebieten die einzige Art von Bildung Im jedem Gebiet, insbesondere in ländlichen Gegenden, gab eine große Schule mit sehr bekannten religiösen Lehrern, wo es auch eine Art von Internat gab, in das die Kinder (die Jungen) ab sieben Jahre von vielen Dörfern geschickt wurden, um die Lehren des Islam aufwendig zu lernen. Auch in jedem Dorf gab es eine kleine Schule, wo manche Kinder, die ihre Dörfer nicht verlassen konnten, den Koran lernen könnten. Die jetzige islamische Regierung im Sudan unterstützt diese Art von Schulen und in Westsudan wurden einige davon, die nicht mehr in Betrieb waren, mit großem Propagandaaufwand wieder eröffnet.

beträchtlichem Maße zur Alphabetisierung insbesondere der Frauen dadurch bei, daß sie den Frauen das alphabetische Prinzip über das Vokabular des Koran beibringen.[531] Das gilt auch für alte Männer, die bisher nicht alphabetisiert sind.

In seiner Betrachtung über die Einbeziehung kultureller Aspekte bei der Bildung in den Ländern der Sahelzone in Afrika, in denen der Islam eine große Rolle spielt, meint Simson, daß die Koranschulen umstrukturiert werden könnten, um dem Volk entwicklungsorientiertes Lernen nahezubringen.[532]. In diesem Zusammenhang sehen wir in der Umstrukturierung dieses Bildungssystems einen großen Beitrag zur Verbesserung die Bildungssituation der Bevölkerung im Unteren Atbara, vor allem für die Frauen.

5 Die Gesundheitslage

Systematische Untersuchungen zum Gesundheitszustand wurden bei den Untersuchungsgruppen nicht gemacht. Aber neben den UNDP-Daten und anderen Berichten von internationalen Organisationen wie der Weltbank werden einige Beobachtungen der Ernährungsgewohnheiten und des Gesundheitsbewußtseins bei der Untersuchungsgruppe dabei helfen, Aussagen über den Gesundheitszustand der Bevölkerung im Unteren Atbara zu machen.

Die üblicherweise für internationale Vergleiche herangezogenen gesundheitsrelevanten Indikatoren zeichnen für den Unteren Atbara ein äußert ungünstiges Bild.[533] Bei den Sterberaten besonders der Kinder und Säuglinge liegen die Daten zum Teil erheblich über den Durchschnittswerten für die Entwicklungsländer mit niedrigem Einkommen. Die Bevölkerung ist einer Reihe von Krankheiten ausgesetzt, die aber mit den Jahreszeiten wechseln können: Malaria während und nach der Regenzeit, Lungenentzündungen und Erkältung während der kalten Zeit. Parasiten und Durchfallerkrankungen gibt es immer. Sie stehen an erster Stelle unter den Ursachen der Säuglings- und Kindersterblichkeit. Polio, Tuberkulose, Unterernährung und Anämie fordern viele Opfer. Nach Aussagen einer UNDP-Angestellten im Unteren-Atbara-Projekt sind 50 % der Kinder unterernährt.

Die Ernährungslage als Grundlage für die Gesundheit der Bevölkerung im Unteren Atbara zu betrachten ist aus verschiedenen Gründen problematisch. Untersuchungen von Holter zur Ernährungsweise von Tierhaltern in Butana, sowie die Untersuchungen von Ahmed et al. und Mayatepek et al. unter Dorfbewohnern der Gezira zeigen eine weitgehende Übereinstimmung mit der Ernäh-

---

[531] Wir werden dieses Phänomen weiter in Abschnitt 1.3 und 1.4 im Teil V diskutieren.

[532] Vgl. Simson, U.: Islam, Entwicklung und Entwicklungspolitik südlich der Sahara. Ein Beitrag zur sozio-kulturellen Problematik der Sahelzone; In: Aus Politik und Zeitgeschichte, B 42 1984; S. 29-37.

[533] Vgl. Weltbank 1998.

rung der Bevölkerung im Unteren Atbara und kommen gleichfalls zu dem Ergebnis, daß soweit Asida bzw. Kisra (Flache Brote oder Fladen) aus Hirse oder Sorghum zubereitet und mit Soßen verzehrt werden, die auch Fleisch oder Milch enthalten, die Ernährung relativ ausgeglichen ist.[534] Jedoch kommt es heutzutage öfter vor, daß die Soße in vielen Familienhaushalten nur noch aus Wasser, Zwiebeln, kleinen Mengen getrocknetem Okra, Dill, rotem Pfeffer und Salz besteht. Manchmal sogar nur aus Wasser, rotem Pfeffer, Salz, und eventuell etwas Öl. Durch den Mangel an Milch und Fleisch fehlen viele Nährstoffe, besonders Vitamine, Eisen und Calcium. Diese Nährstoffe könnten durch Frischgemüse zugeführt werden. Dies ist praktisch aber nur dann möglich, wenn die angebauten Gemüse konsumiert werden. Aber die Familienhaushalte verkaufen diese Gemüse und Früchte, da sie eine wichtige Einkommensquelle sind. Betroffen von diesem Mangel sind besonders die Kindern, Frauen und älteren Menschen.

Da Frauen unter zusätzlich sozial benachteiligten Verhältnissen leben und aufwachsen, leiden sich stärker unter gesundheitlichen Problemen (vgl. Abschnitt 1 im Teil V.). Insbesondere ist die gesundheitliche und physische Belastung durch zu häufige Geburten sehr hoch (vgl. Tabelle 12). Frauen erleben eine Überbelastung durch Verpflichtungen, da sie für andere Menschen zu sorgen und dazu noch Erziehungsaufgaben wahrzunehmen haben. Sie neigen dazu, sich selbst und ihre Gesundheit zu vernachlässigen.[535]

Die staatliche Gesundheitsvorsorge im Sudan, vor allem in ländlichen Gebieten und auch im Unteren Atbara, ist äußerst unzureichend. Der Staat ist sehr stark bemüht, das Volk an den Gesundheitskosten zu beteiligen. Aber die Mehrheit der Bevölkerung ist wegen des finanziellen Drucks nicht in der Lage, diese Kosten zu bezahlen. Damit bleibt die Gesundheitsvorsorge den reichen Leuten vorbehalten und ist in erster Linie auf die Gesundheit der städtischen Bevölkerung gerichtet. Die Ärzte sind in den Städten konzentriert. Sie empfinden die Arbeit in den ländlichen Gebieten als eine Strafversetzung und versuchen, diese Arbeit nicht anzutreten.[536]

Deshalb ist die Abdeckung des Unteren Atbara mit Krankenhäusern und Kliniken sehr unzureichend. Für das ganze Gebiet gibt es nur zwei Krankenhäuser, wo man Ärzte findet, und zwar in der Stadt Atbara, und nur einen Arzt in

---

[534] In diesem Zusammenhang siehe Holter, U.: Tierhaltung auf Haushaltsebene; in: Tierhaltung im Sahel. Rezente Entwicklung und Perspektiven in der Republik Sudan; a. a. O.; S. 189f. und die dort angegebene Literatur.

[535] Siehe WHO Homepage (http://www.who.org/) unter Women health.

[536] Vgl. Ministry of Finance and National Economy. United Nations Development Programme (UNDP). National Execution Management Support Unit (NEX-MSU): Area Development Scheme Programme (lower Atbara). Baseline Survey of lower Atbara. Area Development Scheme Expansion Phase III. 1998. S. 48.

der kleinen Stadt Seidon. Ansonsten gibt es nur in 26 Dörfern kleine Kliniken, in denen es Krankenpfleger gibt, die bestimmte Krankheiten wie Malaria zu behandeln haben, obwohl sie wegen ihrer Ausbildung dazu weder in der Lage noch befugt sind. Aber es stehen keine besseren Möglichkeiten zur Verfügung. Beobachtungen deuten darauf hin, daß viele Dorfbewohner die Krankenhäuser meiden, da sie die Kosten nicht bezahlen können, und statt dessen in die billigen Klinken in ihren Dörfern gehen. Da auch Vorräte an Arzneimitteln nicht ausreichen, erhalten die meisten Kranken ein Rezept für teure, schwer erhältliche Medikamente. Antibiotika werden zu oft verschrieben. Sie kosten 4000 Ls., was die meisten Familien sich nicht leisten können. Oft werden sie nur solange genommen, bis die Symptome der Krankheit abklingen – dies schafft besonders resistente Bakterien. In der folgenden Tabelle werden die Kliniken im Unteren Atbara aufgeführt.

Tabelle 12: Health Services im Unteren Atbara

Human Clinics	**Eddamar RC**		**Seidon RC**		**Lower Atbara**	
	N	%	N	%	N	%
Working	16	80	10	32	26	51
Not Working	1	5	2	7	3	6
None	3	15	19	19	22	43

% is the Percentage of Village Councils which reported the availability of the health service.
N is the number of observation for the particular variable.

Quelle: Ministry of Finance and National Economy. United Nations Development Programme (UNDP). Area Development Scheme Programme (lower Atbara). Northern State (Sudan). Baseline Survey Report 1992; April 1993; S. 38.

Andererseits ist das Gesundheitsbewusstsein der Bevölkerung sehr unterentwikkelt, da auch zu wenig Anstrengungen und Mittel für die Gesundheitserziehung eingesetzt werden. Die Gesundheitserziehung der Bevölkerung wird eher schleppend betrieben, wenn auch einige staatliche Projekte mit Hilfe von UNCEF und WHO durchgeführt werden. Die einfachen Massenmedien, wie das Radio, werden kaum als Vehikel für die Gesundheitskampagnen benutzt. Dem Gesundheitsministerium ist bewußt, daß nur bessere Hygiene und Gesundheitsgewohnheiten sowie Impfungen der Bevölkerung zu einer langfristigen Verbesserung ihres Gesundheitszustandes führen können. Wie Riedel treffend beschreibt ist das Problem der vorhanden Gesundheitsbildungsprogramme,

> „... daß sie meistens weder bei der Weltanschauung, den Kenntnissen und den empfundenen Bedürfnissen der Bevölkerung, noch bei ihren verfügbaren materiellen Ressourcen anknüpfen“[537].

[537] Riedel, J.: Sozio-kulturelle Herausforderungen, a.a. O.; S. 352.

Kurse über Ernährung, Impfungen und Förderung der Hygiene müßten auf breiter Basis eingeführt werden. Ernährungserziehung müßte auf ausreichend verfügbare Nahrungsmittel setzen können und bei den üblichen Ernährungsgewohnheiten ansetzen. Beispielsweise sind bestimmte traditionelle Speisen vitamin- und mineralienhaltig und könnten mit wenigen Zusätzen für eine angereicherte Kinderernährung geeignet sein.

V. Teil: Potentielle Ansätze zum Entwurf einer frauengerechten Entwicklungsstrategie im Rahmen der soziokulturellen Werte der Gesellschaften im Unteren Atbara

1 Die Situation der Frauen und ihr soziokulturelles Umfeld im Unteren Atbara – Die Ausgangslage

1.1 Die Bereiche von Frauen in der Gesellschaftsstruktur der Ja'aliyn

Die Frauen in der islamische Gesellschaft des Unteren Atbara werden durch die Geschlechtertrennung[538] nicht nur aus dem öffentlichen Raum verbannt, auch der private Raum ist in weibliche und männliche Sphären unterteilt. Diese Zweiteilung beruht auf dem Prinzip des „konzentrischen Dualismus"[539] auf dem Gegensatz von Innen und Außen, von Zentrum und Peripherie. Die Kultur des Unteren Atbara[540] wird durch das „komplementäre Denkmodell", die Zusammengehörigkeit von Ungleichem bestimmt. „Es vereint die Polaritäten außen – innen, männlich – weiblich, heilig – profan, die sich dynamisch zueinander verhalten und in einem asymmetrischen Spannungsverhältnis stehen"[541]. Der Innenbereich der Gesellschaft im Unteren Atbara, die geschlossene kontrollierte und bewahrte Seite, ist der Lebensraum der Frauen; komplementär dazu steht der äußere, der männliche Bereich, die öffentliche Seite der Gesellschaft, das offizielle Bild des Hauses. Alles was außerhalb der Mauer des Hauses liegt, gehört den Männer. Die Frau ist hingegen „Hüterin des Hauses".

So ist der innere Bereich des Hauses (*hosh harim*) der Frauenhof, der Lebensraum der Ja'alyin-Frauen in Albasli. Die Terminus „harim" impliziert in seinem Bedeutungsgehalt die Eigenschaften des „Heiligen" und des „Verbotenen" und verweist nicht nur auf den Lebensbereich der Frauen, sondern auch auf ihre „sakrosankte" Stellung innerhalb des *hosh harim*.[542] Die Frau symbolisiert die

---

[538] Je nach theoretischem Ausgangspunkt wird den Begriff Geschlechtertrennung unterschiedlich interpretiert. Er tauchte in den 70er Jahren vor allem im Zusammenhang mit islamischen Gesellschaften auf, wo die Trennung aufgrund des Purdah-Systems offensichtlich ist. Zur selben Zeit entwarfen die Vertreterinnen der Universalthese – im Rahmen der Diskussion in der Ethnologie, ob die Zweitrangigkeit der Frau universell gelte oder nicht – die dualen Konzepte der Trennung von häuslicher/öffentlicher Sphäre, Natur/Kultur, Reproduktion/Produktion, weiblicher/männlicher Sozialisation, welche die weltweite Dominanz der Männer erklären sollte. In dieser Hinsicht vgl. Roth, C.: Und sie sind stolz; a. a. O.; S. 23. und die dort angegebene Literatur.

[539] Vgl. Boehringer-Abdalla, G.: Frauenkultur im Sudan; Frankfurt a. M. 1987; S.11 und die dort gegebene Literatur.

[540] Dies ist auch die dominierende Kultur im Nordsudan, wobei die meisten Menschen Muslime sind. Siehe auch Abschnitt 1 in diesem Teil.

[541] Boehringer-Abdalla, G.: Frauenkultur im Sudan, a.a.O; S. 14.

[542] Vgl. In diesem Zusammenhang ebenda; S. 12.

Ehre des Stammes und steht unter der Kontrolle des Mannes. „Sie wird ständig beobachtet und bewahrt".[543] Der Wert der Ehre impliziert eine Reihe von Verhaltensvorschriften, die die Frau uneingeschränkt beachten muß und die man mit dem Begriff *modesty code* bezeichnen kann.[544] Dieser *modesty code* kann als ein „Katalog" positiv besetzter Eigenschaften beschrieben werden, die sich alle auf die Ehre der Frau und damit auch auf die Ehre der Familie beziehen. Zu ihnen zählen im wesentlichen neben der Keuschheit der Frau Demut, Scham und Bescheidenheit sowie die Bekleidungsvorschriften. Durch die genaue Beachtung dieser Werte wird die Ehre der Frau geschützt respektive bei Nichtbeachtung wird die Ehre verletzt. Hier soll auch erwähnt werden, daß wegen des zentralen Wertes der Ehre und Jungfräulichkeit die Mädchen sehr früh verheiratet werden, damit sie nicht Schande über die Familie bringen.

Dem Wert der Ehre liegt die Vorstellung einer deutlichen Grenze zugrunde, die das „Innen", den Bereich des Familienhaushalts, dem das Wesen der Frauen zugeordnet ist, von dem „Außen", von der – männlichen – Öffentlichkeit des Dorfes trennt. Diese muß von allen Männern, die nicht direkt als Angehörige der Familie oder nicht zur näheren Verwandtschaft einer Frau zählen, respektiert und beachtet werden. Der Innenbereich der Frauen kann einerseits als Ort der Absonderung der Frauen verstanden werden, andererseits aber auch als ein Freiraum, in dem die Frauen Macht und Einfluß, auch über den *hosh harim* hinaus, erwerben können.

> „Die Stellung der Frau innerhalb des ‚hosh harim' ist nicht durch Unterordnung gekennzeichnet, sondern durch Abgrenzung."[545]

In der räumlichen Ordnung des Hauses[546] wiederholt sich die Geschlechtertrennung. Der Männerhof, der nach außen gekehrten Teil des Hauses, dient den Repräsentationszwecken des Haushaltsvorstands, hier wird auch der Besuch fremder Männer empfangen. Die Männer essen und schlafen dort. Die Zahl der Zimmer in diesem Bereich ist abhängig von der Zahl der Männer im Haus und der üblicherweise empfangenen männlichen Gäste. Der Frauenhof ist das Innerste des Hauses, gleichsam geschützt und bewahrt durch den Männerhof. Eine Frau kann das Haus nicht verlassen, ohne von den Männern, die in ihrem Hof sind, gesehen zu werden. Der Frauenhof *hosh harim* ist der Mittelpunkt und zentraler Ort der familiären Gemeinschaft. Hier kommen die Kinder zur Welt, hier werden sie erzogen, hier spielt sich die alltägliche Hausarbeit ab, hier wird die Nahrung für die ganze Familie zubereitet, hier werden die handwerklichen

---

[543] Zitiert nach Irabi, A.: Die blockierte Gesellschaft; a. a. O.; S. 32.

[544] Vgl. Boehringer-Abdalla, G.: Frauenkultur im Sudan; a. a. O.; S 14.

[545] Ebenda; S. 13.

[546] Die Häuser sind selbst mit einer Mauer aus Lehm umgeben, die den Innenbereich abschirmt. In der Regel gibt es zwei separate Zugänge zum Haus. Einer führt zum Männerhof *hosh rigal*, der andere zum *hosh harim*. Eine ähnliche Beschreibung siehe ebenda; S. 30.

Arbeiten gemacht, hier werden Feste vorbereitet und alles, was im Interesse der Frauen praktiziert wird. Zum *hosh harim* gehören die Küche, die Vorratskammern, die Ställe für die Kleintierhaltung, die Zimmer der Frauen sowie häufig eine *rakuba*, eine überdachte Veranda, die die Frauen als Aufenthalts- und Arbeitsort bevorzugen.[547]

Innerhalb des Frauenbereichs ist das hierarchische System bestimmend. Mit dem Alter wächst nicht nur der informelle Einfluss einer Frau, sondern auch der formelle: Töchter, Schwiegertöchter, Enkelkinder, aber auch Söhne haben auf ihr Wort zu hören. Großmütter haben großen Einfluß auf die Familiengelegenheiten und sind einer der Hauptgaranten für die Beibehaltung vieler Traditionen und Frauenriten. Eine ältere Frau erlangt auch gewisse männliche Sonderrechte. Sie kann z. B. unbegleitet einkaufen gehen, sie kann als Händlerin auf dem Markt kaufen und verkaufen, sie kann allein lange Reisen antreten, z. B. bis nach Khartoum, um ihre Verwandten zu besuchen oder neue Ware zu verkaufen.

Andererseits hat eine junge Frau eine untergeordnete Position in der Hierarchie der Frauen innerhalb der *hosh harim*. Es hilft ihr letztlich nur die Geburt von Kindern, vor allem von Söhnen, eine bessere Position zu erlangen. Auch dürfen die jungen Frauen bis Mitte vierzig nicht allein reisen, nicht einmal in die nahegelegenen Städte, von wo man am selben Tag zurückkommen kann, wie beispielweise Ed Damer und Atbara. Einige Männer erlauben ihren Frauen, in Gruppen mit anderen Frauen in diese Städte zu reisen, wenn es wichtige Gründe gibt, z. B. zum Besuch eines Kranken im Krankenhaus oder in seltenen Fällen zum Kauf von Rohstoffen für ihre handwerklichen Arbeiten. Beobachtungen zeigen, daß die Frauen sich auch im Dorf in Gruppen bewegen, z. B. zu einem Besuch, zur Koranschule oder zur Moschee. Selbst wenn sie zur Arbeit auf das Feld gehen, verabreden sich zwei, drei Frauen und gehen zusammen. Auf die Frage nach dem Grund dafür antwortete eine Frau der Autorin:

> „Eine Frau, die allein hin und her geht, wird sehr schlecht angesehen, sie wird Schande über ihre Familie bringen."

Schon kleine Mädchen werden so erzogen, daß sie ein öffentliches Auftreten für sich nicht in Erwägung ziehen, sondern außerhalb des Hauses still und zurückhaltend sind.[548] Der Bewegungsspielraum der Mädchen im öffentlichen Bereich

[547] Eine ähnliche Beschreibung der Lebensräume von Männern und Frauen in einer afrikanisch-islamisch beeinflußten Gesellschaft vgl. Roth, C.: Und sie sind stolz; a. a. O.; S. 68ff.

[548] Elke Grawert machte die gleichen Beobachtungen und stellt am Beispiel der westlichen sudanesischen Frauen in Darfur dar, daß Frauen, die in der Öffentlichkeit sprechen, sehr schlecht in der Gesellschaft angesehen sind. Vgl. dazu Grawert, E.: Alltag und soziale Stellung der Frauen im Westsudan; a. a. O.; S. 119.

wird ab dem Alter von sieben Jahren allmählich eingeschränkt. Sie werden hinfort immer mehr im Frauenbereich zurückgehalten.

Wegen vieler Faktoren wie Bildung, Arbeitsmigration und den damit zunehmenden Beziehungen zu Gesellschaften in den großen Städten, insbesondere in der Hauptstadt, hat sich das Frauenbild in kleineren Schritt gewandelt. Zwar spielen der soziale Wert der Geschlechtertrennung und die Handlungsbeschränkungen für Frauen immer noch eine große Rolle, jedoch beginnt ihre Infragestellung.

Andererseits befindet sich das ganze Land im Spannungsverhältnis zweier einander entgegengesetzter kultureller Wandlungsprozesse: einmal hin zur westlichen Kultur, zum anderen zur Revitalisierung der Tradition durch die islamische Bewegung im Land. Dies beeinflußt auch die Gesellschaften im Unteren Atbara. Dabei ist die soziale Stellung der Frau ein Hauptproblem. Die Stellung der Frau in der *sharia*[549] bekräftigt die traditionelle Stellung der Frau. Deswegen sind viele Leute gegen die Aufgabe der traditionellen sozialen Werte und damit der traditionellen Stellung der Frau. Die sozialen Werte und Denkmuster erschweren den Frauen gesellschaftspolitische Aktivitäten und die Übernahme öffentlicher Ämter. Auch gebildete, privilegierte Frauen unterliegen der sozialen Rollenzuschreibung und erhalten gesellschaftliches Ansehen nur durch Ehe, Mutterschaft und zahlreiche Kinder. Eine Frau genießt erst dann sozialen Schutz, wenn sie einen männlichen Vormund, vorzugsweise den Ehemann, hat (siehe das Interview mit Um Salama, S. 248).

1.2 Kulturell bedingte Handlungsbeschränkungen für Frauen

In diesem Abschnitt wird die Auswirkung der oben umschriebenen sozialen Stellung der Frauen im Unteren Atbara und ihres Status in der *sharia* auf ihre wirtschaftliche Rolle, d. h. auf ihr unternehmerisches Handeln und auf ihr Innovationsverhalten, erläutert.

In der islamischen Gesellschaftsstruktur im Unteren Atbara sieht man deutlich, daß die Werte und Normen einen extremen Stellenwert haben: sie werden von allen Gesellschaftsmitgliedern – kulturell bedingt – als absolut bindend angesehen. Die sozialen Regeln für Frauen sind konkret und auf die alltäglichen Lebenssituationen bezogen, sie weisen eine verpflichtende bzw. zementierende Wirkung auf. Somit sind die individuellen Freiräume einer Frau im Unteren Atbara und ihre Handlungsmöglichkeiten sehr stark beschränkt, und der Versuch einer Ausweitung dieser Freiräume bedeutet einen Regelverstoß und damit einen Ausbruch aus der sich über kulturelle Kriterien und islamische Regeln definierenden Gemeinschaft, welcher zu sehr starken negativen Sanktionen (Strafen usw.) führt. An dieser Stelle ist es von größter Bedeutung zu erwähnen,

---

[549] In diesem Zusammenhang Vgl. Ismail, E/Makki, M.: Frauen im Sudan; a. a. O.; S. 10.

daß solche Sanktionen die Kultur im ökonomischen Bereich besonders wirkungsvoll berühren. Bei einer hohen Regelverbindlichkeit, wie dies der Fall für Frauen im Unteren Atbara ist, gilt innovatives Verhalten als abweichend von den traditionellen Normen; es wird daher negativ sanktioniert.[550] Das ist ein wesentlicher Grund für die starken kulturellen Einschränkungen des unternehmerischen Freiraums und der Autonomie bei der Einführung von Neuerungen in dieser Gesellschaft.

Nach Hayek beziehen sich im Kontext der Evolution von Ordnungen und der zunehmenden Kontrolle des Menschen über seine Umwelt der Umfang und die Tiefe der Reichweite sozialkultureller Einflüsse auf innovatives unternehmerisches Handeln – im Sinne der Intensität von dessen Sanktionierung – auf die Funktion von Verhaltensregeln. Nach Hayek ist bei Verhaltensregeln des Menschen zwischen abstrakten und konkreten Regeln zu unterscheiden. Konkrete Regeln schreiben das Verhalten im konkreten Einzelfall vor. Im Gegensatz dazu erlauben die auf abstrakten Regeln beruhenden spontanen Ordnungen jedem einzelnen, seine speziellen Kenntnisse für seine eigenen Zweck zu nutzen.[551]

> „Je abstrakter nun die Regeln sind, einen je größeren Spielraum sie also der Eigeninitiative überlassen, desto komplexer wird nicht nur die Ordnung sein, die aus dem Zusammenspiel der individuellen Handlungen resultiert, sondern auch desto 'überlegener' wird sie sein, verglichen mit anderen Ordnungen, in denen das Verhalten an weniger allgemeine oder gar konkrete Regeln gebunden ist."[552]

Weil in einer spontanen Ordnung mehr Wissen genutzt wird, wird auch mehr innoviert und experimentiert. In einer spontanen Ordnung sind die einzelnen Elemente abstrakten Regeln unterworfen und unterliegen nicht konkreten Anforderungen. Dies ermöglicht ihnen, sich in ihrem Verhalten den besonderen Umständen anzupassen, die ihre Beziehungen zur sozialen Umwelt bestimmen. Durch die Erfahrung bei der Anpassung werden Kenntnisse gesammelt und gehen weiter in die Pläne und Entscheidungen ein. Diese gesammelten Kenntnisse der Einzelheiten, der Zeit und des Orts können nur den Individuen selbst bekannt

[550] In diesem Hinsicht vgl. Baldus, R. D./Röpke, J./Semmerlroth, D.: Einkommens-, Verteilungs- und Beschäftigungswirkungen von Selbsthilfeorganisationen in Entwicklungsländern; Forschungsbereichte des Bundesministerium für wirtschaftliche Zusammenarbeit; Bd. 17; Köln 1981; S. 73f.

[551] Hayek, F. A. v.: Grundsätze einer liberalen Gesellschaftsordnung; in: Freiburger Studien. Gesammelte Aufsätze von F. A. von Hayek; Tübingen 1969; S. 110.

[552] Röpke, J.: Primitive Wirtschaft. Kulturwandel und die Diffusion von Neuerung. Theorie und Realität der wirtschaftlichen Entwicklung aus ethnosoziologischer und Kulturanthropologischer Sicht; Tübingen 1970; S. 146.

sein. Also geht es hier um eine kognitive Addition, die eine Ausweitung des Erfahrungs- und Wissenshorizonts des Individuums ermöglicht.[553]

Wie wir mehrfach erwähnt haben, erhält die wirtschaftliche (soziale) Entwicklung ihre wichtigsten Impulse durch Innovationen bzw. durch Ausprobieren von Neuerungen. Je umfassender die Möglichkeiten sind, daß das Individuum sich neue Kombinationen ausdenkt und mit ihnen experimentiert, desto größer wird das Innovationspotential sein. Diese Möglichkeiten werden aber zunehmen,

> „... je mehr der einzelne potentielle Innovator lediglich an abstrakte Regeln gebunden ist, also sein Handeln nicht am Erreichen ihm vorgeschriebener konkreter Resultate orientiert ist, oder je größer der Spielraum ist, den ihm abstrakte Regeln einräumen, bzw. der Bereich des Verhalten ist, der nicht mit Sanktionen belegt wird, kurz gesagt je größer sein Freiheitsspielraum."[554]

Entsprechend den oben angeführten Überlegungen und im Hinblick auf die Einschränkung des Spielraums der Eigeninitiative der Frauen im Unteren Atbara durch konkrete – kulturelle – Regeln muß ihr Innovationspotential als eingeschränkt betrachtet werden. Durch die Konkretisierung der Verhaltensregeln für Frauen werden diesen keine freie Spielräume zum Erfinden und Ausprobieren gelassen. Das Rollenverhalten der Frauen ist festgeschrieben, sie partizipieren als Bevormundete ohne Mitspracherecht an den sozialen und wirtschaftlichen Prozessen. Die schicksalhafte Abhängigkeit der Frauen von den Männern beschränkt ihre Handlungsmöglichkeiten und die Möglichkeit, über sich selbst als Individuum und ihre Fähigkeiten, über ihr Eigentum[555] und ihre Werkzeuge in Produktion und Tausch zu verfügen. Dadurch wird nicht nur die normale Entwicklung ihrer persönlichen Kenntnisse und Fertigkeiten, sondern auch die Entwicklung ihrer kognitiven Fähigkeit, ihrer praktischen Erfahrungen und die Art und Weise, wie sie sich der institutionellen Einrichtungen der Gesellschaft bedienen, gestört.

1.3 Frauen und Bildung

Obwohl die Analphabetenrate im Unteren Atbara schon sehr hoch ist – ca. 50 % (Tabelle 11) – liegt diese Rate für Frauen noch viel höher als für die Männer (um die 20 %). Die Mädchen lernen gerade nur das Lesen und Schreiben und die Grundbegriffe der Mathematik. Mit Beginn der Pubertät müssen sie die Schule

---

[553] Vgl. ebenda.

[554] Ebenda; S. 149.

[555] Obwohl die Frauen in islamischen Rechte Eigentum besitzen dürfen und die Hälfte dessen, was die Männer erben, bekommen, gibt es weitere kulturelle Beschränkungen für Frauen im Unteren Atbara. Wegen der kulturell gebotenen Autorität des Mannes gegenüber der Frau ist es nicht ungewöhnlich, daß Männer über den Besitz ihrer Frau/en oder anderer naher weiblicher Verwandter verfügen, ohne vorher deren Zustimmung einzuholen bzw. sogar gegen ihren Willen.

wegen vieler kulturell gebotener Beschränkungen (vgl. Abschnitt1.1 in diesem Teil) aufgeben, d. h. nach der sechsten Klasse und manchmal schon früher die Grundschule verlassen. Nach der Aussage einer Grundschullehrerin schließt jedes dritte Mädchen die Grundschule nicht ab. Und wenn Mädchen die Schule abgeschlossen haben, dürfen sie sich zumeist nicht weiter ausbilden lassen. Es gibt auch keine Gymnasien in den Dörfern. Sie sind nur als Internate in den Städten zu finden (vgl. Abschnitt 4.2.1 in diesem Teil). Wiederum wegen der kulturellen Einschränkungen dürfen viele Mädchen solche Schulen nicht besuchen. So ist die Ausbildung für Frauen im Unteren Atbara wegen ihrer sozialen Stellung sehr beschränkt. Anhand der folgenden Beispiele soll dies illustriert werden.

Beispiel: In diesem Beispiel handelt es sich um ein Mädchen, das 13 Jahre alt ist. Sie heißt Samia. Sie ist sehr intelligent, hat die Grundschule mit der Note „Sehr gut" abgeschlossen. Sie will weiter auf das Gymnasium gehen. Auch ihre Mutter wünscht, daß die Tochter sich weiter bilden kann, allerdings haben der Großvater und der Vater, d. h. die Bestimmenden in der Familie, eine andere Meinung. Wie schon oben erwähnt, findet sich die weiterführende Schule nur als Internat in der Stadt Ed Damer. Der Großvater und der Vater haben entschieden, daß die Tochter nicht ins Internat gehen darf, weil sie der Auffassung sind, dies würde Schande über die Familie bringen würde. Außerdem stellen sie in Frage, daß eine Frau eine Ausbildung braucht. Sie muß nach ihrer Auffassung Zuhause bleiben, heiraten und Kinder auf die Welt bringen und darf nicht in der Öffentlichkeit arbeiten. Das sei die Aufgabe der Männer.

Am Ende war es Samias Schicksal, daß ein schon verheirateter Mann, der in Saudi Arabien arbeitete, sie heiraten wollte. Ohne ihre Zustimmung haben der Großvater und der Vater diesen Wunsch akzeptiert. So mußte Samia diesen Mann im Oktober 1999 mit Tränen in den Augen heiraten. Der Weg zu einer Ausbildung war für sie endgültig verschlossen.

Aus diesem Beispiel wird wiederum deutlich, inwieweit das sozialkulturelle Umfeld im Unteren Atbara Frauen auch den Zugang zur Bildung versperrt.

1.4 Soziale Netze und Selbsthilfeorganisationen von Frauen

> „Afrika ist die Region der Erde, in der Frauenzusammenschlüsse am weitesten verbreitet sind, was als Indikator für die Bedeutung der Verbindungen zwischen den Haushalten gelten kann. Die Partizipation der Frauen an den Gruppen ist eine wichtige Haushaltsstrategie, um den Anforderung durch Marktfruchtbau und Geldwirtschaft standzuhalten. Diese Strategie reduziert Haushaltrisiken und eröffnen Frauen Entfaltungsmöglichkeiten, Mobilität und Einkommen."[556]

---

[556] Thomas, B.: Household Coping Strategies for Adaptation and Change: Paticipation in Kenyan Rural Women's Associations, in: Africa, Vol 58, No. 4; !988; S. 401. Zitiert nach

In Übereinstimmung mit diesem Zitat sind die Frauengruppen und Frauenzusammenschlüsse im Unteren Atbara als Ausdruck des Einflusses von Frauen in der alltäglichen Aufgabenbewältigung anzusehen. Dadurch versuchen sie, die kulturellen Beschränkungen zu konterkarieren und ihren Handlungsspielraum zu erweitern. Sie fördern eine innovative Haltung in den individuellen und gemeinsamen Arbeitsbereichen der Frauen und Interaktionsformen zwischen Haushalten; des weiteren tragen sie zu einer Neuorientierung der Verhandlungspositionen gegenüber den Männern bei Fragen des Zugangs zu Ressourcen bei.[557]

Wie schon mehrfach beschrieben, enthalten die gesellschaftlichen Beziehungen im Unteren Atbara eine Vielzahl reziproker Elemente, also Austausch und Umverteilung von Leistungen, Nahrungsmitteln, Gütern und Geld innerhalb der Verwandtschaft oder von Teilen einer Dorfgemeinschaft. Die sozialen Beziehungen der Frauen in Albasli beispielsweise basieren auf einem Netz gegenseitiger Rechte und Pflichten. Die häuslichen Beziehungen stehen in dessen Mittelpunkt, die sich innerhalb des *hosh harim* zwischen Mutter und Töchtern, Schwestern, Tanten und deren Töchtern, zwischen Schwiegermutter und Schwiegertöchtern entwickeln. Diese Beziehung und Gruppierung gibt es auch zwischen entfernten Verwandten und Nachbarinnen, ein ganzes Netz des Teilens, Ausleihens und Gebens, das sich in der häuslichen Arbeitsteilung verdichtet. Die Frauengruppen und –netze in Albasli bieten oft die einzige Möglichkeit, Zugang zu Ressourcen, Dienstleistungen und Informationen zu erhalten. Auch bei arbeitssparenden Technologien zur handwerklichen Arbeit und Ernteverarbeitung kommt ihnen eine große Bedeutung zu. Frauen finden sich in der Mittagszeit öfter zusammen und erledigen dann gemeinsam ihre handwerklichen Arbeiten. Durch die gemeinsame Teilung und Anordnung von Rohstoffen für die handwerklichen Arbeit versuchen sie, Zeit zu sparen und auch die Arbeiten zu erleichtern. Insbesondere kommt das wegen der zunehmenden Aufgaben der Frauen in der familiären Eigenversorgung und ihrem Beitrag zur Befriedigung der monetären familiären Bedürfnisse vor. Damit reduzieren sie zudem das Anschaffungsrisiko und erleichtern das gemeinsame Lernen. Sie können so auch Mitsprachemöglichkeiten eröffnen, gemeinsame Interessen in Verhandlung mit der Männergesellschaft oder Führungspersonen vertreten und Außenkontakte zur Verwirklichung gemeinsamer Ziel knüpfen. So versuchen die Frauen, den traditionellen Einschränkungen ihrer Autonomie gegenzusteuern.

Nicht nur aufgrund von Verwandtschaft und Nachbarschaft bilden sich Frauengruppen, sondern auch Altersgruppen entsprechend. Im folgenden lassen sich die

---

Schäfer, R.: Frauenorganisationen und Entwicklungszusammenarbeit. Traditionelle und moderne afrikanische Frauenzusammenschlüsse; a. a. O.; S. 66.

[557] In diesem Zusammenhang vgl. ebenda.

wesentlichen vier Altersgruppen unterscheiden, die allerdings nicht streng gegeneinander abgegrenzt sind:

- Die erste Altersgruppe umfasst die Mädchen bis zum Erreichung der Pubertät.
- Zur zweiten zählen Mädchen, die das heiratsfähige Alter erreicht haben.
- Verheiratete Frauen, junge Mütter sowie alle reproduktionsfähigen Frauen bilden eine dritte Gruppe.
- Die vierte Altersgruppe bilden Frauen nach der Menopause. Obwohl diese Gruppe von Großmüttern ihren eigenen Kreis bilden, sind diese Frauen sehr mächtig und haben auch Einfluss auf andere Frauengruppen.

Durch die Zuordnung zu den Altersgruppen können sich die Frauen Flexibilität und Handlungsmöglichkeit eröffnen.

Haushaltsverbindende Kooperationsformen sind neben der Verwandtschaft ein wichtiges soziales Organisationsprinzip und Ausdruck haushaltsinterner und familienübergreifender Flexibilität. Dadurch können sich Frauen gegenseitig bei außergewöhnlichen Haushaltsarbeiten, wie z. B. bei der Ausrichtung von Festen, helfen. Sie sammeln für solche Ereignisse Geld und kaufen und lagern verschiedene Haushaltsgegenstände wie Stühle, Geschirr, Betten etc. Wenn es ein Fest gibt und viele Gäste kommen und versorgt werden müssen, werden solche Gegenstände abgeholt und benutzt.

Ein wichtiger ökonomisch zielorientierter Zusammenschluß von Frauen sind die Spargruppen *khatta*. Sie schaffen einen Fonds, in den jede beteiligte Frau jeden Monat einen bestimmten Geldbetrag einzahlt und dessen Gesamtinhalt dann reihum an einzelne Frauen ausgezahlt wird. Mit der *khatta* ermöglichen sich die Frauen, unbürokratisch und unabhängig zu einer größeren Summe Bargeld zu kommen, um ihre ökonomische Lage ein wenig aufzubessern und sich zumindest zeitweise finanziell unabhängiger zu machen. Damit verwirklichen sie eigene Vorhaben. Sie finanzieren der Ausbildung ihre Kinder, können neue Materialien für ihre handwerkliche Arbeit kaufen, Geschirr anschaffen für die Aussteuer ihrer Töchter. Die Verwendung des Spargelds orientiert sich also am familiären Wohl, insbesondere am Aufbau von Zukunftsperspektiven für die Kinder und weniger an individuellen Interessen. Durch die sich verschlechternden Lebensbedingungen im Unteren Atbara ist es für viele Frauen in Albasli immer notwendiger geworden, über solche Flexibilität und Fähigkeiten zu verfügen.

Große Bedeutung hat die Koranschule für Frauen (vgl. Abschnitt4.2.2 in diesem Teil). Mehr als 80 % der Frauen in Albasli besuchen diese Schule. Die Schule hat zwei Lehrerinnen, die als fortgeschrittene Schülerinnen in einer Großen

Koranschule ihre Ausbildung abgeschlossen haben. Mit einer sehr innovativen Methode versuchen sie, über Worte aus dem Koran den Frauen das alphabetische Prinzip beizubringen. Sie sind sehr motiviert und wollen verschiedene Kurse durchführen. Sie versuchten zur Zeit meiner Datenerhebung für diese Arbeit auch, gemeinsam mit der Lehrerin in der formalen Grundschule Gesundheitskurse für Frauen durchzuführen. Die Frauen kommen sehr gern zum Unterricht und beteiligen sich sehr aktiv an den Diskussionen. Eine der Lehrerinnen sagte mir: „Besuchst du uns nochmals nächstes Jahr, dann wirst du dich wundern über das, was wir erreicht haben".

Sicherlich – mit ihren lokal ausgerichteten und den vorhandenen Strukturen angepaßten Methoden werden sie vieles schaffen. Insgesamt haben die Frauenzusammenschlüsse (ökonomisch und gesellschaftlich) eine wichtige Bedeutung für jede Förderstrategie für Frauen im Unteren Atbara, allerdings hängt das von einer Vielzahl von Faktoren ab.[558]

2 Form und Inhalt einer Entwicklungsstrategie im Unteren Atbara

2.1 Ziel und Zielgruppe

Ziel der von uns vorgeschlagenen Entwicklungsstrategie ist es, die Handlungsspielräume für auf dem Lande lebende Frauen im Unteren Atbara zu erweitern, ihre Rechte, ihre Bildungsmöglichkeiten und ihren sozialen Status zu verbessern ebenso wie ihre Möglichkeiten, am öffentlichen Leben teilzunehmen und dieses zu beeinflussen. Frauen sollen gleichberechtigt und selbständig an der wirtschaftlichen und gesellschaftlichen Entwicklung des Gebietes mitwirken und aus ihr Nutzen ziehen können. Ein weiteres Ziel unserer Strategie ist die Unterstützung der gesamten wirtschaftlichen Entwicklung, da aus wirtschaftlicher Sicht die Vergrößerung der Handlungsspielräume der Frauen und die Gleichberechtigung von Mann und Frau eine der Grundvoraussetzungen für eine nachhaltige, breitenwirksame Entwicklung darstellt. Maßnahmen, von denen Frauen profitieren, erbringen häufig auch den größten gesellschaftlichen Gewinn: Z. B. ist nach Feststellungen der Weltbank keine andere Investition in der Entwicklungszusammenarbeit so lohnend wie die in die Ausbildung von Mädchen und Frauen. Umgekehrt sind viele Projekte und Programme gescheitert, da sie die Rollen- und Arbeitsteilung von Frauen und Männern außer acht ließen.[559] Die Verbesserung des sozialen Status der Frauen und die gleichberechtigte Beteiligung von

[558] Das haben wir ausführlicher im Teil III diskutiert.

[559] Vgl. BMZ aktuell Entwicklungspolitik: Konzept für die Förderung der gleichberechtigten Beteiligung von Frauen und Männern am Entwicklungsprozeß. Gleichberechtigungskonzept Bundesministerium für wirtschaftliche Zusammenarbeit und Entwicklung; Referat Presse und Öffentlichkeitsarbeit, Bonn Juli 1997; S. 2.

Männern und Frauen trägt also zur Qualitätsverbesserung der Entwicklungspolitik bei.

Eine solche Strategie, soll sie wirksam werden, richtet sich an die gesamte Gesellschaft im Unteren Atbara. Sie läßt sich nicht auf eine bestimmte Zielgruppe oder nur die Frauen beschränken. Frauen sind zwar in erster Linie von Diskriminierung und Benachteiligung, vom Ausschluß von einer gleichberechtigten Teilnahme am sozialen, wirtschaftlichen und politischen Leben betroffen, aber dieser Mißstand kann nicht allein durch die Förderung von Frauen überwunden werden, das Verhältnis der Geschlechter zueinander muß sich ändern. Nur durch Verhaltensänderungen von Frauen und ebenso von Männern kann unser Ziel erreicht werden.

2.2 Bisherige Ergebnisse

2.2.1 Frauen und die soziokulturelle Ordnung im Unteren Atbara

Die detaillierte Analyse der sozialen und kulturellen Ordnung im Unteren Atbara im zweiten Teil dieser Arbeit sollte einen Überblick über die soziokulturelle Struktur und die Wertsysteme der Gesellschaften in diesem Gebiet vermitteln. Dort wurden Kenntnisse über den existentiellen Hintergrund von Werten, Normen, Glaubenssystemen und Symbolmustern der Gesellschaften im Unteren Atbara zusammengetragen. Dabei zeigte sich, daß einige Faktoren des soziokulturellen Wert- und Glaubenssystems Hindernisse für die Entwicklung in diesem Gebiet sind. Das gilt insbesondere für Frauen, – sie sind in ihren Handlungsmöglichkeiten sehr stark beschränkt. Damit wird auch ihre Teilnahme an einer Entwicklungspolitik blockiert. Zu fragen ist deshalb, ob und wie man diese Faktoren, die die Handlungsmöglichkeiten von Frauen beschränken, abbauen könnte, ohne Entfremdung auszulösen und ohne den Widerstand der Gesellschaft zu provozieren.

2.2.2 Der Islam als bedeutender soziokultureller Faktor im Unteren Atbara

Rückblickend auf die bisherige Analyse im Teil IV, insbesondere im Abschnitt 4, kann festgestellt werden, daß der Islam einen tiefgreifenden Einfluß auf die Gesellschafts- und Bewußtseinsstruktur der von uns untersuchten Gesellschaften im Unteren Atbara, die alle Bereiche der Gesellschaft erfaßt und ihr Wertesystem determiniert, ausübt. In diesem Gebiet herrscht die arabisch-muslimische Kultur vor, die eine hohe Identifikation mit der Religion, d. h. dem Islam, und mit der arabischen Sprache und der Kultur des Propheten Mohammed zeigt. Alle Äußerungen des menschlichen Lebens im Unteren Atbara sind vom Islam beeinflußt. Die Gebote und Verbote des Islam werden von Geburt an vom jedem Kind verinnerlicht. Insbesondere die Struktur der Familie, die Autorität des Mannes, das Verhalten der Frau, ihre Stellung in Familie und Gesellschaft sowie ihre Rechte, die Ehe, die Scheidung und das Sorgerecht für die Kinder werden durch die *sharia* reglementiert.[560]

Insbesondere die Rolle des Islam bei der Bestimmung der sozialen Stellung der Frau und ihrer Rechte in der Gesellschaft in Unteren Atbara ist in unserer Untersuchung von großer Bedeutung. Durch die Betonung verschiedener Prinzipien, die einen direkten Einfluß auf die Sozialisation von Jungen und Mädchen im Unteren Atbara haben – wichtig sind vor allem das Prinzip *qawama* und das Prinzip *al-hijab* – konnten die islamischen Rechtsgelehrten die Nichtgleichberechtigung zwischen Mann und Frau legitimieren. Damit wird auch der Grad an erlaubten Handlungsmöglichkeiten und die Internalisierung von Innovationsvorteilen für Frauen eingeschränkt.[561] All dies liefert eine Erklärung dafür, warum nicht alle für die Entwicklung bedeutsamen Handlungsmöglichkeiten für Frauen in diesem Gebiet ausgeschöpft werden konnten.

2.3 Der strategische Diskurs

2.3.1 Der interne Diskurs und der interkulturelle Dialog als Methode

Wie schon mehrfach erwähnt, steht der direkte Bezug zum Leben im Unteren Atbara im Vordergrund unserer Gedanken über eine mit der Religion des Islam konformen Entwicklungsstrategie. Die Diskriminierung von Frauen und die Beschränkungen ihrer Handlungsspielräume stehen wie eine Mauer zwischen ihnen und ihrer effektiven Beteiligung in der Öffentlichkeit und in der Entwicklungspolitik. Das Glaubens- und Wertesystem der Gesellschaft im Unteren Atbara und der Analphabetismus verschärfen das Problem. Um diese Probleme zu eliminieren ist es für eine substantielle und nachhaltige Entwicklungsstrategie notwendig, innerkulturelle Ressourcen, Normen und Institutionen nicht als Hemmnisse, sondern als Entwicklungspotentiale zu betrachten.

Ausgehend von der Prämisse, daß die kulturellen Normen und Institutionen durch einen unterschiedlichen Grad von Ambivalenz und Flexibilität charakterisiert sind, um den verschiedenen Bedürfnissen und Umständen der Menschen zu entsprechen, und daß die Kulturen nicht als statische oder gar als monolithische Blöcke begriffen werden können, sondern als grundsätzlich offene Systeme, sind wir zutiefst davon überzeugt, daß eine kulturelle Transformation durch Artikulation von anderen Perspektiven, die den vorherrschenden kulturellen Interpretationen widersprechen, und die Präsentation von alternativen Sichtweisen auf die eigenen kulturellen Merkmale und Angelegenheiten im Unteren Atbara möglich werden kann. Wichtig ist, daß die vorgeschlagenen und zu erarbeitenden Alternativperspektiven von der Bevölkerung anerkannt werden und den kulturell her-

---

[560] Siehe Teil III Abschnitt 1.1 und Teil IV Abschnitt 4.1.2.
[561] Siehe Abschnitt 1.2. im Teil III.

gebrachten Kriterien für gesellschaftliche Legitimität entsprechen müssen, damit ihre Relevanz für die kulturspezifischen Bedürfnisse und Erwartungen plausibel gemacht werden kann. Eine Verständnis für den tiefen Sinn und die Relevanz der Wertsysteme in der Gesellschaft sollte bei der Suche nach alternativen Sichtweisen helfen und dabei, die bestehenden Überzeugungen und Verhaltensweisen der Gesellschaft zu transformieren.

Eine langfristige Entwicklungsstrategie muß deshalb das Konzept des intragesellschaftlichen Diskurses in einem zugleich stattfindenden interkulturellen Dialog nutzen, was ausführlich im theoretischen Teil (Teil I) diskutiert wurde. Daher plädiert diese Arbeit dafür, sogenannte *Folk-Models* (siehe Abschnitt 3.2.1) in einem intensiven internen Diskurs im Rahmen von Aufklärungsprogrammen in jedem Dorf im Unteren Atbara anzuwenden und so den Kampf gegen Diskriminierung und Menschenrechtsverletzungen bei Frauen zu führen. So werden wir in der Umsetzung unserer strategischen Gedanken in den kommenden Abschnitten diskutieren, wie der Diskurs- und Dialogprozeß über eine Entwicklungsstrategie im Unteren Atbara aufgebaut werden sollte.

2.3.2 Der islamische Diskurs als wichtiger Teil des internen Diskurses

Wir haben bereits gesehen, inwieweit der Islam das gesamte Leben und das kulturelle Wertesystem im Unteren Atbara beeinflußt, insbesondere inwieweit die *sharia* den Status der Frau und ihre Rechte und damit auch ihre sozioökonomische Rolle und Handlungsmöglichkeiten negativ beeinflußt (siehe dazu im Teil II, Abschnitt 3.1, insbesondere 3.1.4, sowie Teil III, Abschnitt 1.2 und Teil IV, Abschnitt 4.1). Deshalb gehen wir davon aus, daß es auf keinen Fall möglich ist, diese negativen kulturellen Faktoren, die die Aktivitäten von Frauen einschränken und die Entwicklung im Unteren Atbara verhindern, zu beseitigen, ohne den Islam selbst in diesem Prozess aktiv einzubeziehen. Das kann nur geschehen, wenn es gelingt mit der Entwicklungsstrategie einen islamischen Diskurs zu verbinden.

Im Teil III wurden die Möglichkeiten einer Reform des islamischen Rechts diskutiert. Dabei stellte sich heraus, daß – mit der Aufrechterhaltung islamischer Legitimität – es neben den dominierenden Interpretationsmustern der *sharia* auch andere geben könnte, die den Sichtweisen der *sharia* widersprechen und damit Alternativen darstellen, die zur Verbesserung des Status der Frau beitragen können. Deshalb müsste es gelingen, mit der Bevölkerung im Unteren Atbara in einen islamischen Diskurs zu kommen und sie davon zu überzeugen, daß es keinen Konflikt zwischen der Beteiligung der Frauen am öffentlichen Leben und ihrem Glauben gibt.

Nur so – meinen wir – kann auch eine weitere Veränderung des Wertsystems, im Glauben und in der Einstellung dieser Bevölkerung erreicht werden und damit auch eine Chance für Frauen eröffnet werden, ihre Rechte wahrzunehmen und sich an der Entwicklung ihrer Heimat zu beteiligen.

2.3.3 Aufklärung und Bildung – ein Instrument gesellschaftlichen Wandels

Eine der Hauptvoraussetzungen für uns ist, daß die lokalen Frauengruppen und NROs durch den intragesellschaftlichen Diskurs und interkulturellen Dialog die Frauen im Unteren Atbara unterstützen, sich selbst für ihre Rechte einzusetzen. Ihnen muß das Wissen vermittelt werden, welche Rechte sie haben können und wie sie selbst ihre Grundbedürfnisse befriedigen können. Die Eliminierung von Unterdrückung und die Verbesserung ihrer Lebenssituation muß von ihnen selbst, ausgehend von ihrem eigenen Rechtsbewusstsein, realisiert werden. Damit meinen wir, daß das Hauptziel unserer Strategie die grundsätzliche Verbesserung des Status der Frauen im Unteren Atbara sein muß. Dies muß systematisch vorangetrieben werden: Man braucht eine holistische Strategie, um das gesamte Lebensspektrum der Frauen zum Positiven hin zu verändern. Deshalb sehen wir die Aufklärung und Bewußtseinsbildung im Bereich der Frauen und ihrer Rechte als Anfang einer produktiven Zusammenarbeit zum Wohl der Gesellschaft an.

Dabei und in Verbindung mit Gedanken in unserem theoretischen Teil über die Wichtigkeit der Bildung von Humanvermögen (Abschnitt 2.4.2) sehen wir, daß die Bildung von Mädchen und Frauen eine sehr wichtige Voraussetzung für den kulturellen Transformationsprozeß und für eine nachhaltige Entwicklung im Unteren Atbara ist. Sie hat eine unmittelbare Wirkung auf die gesellschaftliche Stellung der Frauen, ihre Beschäftigungs- und Einkommensmöglichkeiten. Der Bildungsstand der Frauen wirkt sich zudem auf ihre Handlungskompetenz in dem Sinne aus, daß sie mit zunehmender Bildung Kompetenzen erlangen, neue Ideen zu entwickeln oder vorhandene Ideen kreativ zu imitieren und durchzusetzen. Das aber ist – wie in unserer Betrachtung schon mehrfach erwähnt – eine notwendige Bedingung für die wirtschaftliche Entwicklung. Der Bildungsstand der Frauen wirkt sich zudem auch auf ihre Rolle in der Familie und auf den Gesundheitszustand der Kinder aus. Hier meinen wir sowohl die formale Bildung wie auch die informale Bildung, die sehr wichtig für die Frauen ist, die eine Grundbildung nachholen möchten, wie z. B. in der *khalwa*.

Zweck der Aufklärung ist auch, alle Mitglieder der Gesellschaft – ob Frauen, Männer oder Kinder – zu verantwortlichem Handeln anzuleiten. Die Aufklärung hat viele Themen zu berühren, die mit Veränderungen individueller Verhaltensweisen zu tun haben. Dabei sind die Verbesserung des Gesundheitszustandes der Menschen, ihre Ernährungsgewohnheiten und die Reinhaltung öffentlicher Einrichtungen wichtige Gegenstände.

Hier ist die Anmerkung unerlässlich, daß unbedingt eine Reform des Bildungssystems im Sudan eingeleitet werden muß, da das Bildungssystem im Sudan unserer Auffassung nach viele Probleme aufweist und dringend einer Reform bedarf. So hat Musa festgestellt, daß das Bildungssystem im Sudan und in vielen arabischen Ländern die folgenden Mängel aufweist:

> „Educational systems as essentially defined by former colonial administrations, expanded after independence without radical change in objectives, structures and content. Massive quantitative expansion led to lowering of standards and highly competitive formal academic education. There is also little attention to building character and qualities of organization, discipline, love of knowledge, enjoyment of work, appreciation of art and beauty, independence and initiative"[562]

Musa verbindet dies mit einer Kritik der sozialen Wertesysteme als reaktionär oder rückwärtsgewandt, deterministisch und defensiv (da Zuflucht in der Vergangenheit suchend) statt innovativ und nach vorn gewandt, zudem beherrscht vom Stammespatriarchat, das seinerseits auf unhinterfragten Werten des Gehorsams und der Unterwerfung beruht. All dies spiegle sich wider im Bildungssystem, das Unterwerfung und Gehorsam betone sowie die unkritische Übernahme der Sichtweisen anderer ohne wirkliche Überzeugung. Nötig sei daher eine Reform des Bildungssystem, die dieses in die Lage versetzen soll, den vorherrschenden Wertesystemen standzuhalten. Deshalb stimmen wir mit ihm überein, daß

> „Social transformation should be achieved through socialization processes either by enhancing the efficacy of existing educational systems or reforming them."[563]

Wichtig ist dabei, daß – entsprechend unserem strategischen Konzept – die Akzeptanz und Wirksamkeit von Bildungsangeboten in beträchtlichem Maße von den Inhalten, dem, was gelehrt wird, abhängig ist. Durch die Anpassung des Bildungssystems und der Lehrinhalte in den Schulen an die Umwelt- und Lebensbedingungen im Unteren Atbara könnte die Bevölkerung im Unteren Atbara besser motiviert werden, die Bildungsangebote zu akzeptieren und wahrzunehmen. Hier erinnern wir noch einmal an die Hauptthese unserer theoretischen Überlegungen, daß jede Strategie, die einen gesellschaftlichen Wandel einleiten und dabei alle Arten der Diskriminierung von Frauen abschaffen will, sich zuallererst auf die Potentiale und die Dynamik des Wandels innerhalb der jeweiligen Gemeinschaft zu konzentrieren hat.

Da die Bildungspolitik ein sehr wichtiger Teil unserer Entwicklungsstrategie ist, meinen wir, daß die Regierung und die internationalen Organisationen für Entwicklung und Zusammenarbeit viele Förderungsprogramme in diesem Bereich

---

[562] Zitiert nach An-Na'im, A.A.: Cultural Transformaton and normativ Consensus; a. a. O.; S. 74.

[563] Zitiert nach ebenda; S. 75.

durchführen sollten. Es sollte mindestens in jedem Dorf eine Grundschule eingerichtet werden und in jedem Dorf oder in einer Gruppe von Nachbardörfern eine höhere Schule für Mädchen etabliert werden. Gleichzeitig sollten viele Aufklärungskampagnen über die Wichtigkeit von Bildung für Mädchen und Frauen im Unteren Atbara durchgeführt werden.

Jeder dieser Kampagnen sollte unser Ansatz des intragesellschaftlichen Diskurses und des interkulturellen Dialogs, der im Teil I dieser Arbeit diskutiert wurde, zugrunde gelegt werden, insbesondere der islamischen Diskurs (siehe Teil III Abschnitt 2.5, insbesondere 2.5.3 und 2.5.4). Man sollte auch die vorhandenen Institutionen, wie z. B. die Moschee, die *khalwa* und die Frauengruppierungen, zur Durchführung der Aufklärungsprogramme heranziehen.

2.3.4 Wissensanforderungen für „Außenseiter“ als potentielle Berater

Die detaillierte Analyse der soziokulturellen Ordnung im Unteren Atbara sollte uns die Fähigkeit vermitteln, gemäß unseren theoretischen Grundlagen als Außenseiter/In an einem interkulturellen Dialog zur Erarbeitung einer Entwicklungsstrategie teilzunehmen (siehe Abschnitt 3.2.2 im Teil I). Die Außenseiter, insbesondere die Mitarbeiter internationaler Organisationen sollten unserer Vorstellung nach eher die Rolle von Beratern einnehmen und den Insidern im Unteren Atbara durch eigenes Beispiel zeigen, wie Wandlungsprozesse stattfinden können. Beispielsweise könnten Vertreterinnen europäischer Frauengruppen Änderungsprozesse darstellen, wie sie sich in ihren Ländern entwickelt haben. Besser wäre es jedoch, auf Modelle anderer Entwicklungsländer zurückzugreifen, um etwaige top-down Phänomene zu verhindern.

Im Zentrum der Aufmerksamkeit des interkulturellen Dialoges müssen die inneren kulturellen Werte der Gesellschaften stehen. Bei etwaig stattfindenden Beeinflussungen der Insider muß darauf geachtet werden, daß deren Glaubwürdigkeit nicht geschwächt wird und diese nicht das Vertrauen der Bevölkerung verlieren.

Der interkulturelle Dialog sollte zugleich auf theoretischer Ebene stattfinden. Vorstellbar sind hier Veröffentlichungen über moralische und philosophische Vorstellungen anderer Kulturen.

Jedenfalls sollten alle Bemühungen um gemeinsame Werte und Prinzipien von gegenseitigem Respekt und gegenseitiger Sensibilität für die Identität und Integrität der anderen Kulturen, insbesondere in Hinblick auf die koloniale und postkoloniale Machtbeziehung zwischen Nord und Süd, geleitet sein.

2.4 Die „Insider"-„Outsider"-Beziehung als strategisches Problem

Wir beabsichtigen, konkrete Lösungsansätze zum Entwurf einer wirksamen und nachhaltigen Entwicklungsstrategie für die Gesellschaften im Unteren Atbara im Rahmen ihrer sozialen und kulturellen Werte vorzuschlagen. Von unseren theoretischen Betrachtungen ausgehend sollten wir in der Lage sein, mit den Insidern zusammen unsere Zielgruppen davon zu überzeugen, daß die alternative Sichtweise unserer Entwicklungsstrategie für ihre Bedürfnisse und Erwartungen relevant und zugleich mit den internen Kriterien der Legitimität ihrer Kultur vereinbar sind. Deshalb sollte die Hauptrolle bei der Erarbeitung strategischer Lösungsansätze von Insidern übernommen werden, da sie den Zugang zu den lokalen Gemeinschaften haben. Sie kommen aus derselben Kultur. Gleichzeitig sehen sie die für eine Entwicklung negativen Seiten dieser Kultur und wollen diese mit anderen Alternativen und kulturellen Interpretationen positiv ändern. Sie verstehen, wie die Menschen ihrer Gesellschaften denken, und sind in der Lage, die Dynamik des gesellschaftlichen Wandels zu erfassen und in lokal glaubwürdigen Zusammenhängen darzustellen. Sie sind damit die Menschen, die den internen Diskurs führen können.

Aber wer sind die Insider in den Gesellschaften des Unteren Atbara? Wie könnte der interne Diskurs reguliert und durchgeführt werden? Welches sind die Elemente und Faktoren, die einen großen Wert für die Gesellschaft haben und im internen Diskurs beachtet werden müssen? Alle diese Überlegungen werden wir in diesem Teil zu diskutieren und die entsprechenden Fragen detailliert zu beantworten haben. Aber bevor wir anfangen, diese Fragen zu beantworten, stellen wir andere Überlegungen an über die Frage: Wer sind die Insider? Kann diese Rolle des Insiders nur von jemandem übernommen werden, der selbst aus dem Unteren Atbara kommt, oder können diese Rolle auch andere Leute spielen, die derselben Kultur angehören oder die wichtige Elemente der Kultur des Unteren Atbara in ihrer eigenen Kultur ebenfalls kennen?

Konkreter Hintergrund dieser Überlegungen ist die Frage, ob ich als Forscherin und Bearbeiterin dieses Themas schon als Insiderin betrachtet werden kann, ob ich als Nordsudanesin, als Muslimin und – wenngleich als Angehörige des Hauptstammes Ja'aliyn – als Mitglied einer anderen Lineage, zugleich jedoch als Frau, die andererseits auch von vielen ähnlichen Sozialisationsfaktoren beeinflußt ist – hauptsächlich von der Rolle des Islam in der Sozialisation – in der Lage bin, am internen Diskurs teilzunehmen oder als gar Schlüsselperson zu fungieren. Oder bin auch ich Außenseiterin? Insbesondere der Umstand, daß ich die Dynamik des gesellschaftlichen Wandels in vielen Bereichen verstehe und mit dem Konzept des internen Diskurs einverstanden bin, d. h. die interne Legitimität der Kultur als Basis für den Transformationsprozeß im Unteren Atbara benutzen will, könnte mich zur Übernahme einer solchen Schlüsselrolle befähigen.

Wie schon im theoretischen Teil (Abschnitt 3.2.1, Teil I) erwähnt wird, ist die Objektivität und Dynamik des Diskurses das entscheidende Element unseres Konzepts und nicht die geographische Unterschiedlichkeit der Herkunft. So ist es für die Insider wichtig, die Fähigkeit zu besitzen, die Zielgruppe zu verstehen, die Dynamik des gesellschaftlichen Wandels zu erfassen und zu beschreiben und weiter für einen Wandel in lokal glaubwürdigen Zusammenhängen zu benutzen.

In diesem Zusammenhang denke ich, daß ich in vielen Bereichen die Rolle des Insiders spielen kann. Aber ich bin auch mit Sicherheit nicht die Person, die die Hauptrolle spielen sollte, da ich eben doch nicht alle kulturellen Faktoren von Grund auf begreifen kann. Somit kann ich auch keine anderen Alternativen oder Interpretationen für sämtliche relevanten kulturellen Elemente finden und aufzeigen oder sie gar stimmig kulturell legitimieren. Andererseits kann ich jedoch viele kulturelle Elemente sehr gut verstehen, da sie mich selbst beeinflussen, wie z. B. die Rolle des Islam für die Sozialisation in meiner Gesellschaft. In diesem Bereich darf ich als Insiderin betrachtet werden, da ich einige Vorstellungen für positive Änderungen entwickeln kann.

Ich werde mich daher mehr auf die Bereiche konzentrieren, die es mir eher erlauben, die Rolle des Insiders zu spielen. Insbesondere werde ich für den Bereich der Religion die Diskussion suchen, weil ich überzeugt bin, daß die Religion ein bedeutender Faktor im internen Diskurs ist. Es wurde schließlich durch unsere Analyseergebnisse bewiesen, wie groß der Einfluß des Islam auf das gesamte Code-System, die Normen und Werte der Gesellschaften im Unteren Atbara ist.

3 Die Implementierungsschritte

3.1 Implementierungsschritt Nr. 1: Die Bewußtseinsbildung über Frauenpotentiale und Frauenrestriktionen im lokalen Kontext – eine Darstellung anhand ausgewählter Interviews mit Frauen

Anhand der folgenden Interviews soll gezeigt werden, wie Frauen im Unteren Atbara ihre Welt erleben, welche sozialen Möglichkeiten sie haben und wo ihnen Grenzen gesetzt sind. Es soll also durch authentische Aussagen illustriert werden, was oben in Abschnitt 1 dieses Teiles beschreibend dargestellt wurde. Es soll auch illustriert werden, inwieweit sich die Frauen ihrer Probleme bewußt sind und welche Vorschläge für Lösungen sie selbst haben. Für die gesamte Untersuchung wurden mehr als 30 Frauen in drei ausgewählten Dörfern befragt. Die folgenden Interviews wurden so ausgewählt, daß sie für unterschiedliche gesellschaftliche Schichten Frauensituationen und -meinungen zeigen. Außerdem werden in den aufgezeichneten Gesprächen unterschiedliche Bildung, unterschiedliche Vorstellung von Frauenrechten, unterschiedliche Haltungen gegenüber Religion und unterschiedliche wirtschaftliche Umstände deutlich.

Um Salama

Um Salama bekam die gesellschaftliche Ablehnung politisch und beruflich aktiver Frauen am eigenen Leib zu spüren. Kein Man will sie heiraten, weil sie unter Männern arbeitet. Da sie auch in der Öffentlichkeit spricht, gilt sie als unweiblich. Sie ist immer noch nicht verheiratet, und nach der Meinung vieler Frauen wird sie auch nicht mehr heiraten. Sie ist schon über 30 Jahre alt. Sie leidet darunter, daß sie keinen Mann und keine Kinder hat. Befragungen zeigen, daß viele Frauen finden, es sei sehr gut, was Um Salama tut, und sie wären gerne auch so aktiv. Allerdings haben sie Angst davor, nicht zu heiraten und keine Kinder zu bekommen.

Um Salama ist etwa 37 Jahre alt, voller Energie. Sie kommt aus Albasli und gehört zum Stamm der Ja'aliyn. Sie ist intelligent, unabhängig. Nach strenger islamischen Art trägt sie den Körper bedeckende Gewänder und verhüllt ihr Haar mit einem Schal. Um Salama arbeitet seit 1985 als Lehrerin an einer Grundschule in Albasli. Sie ist die einzige Lehrerin unter fünf Lehrern. Ihr Vater ist der Sheikh des Dorfes Sie hat zunächst in Al Damer das Gymnasium mit Internat besucht und danach die Ausbildung zur Grundschullehrerin gemacht. Damals war sie das einzige Mädchen im Dorf, das die Internatschule besuchte. Obwohl sie die Tochter des Sheikh des Dorfes ist, d. h. niemand einfach über ihren Ruf und ihre Ehre sprechen darf, sprachen viele Leute über ihre Ausbildung und ihren Aufenthalt im Internat. Ihr Vater war der Meinung, daß sie ihre Ausbildung abschließen sollte. Deshalb konnte sie weiter machen, bis sie Lehrerin geworden war. Zur Zeit arbeitet Um Salama neben ihrem Beruf als Vertreterin des Dorfes beim UNDP-Projekt. Sie ist sehr aktiv. Es gelang ihr, zusammen mit anderen Vertreterinnen aus den Nachbardörfern, ein Begegnungszentrum in jedem Dorf zu bauen und für Frauengruppen und -aktivitäten zur Verfügung zu halten. Sie fährt oft nach Ed Damer und hilft bei der Lösung vieler Probleme des Dorfes mit der Regierung.

Kindheit

Ich hatte eine glückliche Kindheit. Ich bin die einzige Tochter meines Vaters. Ich habe sechs Brüder. Ich wurde sehr geliebt von meinem Vater und meiner Großfamilie. Ich habe einen sehr fortschrittlichen Vater. Der ist der *Sheikh*. Er war ein guter Politiker, und er ist auch Schriftsteller und Dichter und schreibt viel in der Zeitung. Ich habe auch einen Onkel, der sehr gut ausgebildet wurde und einen sehr guten Job hat. Der hat die beste Universität des Sudan besucht und den Magister in Wirtschaftwissenschaft gemacht. Er hat für vier Jahre als Botschafter für den Sudan in Ägypten gearbeitet. Er hatte einen großen Einfluss auf meine Kindheit. Er war mein Vorbild, mein Vater war sehr stolz auf ihn und hatte ihn sehr lieb. Er ist im letzten Jahre gestorben. Ich war sehr traurig, als er starb, denn alle meine Kindheitserinnerungen sind mit ihm verbunden.

Als kleines Mädchen war ich sehr verwöhnt, ich durfte viel spielen. Meine Mutter hat die meiste Haushaltarbeit allein gemacht, aber sie hat auch viel Hilfe von ihrer Familie bekommen. Da mein Vater auch der *Sheikh* ist, kommen viele Gäste zu uns. Ich mußte aber auch helfen. Doch mit 12 Jahren hat mein Leben sich, wie bei allen Mädchen, geändert. Ich wurde verwöhnt und sehr geliebt von meinem Vater, aber ich mußte auch bestimmte Regeln einhalten. Ich durfte nicht mehr außerhalb des Hauses spielen, und ich mußte mich in einer bestimmten Art vor fremden Leuten und Gästen innerhalb des Hauses bewegen und benehmen. Man muß schüchtern erscheinen.

Bildung

Ich war das erste Mädchen unseres Dorfes, das die Grundschule beendet hat und sich weiterbilden durfte. Es war wirklich eine große Entscheidung für meinen Vater, als er sich entschlossen hat, mich zur Internatsschule in Ed Damer gehen zu lassen. Aber mein Onkel hat dabei eine große Rolle gespielt. Als er merkte, daß mein Vater Zweifel hatte, begann er, sich mit ihm auseinanderzusetzen. So änderte mein Vater seine Haltung in bezug auf meine Ausbildung und meinen Wunsch, aus dem Haus zu gehen und nach Ed Damer zu fahren. Jetzt kann ich selbst bis nach Khartoum reisen. Ich bin als Gaststudentin an der Omdurman-Universität eingeschrieben. Ich möchte die Universität auch beenden. Ich habe schon seit 1985 meine Berufsausbildung als Lehrerin in Ed Damer abgeschlossen. Seitdem arbeite ich als Lehrerin hier in Albasli.

Nach Beendigung der Grundschule wurde ich nach Ed Damer auf die Realschule geschickt. Wir wohnten im Mädcheninternat. Am Wochenende haben wir auf unsere Väter oder Brüder gewartet, die kamen, um uns abzuholen, damit wir diese Tage zu Hause verbringen konnten. Der Schulleiter verbot uns, das Schulgelände zu verlassen, ausgenommen unsere Väter oder Brüder würden uns direkt vor der Schultür abholen. Diese Regel wollte ich nicht einfach akzeptieren, aber ich mußte das machen, um keine Schande über meine Familie zu bringen. Ich war sehr dankbar, daß mein Vater mich weiter ausbilden ließ, und wollte ihm keine weiteren Probleme machen. Es war sowieso ein großes Problem, daß er mich nach Ed Damer gehen und im Internat leben ließ.

Ehe und Heirat

Ich bin nicht verheiratet, deswegen kann ich nicht viel darüber sagen, aber ich will etwas sagen über das Heiraten bei uns hier.

Hier bei uns heiraten viele Mädchen ab 12, 13 Jahren, d. h. bevor sie die Grundschule abschließen. Erst einmal verlobt kommen sie nicht mehr in die Schule, und das ärgert mich sehr. Es ärgert mich, daß die Leute hier bei uns keinen Wert auf Ausbildung legen. Ab der vierten Klasse kommen die meisten Mädchen nicht mehr in die Schule. Und wenn die Mädchen die Schule besuchen und nicht heiraten wollen, werden sie von der Familie und von den Vätern aufgegeben.

Ein anderer Abschnitt ist: die Frauen bringen viele Kinder auf die Welt und sehr schnell hinter einander. Sie sind nicht aufgeklärt und bringen die Kinder nicht zur Impfung, weswegen viele Kinder bei uns krank sind und die Sterblichkeitsrate unter Kindern hoch ist. Das große Problem ist, daß das Impfungszentrum von der UNICEF in Atbara ist, die Frauen hier nicht einfach hin fahren dürfen und die Väter solche Arbeit nicht machen. Ich habe einmal mit der UNICEF in einer Impfungskampagne gearbeitet und die Leute hierher gebracht, um die Kinder impfen zu lassen. Es hat sich richtig gelohnt, aber solche Arbeit müßte fast täglich getan werden, da es bei uns jeden Tage ein neu geborenes Kind gibt. Aber das geht nicht, weil das viel kosten würde und unpraktisch ist. Man bekommt auch keine Hilfe von der Regierung. Es ist ein echtes Dilemma.

Warum bist du noch nicht verheiratet?

Das weiß ich nicht ganz genau, aber ich glaube, das könnte in Verbindung mit meiner Geschichte stehen. Obwohl ich die Tochter des*Sheikh* bin, d. h. niemand über meinen Ruf einfach sprechen darf, spüre ich, daß die Leute im Dorf nicht akzeptieren, daß ich als Lehrerin arbeite. Kein Mann in Albasli kann einfach akzeptieren, daß ich mit anderen Männer arbeite und jeden Tag vielen anderen Männern wie den Vätern der Schüler begegne. Ich habe kein Problem damit, unverheiratet zu sein, aber es freut mich nicht, daß meine Mutter so traurig ist, weil ich noch nicht verheiratet bin und keine Kinder habe. Mein Vater sagt nichts, aber ich fühle, daß er auch nicht froh ist, wenn ich ohne Mann und Kinder bin. Bei uns hier erhalten die Frauen gesellschaftliches Ansehen nur durch Ehe, Mutterschaft und zahlreiche Kinder. Sie genießen erst dann sozialen Schutz, wenn sie einen männlichen Vormund, d. h. einen Ehemann haben. Viele jüngere Frauen sind begeistert von meinem Charakter, aber sie haben zuviel Angst vor der Gesellschaft, um mir nachzueifern.

Ich bin in diesem Dorf eine Revolutionärin, aber leider sehen die Leute hier das anders. Viele Leute sind gegen mich und sehen mich als unweiblich an, weil ich in der Öffentlichkeit spreche. Sie kommen zu mir, wenn sie Probleme bei den Behörden in Ed Damer haben, und wollen meine Hilfe, da ich viele Leute in Ed Damer kenne. Aber sie lassen mich nicht in Ruhe und sprechen hinter meinem Rücken über mich. Das mag ich überhaupt nicht.

Das heißt, du hast viele Probleme mit eurer Tradition?

Ja, einigermaßen. Es gibt doch gute Sitten und Traditionen, die man behalten sollte, aber es gibt auch viele, besondere im Bezug auf Frauen, die man ändern muß. Die Frauen hier brauchen viel Aufklärung. Die meisten Probleme dieser Gesellschaft sind das Ergebnis von schlechten Bräuchen.

Verhalten der Männer gegenüber Frauen

Bei uns hier ist es ein Glück, wenn man ein Mann ist, dann hat man viel Freiheit und Macht. Aber als Frau ist man abhängig, kontrolliert, ein Leben lang. Freiheit ist ein Wort, das sich nur auf Männer bezieht, wirklich nur auf Männer! Und diese gesellschaftliche Stellung ist mit dem Tag der Geburt festgelegt, egal ob die Frau verheiratet ist oder nicht. Alle Männer in dieser Gesellschaft sind davon überzeugt, daß Frauen dazu da sind, sie zu bedienen und alles zu tun, was sie verlangen. Die Frau hat kein Recht zu protestieren.

Gleiche Rechte für Frauen wären das ideale System, das auch Frauen an der Entwicklung des Landes teilnehmen ließe. Das würde den Frauen das Gefühl geben, nicht weniger wichtig zu sein als Männer. Ich glaube, in bezug auf Arbeitsplätze im öffentlichen Dienst und Möglichkeiten zur Ausbildung haben die Frauen in den Städten, wie in Khartoum, gleiche Rechte. Das wünsche ich mir hier bei uns auch. Aber in bezug auf die Stellung in der Gesellschaft hat sich das Bild auch in den Städten nicht viel geändert, insbesondere für die Leute die immer noch starke Verbindung mit den ländlichen Regionen haben wie unserer Gegend hier. Bei uns hier ist es, wie ich erwähnt habe, sehr schlimm. Wir müssen noch viel tun, damit wir mehr Rechte und Freiheit bekommen können.

Religion

Ich bin eine sehr strenge Muslimin. Aber ich diskutiere oft über die Tatsache, daß es im Islam dem Mann erlaubt ist, mehr als eine Frau zu heiraten. Ich glaube, daß der Koran da von vielen Menschen nicht richtig verstanden wird. Wenn man den Text sorgfältig liest, dann sagte der Koran, daß ein Mann eine, zwei, drei oder vier Frauen heiraten kann, wenn er gerecht gegen alle Frauen ist. Aber ich glaube nicht, daß ein Mann zu jeder Frau gerecht sein kann, denn der Koran spricht von Empfindsamkeit und Liebe. Es ist jedoch nicht möglich, daß ein Mann von 60 Jahren beispielsweise, der ein Jüngere heiratet, gegenüber seiner ersten älteren Frau genau so empfindet. Er kann die alte Frau nicht so lieben wie die junge, und er kann nicht gerecht sein, und daher erlaubt der Koran solche Ehen nicht. Diese Sachen sind bei uns hier bekannt.

Es ist stimmt, der Islam gibt den Frauen eine besondere Stellung, d. h. Frauen sind nicht wie Männer, und Männer müssen die Frauen beschützen, da sie schwach sind. Ich denke, physisch ist das richtig, aber ich glaube, daß Männer den Islam entsprechend ihren eigenen Interessen interpretiert haben, um Frauen zu unterdrücken und das in Verbindung mit dem Islam zu setzen. Der Islam räumt viele Rechte für Frauen ein, z. B. haben Frauen das Recht, sich zu bilden, aber hier bei uns sagt man, das sei gegen die islamischen Traditionen.

Verwandtschaft/Großfamilie

Mit meinen Verwandten habe ich einen sehr engen Kontakt. Wir helfen uns immer gegenseitig. Bei uns ist es Sitte, daß die Söhne sich um ihre Eltern kümmern, besonders finanziell. Sie leben meistens zusammen und haben eine gemeinsame Küche. Die Frauen ziehen zu ihren Ehemännern, aber sie besuchen ihre Eltern fast täglich und helfen ihren Müttern sehr viel im Haushalt. Beispielsweise bei uns, wie du gesehen hast, wir leben alle, – ich – weil ich nicht verheiratet bin – und meine Brüder mit ihren Frauen und Kindern in einem Haus, und wir haben eine Küche. Jeder von meinen Brüdern hat zwei Zimmer und seinen eigenen Hof. Meine Brüdern essen mit meinem Vater und den männlichen Gästen, wenn welche kommen, im Männerhof, und die Frauen und die Kinder essen zusammen.

Denkst du, das sei ein gutes System?

Ja, aber heutzutage gibt es manchmal Probleme zwischen der Schwiegermutter und ihrer Schwiegertochter. Die junge Leute wollen dieses System nicht so wie es ist. Jeder will allein leben, aber sie wollen sich gegenseitig weiterhelfen. Mal sehen wie es sich entwickeln wird.

Frauengruppe

Wir haben, besonders in Albasli, eine sehr gute Art von Frauengruppen, das habe ich auch einmal von den Außenstehenden, z. B. von UNDP-Mitarbeitern, gehört. Wir haben hier mit dem UNDP-Projekt ein Frauenzentrum gebaut. Die Frauen treffen sich dort und diskutieren ihre Probleme, manchmal bringen sie ihre handwerkliche Arbeit mit und arbeiten zusammen. Manchmal treffen sie sich auch bei einer von ihnen zu Hause und arbeiten dort zusammen. Wir haben auch eine sehr aktive *khalwa* und zwei aktive islamische Lehrerinnen. Sie sind sehr gut aufgeklärte Frauen. Sie nutzen die *khalwa* für Aufklärungsprogramme, z. B. gegen bestimmte schlechte Bräuche, die gegen den Islam verstoßen. Ich gehe ebensfalls dorthin und diskutiere mit den Frauen viele Probleme. Aber du kannst mehr darüber erfahren, wenn du ein Interview mit einer von den Lehrerinnen machst.

Mariam

Ich bin sehr ärgerlich und traurig darüber, daß ich weder lesen noch schreiben kann. Wenn meine Brüder manchmal Zeitungen nach Hause bringen, nehme ich sie mir und schaue die Bilder an. Ich höre auch viel Radio. Ich möchte viele neue Sachen lernen, aber leider darf ich es nicht.

Mariam ist ein Mädchen, etwa 17 Jahre alt. Sie kommt aus dem Dorf Girsi. Sie stammt von den Rubatab. Sie ist unverheiratet und Analphabetin. Sie ist ein lebhaftes intelligentes Mädchen und sagte offen ihre Meinung.

Kindheit

Mein Vater ist Halbnomade. Er besaß Kamele, Kühe, Schafe und Ziegen, aber nicht viele. Er hat aber auch ein Feld, das er bewirtschaftet. Wir leben von den Ackerböden und durch den Verkauf unseres Viehs und unserer handwerklichen Produkte. Wir bauen Hirse, Weizen, Gurgeln, Zwiebeln, Okra, Tomaten und Wassermelonen an. Meine Mutter hilft meinem Vater, besonders bei der Ernte und beim Jäten des Unkrauts. Die Frauen unseres Dorfes dürfen auf dem Feld nur dann arbeiten, wenn sie verheiratet sind und ab dem Alter von 40 Jahren. Wir unverheirateten jungen Frauen dürfen nicht außerhalb des Hauses arbeiten, wir machen vielmehr Haushaltsarbeiten und handwerkliche Arbeiten. Wir machen Teppiche, Taschen und Körbe. Ich habe vier Schwestern und drei Brüder.

Ich mußte meiner Mutter schon sehr früh im Haushalt helfen. Bis ich zehn Jahre alt war, durfte ich auch in der Landwirtschaft helfen, besonders bei der Ernte und beim Unkrautjäten. Ich durfte mit meinen Brüdern und Nachbarkindern die Kleintiere wie Schafe und Ziegen in der Nähe des Dorfes hüten. Aber ab dem zwölften Lebensjahr durfte ich viele Sachen nicht mehr machen. Ich durfte die Tiere nicht hüten, ich durfte das Haus nicht mehr einfach verlassen, selbst wenn ich zu Nachbarn gehe – nur mit Erlaubnis und in Begleitung. Wir dürfen nicht nach Ed Damer oder Atbara fahren. Mein Vater oder meine Brüdern kaufen uns die Rohmaterialien für die handwerkliche Produktion. Sie verkaufen zudem die Produkte an die Händler in Ed Damer. Sie kaufen uns alles, was man braucht in den Städten, wie Kleider und Lebensmittel wie Zucker. Ich habe Atbara nur zweimal in meinem Leben gesehen, einmal als meine Mutter krank war und im Krankenhaus bleiben mußte. Und einmal war ich auch sehr schwer krank und mußte im Krankenhaus behandelt werden.

In unserem Dorf hält man nichts von einem Schulbesuch für Mädchen, zumindest, war es so, als ich noch ein Kind war. Es gab auch keine Grundschule in unserem Dorf. Wir dürften nicht zu den Nachbardörfern gehen und die Schule dort besuchen. Meine Brüder haben die Grundschule besucht und einer von ihnen hat das Internat in Ed Damer besucht, und das Abitur gemacht, aber er hat nicht die Universität besucht. Ich bin sehr ärgerlich und traurig darüber, daß ich weder lesen noch schreiben kann. Wenn meine Brüder manchmal Zeitungen nach Hause mitbringen, nehme ich sie und schaue die Bilder an. Ich höre auch viel Radio. Ich möchte viele neue Sachen lernen, aber leider darf ich es nicht.

Gibt es in Girsi Frauen, die die Schule besucht haben, oder Frauen, die in Öffentlichkeit arbeiten?

In meinem Alter gibt es nur zwei Mädchen, die die Grundschule besucht haben. Sie sind Schwestern. Ihr Vater ließ sie mit ihren Brüdern zusammen die Schule im Nachbardorf besuchen. Aber nach der Gründung einer Schule hier im Dorf gibt es viele Mädchen, die die Grundschule besuchen.

In der Öffentlichkeit darf eine Frau auf keinen Fall arbeiten. Einmal wollten die Leute vom UNDP-Projekt in jedem Dorf Frauen zur Hebamme in Atbara ausbilden lassen. In unserem Dorf haben alle Väter gesagt: Wir lassen keine Frauen von hier nach Atbara fahren, das bringt uns eine große Schande, da die Lehrer in der Hebammenschule meistens Männer sind. Außerdem muß die Frau, die da hingeht, für drei Monate in einem Internat bleiben. Bis jetzt haben wir keine Hebamme im Dorf. Bei Entbindungen rufen wir eine Hebamme aus einem anderen Dorf.

Heirat und Ehe

Ich bin noch nicht verheiratet. Normalerweise heiraten die Mädchen bei uns ab 15 Jahren. Bei mir gab es zwei Männer, die meinen Vater gebeten haben, mich heiraten zu dürfen. Aber mein Vater wollte beide nicht, und ich warte noch immer auf mein Glück.

Darfst du deinen Mann allein auswählen?

Nein, mein Vater sucht für mich den Ehemann aus. Ich weiß, daß mein Vater einen guten Mann für mich sucht.

Assia

Ich bin gegen viele Bräuche in unsere Gesellschaft, und ich versuche, sie zu ändern. Sie haben auch nicht mit dem Islam zu tun. Ich habe meine Tochter nur symbolisch beschnitten, damit ich die Frauen davon überzeugen kann, daß die Beschneidung gegen unsere Religion ist.

Assia ist 45 Jahre alt und voller Leben und Energie. Sie ist eine sehr fromme Muslimfrau. Sie kleidet sich nach strenger islamischer Art. Sie kommt aus Albasli und gehört zu den Ja'alyin. Ihr Gesicht reflektiert ihr freundliches Wesen und ihre fortwährende Hilfsbereitschaft. Sie ist sehr beliebt und hilft gerne allen Leuten, vor allem ihrer Großfamilie. Besonders die Kinder lieben sie sehr, denn sie können jederzeit mit all ihren Sorgen zu ihr kommen.

Assia arbeitet sehr hart und versucht, in der khalwa viele Aufklärungsprogramme durchzuführen. Sie versucht, mit einfachen Methoden den Analphabetismus unter den Frauen zu bekämpfen.

Kindheit

Ich bin in einer Großfamilie aufgewachsen. Mein Vater hatte zwei Frauen zur gleichen Zeit. Eine Frau war seine Kusine. Er heiratete sie kurz, nachdem er meine Mutter geheiratet hatte. Es ist Brauch bei uns, daß man sich um seine Verwandten kümmert. Da seine Kusine eine geschiedene Frau war, hatte er sie zu heiraten. Sie hatte keine Kinder von ihrem ersten Mann, aber später hatte sie von meinem Vater drei Söhne und drei Töchter. Meine Mutter hatte zehn Töchter und drei Söhne. Mein Vater ist ein religiöser Mann. Er ist islamischer Gelehrter und unterrichtet den Koran in der *khalwa*

Ich bin die älteste Tochter meines Vaters. Ich mußte in dem großen Haushalt der Familie von Kindheit an sehr viel helfen. Immer wenn meine Mutter ein Kind bekommen hat, mußte ich ihre Aufgaben im Haushalt übernehmen, d. h. kochen, Gäste bedienen, waschen und das Haus in Ordnung halten, und das zu jeder Tageszeit. Ich stand morgens vor Sonnenaufgang auf, betete und begann dann, den Tee für die Familie und die Gäste, wenn welche da waren, vorzubereiten. Ich mußte oft bis abends 10 Uhr arbeiten. Nach dem Abendessen um 8 Uhr mußte ich das Geschirr spülen und die Küche in Ordnung bringen, dann konnte ich schlafen. Oft war ich sehr müde, aber so ist das Leben für eine älteste Töchter bei uns.

Ehe und Kinder

Ich habe eigentlich einen sehr großzügigen ruhigen Mann. Ich bin seine einzige Frau. Ich habe leider nur zwei Töchter. Die erste kam lange Zeit nach unserer

Hochzeit zur Welt. Am Anfang habe ich große Angst gehabt, keine Kinder zu bekommen. Bei uns hier sind Kinder sehr wichtig. Eine Frau wird keinen sozialen Stellenwert bekommen, wenn sie keine Kinder hat. Das ist auch ein Grund für eine Scheidung. Dann aber habe ich meine Tochter geboren, aber die zweite kam sechs Jahre nach ihrer Schwester. Danach konnte ich keine Kinder mehr bekommen.

Bildung

Ich habe nur die *khalwa* besucht. Ich habe damit angefangen, als ich 13 Jahre alt war. Mein Vater und ein sehr großer, bekannter *Faki* (islamischer Gelehrter) von einer großen bekannten Koranschule im Ostsudan – die heißt *Khalwai Hmashkoreb* - haben bei uns die *khalwa* für Frauen geöffnet. Wir waren am Anfang ganz wenige Frauen, die Interesse gehabt haben, diese Schule zu besuchen. Wir haben das arabische Alphabet durch den Koranunterricht gelernt. Am Ende waren wir nur zwei Frauen, die den ganzen Koran auswendig gelernt hatten. Dann sind wir für drei Monate auf die große Schule im Ostsudan geschickt worden, um die islamische Ausbildung abzuschließen. Danach wurde uns erlaubt, in der *khalwa* der Frauen als Lehrerinnen zu unterrichten. Damals war ich schon verheiratet, und ich hatte meine beiden Töchter. Sie waren 12 und 4 Jahren alt. Mein Mann war Gott sei Dank damit einverstanden. Ich habe meine Töchter bei meiner Mutter gelassen. Es war eine große Ehre für mich und meine Familie, als islamische Gelehrte zu arbeiten.

Bekommst du dafür Geld?

Nein, und das darf ich auch nicht verlangen, aber ich mache das gerne, weil ich viele Wünsche dadurch verwirklichen kann. Ich will gerne einen Beitrag für diese Gesellschaft leisten, besonders für Frauen will ich viel machen, und durch den islamischen Unterricht kann ich das tun. Ich will auch, daß der Islam und der Koran richtig ausgelegt wird, denn bei richtiger Auslegung würden viele Sachen bei uns besser gehen.

Wovon lebt ihr?

Mein Mann arbeitet in der Landwirtschaft, er hat ein Feld. Ich helfe ihm auch sehr viel, besonders in der Erntezeit. Wir produzieren viele landwirtschaftliche Produkte, insbesondere Getreide und Gemüse. Mein Mann verkauft an die Händler in Ed Damer. Ich habe keine Zeit, um handwerkliche Produkte zu erzeugen. Ich lasse auch meine Kinder sich nicht viel damit beschäftigen, da sie lernen müssen – nur wenn sie Schulferien haben. Wie haben auch Tiere. Insbesondere habe ich kleine Tiere wie Ziegen, Schafe und viele Hühner, deren Eier ich verkaufe.

Wie ist das System des *khalwa*?

Wir haben täglich drei Stunden Unterricht. Eine ganz früh morgens (um 4.00 Uhr), nach dem ersten Gebet. Die zweite ist um ein Uhr nach dem zweiten Gebet, und die dritte ist um 6.30 Uhr nach dem vierten Gebet. Im Unterricht liest man den Koran, und anhand der Koranworte lernt man das arabische Alphabet. Jede Frau versucht zu schreiben. Für die Anfänger fangen wir mit einfachen Wörtern an, und dann geht man weiter. Wir machen viel *hadith*, die schriftlichen Überlieferungen des Propheten Mohammed.

Nach der zweiten oder dritten Stunde gibt es auch zwei- oder dreimal in der Woche Diskussionsrunden, wobei wir viele unserer Traditionen, die gegen den Islam stehen diskutieren.

Was willst du über die *khalwa* bewirken?

Ich will den Analphabetismus unter den Frauen abschaffen und Aufklärungsarbeit leisten. Die Frauen hier praktizieren viele Sitten, die gegen den Islam und gegen ihre Gesundheit sind. Z. B. praktizieren die Frauen hier die weibliche Beschneidung. Das ist völlig gegen den Islam. Es stimmt, daß der Islam Keuschheit von den Frauen verlangt, aber das kann man über eine gute Erziehung der Töchter erreichen. Die Frauen denken auch, wenn sie ihre Töchter nicht beschneiden lassen, bekommen diese keine Männer. Ich glaube, das stimmt gleichfalls nicht, das ist nur ihre Vorstellung und Phantasie. Sie brauchen einfach Aufklärung. Ich habe mit meiner kleinen Tochter angefangen, damit sie sehen, daß ich nicht nur spreche, sondern auch tue, was ich sage. Ich habe die Beschneidung symbolisch gemacht. Ich habe damals ein großes Fest veranstaltet und alle Frauen eingeladen. Dann habe ich ihnen gesagt, heute wird meine Tochter symbolisch beschnitten. Nichts wird von ihr weggenommen. Ich werde sie wie die Tochter des Propheten Mohammed lassen. Dann haben wir gefeiert. Alle Frauen haben sich gewundert, und jede wartet darauf, ob meine Tochter, wenn sie groß ist, einen Mann bekommt oder nicht. Nur eine Frau ist mir darin gefolgt und hat dasselbe bei ihrer Tochter gemacht. Ich weiß, das ist nicht einfach, aber das werden wir am Ende schaffen. Man braucht viel Geduld, und die habe ich.

Es gibt auch andere Sitten, die Frauen praktizieren, die ebenfalls nicht gut sind, z. B. bei der Trauerfeier und anderes. Man versucht, auch das abzuschaffen. Das ist echt eine mühsame Arbeit.

Ausbildung von Kindern

Das finde ich sehr wichtig. Wir brauchen das hier, aber leider lassen viele Eltern ihre Kinder, besonders die Mädchen, die Grundschule nicht abschließen. Bei mir möchte ich gerne, daß meine beiden Töchter die Universität besuchen und eine gute Arbeit finden. Meine älteste Tochter hat das Abitur gemacht, ihre Ergebnisse sind nicht sehr gut. Sie hat schon für die Universität einen Antrag gestellt. Mal sehen, ob sie das dieses Mal schafft, wenn nicht, muß sie das Abitur noch mal wiederholen. Meine kleine Tochter ist in die vierte Klasse gegangen. Sie ist sehr gut. Als ich diese Feier für ihre symbolische Beschneidung gemacht habe und viele Frauen mir gesagt haben, daß sie keinen Mann bekommt, habe ich denen gesagt, sie wird die Universität abschließen, einen guten Job haben und ihren Mann allein aussuchen, das verspreche ich euch. Ich bete auch dafür, daß Gott mir diesen Wunsch erfüllt.

Fatma

Männer sollten mehr Freiheit als Frauen haben, so ist es im Islam und im normalen Leben

Fatma ist eine verheiratete Frau. Sie gibt ihr Alter mit 40 Jahren an, sieht aber viel älter aus. Sie ist in einer sehr armen Familie aufgewachsen. Ihr Vater hat sie mit einem alten Mann verheiratet. Dieser war schon um die 60 Jahre alt und hatte eine andere Frau und acht Kinder. Zur Zeit ist ihr Mann ist sehr alt und sehr krank. Er ist hilflos. Die Kinder ihres Mannes kontrollieren alle Felder und lassen sie nicht mitarbeiten und geben auch keine landwirtschaftlichen Produkte ab. Deshalb arbeitet sie als Händlerin neben ihrer handwerklichen Arbeit.

Kindheit

Ich habe eine sehr anstrengende Kindheit gehabt. Mein Vater hatte fast kein Land. Nur ein sehr kleines unfruchtbares Feld hatte er, und jedes Jahre haben wir eine ungenügende Ernte gehabt, weder genug zum Verkaufen, noch genug zu unserem Überleben. Ich und meine vier Brüder und fünf Schwestern haben während unserer Kindheit sehr viel gelitten. Obwohl wir Hilfe von unseren Verwandten bekommen haben, mußten meine Brüder von Kindheit an Arbeit suchen, damit sie meinem Vater ein bißchen helfen konnten. Wir sind alle Analphabeten.

Mit vierzehn Jahren wurde ich an einen Verwandten, der um die sechzig Jahre alt war, verheiratet. Er war schon verheiratet und hatte acht Kinder. Ich habe von ihm vier Kinder bekommen. Am Anfang habe ich mit ihm sehr gut gelebt. Er war ein wohlhabender Mann. Er hat viel Land und auch einen Laden gehabt. Aber jetzt ist er sehr alt geworden. Seine Kinder von der anderen Frau haben mich und meine Kinder von Anfang an nicht gemocht. Sie kontrollieren jetzt das ganze Land und haben den Laden verkauft. Insbesondere der älteste Sohn gibt mir und meinen Kinder gar nichts von der Ernte. Er ist sehr reich geworden und hat einen LKW.

Ich muß jetzt viel arbeiten, damit ich meine Kinder ernähren kann. Die sind immer noch klein und können mir nicht viel helfen. Das älteste Kind ist eine Tochter, sie ist zehn Jahre alt, und das kleinste ist vier Jahre alt. Ich habe zwei Söhne und zwei Töchter.

Was arbeitest du?

Ich arbeite neben meiner handwerklichen Arbeit als Händlerin. Ich kaufe Lebensmittel, Geschirr und Kleider von großen Händlern und verkaufe die Sachen an die Leute im Dorf.

Hast du ein Problem, als Händlerin zu arbeiten?

Hier im Dorf nicht, ich bin schon eine verheiratete Frau und habe viele Kinder. Die Leute hier kaufen von mir, um mich zu unterstützen. Sie wissen, daß ich meine Kinder allein ernähren muß. Das einzige Problem ist, daß alle Großhändler Männer sind, und ich als Frau, ich kann mit denen nicht einfach verhandeln. Doch habe ich einen Verwandten, der diese Rolle für mich spielt. Der kauft für mich die Ware und hilft mir beim Transport der Ware von Ed Damer nach Albasli.

Bildung

Ich war bis vor kurzen Analphabetin, aber jetzt kann ich lesen und schreiben. Ich gehe jeden Tag zur *khalwa* und lerne den Koran. Daher kann ich lesen und schreiben.

Kinder und Bildung

Ich versorge meine Kinder so gut ich kann. Drei von meinen Kinder gehen in die Schule. Ich sorge dafür, daß sie mindestens die Grundschule abschließen. Aber manchmal sind die Schulgebühren sehr viel für mich. Manchmal denke ich, ich nehme das Mädchen raus aus der Schule, sie kann mir auch bei der handwerklichen Arbeit helfen, aber ich werde sie, wie ich gesagt habe, die Grundschule fertig machen lassen. Das Internat ist zu teuer für mich, als daß ich alle Kinder dorthin schicken kann. Wenn ich das nicht leisten kann, dann werde ich nur meine Söhne schicken können. Ich wünsche mir, daß meine Söhne eine gute Arbeit finden, damit sie mich gut versorgen können, wenn ich alt bin. Dafür brauchen sie eine gute Ausbildung, und ich wünsche mir, daß meine Töchter gute Ehemänner finden werden.

Was hältst du von Gleichheit zwischen Männern und Frauen?

Es gibt keine Gleichheit zwischen Männern und Frauen. Männer haben ihren Platz im Leben, und Frauen haben ihren Platz. So hat Gott es gemacht, und so ist es richtig. Ich glaube auch, daß Männer mehr Freiheit als Frauen haben sollten, weil das so sein muß. Aber einige Männer sind Despoten, und ich finde das nicht gut. Solche Männer gibt es in unserer Gesellschaft nicht viele. Die meisten Männer respektieren die Frauen sehr. So sollte das sein und so steht es im Koran. Die Frauen sollten nicht die gleichen Rechte wie die Männer haben, denn das wäre gegen die Religion und gegen die Tradition in unserer Gesellschaft.

Religion und die Stellung der Frau

Ich bin Muslimin, und ich denke, daß der Islam die einzige und die beste Religion ist. Ich halte mich fest an die islamische Regeln, die im Koran und Khadith stehen. Im Islam werden die Frauen respektiert. Die Stellung der Frau im Islam ist gerecht. Der Islam bringt den Frauen viele Vorteile, und wenn es zu Konflikten kommt, dann geben die Gesetze den Frauen viele Rechte.

Eine kurze Auswertung: Nach diesen Erfahrungen, die in zahlreichen Gesprächen gewonnen wurden, fühle ich mich in meiner Überzeugung bestärkt, daß die Menschen sehr konkret ihre Situation beurteilen können und deshalb sehr ernstzunehmende Diskussionsbeiträge liefern. Dabei wird stets auch deutlich, wo Gestaltungsbedarf vorhanden ist.

3.2 Implementierungsschritt Nr. 2: Die Suche nach Bundesgenossen

Zur Realisierung unseres strategischen Konzeptes brauchen wir weitere „Bundesgenossen". Für eine Zusammenarbeit kämen in erster Linie die Frauengruppen und die NROs im Unteren Atbara in Frage. Sie zählen zu unseren Insidern als Schlüsselpersonen. Sie haben sehr gute Zugangsmöglichkeiten zur Bevölkerung und könnten unser Konzept des inneren gesellschaftlichen Diskurses praktizieren. Hierzu denken wir zunächst an die sozialen Netze und Selbsthilfeorganisationen, über die wir im Rahmen der empirischen Untersuchung dieser Arbeit im Teil IV, Abschnitt 2.7 und in diesem Teil unter 1.4 gesprochen haben. Dort konnten wir sehen, wie aktiv diese sozialen Gruppen im Unteren Atbara sind.

Darüber hinaus erinnern wir an jene Schlüsselpersonen, die wir in den ausgewählten Interviews bereits kennengelernt haben. Wir denken, daß sie gute Beispiele für Insider sind, z. B. Um Salama, die Grundschullehrerin, und Assia, die Lehrerin in der *khalwa*. Diese beiden Frauen wissen genau über die negativen Seiten ihrer Kultur Bescheid und wollen Änderungen in der Gesellschaft erreichen, ohne von der Gesellschaft ausgegrenzt zu sein. Das heißt, daß sie mit uns die Meinung vertreten, einige kulturelle Werte könnten transformiert werden, ohne eine kulturelle Entfremdung in die Gesellschaft zu tragen. Sie sind sehr dynamisch und aktiv in ihrem sozialem Umfeld und versuchen, über den Glauben ihrer Gesellschaft (den Islam) in der *khalwa* und anderen Frauendiskussionsgruppen einfache Aufklärungsprogramme durchzuführen. Diese Frauen bemühen sich mit allen ihren Kräften, die Bevölkerung in ihrem Dorf darüber aufzuklären, wie wichtig Bildung für Mädchen ist. Mit einfachen Methoden streben sie danach, in der *khalwa* den Analphabetismus der Frauen zu bekämpfen.[564] So haben sie eigene Vorstellungen über die Lösung der Probleme ihrer Gesellschaft, stehen aber vielfach in Konflikt mit den herrschenden Eliten der Region und werden durch deren vorherrschende Interpretationen marginalisiert und unterdrückt.

Solche Frauen brauchen Verbündete und Unterstützung, damit sie in der Lage sind, ihre Ideen durchzusetzen. Sie brauchen Hilfe dabei, sich gut zu organisieren, und Ermutigung in ihrem Engagement, Probleme zu artikulieren und zu thematisieren. Nicht zuletzt wäre das eine Aufgabe für die für die jeweilige Region zuständigen Vertreter in der Regierung und die Organisationen für Entwicklungszusammenarbeit. Mit deren Hilfe könnten diese Gruppen von Frauen über eine lokale Stützung hinaus ihre Agenda in einem Programm formulieren, welches den innerkulturellen Bedürfnissen angepaßt ist. Aufgrund der Binnensicht der Mitglieder dieser Frauengruppen könnte eine solche Unterstützung zu effektiveren und nachhaltigeren Ergebnissen führen.

Äußerst wichtige Insider auf der Männerseite ist in unserem Fall beispielsweise „al Umda Mohammed wad Haj Ali", der *Sheikh* des Dorfes Albasli, der Vater von Um Salama. Dieser Mann besitzt einen sehr guten Ruf, einen hohen Status und genießt großen Respekt. Er ist zudem ein sehr aufgeklärter Mensch; er akzeptiert nicht alle Traditionen und sucht, viele davon fortschrittlich zu verändern. Somit kann er als Insider positiv wirken und viele Leute beinflussen.

Weiterhin könnten als Bundesgenossen der Staat, die regionalen Verwaltungen, die nationalen NROs und Frauenorganisationen sowie die internationalen Organisationen für Entwicklungszusammenarbeit eine wichtige Rolle in der Aufklärungsarbeit übernehmen. Der Staat und die Organisationen für Entwicklungszusammenarbeit sollten die inneren Diskurse betreuen und mit den hier Engagierten als ihren Verbündeten agieren. Alle Punkte, die wir in der Implementierungsschritte Nr. 3 als weitere Maßnahmen/Aktivitäten genannt haben, könnten vom Staat und den Organisationen für Entwicklungszusammenarbeit betreut und wahrgenommen werden. Der Staat sollte dazu per Gesetz Frauenförderprogramme schaffen, die auf eine umfassende Bildung der Frauen hinwirken, um deren Unabhängigkeit und persönliche Kompetenz zu verbessern. Dabei sollte der Staat eine Bildungsreform und eine Rechtsreform durchführen, die direkt den Frauen zugute kommen.

Natürlich zählen vor allem die Organisationen für Entwicklungszusammenarbeit zu den Institutionen, die als Bundesgenossen zu gewinnen sind. Sie sollten könnten mit finanzieller Unterstützung zum Entwicklungsprozeß beitragen. Sie sollten zudem zur Förderung des interkulturellen Dialogs umfassend als Berater tätig sein (siehe Abschnitt 2.3.4 dieses Teiles). Sie könnten auch Ausbildungs-

[564] Siehe die ausgewählten Interviews mit Frauen in Abschnitt 2.8.

und Vorbildungskurse für unsere Schlüsselpersonen durchführen, um deren Fähigkeit zu verbessern, ihrer Aufgabe hinsichtlich des inneren Diskurses gerecht zu werden.

Die nationalen NRO und Frauenorganisationen könnten mit Kampagnen und Lobbyarbeit auf der Makroebene viel unternehmen, um für die Reform von Frauen diskriminierenden Gesetzen und die Anwendung der bereits zum Wohle von Frauen existierende Gesetze zu wirken. Sie könnten auch zum inneren Diskurs etwas beitragen. All dies ist aber davon abhängig, daß sie die kulturellen Rahmenbedingungen im Unteren Arbara kennen und daß sie mit unserem strategischen Konzept einverstanden sind.

3.3 Implementierungsschritt Nr. 3: Veränderung der Rahmenbedingungen durch Maßnahmen und Aktivitäten der Politik

Für die Umsetzung unserer strategischen Gedanken zur nachhaltigen und breitenwirksamen Entwicklung im Unteren Atbara sollten verschiedene Programme und Projekte in verschiedenen Bereichen und auf unterschiedlichen Ebenen durchgeführt werden. Ein sehr wichtiger Aspekt ist die Durchsetzung unserer Entwicklungsstrategie als einer QuerschnittsAufgabe für verschiedene Sektoren und Ebenen. Diese Querschnittsaufgabe ist auf der Makro-, Meso- und Mikroebne zu betrachten. In unserer Sicht sind vor allem zwei Ebenen von wesentlicher Bedeutung. Auf staatlicher Ebene sollten einige Rechtsreformen zur Veränderung von Frauen diskriminierenden Gesetzen vorgenommen werden. Andererseits muß gleichfalls mehr auf der Mikroebene im Unteren Atbara geschehen, da schon existierende positive bzw. reformierte Gesetze, die zur Verbesserung des Status der Frauen im Unteren Atbara beitragen könnten, in Wirklichkeit nicht angewandt werden, weil sie in Konflikt und Widerspruch stehen zu den Normen und Wertsystemen der Gesellschaft im Unteren Atbara. Deshalb sollten Programme und Projekte zur Aufklärung und Bewußtseinsbildung der Frauen über ihre Rechte und ihre Rolle in der Entwicklungspolitik gestartet werden. Vor allem sind folgende Maßnahmen/Aktivitäten für unsere Strategie wesentlich:

- Starke Kampagnen- und Lobbyarbeit auf der Makroebene, um für die Reform der Frauen diskriminierenden Gesetze und die Anwendung der existierenden Gesetze zum Wohle von Frauen zu wirken.

- Durchführung von Kampagnen zur Aufklärung und Bewußtseinsbildung hinsichtlich der Gleichberechtigung von Männern und Frauen und hinsichtlich der Wichtigkeit der Beteiligung von Frauen in der Öffentlichkeit und in der Entwicklungspolitik. Dieser Punkt ist für uns von großer

Bedeutung. Er ist für uns der Kern unserer Strategie und der erste Schritt für eine nachhaltige, breitenwirksame Entwicklung.

- Aufklärungs- und Sensibilisierungskampagnen zur Wichtigkeit von Bildung für alle Mädchen.
- Durchführung starker Kampagnen und Förderungsprogramme durch die Regierung und internationale Organisationen für Entwicklung und Zusammenarbeit. Es sollte eine Reform des Bildungssystems im Sudan, vor allem in den ländlichen Gebieten, wie z. B. dem Unteren Atbara, in Angriff genommen werden, da die Bildungssituation sehr schlecht ist. Es sollte auch in jedem Dorf eine Grundschule aufgebaut werden und für jedes Dorf oder zwei bis drei benachbarte Dörfer gemeinsam ein Gymnasium aufgebaut werden.
- Nutzung der vorhandenen Institutionen, wie z. B. der Moscheen, die Koranschulen und der Frauengruppierungen, für die Durchführung der Aufklärungskampagne und des internen Diskurses. Man könnte auch die Moschee als Ort für Abendschulen benutzen. In diesem Zusammenhang sehen wir in der Umstrukturierung des Bildungsystems einen großen Beitrag zur Verbesserung die Bildungssituation der Bevölkerung im Unteren Atbara, vor allem für die Frauen, die eine Grundbildung nachholen wollen.

Bei allen diesen Kampagnen sollte unser Ansatz des intragesellschaftlichen Diskurses und des interkulturellen Dialogs, der im Teil I dieser Arbeit diskutiert wurde, als Basis benutzt werden. Alle Beteiligten in den Schulen, der Moschee, der *khalwa* und die Medien wie Radio, Presse, Bücher und Kassetten ebenso wie die Veranstalter von Vorträgen und Klubveranstaltungen müßten in dieser Richtung wirken. Dabei sollten bestimmte einflußreiche kulturelle Faktoren und soziale Codes, wie z. B. der Islam, in dem Diskurs benutzt werden. Da dieser Punkt das wichtigste Instrument unserer Strategie ist, dürfte die bisherige Debatte in dieser Arbeit – hoffentlich – eindrucksvoll gezeigt haben.

Weitere Maßnahmen/Aktivitäten im Rahmen unserer Strategie sind:

- Die Umsetzung von positiven bzw. reformierten Gesetzen voranzubringen durch die Aufklärung von Richtern, traditionellen Rechtsprechern wie älteren Männern und religiösen Führern.
- Förderung und Unterstützung von Frauenorganisationen und Frauenselbsthilfegruppen auf lokaler Ebene, durch die Frauen ihre Interessen vertreten und anstreben, ihr Potential in ein gerechtes Einkommen und eine angemessene Beschäftigung umzusetzen.

- Stärkung von Umschulungs- und Berufausbildungsprogrammen für Frauen.
- Förderung von spezifischen Frauen- und Kindergesundheitsprogrammen wie z. B. frauenärztliche Beratung, Impfkampagnen und Kurse über Ernährung.
- Förderung der traditionellen bewährten Systemen der sozialen Sicherung, die besonders auf die Lebenssituation von Frauen zugeschnitten sind.
- Schaffung von besseren Voraussetzungen für eine aktive Beteiligung von Frauen an Entscheidungen in ihrer Gemeinschaft durch geeignete Strukturen und Institutionen auf lokalen und regionalen Ebenen.
- Umbewertung der Geschlechterrollen in der agrarischen Produktion und Ernährung.
- Förderung der Subsistenzproduktion und Entwicklung arbeiterleichternder angepasster Technologien für Frauen.
- Verbesserung des Zugangs von Frauen zu Ressourcen, Märkten und Finanzsystemen durch geeignete innovative und verbesserte Rahmenbedingungen auf der Makroebene.

Eine abschließende Betrachtung: Gedanken über die Aussichten auf Akzeptanz und wahrscheinliche Auswirkungen der vorgeschlagenen Strategie

Die in dieser Arbeit entwickelte Projektidee ist unseres Erachtens vom konzeptionellen Standpunkt her betrachtet vollständig durchführbar. Sie beruht auf der Ansicht, daß normative Allgemeingültigkeit in der Entwicklungstheorie und -politik weder als gegeben angenommen werden darf noch angesichts der Erfordernisse kontextueller Besonderheiten oder kultureller Verschiedenheiten einfach verworfen werden sollte. Entwicklungsforscher und Entwicklungspolitiker auf der ganzen Welt müssen begreifen, daß ein allgemein gültiges Projekt – in diesem Fall zugunsten weiblicher Partizipation an der Entwicklung – keinesfalls legitimerweise durch die „Allgemeingültigkeitserklärung" der Normen und Institutionen der vorherrschenden Kulturen umgesetzt werden kann -, weder auf lokaler, noch auf regionaler oder auf internationaler Ebene. Eine solche Einsicht bedeutet nicht, daß man den apologetischen oder manipulativen Gebrauch kontextueller Besonderheiten oder kultureller Bedingtheiten als Argument für die Beibehaltung des Status quo billigen oder einräumen sollte, was in manchen Gesellschaften versucht wird. Im hier erörterten Fall der Frauendiskriminierung gilt dies besonders in bestimmten Gegenden Afrikas und hier speziell im Sudan. Unseres Erachtens sollte im Gegenteil dahingehend argumentiert werden, daß die kulturellen Verschiedenheiten ernst zu nehmen der beste Weg ist, solchem Missbrauch zu begegnen, indem dessen Begründung im Bewusstsein der betroffenen Einwohnerschaft in Frage gestellt wird.

Hinsichtlich unseres Gegenstandes, der Gesellschaft im Unteren Atbara im Sudan, sieht das Projekt die Initiierung von Verfahren des inneren Diskurses als angebracht vor – nicht nur, um die lebendige Vielfalt der Sichtweisen auf dem Weg zur Teilnahme von Frauen an der Entwicklung in der Gegend zu gewährleisten, sondern um eine ganzheitliche strategisch geleitete Entwicklung in Gang zu setzen, die die ganze Gesellschaft und das ganze Land betrifft. Deshalb ist es ein vorrangiges Ziel von Entwicklungspolitik, sowohl in die Familien zur Förderung des Aufbaus von Humanvermögen, also zur Stärkung der wirtschaftlichen und sozialen Kompetenzen, als auch in das Bildungssystem zu investieren, nicht allein um den Lebensstandard der Armen im Unteren Atbara anzuheben, sondern um allen Gesellschaftsmitgliedern neue wohlstandsfördernde Perspektiven zu eröffnen. Bildung muß als ein viel umfassenderer Vorgang betrachtet werden.

Gemäß unserer Hauptvoraussetzung, daß der Islam ein sehr einflussreicher Teil des kulturellen, sozialen und politischen Gefüges der Gesellschaft ist und daß die *sharia* als akzeptierte Auslegung des Gesetzes im Islam mit bestimmten Frauenrechten, nicht zuletzt bezüglich ihrer Teilnahme an der Entwicklung, nicht vereinbar ist, werden diese Rechte wahrscheinlich in der muslimischen Gesellschaft im Unteren Atbara verletzt. Das wäre sogar dann wahrscheinlich, wenn die *sharia* nicht als formelles Rechtssystem im Land wäre. Als religiöser und ethischer Kodex hat die *sharia* weitreichenden sozialen und politischen Einfluss, ungeachtet ihrer offiziellen Rechtsgültigkeit im Unteren Atbara. Weil die Bevölkerung im Unteren Atbara solch aufklärenden Entwicklungsanstrengungen, die zudem eine konkrete islamische Rechtfertigung finden könnten, nach unserem Eindruck eher mit Wohlwollen begegnen wird, sollten die Befürworter der Entwicklung und die Anhängerinnen der Frauenbewegung im Sudan darum kämpfen, daß ihre Auslegung der Gebote der heiligen Schriften des Islam als für die Anwendung in der heutigen Zeit gültig anerkannt wird. Gerechtfertigt wird diese Neuinterpretation durch die Tatsache, daß die gegenwärtig vorherrschende Sichtweise auf die *sharia* nicht unbedingt die einzig mögliche Auslegung der Gebote der heiligen Schriften sein muß – eine Tatsache, die von einigen muslimischen Reformern verstanden worden ist. Leider ist bis heute eine umfassende Methodik zur Reform erst in Ansätzen entwickelt. Im Teil V dieser Arbeit habe ich zu schildern versucht, wie ich mir eine geeignete Vorgehensweise für eine islamische Reform vorstelle, die darauf abzielt, die Rechte der Frauen zum Zweck auch ihrer Teilnahme an der Entwicklung im Unteren Atbara und im ganzen Land auszuweiten. Schritt für Schritt könnten behutsam die nicht nur im I. Teil beschriebenen restriktiven Realitäten verändert werden, wenn sie als veränderungsbedürftig empfunden werden.

Ganz entscheidend ist für die Ingangsetzung eines solchen Prozesses die Akzeptanz der Ergebnisse unserer Diskussion im III. Teil dieser Studie. Das Entwicklungspotential eines islamischen Diskurses in Gestalt der dort erörterten Form resultiert aus der Überzeugungskraft eines islamisch begründeten Evolutionsmodells. Die neue Auslegung, gegründet auf den Koran und die Sunna, wird genauso islamisch sein, wie es für die *sharia* immer in Anspruch genommen wurde. Dennoch wird die vorgeschlagene Reform wahrscheinlich auf Widerstand stoßen und vielen Schwierigkeiten begegnen. Das Hauptproblem wird, so denken wir, ein psychologisches, soziologisches und politisches sein. Psychologisch in dem Sinne, daß es für die Muslime im gesamten Sudan sehr schwierig ist, sich gegen die Anwendung der *sharia* zu stellen. Selbst die muslimischen Befürworter der Entwicklung und die Frauenbewegungen nicht nur im Sudan, sondern auf der ganzen Welt sind durch die vorherrschende Ehrfurcht vor der *sharia* als dem vermeintlich einzig gültigen Verständnis des islamischen Gesetzes gehemmt und eingeschüchtert. Dieser Mangel an Selbstvertrauen wird noch verstärkt durch die Verbindung zwischen sozialer Intoleranz gegenüber Abweichungen, vor allem im Hinblick auf den sozialen Status und die Menschenrechte von Frauen, und politischer Repression. Ohne die Ernsthaftigkeit der soziologischen und politischen Beschränkungen zu unterschätzen, schlagen wir vor, daß die Befürworter der Entwicklung und die Frauenbewegungen ihre eigenen Hemmungen ablegen sollten und sich selbst kundig machen sollten über die Begrifflichkeiten und Herangehensweisen des islamischen Diskurses. Sie sollten auch verstehen lernen, daß sie mit der *sharia* lediglich ein historisch bedingtes menschliches Verständnis des Islam in Frage stellen und nicht den Islam selbst verwerfen. Deshalb könnte es ein sehr wichtiger Teil unserer Strategie sein, sich um den Beginn eines inneren Diskurses und eines islamischen Diskurses innerhalb der Frauenorganisationen und -gruppen im Unteren Atbara und im ganzen Land zu bemühen. Erst wenn diese psychologische Hürde genommen ist, können Anstrengungen zur Schaffung des soziologischen und politischen Raumes für wirksame Diskurse über den Schutz und die Ausweitung der Menschenrechte der Frauen und über ihre Teilnahme an der Entwicklung begonnen werden. Aber wir sind zutiefst davon überzeugt und wir glauben, daß diese Vorschläge für die Muslime im Sudan annehmbar sind, wenn sie in wirksamer und organisierter Weise unterbreitet werden.

Andererseits wird die vorgeschlagene islamische Reform wahrscheinlich bekämpft werden, weil sie die persönlichen Interessen mächtiger Kräfte im Sudan in Frage stellt, insbesondere den Umstand, daß das Regime im Sudan die Anwendung der *sharia* im Land unterstützt. Und diese Reform mag die Bewahrer der traditionellen politischen und sozialen Männerdomänen im Unteren Atbara verärgern. Diese Kräfte werden wahrscheinlich versuchen, die Möglichkeiten zu einer unbefangenen Sicht auf die Reformmethoden zu beschränken. Es ist ebenso wahrscheinlich, daß sie versuchen werden, deren Annahme und Anwendung im Namen der islamischen Rechtgläubigkeit zu verhindern. Viele Befürworter der *sharia* im Unteren Atbara und im ganzen Land, Imame und Scheikhs, werden die Reform gleichfalls bekämpfen, weil sie ihrer Vorstellung von einer guten muslimischen Gesellschaft und dem idealen islamischen Staat widerspricht.

Aus all diesem folgt, daß die Akzeptanz und die Einführung der beschriebenen Reform mit einem politischen Ringen im Sudan verbunden sein wird. Angesicht der Tatsache, daß – wie in vielen afrikanischen Ländern – die politische Situation im Sudan in Bewegung ist und das politische System viele Male seit der Unabhängigkeit 1956 gewechselt hat[565], bedeutet dies, daß auch das islamische System jederzeit ausgewechselt werden könnte. Zugleich aber – und glücklicherweise – versucht das islamische Regime selbst nach dem Scheitern aller seiner früheren Politikansätze gegenwärtig einen Ausweg aus der Sackgasse, einfach

[565] Nach der Unabhängigkeit hat der Sudan sechs verschiedene nationale Regime erlebt, drei davon waren demokratische. Zwei von ihnen kamen nach machtvollen öffentlichen Demonstrationen und Unruhen zustande. Einzelheiten siehe bei Mattes, H.: Sudan; a. a. O.; 106ff.

um weiter an der Macht zu bleiben und das Land zu regieren. Infolge lang anhaltender innerer Unruhen und vieler Wirtschaftskrisen, einer Menge Druck von Seiten der Opposition und internationaler Sanktionen scheint das islamische Regime zur Zeit flexibler zu reagieren, die Augen zuzukneifen und von einer Reihe von Regeln seines totalitären Projektes abzusehen. Auf der anderen Seite hat es seit Ende 1999 eine Reihe von Problemen innerhalb der an der Macht befindlichen islamistischen Gruppen gegeben. Der extreme islamistische Flügel (*Al turabi*-Flügel) ist nicht mehr in der Regierung. Alle diese Umstände veranlassen uns dazu, optimistisch zu sein. Es könnte eine Chance für die Frauenorganisationen und die Befürworter der Entwicklung sein, in einen islamischen Dialog mit dem Regime einzutreten. Diese Gruppen sollten das islamische Podium für sich beanspruchen und es nicht den Traditionalisten und Fundamentalisten überlassen.[566]

Zusätzlich zu den bereits ausgeführten Überlegungen muß folgendes unbedingt erwähnt werden: Die Souveränität des Sudan ist, wie die der meisten postkolonialen Staaten in Afrika – in vielen Bereichen und Gegenden symbolisch und nicht wirklich vorhanden. Gemeint ist, daß das Regime nicht die Mittel und auch gar nicht den Willen hat, überall präsent und aktiv zu sein, besonders nicht in ländlichen Gebieten. Die politische Macht konzentriert sich in der Hauptstadt und in den großen Städten des Landes. So könnte ein innerer Diskurs und eine soziale Veränderung im Unteren Atbara vor sich gehen, ohne daß das Staatswesen davon entscheidend berührt würde. Selbst wenn es davon erführe, ist es unwahrscheinlich, daß es die Mittel und die Entschlossenheit hätte dies aufzuhalten. Man könnte auch ausländische Befürworter unserer Reformideen auffordern, ihre Unterstützung in einer Weise auszudrücken und zu zeigen, die zugleich Respekt, Feingefühl und wirkliches Verständnis für die Rechtmäßigkeit des Islam im Sudan demonstriert.

Die Befürworter der Entwicklung und besonders der Teilnahme von Frauen an der Entwicklung und der Menschenrechte der Frauen kommen in keinem Fall umhin, sich auf einen islamischen Diskurs einzulassen. Was immer sie darüber denken mögen, es ist eine Tatsche, daß es einigen islamistischen Gruppen bereits gelungen ist, den Bezugsbereich der öffentlichen Diskurse im Sudan und in den meisten islamischen Gesellschaften zu „islamisieren". Aus vielerlei Gründen, von denen einige in dieser Arbeit aufgezeigt worden sind, scheuen muslimische Befürworter der Menschenrechte von Frauen den „islamischen" Diskurs. Sie versuchen nicht einmal, dessen Begrifflichkeiten zu verstehen oder zu deren Definition beizutragen. Das muß nicht immer so bleiben. Der Weg kann nur der sein, einen islamischen Diskurs zu beginnen und nicht ihm auszuweichen.

---

[566] Einzelheiten über spätere Wechsel siehe bei der Tageszeitung Alray Alaam ab 12.12.1999 bis Ende Januar 2000.

Daß die Befürworter von Entwicklung und der Menschenrechte der Frauen sich auf einen islamischen Dialog einlassen müssen, bedeutet aber nicht, daß dies der einzige Bezugsrahmen ist, den sie sich zu eigen machen sollten. Wie Fatima Mernissi und andere Wissenschaftler und Intellektuelle, die sich bereits auf diesen Diskurs eingelassen haben, feststellten, sind vielfältige und unterschiedliche Ansätze nötig. Es versteht sich von selbst, daß es manchen Befürwortern der Menschenrechte von Frauen leichter fällt als anderen, sich auf einen internen Diskurs innerhalb eines islamischen Bezugsrahmens einzulassen, und sie deshalb in dieser Auseinandersetzung erfolgreicher sind als andere. Aber wenigstens einige der Vorkämpfer für die Menschenrechte der Frauen sollten engagiert für sie eintreten, ohne das Recht anderer in Frage zu stellen, sich anderer Ansätze zu bedienen.

Über den hier betrachteten Teilbereich der Entwicklungspotentiale im Sudan hinausgehend möchten wir die Notwendigkeit unterstreichen, eine umfassende politische Initiative für den Schutz und den Ausbau der Menschenrechte der Frauen in aller Welt zu starten. Sich dabei geeigneter Diskurse zu bedienen sollte als Bestandteil dieses Bemühens betrachtet werden. Um jegliches Mißverständnis zu vermeiden, soll deshalb noch einmal ausdrücklich betont werden, daß Reformen stets nur dann gelingen können, wenn in einer ganzheitlichen Strategie Initiatoren, Multiplikatoren und die Veränderungen bejahenden Menschen im Alltagsleben zur Kooperation bereit sind.

Anhänge

Anhang A: Übersicht über die für die Feldforschung von der Verfasserin selbstentworfenen Fragebögen

General Background of the village

1. Villages in the village cluster:

Village	Nearest Town	Distance to the nearest town (km)	No. of household headed by		Population	
			Female	Male	Female	Male

2. Tribes in the village (in %) and number of Salvation Committees:

Village	Tribes (in % age)	No. of Salvation Committees

3. Is there permanent or seasonal migration from the village?

1. Yes ( ) 2.No ( )

If yes which type:

a. Who migrates____

b. Why____

c. When____

d. To where____

e. When do they come back________________________________

f. Income____

4. Are there nomads who come to the area during any time of the year?________________________

1. Yes ( ) 2.No( )

If yes, indicate

a. Tribes________________________

b. Numbers________________________

c. When________________________

d. Type and number of animals________________________

5. Presence of social and economic institutions:

Institution	No.	No. of beneficiaries		Conditions
		Female	Male	
Khalwas				
Male basic school				
Female basic school				
Mixed basic school				
Male adult edu. Class				
Female adult edu. Class				
Hospital				
Health unit				
Midwife				
Trained TBA				
Untrained TBA				
Vet Unit				
Weekly market				
Flour mill				
Bakery				
Stores				
Social development center				
Other (specify)				

6. Area, density and tree species of the forestry in the area.________________________

7. Arda, and plant species of the natural rangeland in the area________________________

8. Wadies and seasonal streams in the area and their uses________________________

9. Crops grown in the area and the crops calendar________________________

10. Production relations in the area________________________

11. Roads and transportation in the area________________________

12. Sources of drinking water in the village:

Water source	Ownership	No.	Distance/time from the village	Water quality	Duration of water availability
Deep well with pump (Donkey)					
Shallow well with hand pump					
Shallow well with no pump					
Others (specify)					

13. Indigenous and formal Institutions and committees in the village:

Institution	Type	Membership		Functions and duties
		Female	Male	

14. Training of the village people:

Type of training	No. of trainee		Who trained them
	Female	Male	

15. The common diseases in the area

16. The common children diseases in the area____________________________

____

17. The common animals diseases in the area and sources of animal drugs____________

____

18. No. of deaths of Children under 5 years in 1998_________________________

____

19. No. of maternal deaths in 1998___________________________________

20.The main agricultural problems in the area____________________________

____

21. The main health problems in the area______________________________________

____

22. Environmental problems in the area_______________________________________

____

23. Small industries and business in the area.__________________________________

____

24. Development programs in the area and the organizations implementing it____________

____

The household questionnaire

1. Date____
2. Province____
3. Locality____
4. Village Council (Cluster)____________________________________
5. Village____
6. Name of household head____________________________________
7. Household demographic characteristic (economic dependency):

Name	Sex	Age	Educational Level	Marital Status	Main Occupation	Secondary Occupation

8. Land ownership: Please provide the following information about the land you own and/or used

Type of Land ownership	Area in feddan	Uses
1. Registered land		
2. Land rented from government (Unregistered Land)		
3. Land rented from others		
4. Sharecropped with others		

9. Ownership of agricultural tools and implements:

Tool	No.	Usage		
Irrigation pump Tractor		Own use	Rent to others	Revenue
Rent to others				
Plough				
Sprayer				
Planter				
Other (Specify)				

10. Agricultural labour

Who generally Performs the different agricultural operations (Male, Female, Children)

Crop	Operation	Performed by

11. Please provide the following information about the crops you cultivated last season (1997/1998)

Crop	Area in Feddan Production	Total production	Usage		
			Seed	Own Consumption	Sold

12. Who generally markets the household agric-production and animals?

13. Credit: Did you receive any credit in this year?

Yes ( )

No. ( )

If yes, please indicate the following:

Source	Amount	Amount repaid	Remarks (Timing. Costs.....etc.)

14. Ownership of forest and trees:

Type of trees	Area of planted trees	Area of natural trees	Production	Income

15. Vocation of family members:

Name	Sex	Age	Type of vocation	Place of vocation

16. Livestock ownership:

Type	Number	Nutrition		Production			
		Type	Cost	Type	Quantity consumed	Quantity sold	Price
Sheep							
Goats							
Cattle							
Camel							
Donkey							
Horses							
Poultry							

17. The family annual income in 1998:

Source	Amount
1 . Field crop production	
2. Vegetables production	
3. Fruits production	
4. Animal products	
5. Livestock sale	
6. Sale of forestry products	
7. Sale of poultry and egg	
8. Animal rent	
9. Rent of agric-land	
10. Rent of agric-equipment's	
11. Hiring family labour	
12. Small industry and business	
13. Remittance from relatives	
14. Salaries and pensions	
15. Gift in kind	
16. Donations (cash)	
17. Other (specify)	

18. Household annual expenditure______________________________

19. What are the main agricultural problems in the area?____________________

____

____

____

20. In your opinion, what are the solutions?______________________________

____

____

____

21. What are the main livestock production constraints in the area?________________

____

____

22. In your opinion, what are the solutions?______________________________

____

____

____

23. What are the main social services (health, education .. etc). problems?_____________

____

____

____

24. What do you suggest as solutions?__________________________________

25. What are the main environmental problems in the area?____________________

26. Suggested solutions.____

____

____

Women Questionnaire

1. Name____
2. Age____
3. Martial Status
    - a. Married ( )
    - b. Single ( )
    - c. Divorced ( )
    - d. Widow ( )
4. If married No. of children______________________________________
5. If married : do you have a cowives_______________________________
6. If married in which age did you get married___________________________

7. Did you choose your husband alone or your father who decided the marriage for you____
8. Did you have children who died before reaching age of 5 years?_______________
9. Do you have children who are facing health problems?___________________

____

10. Did you attend school

Yes_____________________________

No_____________________________

If yes, what type of school and for how many years___________________________

If no, do you like to attend adult school______________________________

11. Do you have time for that?_____________________________________

12. Do you have children who attend school?

Yes ( )

No ( )

If yes, are they boys or girls?___________________________

13. Do you have any health problems

Yes_____________________________

No_____________________________

If yes, what are they____

____

14. Daily routine and the working hours:

Activity	Working hours per day	Percentage
Food preparation, Child care and other household tasks		
Fuelwood collection		
Fetching of water		
Handicraft		
Agriculture work		
Livestock work		
Others		
Total		

15. Do you have any livestock that you considered your own property?

1. Yes ( )

2. No ( )

If yes, indicate No., type and use?____

16. Do you have any land that you considered your own property?

1. Yes ( )
2. No. ( )

If yes, what is the area used for?____

____

17. Do you belong to one of the following groups?____________________________

a. savings group ( )
b. work group ( )
c. cooperative ( )
d. social group (club)
e. women association ( )
f. none of these ( )

18. Are you engaged in any other income generating activities?

1. Yes ( )
2. No ( )

If yes, indicate the activity and income and uses of the income?____________________

____

19. If you have income generating activities, what are the main problems you face?_______

____

____

20. What are the household issues that you take decision by yourself__________________

____

____

21. What are the household issues that you participate in taking decision along with other members?____

____

____

22. Do you participate in any public activities?

1. Yes ( )
2. No ( )

If yes, what are these activities?____

---

23. What type of fuel do you use for cooking?

a. Firewood ( )

b. Charcoal ( )

c. Animal dung

d. Diesel/kerosene ( )

e. Gas ( )

f. Other (specify) ( )

24. If you use firewood, how much you use per week? Who collects it?________________

____

25. If you use charcoal, how much do you use per month?________________________

26. Do you have any social or economic problems?______________________________

____

____

27. What solutions do you suggest?____

____

28. What are the main Problems facing women in the area?________________________

____

____

29. What solutions do you sugest?____

____

Literaturverzeichnis

Achermann, E: Schrei: Geliebtes Afrika. Ein Kontinent braucht Hilfe; Solothurn, Düsseldorf; Walter; 1993.

Albagir, A.M.: Human Rights and Islamic Law. The Development of the Rights of Slaves, Women and Aliens in two Cultures. Manchester University, Department of Middle Eastern Studies 1996.

Alray Alaam: 5/11/1999 Issue No. 994.

Amin, S.: Zur Theorie von Akkumulation und Entwicklung in der gegenwärtigen Weltgesellschaft; in: Senghaas, D. (Hrsg.): Peripherer Kapitalismus. Analyse über Abhängigkeit und Unterentwicklung; 2. Auflage; Suhrkamp Verlag; Frankfurt a.M.; 1977; S. 381-390.

Amnesty International: Sudan. Keine Zukunft ohne Menschenrechte ; 1. Auflage; Bonn 1995

An-Na'im, A. A.: Human Rights in the Muslim World: Socio-Political Conditions and Scriptural Imperatives; in: Harvard Human Rights Journal; Vol. 3; Spring 1990; S. 13-52.

An-Na'im, A.A.: Cultural Transformation and normative consensus on the best interests of the child, in: International journal of law and family, Vol. 8; Oxford University Press 1994; S. 62-81.

An-Na'im, A.A: Problems of Universal Cultural Legitimacy for Human Rights; in: An-Na'im, A./Deng, F. (Editors): Human Rights in Africa. Gross-cultural Perspectives; The Brookings Institution; Washington D.C. 1990; S. 331-367.

An-Na'im; A.A: Toward an Islamic Reformation. Civil Leberties, Human rights, and International Law; forward by John voll; the American University in Cairo Press; Cairo 1992.

An-Na'im, A.A.: Islam and Human Rights in Sahelian Africa; in: Rosander, E.E./Westerlund, D. (Eds.): African Islam and Islam in Africa. Encounters between sufi and Islamists; Zed Books; London 1997; S. 79-94.

ATRCW- African Training and Research Center for Women: Women and National Development in African Countries: Some Profound Contradictions; in: Africa Studies Review, Vol. 18, No. 3. 1975; S. 47-70.

Baer, W.: Alternative Views of Latin American Development Problems. An Essay in Honor of Hans-Günter Krüsselberg; in: Hans-Günter Krüsselberg. Politische Ökonomik in Marburg. Vorträge und Ansprachen anlässlich der Verabschiedung von Hans-Günter Krüsselberg in den Ruhestand; N.G. Elwert Verlag; Marburg 2000; S. 12-17.

Bakhit, I.: Mass Poverty in Devolping Countries: A Cultural Prespektive; in: Bakhit, I., Ravenburg, N.G.v., Münkner, H.H., Walter, V., Walter, T.:

Attacking the Roots of Poverty; Marburger Consult für Selbsthilfeförderung EG (Hrsg.); Marburg 1996; S. 16-32.

Bakhit, I.: Massenarmut in Entwicklungsländern aus kultureller Perspektive; in: Bosshardt, C (Hrsg.).: Beiträge zu Transformationsprozessen und Strukturanpassungsprogrammen; Sozial Strategien. Monographien zur Soziologie und Gesellschaftspolitik. Trappe, P. (Editor); Basel 1997; S. 156-161.

Baldus, R. D./Röpke, J./Semmerlroth, D.: Einkommens-, Verteilungs- und Beschäftigungswirkungen von Selbsthilfeorganisationen in Entwicklungsländern; Forschungsbereichte des Bundesministerium für wirtschaftliche Zusammenarbeit; Bd. 17; Weltform Verlag; Köln 1981.

Bardeleben, M.: the Cooperative System in The Sudan; Weltforum Velag, München 1973.

Beck, K./Spittler,G.: Eileitung. Plädoyer für eine ethnologische Arbeitsforschung; in: Beck, K./Spittler,G: Arbeit in Afrika. Beiträge zur Afrikaforschung. Universität Bayreuth. Bd. 12. LIT Verlag; Hamburg 1996.

Benedict, R.: Patterns of culture, Houghton Mifflin 1959.

Benería, L./Sen, G.: Accumulation, Reproduction, and Women's Role in Economic Development: Boserup Revisited; in: Signs; Vol. 7, No. 2, University of Chicago; Winter 1981; S. 141-157.

Bergmann/Farid: Internationales Ehe- und Kindschaftsrecht; Sudan; Verlag für Standesamtwesen GmbH; Frankfurt a. M. 1992.

BMZ aktuell Entwicklungspolitik: Konzept für die Förderung der gleichberechtigten Beteiligung von Frauen und Männern am Entwicklungsprozeß. Gleichberechtigungskonzept Bundesministerium für wirtschaftliche Zusammenarbeit und Entwicklung; Referat Presse und Öffentlichkeitsarbeit; Bonn Juli 1997.

BMZ: Die entwicklungspolitischen Grundlinien der Bundesregierung; Bonn; Juli 1980.

BMZ: Sektor- und Sektorübergreifende Konzepte, Materialien zur Entwicklungspolitik Nr. 81; BMZ, Sektor- und Sektorübergreifende Konzepte, Materialien zur Entwicklungspolitik Nr. 85; Bonn 1993.

Bobbio, N.: Das Zeitalter der Menschenrechte. Ist Toleranz durchsetzbar?. Mit einer Vorbemerkung von Joschka Fischer »Die Bedeutung der Menschenrechte in einer sich globalisierenden Welt«; Frankfurt a. M. 1999.

Boehringer-Abdalla, G.: Frauenkultur im Sudan; Athenräum-Verlag; Frankfurt a. M. 1987.

Bohnet, M.: Ökonomische Entwicklungstheorien und Entwicklungspolitik; in: Nohlen, D./Nuscheler (Hrsg.): Handbuch der Dritten Welt.

Unterentwicklung und Entwicklung: Theorien- Strategien- Indikatoren; Bd. 1; Hofmann und Campe; Hamburg 1982.

Bohnet, M.: Wechselnde Akzente der Entwicklungspraxis; in: Simonis, U. (Hrsg.): Entwicklungstheorie – Entwicklungspraxis. Eine Kritische Bilanzierung; Schriften des Vereins für Sozialpolitik; Gesellschaft für Wirtschafts- und Sozialwissenschaften; Bd. 145; Duncker und Humblot; Berlin 1986; S. 41-71.

Boserup, E.: Women's Roll in Economic Development; London 1970.

Bouquet, M./De Haan, H.: Kinship as an Analytical Category in Rural Sociology: An Introduction. In: Sciologia Ruralis 27, 1987; S. 243-262.

Bourdieu, P.: Entwurf einer Theorie der Praxis auf der ethnologischen Grundlage der Kabylischen Gesellschaft; Suhrkamp; Frankfurt a. M. 1979.

Bourdieu, P.: Ökonomisches Kapital, kulturelles Kapital, soziales Kapital, in: Reinhard, K.: soziale Ungleichheiten; Schwartz; Göttingen 1979; S. 183-198.

Braunmühl, C.v.: Der Gender Ansatz in der Entwicklungspolitik. Überlegungen zum sozialen Akteur von Transformation; in: Peripherie Nr. 72, 1992; S. 25-37.

Büscher, M.: Afrikanische Weltanschauung und ökonomische Rationalität. Geistesgeschichtliche Hintergründe des Spannungsverhältnisses zwischen Kultur und wirtschaftlichen Entwicklung; Schriftenreihe des Instituts für Allgemeine Wirtschaftsordnung der Albert-Ludwig-Universität Freiburg; Freiburg 1988.

Cheal, D.: The Gift Economy; London 1988.

Cloud, K./Knowles, J.B.: Where can we go from here? Recommendations for action; in: Davisow, J. (Hrsg.): Agriculture, women and Land. The African experience; Westview Press; Boulder 1988; S. 250-263.

DAWN: Morgenrot für die Feminisierung der Entwicklung?; in: Peripherie Nr. 25/26 1986; S.143-164.

Dey. J.: Women in food Production and food Security in Africa. Women in Agricultural Production and rural Development sevice. Human Resources, Institutions and Agrarian Reform Division. Food and Agriculture Organisation of the United Nations (FAO); 1984.

Dia, M.: Africa's Management in the 1990s and beyond; reconciling indigenous and transplanted institutions; The World Bank; Washington D.C. 1996.

Diaby-Pentzlin, F.: Förderung von Rechtsstaatlichkeit mit den Mitteln der Entwicklungszusammenarbeit – ein Hindernislauf; in: Nord-Süd-Themen; 1. Quartal 1998, 91-104.

Dilger, K.: Das Rechtsverhältnis im Islam und seine politische Dimension; in: Schwartz, J. (Hrsg.): Der politischen Islam. Intentionen und Wirkungen; Schöningh-Verlag; Paderborn, München, Wien, Zürich 1993; S. 55-70.

Eisenstadt, S.N./Azmon,Y.: Socialism and Tradition. Humanities Press. Atlantic Highlands; 1975.

Eisenstadt, S.N.: Institutionalization and Change; in: American sociological Review, Vol. 29, No. 2; April 1964; S. 235-247.

Eisenstadt, S.N.: Societel Goals, Systemic Needs, Social Interaction and Individual Behaviour: Some Tentative Explanations; in: Turk, H./Simpson,R.R. (Editors): Institution and Social Exchange. The Sociology of Talcott Parsons and George C. Homans; Indianapolis; Bobbs-Merrill; New York; 1971.

Eisenstadt, S.N.: Tradition, Wandel und Modernität; Übers. von Heintz,; 1 Aufl. Suhrkamp; Frankfurt am Main; 1979.

El-Battahani, A.: Economic Transformation and Political Islam in Sudan 1975-1995, a paper presented for the Eighth General assembly of CODESERIA, Crisis, Conflict and Transformation: Responsive and Prospective, 26 June-2 July, Dakar 1995.

Elgarray, O.: al-Fikr al-islami wa Gaddiat al-Maraa; Lonestar Inc. Ft. Worth, USA 1997.

Elnaiem, B.: Das Paradox der universalen Frauenmenschenrechte. In: Einschnitte. Materialband zu Female Genital Cuttings (FGC); Deutsche Gesellschaft für Technische Zusammenarbeit (GTZ); Eschborn; 2000; S. 119-125.
[Dieser Aufsatz ist ein Auszug aus dem folgenden Titel.]

Elnaiem, B.: Das Paradox der universalen Frauenmenschenrechte. Rituelle Praktiken von Frauen in Afrika. Ein Ansatz zur Beseitigung des Kernproblems am Beispiel der weiblichen Beschneidung; Arbeitsfeld Staatsreform und Zivilgesellschaft; Projekt: Rechts- und sozialpolitische Beratung für Frauen PN 96.2258.0-001.00; Deutsche Gesellschaft für Technische Zusammenarbeit (GTZ); Eschborn 1999.

Filipp, S.H./Frey, D.: Das Selbst; in: Deutsches Institut für Fernstudien an der Universität Tübingen (Hrsg.): Funkkolleg Psychobiologie – Verhalten bei Mensch und Tier, Studienbeleitbrief 8, Weinheim, Basel 1987.

Fluehr-Lobban, C.: Islamic Law and the Society in the Sudan; Frank Cass; London 1987.

Freiberg-Strauß, J.: Mikroökonomische Entscheidungsstrukturen von Kleinbauernfamilien in der Kartofelwirtschaft Boyacá´s, Kolumbien; Spektrum. Berliner Reihe zu Gesellschaft, Wirtschaft und Politik in Entwicklungsländern; Bd. 29; Fort Lauderdale, Saarbrücken 1991.

Fuchs, W. u.a. (Hrsg.): Lexikon zur Soziologie; 2. Band; Opladen 1975.

Galtung, J.: Cultural Conflict and Economic Growth; in: Atteslander, P (Hrsg.).: Kulturelle Eigenentwicklung. Prespektiven einer neuen Entwicklungspolitik; Campus; Frankfurt a. M. 1993; S. 65-76.

Gorden, C.N.: The Islamic Revolution. The Case of the Sudan; in: The International Lawyer Nr. 19; 1985; S. 793-815.

Görlich, J.: Austauschorienierte Netzwerkanalyse als Alternative zum struktur-funktionalen Deszendenzgruppen-Model im Hochland von Papua-Neuguinea; in: Schweizer, T. (Hrsg.): Netzwerkanalyse. Ethnologische Perspektiven; Diedrich Reimer Verlag; Berlin 1989; S. 133-164.

Grawart, E.: Auswirkungen interner Migration auf die Lebenssituation von Frauen; in: Nord-Süd aktuell. Themen; 2. Quartal; 1995; S.261-269.

Grawart, E.: Wandern oder bleiben?. Veränderungen der Lebenssituation von Frauen im Sahel durch die Arbeitsmigration der Männer; Bremer Afrika-Studien. Informationszentrum Afrika (IZA); Bd. 8; Bremen 1994.

Grawert, E.: „Einer soll fortziehen...". Wie Frauen in Kutum (Westsudan) durch Flexibilität und Mehrarbeit die Migrationsfolgen auffangen; in: Grawart, E. (Hrsg.): Wandern oder bleiben?. Veränderungen der Lebenssituation von Frauen im Sahel durch die Arbeitsmigration der Männer; Bremer Afrika-Studien. Informationszentrum Afrika (IZA); Bd. 8; Bremen 1994; S. 97-115.

Grawert, E.: Alltag und soziale Stellung der Frauen im Westsudan; in: Laudowicz, E. (Hrsg.): Fatimas Töchter. Frauen im Islam; Papy Rossa-Verlag; Köln 1992; S. 106-127.

Grawert. E.: Making a living in Rural sudan. Production of Women, Labour Migration of Men, and Policese for Peasants' Needs. Macmilian Press Ltd.; London 1998.

GTZ Homepage (http://www.gtz.org/).

Hale, S.: Gender Politics in Sudan. Islamism, Socialism, and the State. Westview Press, a Division of Harper Collins Publishers. Colorado, Oxford 1996.

Hanak, I.: Frauen in Afrika: Ohne uns geht gar nichts; Brandes & Aspel. Südwind; Frankfurt a. M. 1995.

Hasan, A.: Early Development of Islamic Jurisprudence; Islamic Research Institute; Islamabad 1970.

Hayek, F. A. v.: Grundsätze einer liberalen Gesellschaftsordnung; in: Freiburger Studien. Gesammelte Aufsätze von F. A. von Hayek; J. C. B. Mohr (Paul Siebeck); Tübingen 1969. S.108-125.

Hayek, F.A.v.: Recht, Gesetzgebung und Freiheit. Eine neue Darstellung der liberalen Prinzipien der Gerechtigkeit und der politischen Ökonomie; Bd. 3: Die Verfassung einer Gesellschaft freier Menschen; Verlag moderne Industrie; Landberg am Lech 1981.

Henn, J.K.: Women in rural economy: Past, Present, and Future; in: Jean Hay, M./Stichter, S.: African Women South of the Sahara; Longman; London, New York; 1984; S. 1-18.

Hirschman, A.O.: Entwicklung, Markt und Moral, München 1989.

Hofstede, G.: Culture's Consequences. International Differences in Work-Related Values, SAGE Cross-Cultural Research and Methodology Series, Vol. 5; Beverly Hills 1980.

Hofstede, G.: Cultures and Organizations. Software of the Mind; McGraw Hill; Cambridge 1991.

Holt, P.M./Daly, M.W.: A History of the Sudan; From the Coming of Islam to the Present Day; London, New York 1988.

Holt, P.M.: A Modern History of the Sudan; London 1967.

Holt, P.M.: The Islamisation of the Nilotic Sudan; in: Michael, B. (Hrsg.): Northern Africa: Islam and Modernisation, London 1973.

Holt, P.M.: The Mahdist State of the Sudan, 1881-1898. Oxford 1970.

Holter, U.: Ethnische Struktur und Stammesgeschichte; in: Mensching, H. G./Seifert, H.S.N.: Tierhaltung im Sahel. Rezente Entwicklung und Perspektiven in der Republik Sudan. Forschungsprojekt-Endbericht. Göttinger Beiträge zur Land- und Forstwirtschaft in den Tropen und Subtropen. Göttingen 1994; S. 111-134.

Holter, U.: Tierhaltung auf Haushaltsebene; in: Mensching, H. G./Seifert, H.S.N.: Tierhaltung im Sahel. Rezente Entwicklung und Perspektiven in der Republik Sudan. Forschungsprojekt-Endbericht. Göttinger Beiträge zur Land- und Forstwirtschaft in den Tropen und Subtropen. Göttingen 1994; S. 171-207.

Holthaus, I./Klingebiel, R.: Vereinte Nationen – Sprungbrett oder Stolperstein auf dem langen Marsch zur Durchsetzung von Frauenrechten?; in: Klingebiel, R./Randeria, S. (Hrsg.): Globalisierung aus Frauensicht. Bilanzen und Visionen. Eine Welt. Texte der Stiftung Entwicklung und Frieden; Bd. 6; J.H.W. Dietz Nachfolger; Bonn 1998, S. 34-65.

Hourani, A.: Arabic Thought in the Liberal Age, 1798-1939. Cambridge University Press; Cambridge 1983.

Human Rights Watch: Behind the Red Line. Political Repression in Sudan, Human Rights Watch; New York 1996.

Hyden, G.: Modern Cooperatives and the Economy of Affection in Sub-saharan Africa; Beitrag zu dem Thema: „Traditional Cooperation and Social Organizations in Relation to Modern Cooperative Organization and Enterprise"; Intercongress 1981, Amsterdam April 1981; S. 23-25.

Irabi, A.: Arabische Soziologie. Studien zur Geschichte und Gesellschaft des Islam; Wissenschaftliche Buchgesellschaft; Darmstadt 1989.

Irabi, A.: Die blockierte Gesellschaft. Die arabische Gesellschaft zwischen Tradition und Moderne. Baier, H./Klages, H./Schäfers, B.: Soziologische Gegenwartsfragen; Ferdinand Enke Verlag; Stuttgart 1996.

Ismail, E./Makki, M.: Frauen im Sudan; Peter Hammer Verlag; Wuppertal 1999.

Jennings, M.: the Theory and Practice of Gender; in: Lieshout, M.v. (Hrsg.): A woman's world beyond the Headlines; Attic Press & Oxfam; Dublin 1996; S. 106-118.

Kasmann, E./Körner, M.: Autonom und Abhängig: Westafrikanische Landfrauen zwischen Tradition und Gesellschaftlicher Modernisierung, Bielefelder Studien zur Entwicklungssoziologie 52; Saarbrücken 1992.

Keesing, R. M.: Kin groups and social Structure. Holt, Rinehart and Winston; New York 1975.

Kerr, M.H.: Islamic Reform. The Political and Legal Theories of Muhammad Abduh and Rashid Rida. University of Clifornia Press; Perkeley and Los Angeles 1966.

Kirk, M.: Bodenrechte; in: Mensching, H. G./Seifert, H.S.N.: Tierhaltung im Sahel. Rezente Entwicklung und Perspektiven in der Republik Sudan. Forschungsprojekt-Endbericht. Göttinger Beiträge zur Land- und Forstwirtschaft in den Tropen und Subtropen. Göttingen 1994; S. 209-271.

Kirk, M.: Struktur der Untersuchungsgruppen; in: Mensching, H. G./Seifert, H.S.N.: Tierhaltung im Sahel. Rezente Entwicklung und Perspektiven in der Republik Sudan. Forschungsprojekt-Endbericht. Göttinger Beiträge zur Land- und Forstwirtschaft in den Tropen und Subtropen. Göttingen 1994; S. 149-170.

Kirk, M.: Wandel von Property Rights in Tierhaltergesellschaften in der Butana/Ostsudan; in: Sudantagung 1993; Forschungsberichte, Berichte über Entwicklungsprojekte und Diskussion über aktuelle Entwicklung; Institute für Weltwirtschaft und internationales Management; Universität Bremen; Tagung am 11-12 Februar 1993;

Klein, H.J.: Stichwort Kultur, in: Schäfers, B. (Hrsg): Grundbegriffe der Soziologie, 4. Auflage; Opladen 1995; S. 174-176.

Klein-Hessling, R/El-Sammani, B.: „Die Mädchen wollen keinen Bauern heiraten. Ein Migrant ist besser." Ein sudanesisches Dorf am Tropf der Golfstaaten: ‚Anbeled'; in: Grawart, E. (Hrsg.): Wandern oder bleiben?. Veränderungen der Lebenssituation von Frauen im Sahel durch die Arbeitsmigration der Männer; Bremer Afrika-Studien. Informationszentrum Afrika (IZA); Bd. 8; Bremen 1994; 24-45.

Klemp, L.: Frauen im Entwicklungs- und Verelendungsprozeß; in: Nohlen, D./Nuscheler, F. (Hrsg.): Handbuch der Dritten Welt. Grundprobleme,

Theorien, Strategien; J.H.W. Dietz Nachf. 3. Auflage; Verlag; Bonn 1992; S. 287-303.

Kluckhohn, C.: Universal Categories of Culture; in: Moore, F.W. (Hrsg.): Reading in Cross-cultural Methodology; Hraf Press; New Haven; 1961; S. 89-105.

Koran. Der heilige Qur'ân. Arabisch und Deutsch. Dritte überarbeitete Taschenbuchausgabe, Hrsg. unter der Leitung von Hazrat Mirza Tahir Ahmad, Imam und Oberhaupt der Ahmadiyya Muslim Jaamat, Ahmadiyya Muslim Jaamat in der Bundesrepublik Deutschland 1993.

Köster, F.: Religiöse Erziehung in den Weltreligionen. Hinduismus, Buddhismus, Islam; Darmstadt 1986.

Krappmann, L.: Neure Rollenkonzepte als Erklärungsmöglichkeit für Sozialisationsprozesse; in: b-e-Redaktion (Hrsg.): Familienerziehung, Sozialschicht und Schulerfolg; 3.A. Weinheim, Basel 1973. S. 161-183.

Krüsselberg, H. G.: Ökonomik der Familie, Wirtschaftssubjekte in soziologischer Perspektive; in: Heinemann, K. (Hrsg.): Soziologie wirtschaflichen Handelns; Westdeutscher Verlag, Opladen 1987, S.169-192.

Krüsselberg, H.G.: ‚Der vermögenstheoretische Zugang zur Familienpolitik, in: *Bernhard Jans, Andre Habisch, Erich Stutzer* (Hrsg.), Familienwissenschaftliche und familienpolitische Signale. Festschrift für Max Wingen zum 70. Geburtstag. Grafschaft 2000, S. 79-88.

Krüsselberg, H.G.: Einige Hypothesen der "economics of the family" im empirischen Test; in: Todt, H. (Hrsg.): Die Familie als Gegenstand sozialwisenschaftlicher Forschung; Die Schriften des Vereins für Socialpolitik, Gesellschaft für Wirtschafts- und Sozialwissenschaften, Neue Folge Bd. 164; Duncker & Humblot; Berlin; 1987, S. 101-127.

Krüsselberg, H.G.: Ethik, Vermögen und Familie, Quellen des Wohlstands in einer menschenwürdigen Ordnung; Stuttgart 1977.

Krüsselberg. H.G.: Humanvermögen in der Sozialen Marktwrtschaft; in: Klein, W./Paraskewopoulos, S./Winter, H.: Soziale Marktwirtschaft. Eine Modell für Europa; Festschrift für Gernot Gutmann zum 65. Geburtstag; Duncker & Humblot; Berlin; 1994. S. 31-56.

Lachenmann, G.: Entwicklungspolitische Konzeptionen der Frauenförderung in Afrika; in: Rott, R. (Hrsg.): Entwicklungsprozesse und Geschlechterverhältnisse. Über die Arbeits- und Lebensräume von Frauen in Ländern der Dritten Welt; No. 63 ssip bulletin; Breitenbach Publishers; Fort Lauderdale, Saarbrücken, 1992; S. 127-148.

Lachenmann, G.: Frauen als gesellschaftliche Kraft im sozialen Wandel in Afrika (1); in: Peripherie; Nr. 47/48 1992; S. 74-93.

Mac Michael, H. A.: A History of the Arabs in the Sudan; Vol. I and II; London 1967.

Mattes, H.: Sudan; in: Nohlen, D/Nuscheler, F. (Hrsg.), Handbuch der Dritten Welt, Bd. 5. Ostafrika und Südafrika, 3. Auflage; J.H.W. Dietz Nachf; Bonn 1993; S. 156-177.

McClelland, D.: Die Leistungsgesellschaft. Psychologische Analyse der Voraussetzungen wirtschaftlicher Entwicklung; Wedt, I./Fleichmann, G. (Hrsg.); Kohlhammer Verlag; Stuttgart, Köln, Mainz 1966.

Medani, K.: Funding Fundamanentalism. The Political Economy of an Islamist State; in: Joel, B./Joel S. (Hrsg.): Political Islam, Essay from the Middle East Report; Middle East Research and Information; New York 1997; S. 166-180.

Meier, A.: Der politische Auftrag des Islam. Programme und Kritik zwischen Fundamentalismus und Reformen Originalstimmen aus der islamischen Welt. Peter Hammer Verlag; Wuppertal 1994.

Meillassoux, C.: The economic Bases of Demographic Reproduction; in: The Journal of Peasant Studies 11; 1983.

Menzel U.: Das Ende der Dritten Welt und das Scheitern der großen Theorie; Suhrkamp; Frankfurt am Main 1992.

Menzel U.: 40 Jahre Entwicklungsstrategie = 40 Jahre Wachstumsstrategie; in Nohlen, D./Nuschler, F (Hrsg.): Handbuch der Dritten Welt. Grundprobleme-Theorien-Strategien; Bd. 1; Verlag J.H.W. Dietz Nachf.; Bonn 1992; S. 131-155.

Mernissi, F.: Der politische Harem. Mohammed und die Frauen. Aus dem französischen von Kabis-Alamba, V.; 1. Aufl.; Dagyeli; Frankfurt a. M. 1989.

Ministry of Finance and National Economy. United Nations Development Programme (UNDP). National Execution Management Support Unit (NEX-MSU): Area Development Scheme Programme (lower Atbara). Project Document. 1990.

Ministry of Finance and National Economy. United Nations Development Programme (UNDP):. Area Development Scheme Programme (lower Atbara). Northern State (Sudan). Baseline Survey Report 1992. Hunting Technical Services Ltd.; England April 1993.

Ministry of Finance and National Economy. United Nations Development Programme (UNDP). National Execution Management Support Unit (NEX-MSU): Area Development Scheme Programme (lower Atbara). Baseline Survey of lower Atbara. Area Development Scheme Expansion Phase III. 1998.

Ministry of Finance and National Economy. United Nations Development Programme (UNDP). National Execution Management Support Unit

(NEX-MSU): Area Development Scheme Programme (lower Atbara). Project Document. 1990.

Ministry of Finance and National Economy. United Nations Development Programme (UNDP). National Execution Management Support Unit (NEX-MSU): Area Development Scheme Programme (lower Atbara). Second Round Animation Reports from the Village Albasli 1995.

Ministry of Finance and National Economy. United Nations Development Programme (UNDP). National Execution Management Support Unit (NEX-MSU): Area Development Scheme Programme (lower Atbara). First Re-Animation Reports from the Village Albasli 1993.

Ministry of Finance and National Economy. United Nations Development Programme (UNDP). National Execution Management Support Unit (NEX-MSU): Area Development Scheme Programme (lower Atbara). Third Re-Animation Report from the Villages Albasli 1998.

Ministry of Finance and National Economy. United Nations Development Programme (UNDP). National Execution Management Support Unit (NEX-MSU): Area Development Scheme Programme (lower Atbara). Third Re-Animation Report form the Village Goz Al Halag 1998.

Ministry of Finance and National Economy. United Nations Development Programme (UNDP). National Execution Management Support Unit (NEX-MSU): Area Development Scheme Programme (lower Atbara). Third Re-Animation Project from the Village Girsi 1998.

Ministry of Finance and National Economy: Statistical Department.Der 1993 Zensus.

Moore, F.W. (Hrsg.): Reading in Cross-cultural Methodology; New Haven; Harf Press; 1961.

Morse, R.N.: Latin America Cities. Aspects of Funktion and Structure; in: Comparative Studies in society and history; Vol.IV, No. 4; Juli 1962. S. 473-494.

Moser, C.O.N.: Gender Planning in the Third World: Meeting Practical and strategic Gender Needs, in: World Development; Vol. 17; No. 11; 1989; S. 1799-1825.

Muddathir Abd al-Rahim: Imperialism and Nationalism in the Sudan: A Study in Constitutional and political Development (1899-1956); Oxford 1969.

Muddathir Abdal Rahim: Arabism, Africanism, and Self-Identification in the Sudan; in: Yusuf Fadul Hasan: Yusuf Fadul Hasan (Hrsg.): Sudan in Africa; Khartoum 1971.

Müller, H.P./Kock, C./Ditfurth, A. v.: Kulturelles Erbe und Entwicklung. Indikatoren zu Bewertung des sozio-kulturellen Entwicklungsstandes; Forschungsberichte des Bundesministerium für wirtschaftliche Zusammenarbeit; Bd. 8; Weltform Verlag; London 1991.

Mummert, U.: wirtschaftliche Entwicklung und Institutionen. Die Perspektive der Neuen Institutionsökonomik; in E+Z Entwicklung und Zusammenarbeit, deutsche Stiftung für internationale Entwicklung (Hrsg.); 39 Jg; Nr. 2; Frankfurt; Februar; 1998; S. 36-39.

Münkner, H. H.: Traditionelle Kooperationsformen und moderne Genossenschaftsstrukturen im Vergleich, Erfahrung im frankophonen Afrika; in: Kuhn, J. (Hrsg.): Die Genossenschaften – eine anpassungsfähige Form der Selbstorganisation ländlicher Gruppen. Institut für Kooperation in Entwicklungsländern. Philipps-Universität, 3550 Marburg, Am Plan 2. Studien und Berichte. Marburg 1981; S. 45-74.

Münkner, H.H.: Autochthone Formen der Selbsthilfe und moderne Entwicklung in Afrika; in: Internationales Afrikaform; Vol. 25; 1989; S.171-182.

Murdock, P.: The cross-cultural Survey; in: Moore, F.W. (Hrsg.): Reading in Cross-cultural Methodology; Harf Press; New Haven 1961; S. 45-54.

Nuscheler, F.: „Befriedigung der Grundbedürfnisse" als neue entwicklungspolitische Losungsformel; in: Nohlen, D/Nuscheler, F. (Hrsg.): Handbuch der Dritten Welt. Unterentwicklung und Entwicklung: Theorien- Strategien- Indikatoren; Bd. 1; Hofmann und Campe; Hamburg 1982; S. 332-358.

O'fahy, R.: Islamic Hegemonies in the Sudan, Mahadism and Islamism; in: Brenner, L. (Hrsg.): Muslim Identities and Social Change in Sub-Saharan Africa, Bloomington: Indiana University Press 1993; S.21-35.

Oevermann, A.: Die "Republikanischen Brüder" im Sudan. Eine islamische Reformbewegung im Zwanzigsten Jahrhundert; Heidelberger Orientalistische Studien; Schall, A. (Hrsg.); Bd. 24; Peter Lang; Frankfurt a. M., Berlin, Bern, New York, Paris, Wien; 1993.

Ofcansky, T.: Economy. Sudan; in Africa south of the Sahara 2000, 29.Edition, Europa Publications limited, London 1999; S. 1050-1061.

Ohe, W. v.d./Hilmer, R./Nett-Kleyboldt, S./Esterazy, Y./Kasttl, M:T.: Die Bedeutung sozio-kultureller Faktoren in der Entwicklungstheorie und -praxis; Forschungsberichte des Bundesministeriums für wirtschaftliche Zusammenarbeit; Bd. 29; Weltforum Verlag; München/Köln/London 1982.

Parsons, T.; Gesellschaften, Frankfurt a.M. 1975.

Peukert, R.: Stichwort »Sozialisation« und Stichwort »Rolle, soziale«, in: Schäfers, B. (Hrsg): Grundbegriffe der Soziologie, 4. Auflage; Opladen 1995; S. 279-282 und S. 262-266.

Rahman, F.:. Islam. University of Chicago; Chicago 1979.

Rahmann, G.: Betriebssystem mit Tierhaltung; in: Mensching, H. G./Seifert, H.S.N.: Tierhaltung im Sahel. Rezente Entwicklung und Perspektiven in der Republik Sudan. Forschungsprojekt-Endbericht. Göttinger Beiträge zur Land- und Forstwirtschaft in den Tropen und Subtropen. Göttingen 1994; S. 147-148.

Reports of Casper Biro: The Special Rapporteur of the United Nations 1992-93.

Riedel, J.: Die Such nach adäquaten Entwicklungstheorie. Ein Diskussionsbeitrag Zur Erklärung von Entwicklung; in Oppenländer, K.H./Schönherr, S. (Hrsg.): Strukturprobleme und Reformen in Afrika; Wilhelm Marguardt zum 75 Geburtstag; IFO-Institut für Wirtschaftsordnung; München; Afrika-Studien 119; Weltforum-Verlag; München/Köln/London 1990; S. 47-60.

Riedel, J.: Sozio-kulturelle Herausforderungen für die Entwicklungspolitik. Die Republik Niger; IFO-Institut für Wirtschaftsordnung; München; Afrika Studien 118; Weltforum Verlag; München/Köln/London 1990.

Riegel, K.G.: Tradition und Modernität. Zum Modernisierungspotential traditionaler Kulturen nichtwestlicher Entwicklungsgesellschaften; in: Nohlen. D/Nuscheler. F (Hrsg): Handbuch der Dritten Welt; Unterentwicklung und Entwicklung: Theorien- Strategien- Indikatoren; Bd. 1; Hofmann und Campe; Hamburg 1982; S. 73-91.

Rogalski. J.: Die Republikanische Brüderschaft. Ein Beitrag zur Ideologiegeschichte des Islam in der Gegenwart; Freie wissenschaftliche Arbeit zur Erlangung des Gerades eines Magister Artium im Fach Islamwissenschaft am Fachbereich Philosophie und Sozialwissenschaften II der Freien Universität Berlin; Berlin 1990.

Röpke, J.: Die unterentwickelte Freiheit. Wirtschaftliche Entwicklung und unternehmerisches Handel in Indonesien; Reihe Organisation und Kooperation in Entwicklungsländern; Bd. 20; Vandenhoeck & Ruprecht; Göttingen 1982.

Röpke, J.: Primitive Wirtschaft. Kulturwandel und die Diffusion von Neuerung. Theorie und Realität der wirtschaftlichen Entwicklung aus ethnosoziologischer und Kulturanthropologischer Sicht; J. C. B. Mohr (Paul Siebeck); Tübingen 1970.

Röpke, J.: Wirtschaftliche Entwicklung und Eigentumsrechte. Möglichkeiten und Grenzen einer egalitären Entwicklungsstrategie; in; Krüsselberg, H. G. (Hrsg.): Vermögen und ordnungstheoretischer ordnungspolitischer Sicht; Friedrich-Kuratorium; Köln; 1980; S. 33-55.

Rostow Walt W.: Theorists of Economic Growth from David Hume to the Present, New York 1990.

Rünger, H.: Wie kann Frauenarbeit bewertet und erleichtert werden?; in: E+Z 12/1989; S. 8-9.

Schäfer, R.: Frauenorganisationen und Entwicklungszusammenarbeit. Traditionelle und moderne afrikanische Frauenzusammenschlüsse im interethnischen Vergleich; Jones, A./Knefelkamp, U./Seitz, S. (Hsrg): Kulturen im Wandel; Bd. 5; Centaurus-Verlagsgesellschaft; Pfaffenweiler; Freiburg 1995.

Schöninger, I.: Strategien der Stärke. Eine Studie über afrikanische Entwicklungshilferinnen in Niger; Brandes & Aspel Verlag; 1. Auflage; Frankfurt a. M. 1998.

Schultz, T.W.: Investing in People: The Economics of Population Quality, Berkeley, Los Angeles; London 1981.

Schultz, T.W.: The Value of the Ability to Deal with Disequilibria, in: Journal of Economic Literature, Vol. XIII; 1975; S. 827-846.

Schultz, U.: Nomadenfrauen in der Stadt. Die Überlebensökonomie der Turkanafrauen in Lodwar/Nordkenia; Diedrich Reimer Verlag; Berlin 1996.

Schumpeter , J.A.: Theorie der wirtschaftlichen Entwicklung; 7. Aufl.; Duncker und Humblot; Berlin 1987.

Schwerin, G. K.: Die Stellung des Islam und des islamischen Rechts in ausgewählten Staaten, 7. Indien; in: Ende, W./Steinbach, U. (Hrsg.): Der Islam in der Gegenwart; München 1984; S. 307-314.

Seibel, H. D.: Das Entwicklungspotential autochthoner Kooperationsformen in Afrika; in: Archiv für öffentliche und freigemeinnützige Unternehmen; Bd. 13; 1981.

Seibel, H.D.: Ländliche Selbsthilfeorganisationen in der Volksrepublik Kongo. Kölner Beiträge zur Entwicklungsländerforschung Bd. 5. Bereitenbach Publicher; Fort Launderdale; Saarbrücken 1987.

Sellin, H./Tetzlaff, R.: Sudan; in: Nohlen, D/Nuscheler, F. (Hrsg.), Handbuch der Dritten Welt, Bd. 5. Ostafrika und Südafrika. Unterentwicklung und Entwicklung. 2. Auflage; Hoffmann und Campe Verlag; Ludwigsburg 1982; S.98-115.

Senghaas, D.: Weltwirtschaftsordnung und Entwicklungspolitik. Plädoyer für Dissoziation , Frankfurt a. M. 1977.

Seur, H.: The Engagement of the Research and Local Actorsin the Construction of Case Studies and Researsch Themes; in: Long, N./Long, A. (Hrsg.): The Battlefield of Knowledge: The Interlocking of Theory and Practice in Social Research and Development; Routledge; London 1992; S. 115-146.

Shuggier, N.: Tarikh Al-Sudan; Byrut 1981.

Simson, U./Schönherr, S.: Entwicklungspolitik im Wandel. Vom Kapitaltransfer zur sozio-kulturellen Zusammenarbeit; in: Sozio-kulturelle

Fragen in der Entwicklungspolitik; BMZ; Materialien zur Entwicklungspolitik; Nr. 83; Bonn 1992; S. 1-7.

Simson, U.: Islam, Entwicklung und Entwicklungspolitik südlich der Sahara. Ein Beitrag zur sozio-kulturellen Problematik der Sahelzone; In: Aus Politik und Zeitgeschichte, B 42 1984; S.28-37.

Simson, U.: Kultur und Entwicklung. Die kulturellen Bedingungen wirtschaftlich gesellschaftlichen Handelns in der Dritten Welt; in: Soziokulturelle Fragen in der Entwicklungspolitik. Bundesministerium für wirtschaftliche Zusammenarbeit (Hrsg.); Materialien 83; Bonn 1992; S. 32-40.

Spittler, G.: Tschajanow und die Theorie der Familiewirtschaft;in: Tschajanow, A.: Die Lehre von der bäuerlichen Wirtschaft; Campus Verlag; Frankfurt, New York 1987; S. VII-XXVIII.

Stagel, J.: Politikethnologie; in: Fischer, H. (Hrsg.): Ethnologie. Einführung und Überblicke; 3. Auflage; Diedrich Reimer Verlag; Berlin 1992; S. 197-219.

Streck, B.: Heben eines geheimen Wortschatzes. Soziolinguistische Probleme der Forschung unter Nitalzigeunern; in: Streck, B. (Hrsg): Tradition, Migration, Notstand. Themen heutiger Sudanethnographie. Edition Re; Göttingen 1990; S. 43-51.

Streeten, P.P.: Changing Emphases in Development Theory; in: Simonis, U.: Entwicklungstheorie – Entwicklungspraxis. Eine Kritische Bilanzierung; Schriften des Vereins für Sozialpolitik; Gesellschaft für Wirtschafts- und Sozialwissenschaften; Bd. 145; Duncker und Humblot; Berlin 1986; S.13-39.

Stromquist, N.: Praktische und theoretische Grundlage für „Empowerment"; in: Nord-Süd-aktuell, 2. Quartel; 1993; S. 259-266.

Taha, M.M.: 'al-Islam bi risalatihi al ula la yaslah li-insaniat al-qarn al ishrin' Omdurman 1969.

Taha, M.M.: 'min Dagaig Hagaig al-Din; 7. Auflage; Omdurman 1979.

Taha, M.M.: 'ar-Risala at-taniya min al-Islam'; 6. Auflage; Omdurman 1986.

Taha, M.M.: 'Risalat as-salat'; 4. Auflage; Omdurman 1979.

Taha, M.M.: 'Tatwir shariat al ahwal al shakhzia'; 3. Auflage; Omdurman 1979.

Taha, M.M.: 'al-Markisyya fi-l-mizan'; Omdurman 1973.

Taha, M.M.: Second Message of Islam; Translated by An-Na'im, A.A. Syracuse University Press; Syracuse 1987.

Taha, M.M.: Tarig Mohammed; 8. Auflage; Omdurman 1975.

Tekülve, M.: Die Sichtbarwerdung der Frau; in: GR 45; Heft 5; 1993; S. 308-312.

Thiel, R.E.: Entwicklung und das Regelwerk der Gesellschaft; in E+Z Entwicklung und Zusammenarbeit, deutsche Stiftung für internationale Entwicklung (Hrsg.); 39 Jg; Nr. 2; Frankfurt, Februar 1998; S. 31.

Thimm, H. U. und von Urff, W.: Strategien ländlicher Entwicklung; in: Blanckenburg, P. (Hrsg.): Handbuch der Landwirtschaft und Ernährung in den Entwicklungsländern; Bd. 1: Sozialökonomie der ländlichen Entwicklung; Stuttgart, Ulm 1982; S. 388-401.

Thomas, B.: Houshold Coping Strategies for Adaptation and Change: Paticipation in Kenyan Rural Women's Associations, in: Africa, Vol 58, No. 4; 1988. S. 401-422.

Tibi, B.: Der Islam und das Problem der kulturellen Bewältigung sozialen Wandels; Suhrkamp Verlag; 3. Aufl.; Frankfurt a.M. 1991.

Tillmann, K. J.: Sozialisationstheorien. Eine Einführung in den Zusammenhang von Gesellschaft, Institution und Subjektwerdung, Reinbek bei Hamburg 1994.

Timmermann. V.: Entwicklungstheorie und Entwicklungspolitik; Vandenhoeck & Ruprecht; Göttingen 1982.

Tinker, I./Jaquette, J.: UN-Decade for Women: Its Impact and Legacy; in: World Development Vol. 15; No. 3. 1987; S. 419-427.

Trappe, D.: Autochthonous Co-operatives; in: Dülfer, E./Laurenkari, J (Hrsg.): International Handbook of Cooperative Organisations; Vandenhoeck & Ruprecht; Göttingen 1994; S. 46-51.

Trimingham, J.S.: Islam in the Sudan; London, New York; 1949.

Tschajanow, A.: Die Lehre von der bäuerlichen Wirtschaft; Campus Verlag; Frankfurt, New York 1987.

UNDP: Human development Report; New York 1992.

UN-ECA: African Alternative Framework to Structural Adjustment Programmes for Socio-Economic Recovery and Transformation (AAF-SAP); Addis Abbeba 1989.

UNICEF: Zur Situation der Kinder in der Welt 1999.

Voll, J.O.: Renewal and Reform in Islamic History: Tajdid and Islah: in: Esposito, J.L. (Hrsg.): Voice of Resurgent Islam; Oxford University Press; New York 1983.

Walter, H.: Wachstums- und Entwicklungstheorie; Schneider, H.K./Watrin, Chr./Werner, J. (Hrsg.); Fischer; Stuttgart; New York 1983.

Walter, V.: Focusing on Women and Poverty Alleviation; in: Bakhit, I/Ravensburg, N.G.v./Münkner, H. H./Walter, V./Walter, T.: Attacking the Roots of Poverty; Marburg Consult for Self-Help Promotion; Marburg 1996; S.100-121.

Weber, M.: Economy and society. An outline of Interpretive sociology; Bedminster Press; New York 1968.

Weber, M.: Wirtschaft und Gesellschaft (Studienausgabe), 2. Band; Köln, Berlin 1964.

Weede, E.: Mensch und Gesellschaft. Soziologie aus der Perspektive des methodologischen Individualismus. J.C.B. Mohr (Paul Siebeck); Tübingen 1992.

Weilenmann, M.: Beiträge zur sozio-kulturellen Angepaßtheit, politischer Projekte in Subsahara-Afrika aus rechtsethnologischer Sicht; GTZ-Leistungsangebot zur Förderung und Unterstützung politischer Prozesse; GTZ; Eschborn November 1996.

Weltbank Bericht 1998.

WHO Homepage (http://www.who.org/), unter 'Women health'.

Women and Law in Sudan Project; Vol. 1; London 1997.

World Bank: Subsaharian Africa: from Crisis to Sustainable Growth; Washington D.C. 1989.

Yusuf Fadul Hasan: External Islamic Influences and the Prozess of Islamization in the Eastern Sudan between the Fifteenth and Ninteenth Centuries. In: Yusuf Fadul Hasan (Hrsg.): Sudan in Africa; Khartoum 1971; S. 73-86.

Zusätzliche gesammelte, relevante Literatur

Adelpoju, A./Oppong, C. (Eds.): Gender, Work & Population in Sub-Sahran Africa; James Currey, London 1994.

Andorfer, V.: Von der Integeration zum Empoerment. Zur Frauenförderung in der Entwicklungspolitik; IKO – Verlag, Frankfurt 1995.

Bernal, V.: Losing Ground – Women and Agriculture on Sudan's Irrigated Schemes: Lessons from a Blue Nile Village; in: Davison, J. (Ed.): Agriculture, Women, and Land. The African Expereience; Westview Press, Boulder & London 1988, S. 131-156.

Beschstedt, H. D.: Ansätze zu einer ethnopsychologischen Theorie des sozio-kulturellen Wandels, Working Paper No. 23, Universität Bielefed, Forschungsschwerpunkt Enwicklungssoziologie, Bielefeld 1982.

Bliss, F. (Hrsg.): Sozio-kulturelle Faktoren der Entwicklungszusammenarbeit und der Beitrag der Ethnologie, Bonn 1986.

BMZ: Sozio-kulturelle Fragen in der Entwicklungszusammenarbeit II, Entwicklungspolitik Materialen Nr. 83, Bonn 1992.

BMZ: Sozio-kulturelle Fragen in der Entwicklungszusammenarbeit II, Entwicklungspolitik Materialen Nr. 93, Bonn 1995.

Braun, G./Rösel, J.: Kultur und Entwicklung, in: Nohlen, Dieter/Nuscheler, Franz (Hrsg.): Handbuch der Dritten Welt, Grundprobleme, Theorien, Strategien, Bd. 1, 1992, S. 250-268.

Brisbois, G.: Kultur und Entwicklung Zur Diskussion der sozio-kulturellen Rahmenbedingunen der Entwicklungszusammenarbeit – Analyse und Dokumentation, DSE, Themendienst der zentralen Dokumentation, 1, Bonn 1983.

Buvinic, M./Mehra, R.: Women in Agriculture: What Development can do; International Center for Research on Women, Washington, D.C. 1990.

Cloud, K.: Women's Productivity In Agricultural Systems: Considerations For Project Design; in:Overholt, C./Cloud, K./Anderson, M.B./Austin, J.E.(Eds.): Gender Roles in Development Projects; Kumarian Press, West Hartford 1985.

Donner-Reichle, C.: Von der Subsistenzbäuerin zur Subsistenzlandwirtin; in: Entwicklung + Ländlicher Raum 6/86, S. 7-10.

Ellis, F.: Women and agricultural politics; in: Ellis, F. Agricultural Politics in Developing Countries; Cambridge University Press; Cambridge, 1992.

Elwert, G./Kohnert, D.: Hypothesen über sozio-kulturelle Auswirkungen der Entwicklungshilfe im ländlichen Raum in Westafrika, Working Paper No. 35, Universität Bielefeld, Forschungsschwerpunkt Entwicklungs-soziologie, Bielefeld 1983.

Elwert, G.: Der entwicklungssoziologische Mythos vom Traditionalismus, in: Goetze, D./Weiland, H. (Hrsg.): Sozio-kulturelle Implikationen tchnologischer Wandlungsprozesse, Saarbrücken 1983, S. 29-55. Auch vorleget als: Working Paper No. 22, Universität Bielefeld, Forschung-schwerpunkt Entwicklungssoziologie, Bielefeld 1982.

Elwert, G.: Kulrurbegriffe und Entwicklungspolitik – über "soziokulturelle Bedingungen der Entwicklung"; in: Elwert, G./Jensen, J./Kortt, I. R. (Hrsg.): Kulturen und Innovationen, Festschrift für Wolfgang Rudolph, Reihe Sozialwissenschaftliche Schriften, H.30, Berlin 1996. S. 51-87.

Elwet, G.: Die Elemente der traditionellen Solidarität, eine Fallatudie in Westafrika; in: Kölner Zeitschrift für Soziologie und Sozialpsychologie, gg. 32, 1980, S. 681- 704.

Engelhart, E., Oswald, K./Bacal. J.: Toolbook for Gender Sensitive Participatory Extension Approaches in the Philippines and elswhere; GTZ, Women in Development Advisory Project (WIDAP) RP – German Technical Cooperation Project, Manila, January 1995.

FAO: Women, Agriculture and Rural Development. A Synthesis Report of the Africa Region. Prepared under the auspices of FAO's Programme of Assistance in Support of Rural Women in Preparation for the Fourth World Conference on Women; Rome 1995.

Ferdowsi, M. A.: Zum Stellenwert der Kultur in der bisherigen entwicklunposition und kulturelles Erbe; in: Engels, B. (Hrsg.): Die sozio- kulturelle Dimension wirtschaftlicher Entwicklung in der Dritten

Welt; Schriften des deutschen Übersee- Instituts Hamburg, Nr. 19; Hamburg 1994, S. 12-31.

Goetze, D.: Entwicklungspolitik, sozio-kulturelle Grundfragen, Paderborn 1983.

Grawert, E. „Spilttergruppe" Migrantenfrauen. Ein Beispiel aus dem Westsudan; in: Frauensolidarität 2/99, S. 21-22.

Harcourt, W.: Negotiating Positions in the Sustainable Development Debate: Situating the Feminist Perspective; in: Harcourt, W.(Ed.): Feminist Perspectives on Sustainable Development; Zed Books; London, New Jersey, 1994; S. 11-25.

Hartwig, E.: Frauenorganisationen und Selbsthilfegruppen: Ein Schritt in die Selbständigkeit?; in: Entwicklung + Ländlicher Raum 2/99; S.10-13.

Häusler, S.: Women and the Politics of Sustainable Development; in: Harcourt, W.(Ed.): Feminist Perspectives on Sustainable Development; Zed Books; London, New Jersey, 1994; S.145-155.

Hay, J. M./Sticher, S. (Eds.): African Women South of the Sahara; Longman, London and New York, 1984.

Hourani, A.: Arabic Thought in the Liberal Age, 1798-1939. Cambridge University Press Cambridge 1983.

James, V. U./Etrin, J. (Eds.): Feminization of Development Process in Africa, Current and Future Perspectives; Prager, Publishers, Westport 1998.

Kohnert, D.: Können die Experten das, was sie sollen? Schwachatellen sozio-kultureller Rahmenkonzepte des BMZ, in: Entwicklung und Zusammenarbeit, 33, 7, 1992, S. 4-5.

Kohnert, D.: Neuer Wein in alten Schläuchen: Der sozio-kulturelle Ansatze in der Entwicklungstheorie, Working Paper No. 41, Universität Bielefeld, Forschungschwerpunkt Entwicklungssoziologie, Bielefeld 1983.

Kottak, C.: Culture and 'economic development', in: American Anthropoligist, 92, 3, 1990, S. 723-731.

Lachemann, G.: Sozio-kulturelle Bedingungen und Wirkung in der Entwicklungszusammenarbeit, Berlin 1988.

Lischke, U.: Eine "Frauenverträglichkeitsprüfung" muß her! Frauen sind von Umweltzerstörung besonders betroffen; in: E+Z 12/89, S. 6- 7.

Marx, M./Volker, M./Seibel, H. D.: Die sozio-kultuellen Faktoren in der Entwiklung afrikanischer Gesellschaften, Entwicklung von oben oder Entwicklung von unten, Saarbrücken 1988.

Mose, J. C.:Half the World Half a Chance. An Introduction to gendr and development; Oxfam, Oxford 1993.

Müller, H. P./Koch, C./Ditfurth, A. v.: Kltuelles Erbe und Entwicklung: Indikatoren zur Bewertung des sozio-kulturellen Entwicklungsstandes, Forschungsberichte des BMZ, Bd. 98, Köln- München 1991.

Myers, M./David, R./Akrat,S./Hamid, A. A.: The effects of male out-migration on women's management of natural resources in the Sudan; Internatinal Institute for Environment and Development, Paper No. 60; London, November1995.

Myers, M./Hamid, A. A.: „ Better Stay at Home Than Go Away – Even If Your Stomach Is Empty", Effects of Male Out-Migration on Women's Management of the Natural Resource Base in the El Ain Area (Sudan); In: Grawart, E.: Wandern oder bleiben?. Veränderungen der Lebenssituation von Frauen im Sahel durch die Arbeitsmigration der Männer; Bremer Afrika-Studien. Informationszentrum Afrika (IZA); Bd. 8; Bremen 1994, S. 46-73.

Nwomonoh, J.: African Women in Production: The Economic Role of Rural Women; in: James, V.U. (Ed.): Women and Sustainable Development in Africa; Praeger Publisher; Westport 1995; S.171-181.

Obermaier, D.: Strategien zur Förderung von Frauen in Entwiclungsländern: "Intergration in die Entwicklung" oder" Wiedergewinnung der Subsistenzfähigkeit"?, in: Zeitschrift für Soziologie, Jg. 19, Heft 2, April 1990, S. 90-107.

Obermaier, D.: Was wurde in elf Jahren erreicht? Frauenförderung: Nach wie vor kontrovers; in: E+Z 12/89, S. 4-6.

Ohe, W. v. d./Hilmer, R./Nett- Kleybolt, S. et. Al. (Hrsg.): Die Bedeutung sozio-kultureller Faktoren in der Entwicklungszusammenarbeit, Forschungsberichte des BMZ, Bd. 29, München, Köln 1982.

Overholt, C./Cloud, K./Anderson, M. B./Austin, J. E.: Women in Development: A Framework For Project Analysis; in: Overholt, C./Cloud, K./Anderson, M. (Hrsg.): Gender Roles in Development Projects; Kumarian Press, West Hartford 1985, S. 3-15.

Palmer, I.: Social and Gender Issues in Macro- Economic Policy Advice; GTZ, Division 401 – Economic and Public Adminstration, No. 13, Eschborn 1994.

Purvis, B. M.: Family nutrition and women's activities in rural Africa; in: Food and Nutrition, Vol.11, No. 2, 1985. S. 28-36.

Schönhuth, M. (Hrsg.): The socio-cultural dimensions in development, The contributions of sociologists and social anthropologists to the work of development agencies, Sonderpublikation der GTZ, Nr. 249, Eschborn 1991.

Schürings, H./Schimpf – Herken, I./Görtz, A. F.: Frauenförderung und Frauenforderungen. Zur Mitarbeit des Deutschen Entwicklungsdienstes, Bd. III in Asien und Arabischen Ländern; DED, Berlin, Juli 1988.

Shiekh el Din Osman, D.: The Legal Status of Muslim Women in The Sudan; In: Journal of Eastern African Research and Development, Vol. 15, 1985, S. 124-142.

Simon, U.: Entwicklungspolitik und Wissenschaft, die Forderungen des Entwicklungspolitikers an seine kulturwissenschaftlichen Berater, in: Sociologus, vol. 1, 1991, S. 73-85.

Simson, U.: Kultur und Entwicklung. Die kulturellen Bedingungen wirtschaftlich-gesellschaftlichen Handelns in der Dritten Welt; in: Engels, B. (Hrsg.): Die sozio-kulturelle Dimension wirtschaftlicher Entwicklung in der Dritten Welt; Schriften des deutschen Übersee-Instituts Hamburg, Nr. 19; Hamburg 1994, S. 49-68.

Spring, Anita: Women Farmers and Food in Africa: Some Considerations and Suggested Solutions; in: Hansen, A./McMillian, D. E. (Eds.): Food in Sub-Saharan African; Lynne Rienner Publishers, Inc. Boulder; Colorado 1986; S. 333-349.

Strachan, P./Peters, C.: Empowering Communities. A Casebook from West Sudan; Oxfam UK and Ireland, Oxford 1997.

Thimm, H. U./von Urff, W.: Strategien ländlicher Entwicklung; in: Blanckenburg, P. (Hrsg.): Handbuch der Landwirtschaft und Ernährung in den Entwicklungsländern; Bd. 1: Sozialökonomie der ländlichen Entwicklung; Stuttgart, Ulm 1982; S. 398.

Voll, J.O.: Renewal and Reform in Islamic History: Tajdid and Islah: in: Esposito, J.L (Hrsg.): Voice of Resurgent Islam; Oxford University Press; New York 1983; S. 32-47.

Wallace, T./March, C.: (Eds.): Changing Perceptions. Writings on Gender and Development; Oxfam, Oxford 1991.

World B.: Household Food Security and the Role of Women; World Bank Discussion Papers; 96, Washington, D.C. 1990.

FSC
www.fsc.org
MIX
Papier | Fördert
gute Waldnutzung
FSC® C083411

Kolibri 360 GmbH
Ferdinand-Jühlke-Straße 7
99095 Erfurt, Deutschland
produktsicherheit@kolibri360.de

Druck:
CPI Druckdienstleistungen GmbH
im Auftrag der
Kolibri 360 GmbH
Ferdinand-Jühlke-Str. 7
99095 Erfurt